G

LA AZNARIDAD

Arena Abierta

MANUEL VÁZQUEZ MONTALBÁN

LA AZNARIDAD

Por el imperio hacia Dios o por Dios hacia el imperio

MONDADORI

Primera edición: noviembre, 2003
Segunda edición: noviembre, 2003
Tercera edición: diciembre, 2003
Cuarta edición: diciembre, 2003

© 2003, Manuel Vázquez Montalbán
© 2003, Grupo Editorial Random House Mondadori, S. L.
   Travessera de Gràcia, 47-49. 08021 Barcelona

Printed in Spain – Impreso en España

ISBN: 84-397-1017-8
Depósito legal: B. 51.625 - 2003

Fotocomposición: Fotocomp/4, S. A.

Impreso en A & M Gràfic, S. L.
Santa Perpètua de Mogoda (Barcelona)

GM 1 0 1 7 8

Índice

Si puedes mantener la cabeza cuando todos a tu alrededor
pierden la suya y por ello te culpan,
si puedes confiar en ti cuando de ti todos dudan,
pero admites también sus dudas;
si puedes esperar sin cansarte en la espera,
o ser mentido, no pagues con mentiras,
o ser odiado, no des lugar al odio,
y —aun— no parezcas ni demasiado bueno, ni demasiado sabio.

Si puedes soñar y no hacer de los sueños tu maestro,
si puedes pensar y no hacer de las ideas tu objetivo,
si puedes encontrarte con el Triunfo y el Desastre
y tratar de la misma manera a los dos farsantes;
si puedes admitir la verdad que has dicho
engañado por bribones que hacen trampas para tontos.
O mirar las cosas que en tu vida has puesto, rotas,
y agacharte y reconstruirlas con herramientas viejas.

Si puedes arrinconar todas tus victorias
y arriesgarlas por un golpe de suerte,
y perder, y empezar de nuevo desde el principio
y nunca decir nada de lo que has perdido;

si puedes forzar tu corazón y nervios y tendones
para jugar tu turno tiempo después de que se hayan gastado.
Y así resistir cuando no te quede nada
excepto la Voluntad que les dice: «Resistid».
Si puedes hablar con multitudes y mantener tu virtud,
o pasear con reyes y no perder el sentido común,
si los enemigos y los amigos no pueden herirte,
y todos cuentan contigo, pero ninguno demasiado;
si puedes llenar el minuto inolvidable
con los sesenta segundos que lo recorren.
Tuya es la Tierra y todo lo que en ella habita,
y —lo que es más— serás hombre, hijo.

«Si» (*If*)
RUDYARD KIPLING
Traducción de Luis Cremades

Prefacio

Faltaban pocas semanas para que José María Aznar ganara las elecciones generales de 1996 por escasísima mayoría relativa cuando empezaron a publicarse aproximaciones a su personalidad, desvelamientos de un hombre de cuarenta y tres años del que se ignoraba casi todo. Tal vez el libro más interesante de esta etapa de lanzamiento del producto Aznar fuera *Retratos íntimos de José María Aznar: un hombre, un proyecto* (Plaza y Janés, Barcelona, 1996). Es básicamente un álbum de fotografías de toda una vida, de toda una breve vida, en el que las fotos están comentadas por Ana Botella y se completan con textos de diversa intención de Pedro Casals, Santiago Grisolía, Charles T. Powell, Luis Racionero, Eugenio Trías y el propio José María Aznar. El trabajo más dedicado a revelar una personalidad en ascenso es el de Casals. Charles T. Powell abastece sobre las claves del europeísmo de Aznar y Racionero se aplica sobre el proceloso asunto de España nación de naciones y el especial metabolismo de Aznar ante esta cuestión. Eugenio Trías redacta un suficiente artículo sobre el poder, que sólo relaciona con Aznar en las últimas líneas reconociéndole el mérito de haber llevado a la derecha española hasta el centro frente al estilo «autocrático y mezquino del socialismo dominante». El científico Grisolía aporta un resumido informe regeneracionista sobre la política científica en España y ni siquiera alude a Aznar, como si se hubiera limitado a pasar un informe sobre dejaciones del pasado que merecieran ser corregidas.

Ana Botella pone música al álbum de fotografías con buena pluma y muy acertada «posición de partida», porque no es fácil nunca situarse ante tu propia pareja para iniciar un vals y mucho menos si esa pareja va a ser o es jefe de Gobierno. Aznar concluye el libro con unas páginas autobiográficas en las que insiste sobre la influencia de su abuelo, el curiosísimo Manuel Aznar, director del diario orteguiano *El Sol*, cronista de la guerra de África, coinventor del mito de Franco, al comienzo de la Guerra Civil, superviviente a un intento de fusilamiento por parte de incontrolados republicanos, más tarde superviviente a otro intento de fusilamiento a cargo de los falangistas y finalmente aupado por Franco a la estatura de biógrafo, embajador, director de *La Vanguardia* y de la Agencia EFE. Otro corresponsal en África, Tebib Arrumi, colaboró con don Manuel Aznar en realzar la estatura épica de Franco, Franco, Franco. Tebib Arrumi era el seudónimo del abuelo de Ruiz Gallardón, otro de los líderes del PP.

Tenía don Manuel fama de *superviviente* por encima de cualquier otro grado, estado o posición filosófica y lógicamente estaba dotado no sólo de un prestigio social impactante sobre su nieto, sino también de un patrimonio cultural complejo en el que se incluía su comunión con Franco, su amistad con Marañón y una cierta admiración por Azaña. Asume el joven José María Aznar este legado *collage*, más inclinado a hablar de Azaña que de Franco porque estaba claro que la nueva derecha debía romper complicidades con el franquismo, con la suficiente delicadeza como para no perder el respaldo político y electoral del llamado «franquismo sociológico». Aparte de las escasas confesiones de Aznar, el capítulo de Pedro Casals traza un supuesto retrato del personaje normalmente descrito como «de hielo», aunque también como un iceberg con sustancias inflamables. El novelista requiere el testimonio de Ana Botella, del entonces primer valido Miguel Ángel Rodríguez, o del amigo Miguel Blesa, aznaristas convencidos, pero también el del político y poeta socialista Pedro de Silva, testimonio más distanciado que parte de una bella proposición e imagen: «Aznar debe salir de la cárcel de sus gestos».

Es Ana Botella la que ha revelado que buena parte de su entereza espiritual se la debe a la lectura, sobre todo de poesía y muy especialmente a un poema diríase que de cabecera: «If», de Rudyard Kipling. Poema didáctico empleado durante casi un siglo para templar el ánimo de los adolescentes sensibles británicos y curiosamente actuante también en España sobre tres personajes tan distintos y distantes como José Antonio Primo de Rivera, fundador del fascismo español, el escritor hipercanario e hiperdemocrático Juan Cruz y José María Aznar. Blesa, Botella, Rodríguez y De Silva marcan la personalidad de Aznar por la fijación de objetivos, la buena estrella, el trabajo, la tenacidad, la dureza.

«Piensa, lo dice y luego lo cumple», observa Miguel Ángel Rodríguez y tal vez el único reproche coincidente es el de que habla en un tono de voz demasiado bajo, y aunque su mujer le califica de emotivo, sus amigos lo connotan como escasamente efusivo. Racionero más tarde le caracteriza porque se defiende mejor que ataca y le elogia por no tener un carisma arrebatador. Carisma arrebatador no, pero autoconvencimiento de su propia excelencia sin duda, un autoconvencimiento alimentado por los versos de «If»:

Si puedes mantener la cabeza cuando todos a tu alrededor
pierden la suya y por ello te culpan,
si puedes confiar en ti cuando de ti todos dudan

Tres años después de ganar las elecciones se publica otro abundante libro: *Aznar: la vida desconocida de un presidente* (Planeta, Barcelona, 1999), escrito por José Díaz Herrera e Isabel Durán, tándem periodístico ya muy avezado en investigación sobre los temas duros de la política de la Transición. Esta vez redactan una summa teológica sobre el señor presidente que es acusada de torpemente hagiográfica por diferentes críticos, no necesariamente de izquierdas, como el historiador Javier Tusell.

El empeñamiento crítico de Tusell contra el PP suele ser descalificado por opinadores próximos al Partido Popular, o al aznarismo, como fruto del despecho debido a que el historiador no habría recibido los beneficios profesionales esperables; el propio Amando de Miguel así lo proclama en *Retrato de Aznar con paisaje al fondo*. Pero lo cierto es que la obra de Díaz Herrera y Durán se acerca a aquellas leyendas áureas urdidas por los expertos en santorales y en todos los tiempos, desde que más o menos existe España, no ha tenido político indígena mejor trato glosador, probablemente a causa de sus méritos objetivos, pero con una iluminada proclividad de sus exégetas. Habría que retroceder a las odas triunfales dedicadas por Pemán a Franco o a las que Gerardo Diego ofreciera a José Antonio.

Sobre todo a partir del retrato de Aznar emergiendo de las cenizas de su coche blindado, víctima de un atentado de ETA en 1995, la figura del entonces pretendiente a la jefatura del Gobierno se agiganta, mientras, en cambio, la de Felipe González alcanza rasgos de los malos más retorcidos de las peores superproducciones cinematográficas: a la altura del Nerón interpretado por Peter Ustinov para *Quo Vadis* o del taimado Yago de la versión de *Otelo* debida a Orson Welles. Tan bueno, leal, tenaz, austero y ejemplar resultaba Aznar según el retrato construido por los autores del libro que chocaba con las percepciones de todas mis retinas, avisadas ante la menor sospecha de resurrección de caudillajes; no en balde mis retinas empezaron a formarse en 1939, en el vientre de mi madre, en plena retirada de los republicanos, mi padre entre ellos.

Por más que pudieran cegarlas mis apriorismos sobre los herederos de todas las derivaciones de la túnica sagrada del franquismo, aquel Aznar ofrecido como el ángel del bien frente al ángel del mal, Felipe González, me inquietaba como oferta depurativa de todos los pecados de la siniestra derecha española. Aznar, y casi todos sus compañeros de poder, habían formado parte de una joven derecha más o menos franquista, más o menos democrática pero casi nunca antifranquista, que aprovechó su paso por la universidad sin otro objetivo que el carrerismo. El libro trata de explicar llanamente cómo un político providencial, sin que nadie supiera ni creyera que lo fuera, esperaba su momento y, cual Ave Fénix renacida tras el atentado de ETA, fue acogido desdeñosamente como jefe de Gobierno transitorio. Aznar el Breve, así le llamaban los socialistas cuando ganó las elecciones de 1996 y durante semanas se especuló sobre la posibilidad de reconstruir un frente compuesto por el PSOE, PNV y CIU para impedir el gobierno del PP. Incluso Pujol le insinuó a Ruiz Gallardón que sería mejor considerado como candidato de los populares que el oscuro Aznar. González, calificado por los autores del libro como «un jabalí de colmillo retorcido», conspiró contra Aznar todo lo que pudo y, según José Díaz Herrera e Isabel Durán, los socialistas entregaron el poder sin dossiers informativos para sus herederos. Sólo les dejaron facturas por pagar y la noticia de que no había dinero para el aguinaldo navideño de los jubilados.

A partir de la ocupación del cargo de jefe de Gobierno, los autores de *Aznar: la vida desconocida de un presidente* construyen una imagen de jefe prodigioso y progresista, dispuesto a deshacer todos los temores despertados por el retorno de la derecha al poder. En el extremo opuesto de las intenciones hagiográficas de este libro habría que leer *El amigo americano*, de Carlos Elordi (Temas de Hoy, Madrid, 2003), donde se apuesta por las coincidencias de criterios y maneras entre dos caudillos: Franco, el militar, y José María Aznar, un caudillo civil empeñado en crecer a la sombra del imperio americano, primero a la sombra de Clinton, sin demasiado éxito y más tarde a la de Bush, Jr., plegándose a la política belicista del presidente de Estados Unidos. Ya jefe de Gobierno con mayoría absoluta, Aznar ha visto crecer a su alrededor escrituras proclives o no tan proclives, pero hay que destacar *Con Aznar y contra Aznar*, de Federico Jiménez Losantos (La Esfera de los Libros, Madrid, 2002), y el citado *Retrato de Aznar con paisaje al fondo*, de Amando de Miguel.

El primero se debe al más destacado valedor del neoliberalismo español y españolista, curiosa síntesis de Hayek y Ramiro de Maeztu, y el segundo ha sido escrito por un sociólogo de fondo, aplicado a adivinar las causas del *in crescendo* de la instalación política y social de un personaje tan poco dotado para conseguirla como José María Aznar. Federico Jiménez Losantos está a favor de Aznar porque en parte lo asume como uno de sus cómplices ideológicos y porque representa la posibilidad de una nueva derecha más cercana a Monte Peregrino, la montaña sagrada de los neoliberales, que a Montejurra

15

o al Valle de los Caídos, los cubiles sagrados de la derecha española más reaccionaria. Jiménez Losantos valora en Aznar todo lo que es contrapropuesta del posibilismo socialdemócrata y del escandaloso friso de corrupciones de la última etapa socialista, y le reprocha sus concesiones posibilistas que le impiden llevar hasta sus últimas consecuencias la catarsis neoliberal que España necesita y, sobre todo, la ruptura entre ética y estética que culmina en la principesca boda en El Escorial, en el 2002, de Ana Aznar Botella con Alejandro Agag: «Los fastos del Escorial pueden ser humanamente comprensibles y biográficamente explicables, pero también resultan políticamente lamentables y estéticamente detestables. Al menos para quienes precedieron y acompañaron a José María Aznar en la rebeldía ética y la objeción estética al despotismo socialista; y todavía más para los que, una vez llegado e instalado el PP en el Poder, han querido mantener esa ilusión de que los liberales, si son personas decentes, no renuncian: el control del poder. Por una razón personal, José María Aznar no ha vacilado en la sinrazón política. Ha querido hacer un regalo a su familia que no pueda olvidar. Y lo ha hecho, en efecto, inolvidable».

Si el libro de Jiménez Losantos es la resultante de quince años de análisis periodísticos sobre la ascensión y consolidación de Aznar y el aznarismo como modelo definitivo de una nueva derecha liberal española, sustitutiva de todas las sobras de las derechas tradicionales, el libro de Amando de Miguel es de nueva planta, sustancialmente aznarista, muy documentado y dotado de un estimable nivel de disección del personaje glosado y sus circunstancias. A pesar de ser una figura no carismática, irregularmente teatral, insuficientemente estimada por la conciencia receptora de los españoles, no del todo bien tratada incluso por la prensa ideológica y estratégicamente afín, Amando de Miguel sostiene que la progresiva instalación real de Aznar como jefe de Gobierno sin alternativa, al borde mismo de su relativa retirada, se debe a lo que aparentemente no son cualidades de un político de mercado, una tendencia al autismo a la hora de analizar y tomar decisiones. Recordemos una de las consignas poéticas de Kipling: «No parezcas ni demasiado bueno, ni demasiado sabio».

Sostiene De Miguel que Aznar se llevará consigo la pesadumbre de que a él no le han querido tanto los españoles como a Felipe. «Sabe Aznar que nunca podrá conseguir la gracia personal de Felipe, ni tampoco su desvergüenza. Esa comparación envidiosa ha sido el formidable estímulo para que Aznar se esfuerce en superar a su rival en todo lo demás.» Asegura De Miguel que Aznar pasará a la Historia por delante de González, y en apoyo de su juicio sobre el antagonismo entre los dos presidentes de Gobierno cita a Martín Ferrand: «La gran obsesión de Aznar es la de no ser González».

Metido en parábolas bíblicas, el sociólogo ve a Fraga como el Moisés que fijó el objetivo de una nueva derecha como la tierra prometida y a Aznar como el Josué que consiguió llegar a ella. A Fraga le entusiasmaban los oposicionistas triunfantes, no en balde más de una vez había dicho que los intelectuales de verdad eran él y su cuñado, Robles Piquer, porque tenían los codos de los jerséis rotos de tanto permanecer acodados en las mesas de estudio. Militante en grupo nacional católico durante su etapa de estudiante, inspector de Hacienda en plena juventud, Aznar muestra un esqueleto tenaz y resistente a las desganas de los oposicionistas, tenacidad y ambición que impone a los frágiles aspirantes a la herencia de Fraga. En cualquier caso, muy poca consistencia tenía esta nueva derecha para necesitar como líder a un personaje político como Aznar, precio a pagar por su larga, incondicional supeditación a la estrategia política del franquismo. Construye y utiliza Aznar pequeños clanes de derechistas afines, muy decantados al Opus Dei, para crear un lobby dentro del PP sobre el que se aúpa mostrando una frialdad por todos resaltada. «Se dice que Aznar mea hielo», comentan algunos, otros subrayan que «a Aznar nunca se le nota el sudor», y su propia mujer afirma que ante las dificultades se le congelan las facciones. Pero sin duda el joven líder es un aprendiz de jefe que trata de superar sus vacilaciones iniciales y, sano y salvo después de un duro atentado de ETA, va descubriendo secretos horizontes de grandeza y adquiere hábitos de *magister* como leer poesía, fumar puros o hacer deporte, hábitos desconocidos en sus primeros tiempos de ascensión. Tampoco estaba entonces tan claro su autismo ejercido incluso contra la propia dirección del PP, a veces la última en enterarse de lo que el jefe va a convertir en doctrina o estrategia.

Sorprendente resulta en cambio, dadas las características más aparentes del personaje, que anunciase ya en el inicio de su ascensión, que sólo sería jefe de Gobierno durante dos legislaturas. Nadie se lo creyó entonces, pero en septiembre del 2003 ha cumplido su palabra.

Originalmente más joseantoniano que franquista, como debía serlo su padre, que a pesar de los altos cargos que ocupó en la radiodifusión oficial fue amigo del disidente Dionisio Ridruejo, José María Aznar tiene escritos ya no adolescentes, sino de los tiempos de su estancia en La Rioja, en los que exhibe ideas patrióticas más nacionalcatólicas que constitucionalistas. En sus primeros años en el poder desconcertó incluso a sus propios seguidores con una sorprendente asunción del pensamiento de Azaña, que sobre todo le servía como vínculo con el liberalismo progresista español y con las desganas que el presidente de la II República sentía por el nacionalismo catalán y vasco.

José María Aznar se fue construyendo un imaginario de sí mismo fundamentado en la sobriedad y en la pulcritud: sobriedad supuesta a los castellanos viejos y pulcritud a la altura de la exhibida por el anciano compañero de viaje de los Beatles en *¡Qué noche la de aquel día!* El que fuera presidente de Cantabria, señor Hormaechea, afín ideológicamente a Aznar, a propósito de su sobriedad, comentaba: «¿Qué se puede esperar de alguien que sólo se acuesta con su mujer?». Sobriedad, pulcritud y prepotencia. «A mí no me gobierna nadie», es una de las afirmaciones más autosignificantes de Aznar, influido por el aforismo de otro político sin carisma, Truman: «Yo soy el que al final reparte el juego».

Cuando llegó al poder dependía de la alianza con nacionalistas catalanes y vascos, por lo que tuvo que enmascarar su hipernacionalismo español, herido cuando a medida que se acercaban las elecciones generales del 2000, sus socios vascos y catalanes empezaron a diseñar una política soberanista más ambiciosa, fundamentada en el llamado Espíritu de Lizarra o Estella, según el cual PNV, EA e Izquierda Unida de Euzkadi apuntaban hacia los objetivos de la autodeterminación y de una negociación política con ETA. En parecida dirección iba el pujolismo, al suscribir la carta de Barcelona en la que se subrayaba el papel de los partidos nacionalistas en Cataluña, Euzkadi y también en Galicia, a través del Bloque Nacionalista Gallego. España como problema, otra vez. Aznar se decantó por el regreso a su estrategia de pedirle a la España España, la mayoría absoluta, mayoría natural en versión Fraga Iribarne. Llegó a plantear la necesidad de una segunda Transición que compensara los *excesos* socialistas que habían desvirtuado el buen sentir de esa potencial mayoría natural, y se creyó el instrumento para que la transición abandonara cualquier veleidad de ruptura con el pasado considerado como un común denominador.

«España es la patria mía y la patria de raza», cantaban los poemas didácticos para escolares en los tiempos del nacionalcatolicismo franquista, pero los gustos poéticos de don José María fueron más exigentes, educados al parecer por su padre, buen conocedor de la poesía española, aunque no se sepa todavía si de toda o sólo de parte. El dato de que Aznar es amante de la poesía fue inmediatamente filtrado cuando se consolidó su estatura de aspirante a jefe de Gobierno, supongo que por su expeditivo portavoz y amigo Miguel Ángel Rodríguez, quien se ha movido en un complejo espectro de expectativas, desde sus apetitos novelísticos hasta su condición actual de casi milagroso hombre de negocios. No todos los rasgos públicos y publicados del aspirante a derrotar a Felipe González han permanecido tanto tiempo en el mercado de diseños de políticos. Por ejemplo, algún socialista o de tendencia similar divulgó que a Ana Botella no le gustaban los animales y que por lo tanto no iba a haber perros en La Moncloa. «Las personas me interesan más que los animales», sentenció la señora, en la línea de una disculpa ya muy antigua en España, uno de los países donde peor trato se dispensa a los animales y a las personas. Pero antes de acceder al palacio gubernamental con jardín, en el piso donde habitaba el matrimonio aspirante al traslado había

dos perros, mimados por don José María hasta el punto de despertar algunas irritaciones en su mujer. Una vez ya instalados en La
Moncloa, Ana Botella tuvo que transigir con la animalidad porque
la exigen las fotogenias políticas contemporáneas y en la residencia
del jefe de Gobierno había perros, y gatos tan famosos como Manolo y Margarita, capaces de aparecer ante la prensa o ante el mismísimo Bush, porque los gatos son muy suyos. En cuanto a los perros,
salieron mordedores, incluso de tobillos de destacados dirigentes del
PP, y tras pasar por cursillos de reeducación fueron a parar a una residencia canina.

Los exégetas de Aznar han insistido mucho en las distancias que
el presidente de Gobierno ha establecido con las altas finanzas, como
si huyera del tópico que vincula esencialmente a la derecha con el
poder económico. Cualquier político de derechas se siente más seguro ante el poder económico que el más sagaz de los políticos de la
izquierda. Recuerdo que en la primera conversación que sostuve con
Felipe González, le pregunté: «Oye, tú que estás en el poder, ¿la oli-
garquía económica y financiera existe? ¿Cómo se nota?». Me contestó más o menos: «Pues mira, no se nota tanto como habíamos pensado desde la izquierda». González estaba obligado a reducir el tamaño
político del poder económico oligárquico; en cambio Aznar podía
sorprender al personal manteniendo unas distancias que el poder económico sabía fácilmente salvables. De hecho, durante la primera legislatura aznarista, de 1996 a 2000, la patronal colaboró muy eficazmente con el gobierno para no forzar conflictos sociales, dispuesta a
ayudar a la persistencia y ampliación de la nueva mayoría. Tal vez
Aznar haya heredado su capacidad de sugerir distancia gestual y verbal con el poder económico de aquella *tercera vía* que en su tiempo
dijo ser el falangismo, que no negaba el derecho a la oposición natural entre Capital y Trabajo, pero obligaba a que los litigantes se some-
tieran al interés superior de España, bajo la vigilancia del Estado. Con
cara de jugador de póquer, para sus más entusiastas encumbradores,
pero tal vez más adicto al juego de dominó, como sostenía el periodista Luis Herrero, Aznar se ha empeñado en figurar en el escaparate

más como príncipe poeta que como príncipe financiero, coincidente con la presunción del gran poeta criptocomunista vasco, Gabriel Celaya: «La poesía es un arma cargada de futuro».

La relación de Aznar con los medios de comunicación es dual. Controla políticamente a casi todos, pero no goza de excesivas simpatías entre los profesionales. Tampoco las cámaras de televisión son aznaristas. Suelen captarlo en sus expresiones peores, tal vez porque el personaje sea incapaz de transmitir las mejores. Opondría serios reparos a la percepción de Amando de Miguel sobre la «mala prensa» de que goza Aznar, incluso en las cadenas de televisión oficiales, debido a que buena parte de sus profesionales son de izquierdas. También es de derechas Ruiz Gallardón y en cambio tiene generalmente «buena prensa», sean de derechas o de izquierdas los profesionales. No es ése el problema, sino el mismo Aznar, el sistema de señales que transmite. Nunca en el nuevo período democrático un partido en el gobierno ha tocado tantas teclas mediáticas como el PP, si exceptuamos las del grupo PRISA y las cadenas de televisión autonómicas operantes en Cataluña, País Vasco y Andalucía. Otra cosa es que, de vez en cuando, hasta diarios proclives puedan disentir con algunos planteamientos del caudillaje aznarista o que exégetas e inspiradores no tengan acceso a las secretas deliberaciones de la cámara oval autista donde el señor presidente, en su soledad, ha visto cosas muy claras que no son verdad y diseña los caminos que puedan llevar a España por el imperio hacia Dios o por Dios hacia el imperio. No obstante tiene su interés el inventario de antiaznaridades que en su día formulara nada menos que el director de *ABC*, diario de derechas de casi toda la vida. Don José Antonio Zarzalejos disecciona las maneras y contenidos de Aznar y detecta: malhumor entre prepotente e indolente; postración política; equipo gubernamental sin cohesión; indecisión en la asunción de responsabilidades; prepotencia verbal y gestos adustos y antipáticos; intolerancia ante la crítica; ajado comportamiento que reincide en alucinaciones; decisiones ayunas de calor, simpatía y complicidad; ánimo deprimido y receloso; tozudez y soberbia; altanería ensoberbecida y antipática.

Imposible mayor dureza de diagnóstico casi médico, y aunque Amando de Miguel sospecha que la indignación antiaznarista de Zarzalejos se deba a una política gubernamental poco proclive a los intereses de los grandes olivareros, tan presentes en las inspiraciones de *ABC*, un repaso del inventario zarzalejiano nos lleva a causas supraolivareras, cimentadas en un frecuente trato del personaje dinamitado.

1

El aprendizaje del poder

El primer debate sobre el Estado de la Nación con Aznar como jefe de Gobierno fue uno de los más decepcionantes habidos durante la democracia nacida en 1978, porque el nuevo presidente se interpretó a sí mismo —algo menos incoloro, inodoro e insípido—, Felipe González se pasó de estadista y Anguita fue obsequiado por Aznar con la condición de entrañable e inofensivo socialista utópico. El drama de Anguita fue que acabó asumiendo la imagen que los demás le habían construido y su discurso dejó de contar. Bloqueado por los medios de comunicación hostiles o instrumentalizado por los falsamente proclives, sin medios propios, Anguita no tuvo espejo en qué mirarse, dónde comprobar su propio sistema de señales. Cualquiera que se tomara la molestia de leer lo que proponía descubrirá que no era quimérico, que se atenía a la lógica de un socialismo radical y pedagógico, pero el cómo lo decía, el continente de Anguita lo neutralizaba y esterilizaba el código receptor de la posmodernidad.

González: ése era el problema real de la izquierda por el espacio que seguía ocupando, tras la escasa derrota de 1996, tanto en su partido como en el imaginario de los españoles que esperaban un pronto retorno del PSOE al poder. Durante el debate, González no sólo dejó que Aznar saliera vivo, sino que le permitió entronizarse como gestor económico y no fue a por sus puntos debilísimos. Por cumplir, González pasó sobre la guerra de las televisiones como si pisara huevos, sus propios huevos. Tampoco arremetió contra los dislates culturales y educacionales, ese tufillo a regresión y poquedad mental que ya entonces emanaba del intelectual orgánico colectivo gubernamental, y sobre la rebelión de los fiscales, González en el fondo compartía el gesto de autoridad del gobierno, porque como todos los políticos con voluntad de poder real, creía en la autonomía hegemónica del poder ejecutivo y en el largo brazo de ese poder más allá del ángulo de visión de la ciudadanía y de injerencias restrictivas de los otros poderes. Recién llegado el PP al gobierno, en el Parlamento, discurso casi único pues, pensamiento único sobre el estado de la nación y la propuesta de un líder, Aznar, que ni siquiera tenía aspecto convencional de líder.

Los expertos en imagen, seres improbables pero que han conseguido la imagen de indudables, conscientes de que Aznar había sido insuficientemente recibido por los españoles, aconsejaron al presidente de Gobierno que se dejara ver y exhibiera más esa simpatía natural que Dios no le ha dado. Las encuestas de finales de 1996 y comienzos del 97 demostraban que a pesar de lo mal que lo seguían haciendo los líderes del PSOE y del arrastre de cadenas que comportaba su paso por el vía crucis del GAL, Aznar no despegaba, no se hacía querer. Se dice que hay cuerpos buenos conductores del calor y de la electricidad y que los hay malos; igual sucede con la transmisión de la simpatía. Cuando Aznar sonríe da la impresión de que trata de disimular problemas de estreñimiento anímico y cuando quiere ser rápido sólo consigue ser agitadamente rígido.

Desde el comienzo se vio que el presidente de Gobierno, mal aconsejado por su experto en imagen, gastaba la misma sonrisa en los bautizos que en los entierros. Con motivo de la rebelión de los fiscales frente a la misteriosa lógica interna utilizada por el PP para designar desastrosas jerarquías en el poder fiscal, el señor Aznar se echó a reír y minimizó la cuestión, hasta el punto de provocar una indignación prácticamente general entre la fiscalía. Esta risa tonta forma parte del síndrome de La Moncloa, porque Felipe González también se echaba a reír cuando le estallaban los escándalos. Tampoco se reía bien González en la oposición. Es la suya una risa de flan chino El Mandarín, con la diferencia de que a González se le supone, y la tiene, una gran entidad política.

Estoy de acuerdo en que la risa de Aznar es chapliniana, pero no de Charles, sino de Geraldine Chaplin, más triste y ensimismada. Según como se le mire, Aznar tiene algo de personaje de Carlos Saura antes de que Saura se pusiera las castañuelas o se embarcara en busca de El Dorado, y me recuerda a Geraldine Chaplin en *Peppermint Frappé*. Es la mía una asociación de ideas completamente automática, que sería incapaz de razonar, pero Aznar llega a conmoverme porque se equivoca de cara casi siempre y cuando lo intuye, sonríe. Me han dicho que es muy resabiado y que no olvida un agravio, ni siquiera una crítica. Bien hecho. Yo hago lo mismo. Pero su asesor de imagen se equivocó inicialmente al no pedirle que enfriara sus emociones sin pasar por la sonrisa y mucho menos por la risa, porque ningún dios, ni siquiera el del Opus, le ha dado la gracia de la risa. De todos los dirigentes del PP, el único que se ríe bien es el ministro Piqué porque ha dejado de ser comunista y porque además ha adelgazado. Raramente se consiguen dos grandes prodigios en tan poco espacio de tiempo.

Cuando veíamos reír al Aznar inicial, rodeado de las cabezas cortadas de sus expertos en reparticiones del poder informativo, fiscal y judicial, era utilizable una paráfrasis de la preciosa canción de las chicas de la Sección Femenina: «La farola del palacio / se está muriendo de risa / porque ve a los populares / con corbata y sin camisa». Y esa sonrisa a destiempo no le ayudaba a conectar con la clientela política, porque las masas centristas, céntricas y centradas ni se enteraban de que leía a toda clase de poetas, ni asumían que enviara vibraciones positivas al Real Madrid o a la selección española de fútbol o que presumiera de ser amigo de Blair, uno de los *chicos* de la política internacional. Las masas céntricas, centristas y centradas no son muy expertas en poesía, consideraban que Aznar trataba de aprovecharse de la imagen del Madrid o de la selección y en cuanto a su empeño en flanquear a Blair, le veían como ese amigo del chico que nunca conseguirá quedarse con la chica y muy probablemente muera tres secuencias antes del final de la película. Tuve la osadía de aconsejarle a aquel Aznar en formación que con el tiempo se aceptara a sí mismo y descubriera que no hay que ir por ahí con gesticulación postiza, sino plantarse tal como es: un antipático peligroso. Conozco el paño porque yo he sido antipático casi toda mi vida y no es que haya mejorado con la edad, sino que he llegado a la conclusión de que los demás no se merecen la sinceridad de mi antipatía. De todo aquel que me considera simpático me apunto el nombre y un día u otro lo pagará muy caro.

Retirado Felipe González de la dirección del PSOE, Aznar gozó durante un cierto tiempo de las ventajas de no tener contrincantes o de tenerlos casi transparentes. De hecho el único debate duro que tuvo que soportar frente al neonato candidato socialista, Joaquín Almunia, fue posible gracias a los muñecos del Guiñol de Canal Plus, un género copiado y mejorado del Canal Plus francés. Los guionistas y manipuladores del programa español han conseguido convertirlo en análisis político forense, porque algo tiene de autopsia de las pautas de conducta de los políticos. Mientras se dice que el mismísimo Elíseo presionó en Francia para que desapareciera el espacio, en España fue y sigue siendo uno de los más seguidos y temidos, especialmente por la esposa del presidente Aznar, frecuentemente indignada por la caricaturización de su marido, que es a veces de una refinada perversidad. La señora Botella tiene un sentido de la dignidad que rechaza la ironía, por lo que presupone de inseguridad en la afirmación y la creencia, incluida la inseguridad en la afirmación y en la dosis de creencia en uno mismo que ofrecen los espejos.

A pesar de que la ausencia de González le permitía mayor espacio para sus hazañas, Aznar se negó siempre a aceptar el desafío del socialista Almunia para un cara a cara ante las cámaras de cualquier cadena de televisión. Consciente de su ventaja de salida, el presidente no quería concederle al aspirante un territorio que a priori tenía acotado, pero no contaba con la revisión crítica del guiñol. Los guionistas construyeron el imaginario de Aznar y Almunia a partir de la sabiduría convencional transmitida por los medios de comunicación. Se diseña así ese Aznar irrelevante, incoloro, inodoro, insípido, machacón, poco hábil cuando trata de llegar al nivel de la ironía y menos todavía cuando se sube a las cumbres de la trascendencia. Un Aznar obsesionado por su carencia de atractivo, defecto que pretende convertir en virtud, como si el carisma fuera una incorrección en tiempos de hegemonía de lo correcto. De hecho, Aznar heredó la obsesión anticarismática cuando daba la réplica a Felipe González y todos le señalaban con el dedo: «Usted no tiene carisma y González sí». Como la madrastra de Blancanieves, Aznar se desesperaba cuando cada noche el espejo le contestaba: «No, Felipe González todavía tiene más carisma que tú». Por eso presume de que sin carisma ha conseguido gobernar España y llegar a ser un íntimo del emperador, y se indigna ante la posibilidad de haberlo contraído como si se tratara de un virus.

Si éste es el imaginario de Aznar, el de Almunia era el de Sancho Panza de Felipe González que le está guardando la silla para cuando su jefe decida volver a recuperarla. Si los guiñoles describían a un Aznar sin gracia alguna, tampoco escondían que Almunia no estaba dotado para despertar entusiasmos y era más previsible en sus respuestas que un calendario. Recordemos aquella noche en que Canal Plus decidió sustituir el imposible careo real por un careo virtual y los guiñoles consiguieron crear hasta la perfección la ilusión óptica del encuentro y del debate. Un estudio perfecto de los sistemas de señales de los políticos reales permitió un milagro semiológico, como fue el que nos sintiéramos espectadores del debate real, a pesar de que éramos conscientes de estar presenciando un simulacro, que era a la vez caricatura. He aquí una materia de análisis para las facultades de Ciencias de la Información y especialmente para los estudios sobre la descodificación del sistema de señales. Porque la excelencia del resultado tal vez no se debiera solamente a lo buenos que son los guionistas y los manipuladores de los guiñoles. Tal vez contaban con una complicidad inesperada: la de los políticos que cada vez más se parecen a sus caricaturas, como si fueran secuestrados por ellas, cual insectos flotantes en las aguas atraídos por los sumideros. Los ingleses ensayaron la crueldad diabólica de los teleñecos capaces de apoderarse del alma de los protagonistas reales de la Historia de Papel, es decir, de la historificación mediática.

2

De España como problema
a España sin problema

Si la amenaza contra la unidad de España considerada como una satisfactoria identidad de nación y Estado único había sido una de las causas de la Guerra Civil y de la dictadura franquista, también lo fue para los golpes de Estado dados o ensayados a lo largo del primer lustro de la nueva democracia. Sin decantarse hacia la nostalgia golpista de los militares y el ultrafranquismo residual, al principio Alianza Popular y luego el PP, su hijo natural, utilizaron esa amenaza contra la unidad de la patria como argumento electoral primero y posteriormente para justificar su gestión de gobierno.

Entre el verano de 1993, tras las elecciones generales que representaron la pérdida de la mayoría absoluta del PSOE y la noche del 3 de marzo de 1996 en la que fue el Partido Popular el vencedor por mayoría muy relativa, España vivió una especial crispación política y social condicionada por la operación de acoso y derribo del gobierno socialista. La crispación se extremaba a causa de disputas variadas y complementarias, sobre todo entre dos clases de banderías: las políticas y las mediáticas. Por una parte las banderías políticas se dividían en la gubernamental, PSOE, y las demás: Partido Popular, aquelarre de todas las derechas posibles; Izquierda Unida, aquelarre de casi todas las izquierdas posibles, muy preferentemente el Partido Comunista; Convergència i Unió, fusión operativa de dos partidos del centro derecha catalán: Convergència Democràtica y Unió Democràtica; el PNV o

Partido Nacionalista Vasco; una serie de partidos menores, aunque algunos dotados de portavoces de muchos decibelios, como la señora Pilar Rahola, percherón todoterreno representante de Esquerra Republicana de Catalunya o el señor José Carlos Mauricio, de Coalición Canaria, ex alto y ex joven dirigente del Partido Comunista de España, considerado en su tiempo incluso como uno de los delfines posibles de Santiago Carrillo.

El hecho de que los nacionalistas catalanes y vascos respaldaran desde 1993 la política de los socialistas había acentuado las vibraciones negativas de la situación porque la derecha y buena parte de Izquierda Unida acusaban al PSOE de entregar el Estado a los intereses particularistas de los partidos nacionalistas antiespañoles, reproche secundado por la mayoría del poder mediático madrileño. Por si faltara algo, habría que censar el rifirrafe entre el Gobierno y el llamado Poder Judicial, debido a que los casos de corrupción económica y de terrorismo de Estado (caso GAL) que afectaban al partido en el poder convertían a los jueces en sujetos privilegiados, bien del acoso a, bien de la defensa de, las almenas del poder socialista. Evidentemente, durante casi tres años, Madrid parecía en estado de sitio.

Conscientes de la debilidad del gobierno socialista, minado por los escándalos, el pacto del PSOE con los nacionalistas catalanes fue utilizado para sembrar las dudas sobre los privilegios económicos concedidos por el gobierno central a Cataluña y para fomentar el pánico entre los castellanohablantes por las prerrogativas que la lengua catalana podría alcanzar como consecuencia del pacto político entre Jordi Pujol, presidente del gobierno autonómico catalán, y Felipe González. De siempre ha estado el sector castellanohablante dogmático compuesto de primates recelosos ante las lenguas extranjeras y mucho más ante las que han sobrevivido a la competencia del español dentro de los límites convencionales del Estado.

Escribí por entonces *Un polaco en la corte del Rey Juan Carlos*, intento de análisis de aquellas frondas, y de ese libro extraigo parte de mis reflexiones de este capítulo. Decía allí, y digo ahora, que cuando en buena parte de las Españas oyen hablar en catalán, gallego o euskera les suena a frotamiento de hojas de tijera podadera empeñada en la castración del pene lingüístico de la patria, una unidad idiomática absolutista y totalitaria que en la práctica jamás existió y que sólo la dictadura franquista estuvo a punto de conseguir. Desde la prepotencia o desde la ignorancia condicionada por la perversidad de los libros de Historia que nos han hecho tal como somos, el hispanohablante sectario tiende a pensar que el gallego, el catalán y el euskera son inventos de la frágil democracia y más concretamente de líderes nacionalistas separatistas empeñados en acumular hechos diferenciales y separadores cueste lo que cueste. Se intuye que ante la evidencia de que los catalanoparlantes existían, los reclutas y oficiales del ejército español del siglo XIX llamaran *polacos* a los mozos que se expresaban en aquella jerga y que el epíteto pasara a los capítulos despectivos del argot. Incluso aparece en el lenguaje épico deportivo cuando, en una de las penúltimas hazañas del Real Madrid presidido por Ramón Mendoza, la Supercopa ganada al Barcelona F. C., el título fue coreado al grito de: «Al bote, al bote, polaco el que no bote», consigna que era paráfrasis de «Al bote, al bote, fascista el que no bote», uno de los lemas de la lucha antifascista, adaptado ahora a la condición de arma arrojadiza étnica y secundada a paso de danza por el propio presidente del club madrileño, sexagenario que sacaba fuerzas de flaqueza para afrontar tal polonesa. Es sabido que el Barcelona Fútbol Club ha asumido desde los años veinte la condición simbólica de ejército desarmado de Cataluña y que el Real Madrid fue un tercio de Flandes más en manos de la propaganda franquista.

Era tan pintoresco como evidente que la progresiva irritación de una parte de los españoles contra los catalanes se debía tanto a la hegemonía del Barcelona durante cuatro ligas de fútbol como a las prestaciones parlamentarias que el nacionalismo catalán le hacía al gobierno socialista. Tal vez hubieran sido perdonables las cuatro ligas ganadas por el Barcelona, pero en cuanto al PSOE —por sus propios méritos perdió la mayoría absoluta—, la ayuda de los nacionalistas catalanes fue presentada como un interesado préstamo de un pueblo usurero y fenicio encarnado en la figura del presidente autonómico de Polonia, Jordi Pujol, bajito y feo para más agravio, según insistían sus detractores. Un editorial de *ABC* lo decía bien claro:

> El ingenioso Jordi Pujol podría patentar la fórmula para solaz de los especialistas en «hechos consumados»: con diecisiete diputados y un 4,95 % del voto nacional registrado en las últimas elecciones, CIU se ha convertido no sólo en el escudo parlamentario del PSOE y en la explicación aritmética de su supervivencia en el gobierno, sino en la destinataria de las más costosas gollerías presupuestales y en la discreta y exitosa fuente de un autonomismo insaciable que aspira, en su versión más extremosa, a hacer de la Constitución el plato soñado de su robusto apetito.

Habitualmente se describía a Pujol como un usurero chantajista que chuleaba al gobierno de los socialistas para engordar a Cataluña mientras España enflaquecía. Era tónica general de la abundante literatura periodística y radiofónica, preferentemente de la COPE, cadena de obediencia eclesiástica, criticar a Pujol y al nacionalismo catalán como responsables de un genocidio lingüístico cometido contra los hispanohablantes ciudadanos de Cataluña, a la par que se reprochaba al presidente de la Generalitat de Catalunya apoyar a los socialistas para recibir a cambio prebendas para los catalanes en detrimento de la España pobre. A partir de esta campaña las buenas gentes del lugar no matizaron tanto como los columnistas de prensa y radio y arremetieron contra los catalanes como etnia marcada, como los judíos o los escoceses, por el espíritu de la *peseta*, maldita raza esclava del axioma: «Lo que no son pesetas, son puñetas». Hubo taxista madrileño que se negó a aceptar propina de mano catalana, así como hubo comerciante o industrial de puras esencias españolas que cortó por lo sano cualquier contacto con profesionales o productos catalanes. Incluso hubo quien sustituyó el cava, un vino espumoso catalán, por el que se elabora en la Ribera del Duero o La Rioja, en una inequívoca demostración de principios contra la odiosa, rica, insaciable Cataluña, genocida lingüística y acaparadora.

La cabeza de la lucha mediática contra el pacto Pujol-PSOE la llevó el diario *ABC*, de larga vocación vigilante ante el demonio familiar del secesionismo hispano. Mientras escribía mi novela sobre Franco, *Autobiografía del general Franco*, y mi ensayo sobre Dolores Ibárruri, *Pasionaria y los siete enanitos*, tuve ocasión de consultar frecuentemente *ABC* a lo largo del siglo xx y doy fe de la constancia repetitiva de sus argumentos sobre la unidad de España y su visión de la patria como un cortijo unitario y monolingüe estrechamente vigilado por la Guardia Civil, ya fuera en la España de 1910 o en la de la última década del milenio. Esta vez la campaña contra los excesos catalanes llegó al lenguaje pornográfico, como cuando se insistió desde *ABC* en que el pacto Pujol-González respondía a apetitos sexuales a través de la línea telefónica caliente del 903, al tiempo que sólo veía en el político catalán picardía comercial para llevarse al huerto a los socialistas. Se acusó a Pujol de ser de baja estatura: «Pujol, se le ve, es un señor bajito… Por muy pequeño que hagamos el mapa no habría manera de meter a Cataluña dentro de Pujol. Sin embargo Pujol se cree que lleva dentro a toda Cataluña».

A partir del dato objetivo de que Pujol es bajito y Franco también, glosaba *ABC* unas escandalosas declaraciones de Julio Anguita, líder de la izquierda poscomunista, en las que comparaba a Franco con Pujol, porque ambos identificaban las ofensas personales con las ofensas a España o a Cataluña. Rechazaba *ABC* que «quien critica al pequeñete y honorable *president* insulta a la laboriosa, moderada, prudente y respetuosa Cataluña». Lo que se impugnaba era la política aldeana y mercantil de Pujol, sin percibir que, como había señalado varias veces el propio Anguita, Pujol no defendía los intereses de Cataluña, sino una política económica asumida por el poder económico de toda España que contemplaba esperanzado las correcciones derechistas que el líder catalán imponía a la política económica socialista. Pujol ha sido el único líder de la derecha española que combatió el franquismo, fue detenido, torturado, encarcelado y ha sabido utilizar ese capital resistente para vender su imagen en el mercado democrático, pero parte del principio de que para que un país vaya bien, los empresarios deben sentirse satisfechos y ha sido el hombre del sector más ambicioso y mejor conectado internacionalmente del capitalismo español, no sólo del catalán.

El pretexto emocional de escándalo es la pauta de la inmersión lingüística aplicada por el gobierno autonómico de Cataluña, consistente en dar enseñanza en catalán a todos los niños desde el inicio de su escolarización para *sumergirlos* en la lengua propia de Cataluña. Media España se horrorizó ante el imaginario de miles y miles de niños inmigrantes arrebatados de los pechos lingüísticos de sus madres y arrojados a la caldera donde se cuece el *pot au feu* del catalán, presentado como la lengua de una burguesía nacional y explotadora. Hasta el brillante escritor de izquierdas Antonio Gala reaccionó críticamente: «Mis niños andaluces de ojos negros, si están en Cataluña, no han ido allí para aprender idiomas, por ejemplo». La acritud sube de tono y de convencionalidad cuando se atribuye al pacto Pujol-González el nacimiento de agravios comparativos en otros pueblos de España que van a pagar ese acuerdo que representará trece mil millones de pesetas para Cataluña: «Es el precio que ha tenido que pagar González por el voto favorable de Pujol a los Presupuestos».

La COPE, la cadena radiofónica controlada por la Conferencia Episcopal, desarrolló una campaña radical contra el nacionalismo catalán, hasta el punto de provocar la protesta de los obispos de Cataluña. Pero no nos alejemos de *ABC*, el diario emblemático de la derecha española. A las reflexiones ironizantes se sumaba la cada vez más desgarrada alma hispánica, la acritud herida del españolismo victimista. En esta situación cualquier rábano se coge por las hojas y cuando se incendia el teatro del Liceo en Barcelona, la promesa de ayuda estatal para su reconstrucción despierta el agravio comparativo: ¿y la catedral de Burgos? ¿Acaso no amenaza ruina la catedral de Burgos? Temerosos de que la competencia entre el Liceo y la catedral de Burgos acentúe el cisma, y aconsejados por el Rey, que siempre ha visto con malos ojos el uso de la gasolina para apagar el fuego de la desunión española, Pujol y la entonces ministra de Cultura, la valenciana y catalanoparlante Carmen Alborch, presiden un concierto de la Orquesta del Liceo en la seo burgalesa para recaudar fondos añadidos a los muchos que necesita la catedral para rehacerse del mal de la piedra.

Las suspicacias interregionales creadas se enciman por cualquier motivo y así cuando está a punto de cumplirse el acuerdo de que parte de los fondos documentales de la Guerra Civil depositados en el Archivo de Salamanca, los documentos requisados en Cataluña por las tropas franquistas, vuelvan a su lugar de origen, se echan los salmantinos a la calle encabezados, entre otros, por el escritor Torrente Ballester y por autoridades locales de todos los colores, para defender a Salamanca del expolio catalán. Hubo diario que se refirió al expolio catalán y al genocidio del castellano en Cataluña hasta el punto de publicar más de cincuenta notas o artículos al respecto durante 1994, es decir uno cada seis días.

La exacerbación se generaliza en 1995. Ya dijo Anguita, tras utilizar su burguesímetro de bolsillo, que la burguesía catalana era la peor de España, afirmación suscrita primero con alivio y luego con entusiasmo por todas las burguesías españolas. El gobierno está salpicado por los residuos sangrientos del caso GAL y mientras los socialistas se refugian en el búnker y convierten al juez instructor del GAL, Baltasar Garzón, en su enemigo, el bloque mediático sacude más que nunca a Pujol porque propicia la continuidad del gobierno a pesar de los escándalos. Sobre Pujol se escribe: «Este penúltimo pirata del Mediterráneo, este judío de la cuenca latina, este vendedor de galeones hundidos, el que gestiona patrias con mano de pesar bacalao o butifarras…, este antifranquista de derechas, parece dispuesto a gobernar España desde una esquina, chiquito pero matón, y con quien sea». Y se sentencia que: «No parece temerario imaginar que esos motivos hay que buscarlos en los mismos pecados de corrupción y trapicheos económicos que pudren y empuercan la política de los socialistas. Los escándalos económicos que salpican a Jordi Pujol a través de su partido y de su familia van apareciendo, cada vez con mayor claridad, ante la opinión pública. Hasta ahora habían aparecido casi ocultos y tapados gracias al control que Jordi Pujol ejerce sobre los medios de comunicación en Cataluña».

. Por su parte los catalanes, fueran o no fueran pujolistas, estuvieran o no estuvieran de acuerdo con la alianza Pujol-González, ratificaban su impresión histórica de que eran rechazados por el resto de España, al mismo tiempo que explotados como una de las comunidades más contribuyentes a las recaudaciones de los tesoros nacionales. El sector de quienes opinan que el castellano es una lengua impropia en Cataluña, a pesar de que la entienda todo el mundo y la hable habitualmente al menos el cincuenta por ciento de sus pobladores, se sintió legitimado para seguir poniendo puertas al campo de la cohabitación lingüística. Hasta los antipujolistas más radicales se sintieron reactivos ante los insultos a Pujol porque intuían que eran algo más que insultos a una persona. Apareció en esta situación *El Llibre Negre de Catalunya* (*El Libro Negro de Cataluña*, La Campana, Barcelona, 1996) del historiador Josep Maria Ainaud de Lasarte, elocuentemente subtitulado: *De Felipe V a l'ABC*, es decir, desde el cero de la ocupación de Cataluña por los borbones a comienzos del siglo XVIII, el primer intento de sistemático arrasamiento del hecho diferencial catalán, al infinito de la cruzada emprendida por *ABC* contra el genocidio de la lengua española en Cataluña. Ainaud suministraba un rosario de citas suficientes sobre el talante de las distintas ocupaciones militares, políticas y lingüísticas de Cataluña, la más grave y desidentificadora, la de los reyes borbones a partir de 1714: «No se deben elegir medios flacos y menos eficaces, sino los más robustos y seguros, borrándoles de la memoria a los Cathalanes todo aquello que pueda conformarse con sus antiguas abolidas constituciones, ussáticos, fueros y costumbres».

No mejoraron las cosas en los dos siglos siguientes y así llegamos a la propuesta de que los catalanes fueran excluidos de cargos públicos formulada en 1901. En *La Correspondencia Militar*, 1905, se afirma que los diputados y senadores catalanes deben ser *eliminados* [*sic*] del Parlamento; «¡Jamás, jamás transigiré con que Cataluña sea una nación!», se exaltaba Royo Villanova en 1915 en el Congreso de Diputados; se detiene en 1924 a Gaudí en Barcelona porque hablaba en catalán por la calle; en 1925 un ciudadano va a la cárcel por llevar un escudo del Barça; el antólogo recuerda los sucesivos pronunciamientos de *ABC* contra lo diferencial catalán; el político Balbontín asegura en 1932 que el catalanismo es una *mentecatada*; muchos republicanos de Madrid gritan: «Muera el Estatuto de Cataluña, viva la República»; Antonio Goicoechea, diputado monárquico, declara en las Cortes republicanas en 1934 que la mayoría de los catalanes quieren que se los libere del Estatuto de Autonomía; nada más estallar la Guerra Civil, el general Queipo del Llano sugiere: «Transformemos Madrid en un vergel, Bilbao en una gran fábrica y Barcelona en un inmenso solar», y añadía el etílico militar que lo más patriótico era no pagar las deudas a ningún acreedor catalán.

No me extiendo sobre el período franquista porque pertenece a la más reciente memoria de los agraviados catalanes y las medidas antipolacas obscenas alternan con las sangrientas y las tragicómicas, pero Ainaud también recopila la más estricta modernidad catalanofóbica iniciada en 1993 mediante la denuncia de una limpieza lingüística contra el español y de contribuir al divorcio entre los niños inmigrantes catalanohablantes y sus padres inmigrantes castellanohablantes. «Igual que Franco pero al revés. Persecución del castellano en Cataluña», titulaba *ABC* en 1993, casi recién fraguada la alianza impía entre felipismo y pujolismo. Por esta senda llega buena parte de la correspondencia que el diario recibe de ciudadanos aterrados ante la castración lingüística que el español padece en Cataluña y no empleo la palabra *castración* porque sí, sino porque en una carta a *ABC* del por otras razones tantas veces admirable, por lógico matemático y socialista, Miguel Sánchez Mazas, se dice:

«No nos tiembla hoy la mano ni la pluma al proclamar con la mayor firmeza, desde estas páginas de *ABC* —tan hospitalarias siempre para quienes pretendemos defender la justicia—, que esta cruel, traumática y repugnante operación quirúrgica de la actual Generalidad de Cataluña, que está en trance de consumar una auténtica castración lingüística, psicológica, moral, cultural, laboral y social de la noble comunidad hispanoparlante de esa región, es el golpe más bajo que se ha asestado a la cultura de España desde que nuestro país existe».

37

¿Casualidad que uno de los primeros fusilados en una cuneta por las tropas franquistas tras el Alzamiento fuera un viajante catalán, por el hecho de ser catalán y viajante, oficio fenicio, más el añadido de que el asesinado, apellidado Suñol, fuera presidente del Barcelona F. C.?

Y todo ese dramatismo parecía haber salido de las catacumbas y las fosas comunes del tiempo para que el PP lo utilizara como emblema electoral. Otra vez «España como problema».

Hete aquí que la noche de 1995, cuando el PP gana las elecciones europeas, sus seguidores se echan a la calle y cantan «Pujol, enano, habla castellano». Y en las primeras horas de la noche electoral de marzo de 1996, cuando parecía que las derechas iban a conseguir la mayoría absoluta y no necesitarían aliados, volvieron a cantar por las calles: «Pujol, enano, habla castellano». Pero pasaron las horas y la victoria conservadora se fue acortando y al mismo tiempo crecía la evidencia de que el PP iba a necesitar el apoyo de los nacionalistas catalanes para poder gobernar. Y entonces se operó el prodigio. De la noche a la mañana el señor Aznar, cabeza visible del PP, declaró que sabía hablar el catalán en la intimidad y que además, lógicamente, lo entendía. Igual les sucedía a otros políticos del PP que recordaron milagrosamente que pasaban sus vacaciones en Cataluña desde la más tierna infancia. También coincidían en que el modelo de sociedad y el reformismo económico paraliberal era común en el programa del PP y el nacionalista de Pujol. Desde la mañana siguiente, 4 de marzo, se movilizaron los grupos de presión industriales y bancarios que habían impuesto el pacto Pujol-González para convertirlo en el pacto Pujol-Aznar. Pero después de tanta histeria anticatalana o antiespañola, ¿cómo cambiar la conciencia de las bases españolistas y antipujolistas de Aznar? ¿Cómo cambiar la conciencia de las bases catalanistas y antiaznaristas de Pujol? Duran i Lleida hizo lo que pudo. Invitó a Aznar a almorzar en el vanguardista restaurante El Bulli donde Ferran Adrià sometió al jefe de Gobierno a un tratamiento gastronómico de choque.

Había que vender una expectativa extraordinaria. Aznar trata de convencer a sus bases con el logro del poder: si pactamos, aunque sea con CIU y el PNV, gobernamos, si no pactamos puede perpetuarse el PSOE o debemos afrontar elecciones anticipadas. Por su parte Pujol enfrenta a sus seguidores a la tentación de las ventajas de un pacto con la derecha españolista debilitada, que así metabolizará el hecho diferencial catalán y hará concesiones autonómicas sin precedentes. Las bases, a regañadientes, dicen que sí, pero Pujol sabe que ha dado un paso muy decisivo hacia la derecha, corriendo el riesgo de que su partido debilite la imagen interclasista de partido casi gaullista, porque salvo en la estatura y en el oficio militar, Pujol tiene una relación con Cataluña equivalente a la que De Gaulle decía tener con Francia. Pujol se considera Cataluña y el posible instrumento de una *grandeur* catalana que no quiere conseguir mediante la violencia separatista, sino estimulando un desarrollismo catalán que acerque al país a la Europa de la primera velocidad. El sueño del nacionalismo catalán interpretado por Pujol es que algún día España sea un mero vecino geográfico y Cataluña se entienda, factualmente, directamente con Europa. Desarrollista convencido, Pujol quiere implicar en ese viaje al capitalismo catalán, y que éste no se oponga al capitalismo español, ambos bajo las directrices de la internacional, con una Cataluña plenamente integrada en el sistema productivo mundial. Con esa finalidad estaba Pujol dispuesto a convertirse en el instrumento de una *modernización* económica según las pautas del liberalismo agresivo globalizatorio.

Todos los agravios exacerbados entre 1993 y 1996 pasaron a un traumático y sospechoso olvido. En el otoño de 1996 ya nadie se preocupaba en la capital de las Españas por los pobres castellanohablantes supuestamente ahogados en la inmersión lingüística perpetrada en Cataluña o Euzkadi, ni por la España pobre, aún más empobrecida por el enriquecimiento potencial de los catalanes y los vascos. Incluso se extendió la evidencia de que Pujol no era tan bajito como se había pensado y hasta se le consideraba rubio y guapo, mediante una prodigiosa remodelación de su imaginario. La Internacional Popular, a la que pertenecen el PP y Unió Democràtica, socios de Pujol, velaba por que el pacto entre los conservadores españoles y los nacionalistas pujolistas fuera duradero y alcanzara el momento de la convergencia europea marcada por las pautas del bloque neoconservador. Escribí entonces que el día en que Aznar pronunciara correctamente el traba-lenguas *«setze jutges d'un jutjat mengen fetge d'un penjat»* el problema entre Cataluña y la derecha española desaparecería. Más difícil era que hubiera reconocido hablar en euskera en la intimidad, porque eso no se lo hubiera creído ni doña Ana Botella.

1996. Pacto de legislatura PP, CIU y PNV. España, pues, sin pro-blema. Ya en los años cuarenta, Laín Entralgo, falangista residual, se planteaba *España como problema* y pronto apareció la réplica a cargo del intelectual del Opus Dei Calvo Serer, *España sin problema.* Por otros procedimientos condicionados por la aritmética electoral, Az-nar llegó cincuenta años después a la misma conclusión que Calvo Serer. Populares y nacionalistas catalanes y vascos se aliaban de facto y dejaban a las demás fuerzas políticas en los más tenebrosos espacios exteriores de la galaxia.

3

La ayuda socialista

Ya en el poder y en ejercicio el pacto con los pujolistas y los del PNV, puede decirse que los populares lo tenían todo. Aparatos de Estado, medios de comunicación institucionales, vientos macroeconómicos favorables, el padrinazgo de Blair, el desconcierto interno del PSOE, Barrionuevo y el señor X en el banquillo de los GAL. Disponían incluso del Vaticano de las estadísticas, el CIS, pero fueron precisamente las estadísticas las que describieron al PP como una sirena prácticamente varada en 1998, retenida en los resultados electorales de 1996 como si se trataran de arrecifes. Aunque el que menos crecía era el jefe de Gobierno, quiero referirme antes a otros presuntos implicados en el déficit, porque no fue sólo Aznar el culpable de su parálisis.

Se atribuía a los portavoces iniciales del gobierno, Miguel Ángel Rodríguez y Álvarez Cascos, *portacoz*, según Félix de Azúa, dar una mala imagen del ejecutivo, de su padrino Aznar y de sí mismos. También se descubrió en el ministro Álvarez Cascos una rara habilidad en convertir en boomerangs las piedras que lanzaba al tejado del PSOE y sólo le faltó el misteriosamente metafísico conflicto político en el PP asturiano como para que buena parte de sus correligionarios se preguntase: ¿qué hemos hecho nosotros para merecer a Álvarez Cascos? La relación entre el sabio economista Barea y el ministro Rato tampoco ayudaba, aunque en el principio se pensó que asistíamos a la conformación de una de esas parejas complementarias e inolvidables: Dafnis y Cloe, Romeo y Julieta, Bud Abbott y Lou Costello, Ortega y Gasset, Felipe y Alfonso, Carmen Morell y Pepe Blanco. No. Lo que pudo ser estrategia inicial —Barea lanzando globos sonda como un profesor chiflado y Rato deshinchándolos si navegaban mal—, se convirtió en pesadilla escénica y cada vez que Barea redactaba un informe apocalíptico parece ser que la oposición lo leía antes que Rato.

En cuanto al pretendido héroe positivo del gobierno, el ministro del Interior, Mayor Oreja, junto a la imagen tan jaleada de victorioso flagelo de ETA, también había crecido la de intransigente jefe de los guardias cada vez más intransigentes, una de las causas del hundimiento de todos los espíritus convocados contra ETA, desde el de Ajuria Enea hasta el de Ermua. El espíritu de Ajuria Enea reunió a todas las fuerzas políticas vascas, menos a Herri Batasuna, en una toma de posición antiterrorista que trataba de utilizar la fuerza de la unidad democrática contra ETA. Este espíritu fue duradero pero poco modificador de la situación. Se trataba de uno de esos espíritus pasivos que permanecen semiescondidos en las esquinas de los salones de la Historia. El de Ermua fue fruto de la reacción emocional de la mayoría de los españoles contra el asesinato de Miguel Ángel Blanco, joven concejal de Ermua, primero secuestrado, luego muerto por ETA. El de Lizarra (Estella) sería un espíritu segmentado, fraguado en esta localidad de Navarra por el PNV, EA e Izquierda Unida del País Vasco, ya a fines de la primera legislatura del gobierno Aznar, ofrecido como un hecho consumado de avance hacia la negociación con ETA y respaldado por una tregua concedida por los etarras que duró un año. Convencidos de la parálisis política que afectaba al PP y al PSOE en el tratamiento del problema vasco y de que el PP dependía de las ayudas del PNV y de CIU en el Parlamento español, los firmantes de Lizarra forzaron la tuerca del soberanismo y plantearon con toda claridad el objetivo de la autodeterminación.

Frente a esa diversificación de espíritus, Aznar se sentía cada vez más inclinado por un fantasma de infancia, el espíritu nacional, aquel alma de la nación, materia prima de la asignatura Formación del Espíritu Nacional, resto ideológico de lo que al Régimen de Franco le quedaba de falangista. Pero por más que buscara con los pies las raíces, Aznar no crecía en la consideración pública y tampoco le ayudaban demasiado los caballeros o las caballeras de su Mesa Redonda. Doña Esperanza Aguirre, triministra de Educación, Cultura y Desconciertos de Aranjuez, pasaba a ser heroína de *Caiga quien caiga*, el programa dirigido por el Gran Wyoming, después de haber metabolizado los mil mejores chistes españoles. A la admirablemente trabajadora Loyola de Palacio le habían puesto unos patines inevitables para que se deslizara sobre el aceite que pudo haber sido y no fue. A la señora Tocino se le iban las aguas ponzoñosas a Doñana y a la mar, que es el morir. No, no sólo Aznar era el culpable del no crecimiento. A todos los factores citados habría que añadir el factor sombra del PSOE, sombra de Rebeca, sombra de misterio, todavía alargada sobre la conciencia social española, como si persistiera una cierta añoranza por el imaginario, aunque sólo fuera por el imaginario de aquel partido que ganó por mayoría absoluta las elecciones en 1982 y las perdió tan lentamente a partir del día en que se dejó alienar por las razones, los secretos y los fondos reservados del Estado.

Pero ya en 1998 era imposible aplazar la responsabilidad que tenía Aznar por no crecer. Todo ser humano es un sistema de señales, mucho más aquel que actúa en y para la opinión pública. El sistema de señales que emitía Aznar sólo convencía a sus partidarios y lo hacía por ausencia de otra alternativa, porque nada se sabe de qué ocurriría si Ruiz Gallardón o Rato o Mayor Oreja fueran competidores de Aznar en el gran mercado del liderazgo emblemático. Reducir la causa del escaso glamour de Aznar a cuestiones físicas sería una tonta aportación, porque es más alto que Pujol, más joven, tiene más pelo y habla mejor el castellano, aunque su entonación se preste a la caricatura. Con todos sus déficit físicos convencionales, Pujol es un excelente sistema de señales para su clientela porque representa una forma de ser de la catalanidad y sabe vender esa identificación. Aznar es un político funcional, a la medida de una democracia aposentada, lenta, antigua, capaz de asumir líderes grises en tiempos grises. Pero España aún no está en ese territorio. Aún vive y provoca terremotos en el desierto o mareas en un vaso de agua para percibir la excitación polí-

tica. Ana Botella dijo en cierta ocasión que cuando había algún problema, su marido reaccionaba muy fríamente: «Se le pone cara de cubito de hielo». Es una hermosa, y en el fondo cariñosa, metáfora. Pero
es que Aznar da la impresión de que siempre lleve puesto el cubito
de hielo y, por más sonrisa y meneo que le eche a la sonrisa, la rigidez respalda hasta sus carcajadas. No representa ningún prototipo asumido en el catálogo de la fauna política ibérica: ni es el ogro comelo-
todo a lo Fraga, ni el vendedor de burros tuertos a lo González, ni el
viejo zorro a lo Carrillo, ni el mensajero sacrificado y providencial a
lo Suárez, ni el mesías del futuro como religión representado por Anguita. Aznar tenía en 1998 el mismo y respetabilísimo sistema de señales de un inspector de Hacienda o de un novio lento, seguro, con
corbata, que va al cine con su novia y el hermano pequeño de su novia, siempre con el hermano pequeño de su novia.

Escribí por entonces (y me equivoqué): «Nunca entusiasmará,
nunca indignará del todo. Se le reconocerán los méritos cuando la
democracia española acceda a la condición de inevitablemente abu-
rrida». A pesar de la solidez de su minoría mayoritaria, el PP, como
su jefe, no parecía crecer. Se rompía en Asturias, el poder judicial se
descomponía en Gómez de Liaño, el GAL se fragmentaba y se mul-
tiplicaba por tres (Carrero-Arias Navarro, UCD, PSOE). Porque había sido en los tiempos de Carrero valido-Arias Navarro heredero,
cuando la guerra sucia contra universitarios y sindicatos clandestinos
se organizó como una prolongación sucia del poder. La doble verdad
había gravitado sobre estos expedientes como una demostración de
que haya o no haya democracia, el poder se funda sobre el doble lenguaje, la doble moral y la doble contabilidad.

Si en los dos últimos años del PSOE vivimos en la zozobra pro-
vocada por la progresión geométrica del escándalo, los dos primeros
años de gobierno del PP se caracterizaron por una cierta sensación de
coito interrumpido. A media luz los dos o los tres, la economía parece ser que iba bien, España también, los palanganeros mediáticos
en su sitio, condones nuevos, pastillas de viagra prometidas por el Seguro Obligatorio de Enfermedad, es decir el señor Romay, ministro

de Sanidad, y sin embargo…, y sin embargo teníamos la sensación de que nos faltaba algo, tal vez fe, o había sido tanto el autobombo del gobierno que era imposible mantenerlo a los mismos decibelios todas las horas, todos los días, y en cuanto descansaban las panderetas, el silencio sonaba como un ruido. Tal vez nos descorazonaban las estadísticas que seguían malpremiando al señor Aznar su voluntad de gobernar sin fascinar, pero sin perder hechuras de caudillo, de caudillo civil, naturalmente.

En el poder el PP por unos miles de votos, el PSOE seguía siendo una alternativa electoral más real que seria, a pesar de que el paso a la oposición no había significado una auténtica autocrítica, una voluntad de explicarse la verdad sobre sí mismo. Si el PSOE hubiera dicho la verdad en 1982, toda la España de progreso habría suspirado aliviada porque, por fin, la cultura de la izquierda modificaba la cultura del poder. Pero como fue al revés, dieciséis años después, cuando el poder había realquilado el Estado a una derecha aparentemente no consolidada, por una parte seguía sabiendo a poco la derecha como derecha y, por otra, se recelaba progresivamente de una izquierda empeñada en seguir engañándose a sí misma, aunque estuvo a punto de practicar una auténtica catarsis en el transcurso de las batallas entre Borrell y Almunia por la sucesión en la secretaría general.

Pese a que Felipe González, poco dotado para pasar de estadista brillante a opositor oscurecido, designara a Almunia como su heredero, la rebelión de las bases del PSOE propició unas elecciones primarias y el nombramiento de Josep Borrell como candidato a las generales del 2000. Las bases del PSOE escogieron en libertad, frente a las indicaciones del *partido programa*, superando su predestinación de obediente *partido máquina*. También votaron en contra del agorerismo mediático, cuando no de la confabulación mediática, para presentar a Borrell como lo *políticamente incorrecto*. Borrell se apareció a los gentiles como responsable de Hacienda del primer gobierno socialista y fue acogido como un repelente técnico, desdeñoso, según el estilo chulesco de Solchaga, que iba repartiendo suspensos por las Cortes cuando hablaban de economía los responsables de UCD. Borrell se

hizo inmediatamente popular porque metió en cintura fiscal a Lola
Flores y Pedrito Ruiz. La faraona se echó a llorar y Pedrito Ruiz se
hizo lógicamente antisocialista porque a nadie le gusta que le persigan la cuenta corriente con las homilías en la mano. Cuando se expresaba teóricamente, Borrell parecía representar el ala izquierda del
Labour Party, esa ala izquierda que las socialdemocracias conservan
para mantener un arco iris votante suficiente, pero que desde los tiempos de Aneurin Bevan y Clement Atlee, no ha sido determinante de
la política socialista cuando llega al poder. El ala izquierda socialdemócrata es la reserva espiritual de un ecosistema perfectamente preparado para la esquizofrenia entre el pragmatismo y la utopía, entre
el poder y su sombra.

Luego asumimos que Borrell fuera catalán, aunque no ejerciera
a la manera del catalán homologado, mitad Pujol mitad mosén, es decir, teólogo de la catalanidad. Tampoco se expresaba según las pautas
del pensamiento único catalanista. Pero puesto que era del Prepiri-
neo catalán, bajaba en balsa rápidos de ríos catalanes y hablaba con
acento convencionalmente catalán, tenía muchas posibilidades de ser
catalán aunque ni vivía ni trabajaba en Cataluña casi desde la adolescencia. Cuando algunos dirigentes socialistas empezaron a hacer cosas raras y fue necesario traerlos desde Laos para meterlos en la cárcel
o se descubrieron checas democráticas no sólo en algunos cuarteles
de la Guardia Civil, sino también en palacetes dependientes de autoridades administrativas nombradas por los socialistas, la izquierda inocente se fijó en Borrell porque podía ser la gran esperanza regenera-
dora, mientras el gastado aparato del PSOE se metía en el búnker con
Vera, Barrionuevo y el general Rodríguez Galindo. Y cuando Felipe
González ya en el exilio interior abandonó la secretaría general y se
convocaron las primarias para elegir candidato del PSOE a la presidencia del Gobierno, Borrell se impuso al aparato con la complicidad de una mayoría de izquierda inocente que conservaba el PSOE,
mayoría que nos entusiasmó a muchos, a mí mismo, que no me
entusiasmo desde que nací en 1939. Pero Borrell había desafiado a
los dioses desencadenando una labor de zapa que, sin prisas pero sin

pausas, iba a excavar una mina bajo sus pies, mientras le obligaban a dar vueltas como una gallinita ciega en torno a la cárcel de Guadalajara, donde permanecían recluidos Vera y Barrionuevo, para que quedara tan contaminado como los demás y no pudiera ir por la Vida y por la Historia presumiendo de detergente biodegradable.

De la seguridad, Borrell pasó a la inseguridad, a tener que luchar contra el aparato para que se le respetara la condición de candidato, mientras sobre él se cernían las sombras de Felipe González y de Javier Solana como *tapados* a la espera del eterno retorno. Cuando Borrell creyó encontrar en Piqué el eslabón débil de la cadena del PP, se lanzó a fondo sin advertir que había maneras de disuadirle, en el seno de una política española inundada de dossiers y que disponía de dos termitas que han cumplido el papel de la *yod* y la *bau* en la descomposición de las lenguas latinas. Esas dos termitas eran Mario Conde y Javier de la Rosa quienes, directa o indirectamente, han salpicado todo lo que se ha relacionado con ellos. Cuando todas las carambolas pasaban por la KIO y por Suiza, quién iba a decirle a Borrell que íntimos amigos y colaboradores estaban jugando a defraudar a Hacienda desde dentro del Ministerio de Hacienda. ¿Quién puso en marcha la información de que dos colaboradores de Borrell en sus tiempos de técnico *chico listo* habían defraudado a Hacienda desde dentro de la propia Hacienda? ¿Dossiers de la órbita del PP o dossiers que no venían de la órbita del PP? Lo cierto es que la caída de Borrell es la derrota de lo que era, en aquel momento, lo mejor del socialismo español: aquellas bases que convirtieron a Borrell en una esperanza de que era posible otro discurso socialista, más allá de la razón pragmática y de los búnkeres defensivos de lo que jamás debió convertirse en responsabilidad de un colectivo democrático.

La rebelión de los socialistas peatones del partido fue una de las peripecias más estimulantes de la transición, una rebelión cultural avanzada porque se votó por un candidato variadamente incómodo y diversamente incorrecto que sonaba a ruido, incluso a estropicio de los códigos establecidos. No sólo era considerado inconveniente por buena parte de los barones del PSOE, sino que incluso le habían agredido adjetivalmente dirigentes del PNV y Pujol recordó lo incómodas que fueron las relaciones entre la Generalitat y el ministerio dirigido por el leridano errante.

Las bases apostaron por un sistema de señales emitido por Borrell que se resumían en cuatro: izquierdismo, experiencia de gobierno, rigor intelectual e independencia con respecto al *aparato*. Escribí contemporáneamente que las cuatro señales serían difíciles de mantener porque el socialismo democrático atravesaba en todo el mundo uno de sus peores períodos de crisis de identidad y que, de prosperar los criterios de Blair y Giddens, el profeta de la Tercera Vía, llegaría incluso a dejar de autodenominarse *socialismo*. Quedaba claro que a partir de su proclamación, Borrell no podía seguir siendo independiente con respecto al aparato y, por lo tanto, o él cambiaba al aparato o el aparato lo secuestraba y lo inutilizaba, como ya había ocurrido en Cataluña con Joaquim Nadal. Pudo autolimitarse a ser brillante candidato frente a un opaco Aznar, pero si Borrell no compensaba las expectativas creadas como renovador del código ético y político del PSOE, las mismas bases que habían dado tan estimulante lección de laicismo militante podrían sentirse estafadas, al igual que una izquierda extramuros del PSOE que se apropió de la victoria como si le fuera en ella la esperanza como virtud nada teologal.

Apenas una semana antes de las primarias borrellianas, tanto los políticos correctos como los medios de comunicación correctos sonreían conmiserativamente ante la alternativa Borrell y no le concedían otro valor que el de *partenaire* en una campaña de relanzamiento de la marca PSOE, cuyos frutos iba a recoger el continuismo representado por Almunia. El secretario general en ejercicio no los tenía a todos ni a todas consigo y pasaba del calor al frío o del frío al calor, y tanto reclamaba el compromiso de la cúpula con su candidatura como lo rechazaba en una demostración de inseguridades excesivas para un hombre que estaba dispuesto a ser jefe de partido y de gobierno. Si Almunia no hubiera sido tan continuista en la forma y en el fondo, y si la sombra de Felipe González no fuera tan larga y ancha, el nuevo secretario general tal vez habría conseguido un crédito merecido por sus cualidades, que no son las de Borrell, pero que las tiene. Almunia había pasado por ministerios fundamentales, conocía el aparato, era un hombre de tradición militante, primero en el FLP y luego en el PSOE, tenía un buen nivel intelectual y no provocaba irritaciones excesivas. Su sistema de señales invitaba a la contemporización y, aunque evidentemente no tenía *glamour, carisma* o como se llame, podríamos completar una lista de diez folios de políticos sin carisma que fueron y son excelentes políticos. Es más, no olvidemos que Aznar aspiraba a ser un buen político sin carisma y que presume de no tenerlo porque lo considera un atributo devaluado por Felipe González.

Creo que el aparato del PSOE y Felipe González se habían equivocado forzando a Almunia a un discurso y una trayectoria continuista que no se correspondía con los deseos de los seguidores del partido no implicados en ningún tipo de clientelismo militante. Es más, calculando el número de votos obtenido por Borrell, muchos miembros del aparato organizativo del PSOE le votaron por un simple *hecho de conciencia* que estaba más allá de sus intereses personales o profesionales. Ese error del aparato cometido *contra* Almunia se repetiría sorprendentemente contra Borrell al forzarle a asumir lo inasumible y a levantar pancartas barrionuevistas, por ponerles algún nombre. Era lógico que el PSOE no abandonara en las tinieblas exteriores a Barrionuevo y compañía, pero era excesivo que comprometiera la conciencia colectiva de la organización en una complicidad bunkerizada.

Sorprendente el efecto Borrell en derechas e izquierdas. La alarma cundía en las derechas, se llamen PP o se llamen CIU, y la euforia en las izquierdas, que manipulaban un imaginario Borrell tal vez por encima de sus posibilidades compensatorias. Las derechas reconocieron en él un antagonista electoral de envergadura y un mal ejemplo para la larvada insumisión de las bases, hartas de la lógica interna y cerrada que mueve a los partidos desde la Transición. Las izquierdas menos domesticadas que no pertenecían en ocasiones al PSOE, pero que contemplaban a este nuevo Borrell como alguien próximo a su desiderátum de diseño de político propicio, apreciaron la insumisión de las bases del PSOE que habían elegido al margen de las presiones de lo *internamente correcto.* Durante las primeras semanas, se diría que Borrell era precisamente eso, un candidato de diseño mental que poco tenía que ver con lo políticamente necesario. Al candidato se le dio mucho crédito y tiempo para estar a la altura de la estatura que se le había construido, porque el PP aplazaría su deseo de convocar elecciones en cuanto se consolidara la vinculación europea. Lo aplazaría porque necesitaba tiempo para que el imprevisto candidato se ahorcara con la misma cuerda que lo había alzado.

Una victoria de Almunia y un buen resultado de Borrell perdedor hubiera dejado al PSOE con tres líderes de presente y futuro: Almunia, Borrell y Felipe González. Pero lo ocurrido quemaba en el mismo fuego a Almunia y a González y sólo una suicida batalla subterránea podría alterar la evidencia de que Borrell debería haber tenido el partido a su disposición. El efecto Borrell modificaba sustancialmente el marco de la política de Estado y el de la política autonómica socialista, especialmente en Cataluña donde Borrell podía convocar un voto de la izquierda abstencionista cuando se plantearan las elecciones autonómicas, siempre que respaldara a un candidato catalán que satisficiera al votante socialista más sensibilizado por la cuestión nacional. De la reacción del aparato del PSOE dependía que el fin de milenio no fuera políticamente tan asquerosamente correcto como se presentaba.

Voy a hablar de límites y para empezar planteo cuál era el límite de la campaña contra Borrell y quién la dirigía, porque me parece que frente a la gran esperanza blanca del socialismo español se coaligaron propios y extraños, y muy especialmente los encuestadores. Las encuestas gubernamentales y no gubernamentales se pusieron de acuerdo para señalar que Borrell estaba por detrás de Almunia y de Felipe González y de Aznar y del conde Lecquio, es un decir, en las intenciones de voto. La operación recordaba aquella campaña de chistes contra Fernando Morán, en su etapa de ministro de Asuntos Exteriores socialista, chistes urdidos en los sótanos de la Alianza Atlántica y de la embajada norteamericana para desacreditar a un ministro antiatlantista. De Morán se llegó a decir que en los banquetes en compañía del Rey, cuando Su Majestad pedía melón con jamón, él, para no pedir lo mismo, ni más, solicitaba sandía con chorizo.

¿Se intentaba hundir a Borrell a golpe de sondeo porque era temido?

Probablemente; además se le empezaba a rodear de límites posibilistas, como los que habían conseguido asfixiar a Lafontaine en Alemania y tratado de anular al ministro de Asuntos Exteriores, Fischer, verde de origen, pero cada vez más maduro y marrón a medida que sumaba días de mandato. Para empezar, este ecologista radical, con aspecto de personaje de película de Fassbinder, ya había dicho que las reformas ecológicas tenían que ser lentas. Por otra parte, durante las conversaciones de Rambouillet tomó partido en contra de las posiciones independentistas de Kosovo y de los kurdos, es decir, puso por encima las razones de Estado sobre las éticas. Podrá decirse que para este viaje no se necesitaba un verde y que estas actitudes pertenecían a una cultura del poder creada por las derechas. Cuando las decisiones políticas han de ser objetivamente reaccionarias, ¿no sería más sensato que las aplicara la derecha? Felipe González suele decir que una cosa es predicar y otra dar trigo, pero también valdría la pena considerar que una cosa es ser verde y otra que la política te ponga cachumbo, que una cosa es tener aspecto de personaje de Fassbinder y otra acabar teniéndolo de Helmut Kohl.

Borrell fue incinerado a los pocos meses de llegar a la cumbre y se autoinmoló a la vista de todas las fragilidades que llevaba encima y las escasas seguridades de apoyo que le daba el aparato del PSOE. Para empezar, no resultó vencedor en un pulso con Aznar en las Cortes, un pequeño error económico familiar que no superaba el millón de pesetas le angustió hasta temer una insoportable operación de acoso y derribo, y además se reconoció un poco naif en política interna de partido y en política parlamentaria. La dimisión de Borrell relanzó a Almunia, pero sobre todo a Aznar, y entre los argumentos del reconstituido aspirante figuraron una serie de objetivos claramente socialistas expuestos en el debate del Estado de la Nación.

El debate sobre el Estado de la Nación de 1999 entre el resucitado Almunia y el aliviado Aznar sirvió como aperitivo de la disputa electoral próxima, demasiado próxima según los que temían un adelanto de las elecciones. Lo temían los socialistas porque los pillaría sin candidato, aunque las maneras mostradas durante el debate por Almunia traducían su voluntad de quedar bien en la plaza del Congreso y la claque calurosa de sus compañeros iba más allá del refrendo de una intervención bastante afortunada. No se equivocó Aznar cuando resaltó que Almunia se había presentado como un opositor a la candidatura, aunque el secretario general del PSOE le habría podido contestar: «Bueno, ¿y qué?».

Durante el debate el presidente Aznar presumió de su capacidad de negociar con ETA sin que le costara ni un céntimo al legítimo orden constitucional. En cambio, el presidente del PP en Euzkadi, señor Iturgaiz, reprochaba paralelamente a los socialistas sus intermitentes aproximaciones al espíritu de Lizarra o Estella y su alejamiento del de Ajuria Enea. Es decir, criticaba a los socialistas por lo que estaba haciendo el gobierno de Aznar, ofreciéndonos una vez más la evidencia de la doble verdad y el doble lenguaje. Entre las necesidades del PSOE figuraba la de recomponer la imagen de búnker numantino, tarea que iniciaron programando el espectáculo de los tres tenores —Rodríguez Ibarra, Chaves y Bono—, convertidos en flagelo de la España rota frente a los excesos secesionistas del acuerdo de Lizarra (Estella) entre los partidos nacionalistas vascos e Izquierda Unida. El PP vivía peligrosa y desganadamente la ventaja histórica de tener en sus manos la solución formal del conflicto vasco mediante la negociación directa con ETA y habría sido un error estratégico por parte del PSOE insistir en liarse la bandera rojigualda a la cabeza, y salga el sol por Antequera.

El paso adelante dado por el pacto de Lizarra entre el PNV, EA e Izquierda Unida era innegable, pero también inevitable que sólo lo admitieran los que lo firmaron. Por su parte, tanto el PP como el PSOE fueron en esa dirección, pero a través de sus boquitas pintadas siguieron saliendo descalificaciones y reclamaciones de aquel pacto de Ajuria Enea que merecía un espléndido sarcófago, como toda momia que se precie de serlo. Por más que durante el debate del Estado de la Nación, PP y PSOE ofrecieran llegar a un acuerdo para no tirarse la cuestión vasca por la cabeza, en las siguientes elecciones, tal como fue la polémica, estaba claro que se iban a tirar por la cabeza lo primero que encontraran, aunque fuera peligrosamente vasco.

Debate agrio, comentó la prensa. A mí me pareció revelador del deseo de Almunia de ser el candidato de su partido, tras demostrar que estaba en condiciones de oponer un estilo adecuado a la parsimonia merodeante del señor Aznar, quien por su parte había aprendido a morder y guardar la ropa. Empeñados en dar un vencedor y un vencido, los medios de comunicación se ponían de acuerdo para decidir que Almunia no venció a Aznar, pero Aznar no consiguió anular a Almunia. Tal vez los medios se contagiaron del espíritu del paralelo torneo de Wembley y descuidaron el análisis del debate de fondo en el que se oponía la lógica del socialismo a la del neoliberalismo, aunque Aznar trató de demostrar que ponía más cerebro social al mercado del que jamás hubieran puesto los socialistas durante el Felipato de Sevilla. Anguita dijo unas cuantas verdades de fondo que se quedaron allí, en el fondo. Las intervenciones de Julio Anguita merecerían ser materia de estudio para los analistas de contenido: el contenido va por un lado y el continente conspira contra él. Trató de explicar una vez más Anguita, pedagógica, esforzadamente, qué quiere decir ser de izquierdas o ser de derechas. Luego ofreció un acuerdo al PSOE para que las izquierdas reconquistasen la hegemonía socioelectoral, demostrando con ello que IU se bajaba del burro del *sorpasso* aprovechando que hoy es martes y por lo tanto, esto es Bélgica, no Hollywood, y no busquen en la metáfora alusiones de coca-cola o pollos trucados. No la toquéis más; así es la metáfora.

Sobre la izquierda y la derecha, Almunia lo tuvo más fácil y es que cuando los socialistas están en la oposición larvada siempre parecen de izquierdas. Luego cuando se meten en plena contienda electoral se vuelven céntricos, centristas y centrados y cuando están en el poder pues son como Blair o Schröder, socialistas bajo palabra de honor.

No sé si cuando los socialistas llegan al caserón del poder abandonan el izquierdismo colgado en el perchero o el izquierdismo los abandona a ellos, disgustado por penetrar en tan procelosa mansión. En su intervención durante el Debate del Estado de la Nación, cuando oponía lo público a lo privado y ofrecía repartir los beneficios del «España va bien», Almunia incluso parecía socialista. Había que intentarlo con Almunia, porque ejecutado Borrell, sólo cabía resucitar a González o repatriar a Javier Solana.

No quiero que suene a disgresión una reflexión sobre Javier Solana como el espía que volvió del frío, aquel empecinado socialista que llegó a secretario general de la OTAN y por lo tanto lo sabía todo sobre uno de los brazos armados fundamentales del capitalismo globalizador. Cautivo y desarmado Josep Borrell y previsiblemente vencido Almunia en las elecciones del 2000, se habló varias veces de Javier Solana como el *tapado* de los socialistas para la convocatoria electoral del 2004. Javier Solana había demostrado repetidamente ser un hombre adaptable. De la cabeza de las manifestaciones contra la OTAN a asumir el cargo de secretario general de la organización mediaron pocos años. Ha sido tal vez el cambio ideológico más súbito y radical desde el sufrido por san Pablo camino de Tarso en el siglo I de nuestra era.

Terminada la guerra de Kosovo en la que Solana puso especial empeño para salvar a los albaneses del genocidio serbio, el jefe del Gobierno español, Aznar, declaró que consideraba razonables los resultados obtenidos en Yugoslavia, incluidos los efectos colaterales directos e indirectos, es decir la destrucción de infraestructuras indispensables para la supervivencia o la muerte de civiles. Entre los indirectos hay que considerar esa destrucción del sistema eléctrico de Yugoslavia que dañó la asistencia hospitalaria hasta límites de catástrofe sanitaria. Es decir, lo que no mataron los misiles, lo matarían los apagones. Al tiempo que Aznar se vestía de piloto de la OTAN —es una metáfora—, se congratulaba de que Javier Solana ya tuviera próximo empleo atribuido: Mr. PESC. No, no se trataba del título de un musical de Broadway o de Londres. Mr. PESC es el apócope del cargo de responsable de Política Exterior y Seguridad Común de la Unión Europea, el personaje llamado a crear una Europa militarmente disuasoria. Cuando se produjo el nombramiento de Solana se ignoraba si el nuevo cargo de policía militar del imperio tendría competencias autonómicas europeas o si dependería directamente del emperador, como el de secretario general de la OTAN. Solana había encontrado por fin el más alto empeño al que podría soñar dentro del carrerón de cobrador de morosos que había iniciado en la institución atlántica. Podría ser el hombre del frac del virreinato europeo que haría temblar a los infieles bajo la amenaza de que si no pagan, les va a echar los misiles. Sería un cargo civil de teólogo de la seguridad y aspecto de teólogo que fue adquiriendo nuestro hombre en la OTAN a medida que le encanecía la barba.

No sentó bien en el PSOE aquella fugaz sintonía entre Solana y Aznar, porque ante la inmediatez de las elecciones, el abrazo de Aznar se parecía mucho al abrazo del oso, una de las especialidades de don José María. Pero inmediatamente después, la razón de Estado, la razón de Europa, la razón del mundo mundial, volvería a reunirlos dentro del mismo culto a la teología de la seguridad. Dime con quién andas y te diré quién eres. Ni PSOE ni PP podían reprocharse mutuamente cuál de los dos había matado más en Yugoslavia, porque Aznar quiso estar a la altura de Solana y los dos se pusieron los tacones postizos de la OTAN para adquirir estatura global. Patético el espectáculo del jefe de Gobierno recomendando más bombardeos para no quedar por detrás de los bombardeadores legítimos: ahí los que estaban bombardeando de verdad eran aquellos que no sabían lo que era un bombardeo en sus propias carnes desde los tiempos de *Lo que el viento se llevó*. Pero es que aquel que no se sube al misil no sale en la fotografía. Recordemos aquella secuencia final de *Teléfono rojo, volamos hacia Moscú*, cuando el militar belicista se sienta encima de la bomba atómica para ayudarla a caer y la conduce hacia la Tierra como si se tratara de un potro o de un toro salvaje en un rodeo. Magnífica estampa la de Aznar o la de Solana sentados sobre un misil en el momento de ser lanzado.

El emperador Clinton vino a despedirse de los virreyes europeos y trajo consigo a su ministra de Asuntos Exteriores, doña Madeleine Albright. Cada vez que aparecía la señora ministra del imperio y se encontraba con Solana, Mr. PESC, había química, tal vez porque Solana estudió para químico. Es como si tuvieran la una y el otro el cuaderno de baile mutuamente comprometido y la fiesta se hubiera montado para ellos. A mí Madeleine y Javier Solana me recordaban, salvando las distancias, a Ingrid Bergman y Cary Grant a punto de empezar la secuencia del beso en *Encadenados*, el beso más largo de la historia del cine.

Pero al margen de esta novela de amor probablemente imposible, el ojo humano no dejaba de sorprenderse por el sentido del encuentro de tanto rojo. Jamás se habían visto tantos rojos juntos presididos por el emperador, porque Clinton, recordando aquellos tiempos de su juventud en que fumaba marihuana, denunciaba la guerra de Vietnam y se iba a Moscú a orientarse un poco, quiso encabezar el mensaje progresista de los socialiberales críticos con la globalización. Ahí estaba la plana mayor socialdemócrata europea que tanto ha hecho y sobre tanto ha dejado hacer para provocar la hegemonía del poder económico por encima del poder político y ahí estaba el emperador, en chaqueta de pana —es un decir—, recomendando justicia social, paciencia y buenos alimentos. No sólo recomendaba eso el emperador. De paso advertía que buena parte de la prosperidad del imperio se basaba en la producción de armamento y como la industria de guerra estaba en horas bajas había que volver a fomentar la guerra de las galaxias y producir avanzada maquinaria de muerte disuasoria que los europeos debían comprar si querían que el séptimo de caballería fuera en su auxilio cuando los bárbaros del sur trataran de invadir el imperio europeo.

Sospecho que cada vez que Madeleine Albright le concedía un baile a Solana le metía en los bolsillos no el número de su habitación o de teléfono móvil, sino un albarán de pedidos militares, y cuando

Clinton se ponía las gafas de emperador progre, estaba avisando de que para poder seguir siendo la izquierda imperial los progres como Schröder, Jospin, Blair, Prodi, etc. tenían que invertir en armamento. Menos mal que Carbonell, el intrépido reportero de *Caiga quien caiga*, consiguió que Clinton se pusiera las gafas de los personajes más elegidos, pero en cuanto le preguntó si continuaba probando de vez en cuando la marihuana de su juventud, el emperador le mandó a paseo y un guardaespaldas miró a Carbonell con la mirada con la que los guardias del emperador suelen contemplar a las alimañas subversivas.

Tampoco Izquierda Unida estuvo en posición de fuerza para sacar partido de la intervención de Solana y Aznar en las no declaradas guerras yugoslavas. IU cometió la equivocación inicial de permitir que se confundiera su campaña contra la guerra con una defensa de Milosevic. No fue un error liviano, pues contribuyó a impedir que cuajara una movilización popular auténtica contra la guerra porque sobre ella caía la sospecha de ser una apología indirecta de Milosevic. Criminal de guerra, evidente, pero no el único. Todo aquel que no quiera quedar como criminal de guerra, que deje de bombardear desde la sala de estar de su casa.

El mismo culto a la teología de la seguridad hizo que PSOE y PP reconocieran frentes comunes: el frente vasco y el frente yugoslavo. Trincheras en cierto sentido contradictorias, porque así como estaban machacando a los serbios para desmembrar aún más la antigua Yugoslavia, se oponen en Euzkadi a los intentos secesionistas del frentismo abertzale. El sentido de Estado no se hace, con él se nace, y PP y PSOE aportan dos sentidos de Estado originalmente opuestos por el vértice pero por lo visto convergentes. El sentido de Estado del PP es el de la derecha española que siempre ha pregonado preferir una España roja antes que rota, aunque a la hora de la verdad haya hecho toda clase de barbaridades para que no fuera ni roja ni rota. En cambio el sentido de Estado del PSOE proviene de la original, arqueológica cultura socialista: una clase obrera, un Estado. A la sombra de esta regla, más que al papel de la clase obrera real en los designios estratégicos del PSOE, cabe atribuir su empecinado sentir en el País Vasco o a un cálculo electoral que ha contado hasta con los dedos de las manos cuántos votos quita o aporta hacer españolismo.

Desde un supuesto cargo de Mr. PESC europeo, ¿cuál sería la actitud de Solana ante el independentismo vasco? Ante todo se lo hubiera consultado al emperador, porque se necesitan referencias éticas absolutas, especialmente aquel muchacho antaño tan encantador que había añadido la bayoneta calada a su frac, su sombrero de copa y sus guantes de gamuza. Los más pacíficos suelen convertirse en los más violentos porque desconfían de su propia voluntad de violencia. Cuando yo veía a Solana tan rodeado de militares y de teólogos de la seguridad, rezaba por él a los dioses menores de las desprogramaciones sectarias.

Pero ante la retirada de Borrell y el previsto fracaso de Almunia, algunos socialistas pensaron que, autodescartado Felipe, sólo Solana podía ser una alternativa, habida cuenta de que las elecciones municipales y europeas casi no se habían visto afectadas por las actitudes belicistas de populares y socialistas. Según los expertos en la decisión de voto de los españoles, tanto en las elecciones municipales como en las europeas, no iba a influir ni los primeros casos de corrupción que afectaban al PP ni la guerra de los Balcanes. Era natural. La impresión general era y es que la corrupción es cosa de casi todos y en cuanto a las guerras de los Balcanes aunque los socialistas pusieran a Solana en el asador, también Aznar quería salir en la foto de aprendiz de belicista.

Así pues, buena parte de los españoles seguía planteándose por quién votar, dado que los principales partidos no se habían esforzado en aportar ni media idea nueva, y en lo único que coincidían PP y PSOE era en querer ser más españoles que el Cid y su principal creador, don Ramón Menéndez Pidal. Sobre esta cuestión, a veces el fuego cruzado entre los líderes del PP y los del PSOE me recuerda a la pugna que enzarzaba a los diarios *Pueblo* y *Arriba* en los tiempos del franquismo, para ver cuál de los dos era más eficazmente leal a los Principios Fundamentales del Movimiento. A Felipe González le sublevaba que en tiempos de nacionalismos exacerbados, del único nacionalismo que no se pudiera hablar fuera del español, y Aznar seguía empeñado en vendernos que ETA no iba a recibir nada a cambio de la tregua concedida como consecuencia del acuerdo de Lizarra. Dijo el señor presidente: «Jamás conseguirán cobrar un precio por eso que llaman tregua». Lo dijo, a pesar de que unos científicos norteamericanos han demostrado la científica gilipollez de que, es verdad, mentir alarga la nariz. Anguita llegó a profetizar que después de las elecciones del 2004, Aznar aceptaría algo parecido al derecho a la autodeterminación para el pueblo vasco, y Anguita, aunque nunca había jugado al paddle con el señor presidente, siempre ha tenido acceso directo a esos momentos de intimidad en los que Aznar hace un alto en sus prácticas de catalán para tratar de convencer a Julio de la obsolescencia del marxismo leninismo y recitarle su poema preferido, «If» de Kipling.

Escorado Almunia a presentarse a las elecciones como alternativa de izquierda real y unificada frente a una derecha no menos real y unificada, se precipitó el pacto del PSOE con la Izquierda Unida de Paco Frutos, difícilmente digerible por los votantes de uno y otro signo. Puede decirse que el PSOE prestó la última baza al PP para conseguir la mayoría absoluta en las elecciones del 2000. Desguazado Borrell, distante y distinto Felipe González, vencido Almunia, de nuevo algunos socialistas se plantearon recuperar a Solana, sin advertir el grado de ambigüedad política que había arruinado a su candidato. Hace unos quince años, Javier Solana creía en la existencia del imperialismo, así llamado, sin necesidad de recurrir a sutilezas como dependencia Norte-Sur, o desigualdad en las relaciones centro-periferia, o globalización. Los caminos que llevan a la verdad son imprevisibles y los que condujeron a Javier Solana a la evidencia de que la OTAN era necesaria y que bombardear Irak o Serbia formaba parte de la dialéctica positiva de la Historia, no se conocen de momento y dudo que se conozcan algún día. Forman parte de la verdad o mentira interiorizada del señor ex secretario de la OTAN, de Mr. PESC, el hombre que según la liturgia atlantista había tenido la prerrogativa de dar el visto bueno al derecho a matar.

Hombre afable, acusado de sonreír siempre, incluso en las situaciones en que menos recomendable era la sonrisa, observé que durante las apariciones televisivas motivadas por su no guerra de Kosovo, llevaba el ceño fruncido y se había revestido de la seriedad que exige un cometido belicista. Oppenheimer, el físico que hizo posible la bomba atómica, cuando tuvo noticia de los efectos de los bombardeos de Hiroshima y Nagasaki, cayó en una honda depresión y declaró: «Me he convertido en la muerte y hago temblar». Posteriormente Oppenheimer fue considerado sospechoso de criptocomunismo o sospechoso de no infundir sospechas. Daba lo mismo, había condenado su propia contribución a la Teología de la Seguridad y merecía la sospecha. Solana nunca ha dicho nada semejante, al contrario, sus palabras han sido peores que sus gestos y tras un bombardeo protocolario de Irak, anterior a la guerra de Bush Jr., menospreció la función de la ONU, privilegiando el cerebro militar del nuevo orden internacional, la OTAN, sobre el cerebro supuestamente político, la ONU. Apretó el botón que bombardeaba la nueva Yugoslavia y apareció ante las cámaras de televisión rodeado de generales del Imperio del Bien, es decir de generales norteamericanos que, disciplinadamente, declaraban que las ofensivas aéreas dependen de la aprobación del secretario general, cuando es sabido que dependían del emperador Billy Clinton I o de su señora esposa o de su sucesor Bush Jr., y en última instancia de una estructura técnico-militar que fabrica armas para emplearlas y así conseguir fondos para fabricar nuevas armas mucho, mucho más inteligentes que las anteriores.

Convencido de que la función de la OTAN era ser el ejército disuasorio de la aldea global frente a los nuevos infieles, Solana ya no sonreía cuando lanzaba los misiles, y entre sus allegados se decía que estaba algo cansado de este papel que desdice tanto sus orígenes ideológicos y sobre todo su imagen de socialista sonriente, en unos tiempos en que el único socialista europeo que seguía sonriendo sin remordimiento era Oskar Lafontaine. No. Solana no servía como alternativa a Almunia y Almunia ya había demostrado lo poco que podía oponer a Aznar.

¿Y Felipe González? En su «Oda al Partido», Bertolt Brecht escribió: «Tú tienes dos ojos, pero el partido tiene mil». ¿A qué partido se refería? Al comunista, naturalmente. Durante muchos años fue El Partido, a pesar de que competía con muchos partidos. Ahora El Partido en España era el PSOE y Felipe González se lo estaba poniendo difícil a su partido, convencido de que sus dos ojos jamás serán sustituidos por los miles y miles de ojos del colectivo militante. Estuvo a la contra en lo del Congreso del País Valenciano y también lo estuvo frente a la persecución internacional de Pinochet a cargo de Garzón. El Congreso del PSOE pareció importarle una higa y de hecho estaba convencido de que se iban a imponer las posiciones oficialistas. Desde la razón pragmática que le caracteriza, consideró que reclamar a Pinochet era justicia colonialista, exactamente la misma tesis que pregonan los pinochetistas chilenos.

Una de dos: o Felipe se consideraba más listo que el intelectual orgánico colectivo al que llamamos PSOE y trataba de devolverlo al correcto camino, o le importaba un carajo que el PSOE fuera por donde quisiera, porque él no pensaba cambiar de itinerario. Hubo quien, en las cercanías de Felipe González, me hizo entonces el siguiente análisis, a su juicio profético: «O bien ya había empezado un desencuentro de cara a fundar algún día un partido de acuerdo con la tercera vía de la que fue profeta factual, aunque luego se manifestara contrario a la propuesta de Giddens, o bien piensa que falta poco para que el partido se pliegue a su visión de la política y de la Historia. Pasadas las elecciones generales del 2000, todos los balances pasarán por Felipe González y el ex secretario general apostará no por la renovación, sino por la transustanciación del Partido Socialista Obrero Español en un partido cultural, política, económica, estratégica, dietéticamente correcto, lo que no está reñido, ya se verá, con el anarcofelipismo». Como demostración de ese anarcofelipismo, Felipe González, como los niños de nuestro tiempo —al fin y al cabo somos casi de la misma quinta—, estaba dispuesto a demostrarnos que había alcanzado la madurez del estadista en la reserva, mediante el empleo en los discursos de las palabras *caca, puta* y *culo*. Y eso por el momento, ya que cualquier día podía pasar a mayores y utilizar las otras dos ces ilustres de nuestros pecados verbales. Para empezar ya había dicho que Anguita y Aznar eran la misma mierda y que ni puta falta hacía el consenso para designar a Almunia perdedor en las próximas elecciones generales. Le faltaba la palabra *culo*. Me pareció que muy bien podría aplicarla a Alfonso Guerra el día en que lo enviara a tomar vientos.

A Felipe no le alteraba en cambio que el esperpento socialista valenciano consagrara allí la hegemonía de la derecha durante el próximo siglo XXI y Zaplana, el líder resultante del PP, quedara a prueba de falla y de *mascletà*. Ocurrió pocas semanas después del esperpento de Ceuta y Melilla, cuando la derecha gilesca, es decir, dirigida por don Jesús Gil y Gil y Gil y Gil…, entonces presidente del Atlético de Madrid, se hizo con el gobierno de ambas ciudades. Si en Valencia Almunia apareció como el malo de la película, en las antes llamadas plazas de soberanía se atribuyó a Jáuregui poca mano izquierda para conservar el disputado voto de la concejala socialista, tránsfuga y rubia, rubia como la inmensa mayoría de las mujeres fatales. Pero Felipe no fue actor directo ni en uno ni en otro esperpento. Seguía sonriendo con cara de perdonarnos la Historia y esperaba a que cayera una breva que, aunque no la viéramos, no cabía ninguna duda de que allí estaba. Como más tarde disentiría lúcidamente de la supeditación del PSOE a las pautas del *sorpasso* en Euzkadi tal como las programaba el PP.

Poco antes de las elecciones del 2000, a pesar del malo o nulo comportamiento oposicionista del PSOE, el PP no parecía despegar lo suficiente y Aznar recorría las ferias y congresos de su partido recordando lo bien que estaba todo, y eso sin fascinar, porque si el presidente tuviera dotes de fascinación, se saldría de España y de la galaxia. Y como González siguiera yendo a la contra de lo que el PSOE consideraba

políticamente correcto, tanto en el asunto Pinochet como en el trasvase del Manzanares al Amazonas y no al revés, habría que llegar a la
conclusión de que a los votantes del PSOE les gustaban los concier-
tos de grillo o no se fiaban de los coros y danzas del PP. Felipe recorría
su especial trayecto París-Tombuctú protegido por un anarquismo si-
tuacional que le alimentaba la estatura y que, por lo visto, no perjudicaba la fe de carbonero del votante socialista.

Que González fuera por lo libre tampoco era problema para los
adictos. Al fin y al cabo, en este país tan variopintamente anarquista,
si Fraga encabezaba el anarcofraguismo de centro derecha, ¿por qué
González no podía encabezar el anarcofelipismo de extremo centro?
Los anarquistas que proceden de la tradición del socialismo utópico
siguen apostando por las causas perdidas. En cambio, los que proceden del socialismo científico y sus derivaciones pragmáticas, sólo se
apuntan a las ganadoras.

Ya he dicho que, según los expertos, la decisión de voto de los españoles, tanto de las elecciones municipales como de las europeas previas a la catástrofe socialista de las generales del 2000, no había sido
influida ni por la corrupción ni por la guerra de los Balcanes. Las im-
plicaciones expresas de Solana y Aznar hubieran podido beneficiar a
Izquierda Unida, que había quedado al margen de tanto fervor guerre-
ro pero no supo encontrar una vía interpretativa correcta.

En esta situación fue lógico que el show electoral se fuera inicialmente detrás del *efecto González*, del resucitable líder si descendía
de la galaxia superestatal a la Tierra para echarle una mano al PSOE
en horas relativamente bajas. Porque una cosa curiosa de este país, en
el que las derechas han mandado desde la formación de la primera
horda, supongo que desde los tiempos de la comunidad autonómica
de Atapuerca, es la desconfianza que siente hacia ella y lo que le ha
costado desengancharse del PSOE, que le había dado toda clase de facilidades para el desenganche. ¿Era González en el 2000 el líder que
podía devolver la mayoría electoral al PSOE? ¿Su reaparición era una

simple ayuda oportuna mientras el partido trataba de tapiar el boquete dejado por el caso Borrell? Había suficientes elementos para deducir que al PP le había inquietado el retorno de González y que reaccionaba con la débil argumentación de que ese retorno demostraba que el PSOE sólo tiene pasado y no tiene futuro. Ni siquiera como frase era demasiado novedosa, pero traducía la inquietud de que González tal vez no devolviera mayorías al PSOE pero, desde el papel de *reina madre*, podría impedir que crecieran las mayorías del PP.

Quien más preocupado debía estar era el PSOE, que se volvía a demostrar a sí mismo la dependencia con el antiguo secretario general, dependencia en la que podía reinstalarse a la espera de que los actuales estudiantes de COU o de lo que sea lleven en su seno al futuro líder de los socialistas. Porque de las existencias aparecidas en el aparador de los aspirantes a líderes ninguna resultaba convincente y Aznar y su heredero natural más aparente pero menos probable entonces, el tapado Ruiz Gallardón, podían prometérselas muy felices, aunque de vez en cuando las resurrecciones de González les pudieran alterar el resultado y la circulación de la sangre.

¿Y la alianza del PSOE con los comunistas que sucedió al *efecto González*? ¿Era realmente una alianza?

La melancolía es una antigua y sabia enfermedad capaz de convivir con nosotros, de autodestruirnos lentamente, y la más poética de las melancolías es aquella que nos provoca complejo de culpa por no haber sabido ser felices y lúcidos o no haber hecho felices y lúcidos a los demás. Tengo muy observado que don José María Aznar es algo melancólico, y se le notó cuando habló de la coalición de socialistas y comunistas en vísperas de las elecciones del 2000. Meses antes jamás habría llamado ponzoñosamente *comunistas* a los miembros de Izquierda Unida y es como si, de pronto, se le hubiera caído la venda de los ojos y cual muñeco de guiñol demandara: «Ana, ¿tú te habías dado cuenta de que Julio era comunista? ¡Qué engañado me tenía! Yo le consideraba sólo un historicista cordobés ligero de equipaje».

Grave error de mirada, ya que los comunistas, como los curas o los atletas sexuales, nunca dejan de ser lo que son, por más incluso que se disfracen o hasta renieguen, porque, dijo Confucio, todo aquel que militó alguna vez en la verdad jamás será abandonado del todo por ella y puede esperar siempre, siempre, a esa última iluminación que te invita a salir de las tinieblas transitorias. Debería comprenderlo José María Aznar mejor que nadie porque él procede de una verdad más antigua y absoluta que la de los comunistas, esa verdad que ha iluminado la sociedad humana desde los tiempos de la horda y que descansa en la razón providencialista, mágicamente revelada de la mayoría natural controlada por toda clase de guardias. Los asesores de cámara del señor presidente, el sagaz Arriola o el taimado Rodríguez, no le aconsejaron que pronunciara la palabra *comunista* sin despecho, como si fuera una constatación ideológica o sociológica y no el grito desgarrado del doncel violado por la evidencia del engaño.

O Izquierda Unida se había llenado de comunistas desde que la dirigía Paco Frutos o Anguita le había ocultado sus inclinaciones a Aznar, que siempre pudo enterarse de la verdadera naturaleza del íncubo por la lectura de *ABC* entre libro y libro de poemas. Felipe González leía los periódicos y estaba al día. No creo que Anguita quisiera engañar a Aznar y más bien atribuyo tanta ignorancia a la candidez de don José María, que va por la vida y por la Historia como si las hubiera diseñado Walt Disney, a quien la alianza social-comunista para las elecciones generales le pareció un vano intento de resucitar la guerra fría.

Todavía no la había conseguido, pero Aznar ya exhibía formas y fondos de mayoría absoluta.

Tras la durísima derrota del Frente Popular en las generales del 2000, se celebró un nuevo congreso del PSOE para elegir sucesor del dimitido Almunia y del autoinmolado Borrell, y se colocaba el presidente de la comunidad autónoma de Castilla-La Mancha, señor Bono, como el más poderosamente convencional aspirante a la secretaría general. Pero se salió de cauce la lógica interna del partido y fue elegido Rodríguez Zapatero, diputado leonés joven y poco curtido en clandestinidades y en luchas políticas. Voluntariamente, el nuevo secretario general adoptó maneras prudentes, escasamente conflictivas contra los omnipotentes populares y su exultante presidente, maneras no bien comprendidas por parte de los propios socialistas y satirizadas por los medios más amigos del socialismo, por ejemplo Canal Plus o el diario *El País*. Rodríguez Zapatero se vio especialmente desbordado por la cuestión vasca, atrapado en la frenética dialéctica de un PP con mayoría absoluta dedicado a arrinconar al PNV, al que ya no necesitaba como aliado y a intentar el *sorpasso* en el gobierno autonómico. La solución pasaba por una coalición popular socialista para arrojar al PNV y a la propia ETA a las tinieblas exteriores.

La templanza exhibida por Rodríguez Zapatero frente al PP condicionó el síndrome del Guiñol de Canal Plus, que le había llegado a meter amorosamente en la cama con el mismísimo José María Aznar, maltratado, por no decir puteado, con perdón, por parte del PP en su ya sexto año triunfal. Muchos españoles volvieron sus ojos hacia el partido socialista, angustiados después del Congreso del PP, que fue algo así como el Congreso Eucarístico del aznarismo, una juerga triunfalista y entronizadora de una jefatura por encima del bien y del mal, en la que Aznar volvió a insistir en que no sería el candidato del PP en las elecciones del 2004. Las primeras valoraciones socialistas del congreso iban desde la descalificación general, «se trata de un espectáculo de luz y sonido», hasta la presunción de que la lucha por la sucesión de Aznar desgastaría a los populares y el PSOE sería el beneficiario electoral. Depende. «Depende —escribí por entonces— de si los presuntos sucesores de Aznar son tontos o no lo son y creo que no, que no lo son.»

Los tres herederos *in pectore* de Aznar eran Rato, Mariano Rajoy y Mayor Oreja. No eran públicas las desavenencias entre ellos y los tres sabían que de enfrentarse entre sí habrían debilitado al vencedor de la operación diseñada en el congreso popular y podrían perder el gobierno. Aznar permanecería vigilante a lo largo de esos dos años largos que faltaban para la elección del delfín y, de producirse disensiones, descalificaría a los vencidos y proclamaría al vencedor antes que las urnas. Aznar no podía consentir una batalla interna sucesoria que le álterara los planes. Él ya sabía quién debía ganar y no quería que se le estropeara la profecía.

Creo que las bazas más serias frente a la hegemonía del PP en las futuras elecciones generales son los fracasos de gestión, y las meteduras de pata en lo internacional, hasta ahora el talón de Aquiles del aznarismo, por más que la propaganda oficial haya convertido los fracasos más obvios en los éxitos menos perceptibles. Pero incluso esos fracasos de gestión o de instalación en el olimpo político militar norteño serán insuficientes para desplazar al PP si los socialistas no lo hacen mejor y no consiguen salir del síndrome de guiñol que afecta sobre todo a Rodríguez Zapatero. Ya habíamos comprobado que las caricaturas políticas en España han conseguido que los caricaturizados acaben por asumir la imagen distorsionada y actúen como si fuera su propia entidad. Le pasó a Narcís Serra, que acabó pareciéndose tanto a su caricatura que era imposible separarla de su persona. También Anguita inconscientemente asumió la síntesis semiótica establecida entre el califa de Córdoba y el Don Quijote de la izquierda y ahora Rodríguez Zapatero debe pelear muy duramente contra su guiñol si no quiere morir políticamente y no precisamente de éxito.

Toda caricatura se basa en la desmesura hasta lo grotesco de rasgos propios del caricaturizado y los durísimos, crueles, magníficos responsables del guiñol de Canal Plus, habían descubierto la cantidad de cera blanda que había en Rodríguez Zapatero para esculpir las situaciones más desquiciadas. La hipérbole exageraba la impresión de blandura opositora de Rodríguez Zapatero, consideración final e infeliz de lo que inicialmente se vendió como oposición no agresiva, pero, por ello, racionalmente deterioradora. No fue así. Los errores cometidos por el PSOE en su política vasquista fueron clamorosos: tanto los retóricos pactos antiterroristas y el acoso exterminador del PNV como la inversión en patriotismo constitucional perpetrada por los tres tenores: los señores Rodríguez Ibarra, Chaves y Bono. El fracaso del País Vasco era evidente y se difundía estatalmente por ondas concéntricas, obligando a mirar hacia Rodríguez Zapatero en busca de una real alternativa, un Rodríguez Zapatero que parecía víctima del abrazo del oso, la mejor llave de lucha libre que emplea el propio Aznar. Tampoco aprovechó suficientemente el PSOE el escándalo de Gescartera o el malestar universitario ante los planes reformistas de la ministra Pilar del Castillo. Era predecible un agotamiento de la buena suerte gestora del PP, pero había una cierta inquietud ante las débiles réplicas socialistas, empantanados éstos en un período de evidentes escaseces y de indefinición táctica y estratégica. Si el PSOE en 1982 había enseñado sus efectivos, un equipo tan discutible como solvente que contrastaba con el hundimiento de las individualidades y el colectivo de UCD, el partido de veinte años después no había conseguido convencer de su solvencia. Padecía tanto las rémoras de la alargada sombra de todos los felipismos, como una asfixia mediática desconocida hasta ahora, flanqueados los populares por casi todos los medios y grupos de comunicación menos uno y medio. Este cerco sólo podía romperse generando propuestas, es decir, noticias imposibles de bloquear y convirtiendo al propio partido y a los compañeros de viaje en un formidable medio de comunicación. Pero asumir esta movilización implicaba desburocratizarse y convencer a la sociedad civil de una finalidad alternativa, y eso sólo puede conseguirse si se tiene una finalidad alternativa.

Hubo que esperar a que los propios fracasos de gestión del PP y las obsesiones globalizadoras de José María Aznar, con los pies llenos de chapapote y sangre iraquí, regalaran al PSOE una posible estrategia de partido de oposición, secundado por movilizaciones sociales antigubernamentales de nuevo tipo.

Victoria amarga o dulce derrota, las elecciones de 1996 permitieron una nefasta continuidad en el comportamiento de las izquierdas: IU respaldada por más de veinte diputados en su tentación de *sorpasso* en Andalucía y en su vivencia de *las dos orillas*, y el PSOE de vacaciones entre dos mandatos, mientras Almunia le guardaba la silla a un *tapado* previsible y todo socialista daba por sentado que Aznar se rompería la crisma. La hora de la verdad pareció llegar cuando Almunia dio el paso adelante dimitiendo, abriendo camino no sólo a la elección de un nuevo secretario sino de una nueva política. Sospecho que la supuesta clientela potencial de la izquierda con síndrome abstencionista ha dejado de ser clientela potencial para vivir su vida y su historia al margen de las estrategias burocratizadas de la izquierda realmente existente. Me inquieta la respuesta a una simple pregunta: ¿cuántos de los jóvenes que montaron las mesas petitorias del *sí* para la condonación de la Deuda Externa, el mismo día del 2000 en el que se votaba en las elecciones generales, abandonaron un momento su práctica democrática alternativa para meterse en un colegio electoral a votar según las pautas institucionales? ¿Hasta qué punto la estrategia del PP moviliza a su favor a los jubilados, pero la de la izquierda real no atrae a un nuevo sujeto histórico crítico plural, incomprensible para los cánones de la izquierda establecida?

Los abajo firmantes en el año 2000 de la petición de voto para las izquierdas estamos obligados a asumir esta condición y reclamar un sitio en la discusión sobre la función de esa izquierda, sobre la elección entre una izquierda de mercado o una izquierda pedagógica, una izquierda con vistas al mar del siglo XXI, a las contradicciones generadas en el seno de un capitalismo diferente y convocante de un potencial sujeto histórico crítico que aún no ha alcanzado la condición de sujeto histórico de cambio.

Fue tal sujeto el que debió sentirse convocado por los abajo firmantes, por la llaneza de Almunia, por la franqueza de Frutos. Pero no. Salió a la calle para dejar su voto en la urna alternativa y se volvió a su casa a establecer redes que crean libertad y que poco tienen que ver con aquellos partidos creados por la Historia para redimirla.

¿Qué ha cambiado desde el 2000 para que no se repita esta abstención en el 2004?

4

Tiempos de dejaciones, tiempos de resistencia

La jactancia es un error. Durante toda la campaña preelectoral del 2000, Xavier Trias, representante de CIU en el Parlamento español, dio por sentado que su coalición sería indispensable para la gobernabilidad de España, ganara el PP o ganara el PSOE. Otra línea argumental fuerte fue que el éxito político del PP se lo debía a CIU, así como el desplazamiento hacia el centro de una derecha, por fin, civilizada. A la vista de la mayoría absoluta del PP en el 2000, CIU no tuvo otra salida airosa que ser aceptada como compañera de viaje por los ganadores, compañía que aunque pudiera ser un mero adorno estratégico, conllevaba una erosión a medio y largo plazo para los convergentes, no para el PP. Inutilizada la coartada de que la alianza es necesaria para la gobernabilidad, sólo queda la de los beneficios que puede reportar para Cataluña, esa abstracción que el pujolismo ha convertido en un *aplec* interclasista consensuado sobre todo con el empresariado de puente aéreo de altos vuelos.

Ya con la mayoría absoluta en los bolsillos, ¿seguiría Aznar hablando catalán en la intimidad?

La financiación autonómica: ése era el clavo ardiendo al que se agarró CIU para demostrar lo *nacionalista* de su apoyo al PP. Pero los populares también habían de complacer a un electorado que les dio mayoría absoluta para que no siguieran «regalando dinero» a los catalanes en particular, y soberanismo a vascos y catalanes en general, y menos ahora que ya no los necesitaban para tener mayoría. Como había concierto en macroeconomía, macropolítica, orden sagrado y matrimonio, el PP había desarmado su operativo ideológico en Cataluña al postergar a su virrey radical, ferozmente antipujolista, Vidal Quadras, y no asumir a fondo la guerra de las lenguas. Pero ahora debía complacer al sector crítico de sus propias bases y en Cataluña ese sector crítico no iba a cuestionar concesiones económicas presupuestables pero pedía confrontación lingüística en un amplio frente al que se sumaron los empresarios para situar el mercado de trabajo al margen de las reglas de la normalización lingüística. De ahí que el PP utilizara a un ministro catalán, Piqué, para replantear una corrección de la ley del catalán, que era la peor agresión que podía recibir Jordi Pujol en aquellos momentos.

Si al cabo de cuatro años de pretender pulir al PP, diamante en bruto, de mostrarle las excelencias de la nueva cocina catalana en su Meca más experimental, de ayudarle a gobernar, de instar a Aznar a que siguiera hablando el catalán en la intimidad, resulta que no habían entendido que la cuestión lingüística es el único hecho diferencial irrenunciable para el pujolismo para seguir ostentando la condición de palo de pajar de una idea de catalanidad, el fracaso de CIU resultaba patético. O bien el PP, en efecto, no había entendido nada o al revés, lo había entendido todo y sabía que la mejor manera de desestabilizar a Pujol antes de negociar es sacarle la lengua o ponerla sobre la mesa, poderoso como se ha sentido Aznar desde el 2000 gracias a la mayoría absoluta. Era difícil que el PP llevara a sus últimas consecuencias la reforma de la ley del catalán, así que se limitó a mantener el tipo para contentar a sus votantes, pero había colocado a CIU, su aliada, contra las cuerdas de la histeria.

La relación entre el PP y CIU a partir del 2000 ha sido sadomasoquista, sádica por parte de los populares y masoquista por la de los convergentes, sin fácil salida a la encerrona que les plantea su socio. Lo necesitan para conservar la mayoría en el Parlament catalán y en cambio ellos no son estrictamente necesarios para que el PP gobierne a sus anchas en España. Si en el País Vasco el PP ha decidido que el acoso y derribo del PNV beneficia la extensión social de sus posiciones, en Cataluña la táctica ha sido diferente y se parece mucho al abrazo aznariano. Como el nacionalismo pujolista se ha portado bien y no ha pasado de maximalismos epistolares, se merece el abrazo, pero ese abrazo no evita que se coloque en su sitio y se le vaya quitando aire. De la crisis del pujolismo puede salir a medio plazo una recomposición del centro derecha catalán y nada hay sentenciado sobre la formación política llamada a vertebrarlo, sea la metamorfosis de CIU, sea UDC, sea el PP o sea una nueva síntesis concertable con la Internacional Popular.

Y si Pujol, demasiado acorralado, decide jugársela a solas reclamando a otras fuerzas catalanas que le ayuden a salir del cariño del PP sin pedir imposibles, teme que esa ayuda sea innegociable o no asumible por la derecha social catalana que hasta ahora ha apoyado a CIU porque era caballo ganador. Los abusos deshonestos perpetrados por el PP contra CIU empezaron a notarse en algún medio de comunicación catalán hasta ahora equidistante entre Pinto y Valdemoro. No sé si Pujol seguía estando orgulloso de la deuda que tiene con él el PP por haber conseguido la soltura con la que escala las montañas más sagradas del poder económico y mediático catalán, pero es evidente que en el año 2000 CIU no estaba preparada para tiempos y culturas de resistencia.

Aunque la situación me recordaba aquellos combates de lucha libre de mi adolescencia, en el Price, mañana de domingo, Lambán contra Heras o Tarrés contra cualquier malvado que quisiera meterle los dedos en los ojos, tal vez, tal vez deba recurrir a la Teología para explicar lo sucedido en la hasta ahora última investidura del President Pujol. Recuerdo que en la llamada lucha libre americana todas las *llaves* o presas están pactadas previamente en el gimnasio y los luchadores saben cómo apretar sin hacer daño o como aullar de dolor sin que te duela nada. Algo así sucedió en el duro combate entre Carod Rovira, «el Feroz Republicano» y Jordi Pujol, «el Hábil Fajador», pero la grandeza del momento en el que oficiaba un acto que repercutirá en el futuro de una de las patrias más patrióticas de todas las patrias que se hacen y se deshacen, me obliga a abandonar el territorio de la lucha libre y trasladarme al de la Teología nacionalista.

¡En Roma hay Papa y en Cataluña, *president*!

Contra todo tipo de previsiones, la ocasión en que Pujol había ganado las elecciones casi sin ganarlas, por tan estrecho margen que puede hablarse de empate, fue proclamado presidente en la primera votación del Parlament catalán gracias a la contribución de la Santísima Trinidad. Durante toda la tarde de la investidura, el secretario general de Esquerra Republicana de Catalunya se dedicó a exigirle a Pujol el Juramento de Santa Gadea: «¡Dígame, señor Pujol! ¿Piensa usted pedir la reforma del estatuto, sí o no?». Una y otra vez Carod Rovira insistió, mientras una y otra vez, Pujol respondía, más o menos que Cataluña iba bien. ¿Les suena?

Y es que a este aparente combate dialéctico se sumaba una tercera presencia, la del PP, porque Pujol para ser elegido necesitaba el respaldo del PP, pero no quedarse a solas con la llamada derecha españolista. Pujol, de hecho, para no empezar la legislatura aún más malparado, precisaba que el PP votara sí y Esquerra no votara no. Cualquiera que siguiera el debate de la tarde, podía, si era ingenuo, temer una mala tarde para Pujol. Si Carod Rovira le estaba empujando contra las cuerdas para que se definiera sobre el estatuto era porque esperaba el momento para lanzar el golpe definitivo y acorralar aún más al presidente todavía en funciones. Pero si el espectador se tomaba la molestia de seguir lo que hacía Pujol mientras Carod le estaba acorralando, comprobaba sorprendido que el presidente estaba más tranquilo que una vaca en la India y es que el *president* lo tenía todo atado y bien atado. Por eso, cuando por enésima vez, Carod Rovira le exigió el juramento de Santa Gadea: «Dígame, señor Pujol, ¿va usted a pedir la reforma del estatuto de autonomía? ¿Sí o no?», el *president* pensó que ya lo había escuchado lo suficiente, se dijo a sí mismo una expresión catalana inapelable: *s'ha acabat el bròquil* (se acabó lo que se daba), salió a la palestra y declaró rotundamente: «Señor Carod Rovira, no pienso modificar el estatuto».

La suerte está echada, pudo pensar el espectador ingenuo. Esquerra Republicana no tiene más remedio que votar que no, con lo cual Pujol queda fatal ante su clientela porque se encuentra a solas «a media luz los dos… Corrientes 348 segundo piso ascensor» con los españolistas del PP.

Y llegaron las votaciones.

El PP votó a favor del «Pujol enano, que casi nunca habla castellano», y Esquerra Republicana se abstuvo, con lo que entró en el triángulo compuesto por ella misma, Convergència i Unió y el PP. Después cada cual contó a sus feligreses cómo se produjo el milagro. Cómo es posible que el ogro feroz republicano e independentista forme parte objetivamente del mismo triángulo que un partido españolista para salvar a un político y a una política nacionalista catalana. Ya no se trata de extraños compañeros de cama. Aquí se trata de un misterio teológico. Lo dicho. El de la Santísima Trinidad. El Padre, Pujol; el Hijo, Carod, y el Espíritu Santo, José María Aznar. El presidente del PP comprobaba así que Cataluña es un ecosistema político que no se corresponde exactamente al español, tal vez porque así como el Barcelona Fútbol Club es algo más que un club, Cataluña es algo más que una comunidad autónoma.

Durante la legislatura 1996-2000 el PSE-PSOE dijo romper su alianza con el PNV por coherencia, habida cuenta de que el Partido Nacionalista Vasco flirteaba con Herri Batasuna y esos deslices no puede tolerarlos un partido que está decididamente contra el terrorismo de ETA. También por coherencia con su electorado en Cataluña, el PP envió a uno de sus kamikazes preferidos (el otro era el señor Barea) a resucitar la batalla lingüística y así vimos cómo Esperanza Aguirre embistió, adarga en mano, contra los molinos de viento de la política lingüística de la Generalitat.

Pero planteados los divorcios por coherencia, ya se insinuaba que una vez pasadas las elecciones autonómicas en Euzkadi y Cataluña, por orden de aparición escénica, las alianzas serían renovables también por coherencia y el PSE-PSOE olvidaría otros cuatro años que al PNV le va, le va, le va Herri Batasuna y Pujol y Aznar dejarían la cuestión del genocidio del castellano en Cataluña para intelectuales y demás ralea. En cualquier caso y habida cuenta de que ya habíamos entrado en período preelectoral, a nadie le sorprendió que durante tan larga campaña comiéramos lengua hervida, a la vinagreta, en capipota y mechada, porque se presentía que ahí estaba el gran banco de votos ausentes o indecisos, esos votantes que por acción u omisión habían ido entregando el poder a Pujol a lo largo de tantos años.

Por coherencia debíamos revisar lo que no estaba en subasta aunque lo pusieran en subasta, y así me reafirmo en mi apuesta por que el catalán sea asumido sin discusión como la lengua propia de Cataluña, pero que el castellano no pueda ser considerado lengua impropia y que, a partir de tal evidencia, del uso emocional, consciente, real, que dan las gentes a las dos lenguas, los vendedores de votos se las compongan. No perdamos jamás de vista que las escaramuzas preelectorales sólo se las toman en serio los animales prelógicos y habría mucho que hablar sobre la existencia o no de animales humanos prelógicos. Con más razón para suponer que nadie se iba a tomar en serio ni el divorcio vasco entre socialistas y peneuvistas, ni el disenso hispano-catalán entre las dos amnesias lingüísticas superadas y complementarias: la de la triministra y la del Honorable.

Pero el disenso vasco iba en serio. Y cuando no lo provocaba ETA con sus crímenes, lo alimentaban los socialistas con sus vacilaciones.

Tras la mayoría absoluta obtenida en el año 2000, la relación entre España tal como la entiende Aznar y Cataluña según consideración de Pujol provocó situaciones de sadomasoquismo constante, y no sólo por la cuestión lingüística. Así, al mismo tiempo que respaldaba las insuficiencias de Pujol en el Parlament catalán, el PP iba estrechando el cerco en torno al debilitado *president* y todo lo que representaba. Por ejemplo, Aznar empezó a pronunciar homilías en Cataluña sin aviso previo a Pujol. La homilía pronunciada por el jefe de Gobierno en Barcelona, después de una bomba de ETA, fue en cierto sentido clandestina, porque la Generalitat de Catalunya, al parecer, no tenía conocimiento oficial de que Aznar acudía a la capital catalana a impartir doctrina económica. La Generalitat de Catalunya forma parte de los aparatos gestores del Estado español y lo más lógico hubiera sido que Aznar demostrara espíritu de cohabitación estratégica, pero el presidente parecía ya cada vez más identificado con el papel de caudillo democrático de la unidad de España y acudió a Barcelona a abrir el segundo frente antiseparatista y de las JONS. En el momento más álgido de la ofensiva de ETA posterior a la tregua de 1999, cuando algunos medios de comunicación extranjeros expresaban sus dudas sobre la política vasca del PP, Aznar fue a Cataluña a condenar toda reinterpretación de la Constitución, y muy específicamente la petición federalista que subyace en las reivindicaciones de la periférica izquierda catalana desde los tiempos de Pi i Margall.

El jefe de Gobierno no recurrió esta vez al argumento de que democráticamente se puede conseguir todo sin necesidad de poner bombas. No. Para Aznar cualquier demanda que cuestione el techo constitucional actual es electoralmente inconveniente, metafísicamente perversa y económicamente peligrosa, aunque es evidente que al Aznar poeta le excita mucho más la metafísica que la economía. La materia prima de su conferencia barcelonesa fue la economía e influido por los chistes sobre catalanes, el presidente del Gobierno pensó que si advertía a las fuerzas económicas de Cataluña de que el federalismo les podría costar muy caro, conseguiría su despujolización y desmaragallización, esfuerzo a sumar al de Piqué cuando pidió a los jóvenes catalanes del PP que no cayeran en su error de juventud, que nunca se hicieran comunistas.

Aznar, desde la mayoría absoluta, electoraliza cuando en vísperas de las elecciones del 2000 vertebra el alma española superviviente en Euzkadi y Cataluña. Es una estrategia rentable no sólo en las urnas españolas, sino también en Euzkadi y Cataluña. Otra cosa es cómo se nos quedaba el cuerpo cuando volvíamos a sospechar en Aznar ciertas maneras de prepotente galán del NO-DO cuando inaugura pantanos o cuando abre segundos frentes.

Y así se produjo esa situación de latente desamor entre el PP y CIU, mal disimulado a lo largo de la legislatura iniciada en el 2000. Ningún poeta español como Jaime Gil de Biedma supo expresar tan contemporáneamente esa tristeza suprema de una habitación para dos cuando ya no se quieren demasiado. Motivos suficientes de desánimo tenía la ciudadanía asumidora de dos fracasos que fueron presentados como operaciones Triunfo. Así se llamaba precisamente el concurso de elección de participante en el Festival de Eurovisión que había pasado de ser una afortunadísima fórmula televisiva a una pesadilla tostonera y residual que estaba consiguiendo sucederse a sí misma mucho más que el general Franco. También esta vez sí, esta vez sí, la selección española podía asaltar los cielos de un campeonato mundial de fútbol, a partir de un grupo eliminatorio inicial muy propicio para los camachianos y de un campeonato que parecía abierto a toda clase de sorpresas y que finalmente acabó en un previsible Brasil-Alemania.

No, no pudo ser, ya fuera por el mutilado tendón de Cañizares, a pesar de la portentosa actuación de Casillas, por la renqueante anatomía de un castigadísimo Raúl o por la extraña dejación futbolística que asaltaba a Mendieta. Esta vez tampoco, esta vez tampoco. Y mucho ha tenido que crecer la ciudadanía para superar estos traumas sin graves catástrofes del espíritu, cuando además se cierne sobre la vida política el escandaloso divorcio entre Pujol y Aznar, situados precisamente en esa escena de la habitación para dos cuando ya no se quieren demasiado y además se necesitan desigual y desequilibradamente. La alianza con Pujol le permitía al PP un cartel de catalanidad del que carecía y la alianza de Pujol con el PP ha propiciado el mantenimiento de una mayoría contra natura en el Parlament de Catalunya, logro agridulce que le ha proporcionado al Honorable tantas satisfacciones como disgustos, desde la evidente condición de socio menor

78

y asfixiado. Además, en el momento en que el PP exhibe con mayor audacia y rentabilidad el retorno al nacionalcatolicismo español, un partido nacionalista catalán como Convergència aparece no sólo atado a los ejes de su carreta sino incluso engrasándolos. Por este camino Convergència iba hacia el debilitamiento electoral en beneficio de socialistas, de republicanos e incluso del propio PP, ya que muchos catalanes se plantearon la evidencia de que donde manda patrón no manda marinero.

Se describieron más tarde los encuentros entre Pujol y Aznar como frías tolerancias de presencias en tristes despachos para dos cuando ya no se quieren demasiado. Pujol teme tanto como necesita las alianzas con el partido hegemónico en cada momento de la transición española, se llame el partido UCD, PSOE o PP. Esas alianzas han existido y de una u otra manera han servido para que el pujolismo conservara el poder en Cataluña y para que presumiera de su capacidad de intervención sobre la política de Estado. Pujol desconfiaba de que aquel puñado de socialistas sevillanos pudiera entender las cosas de Cataluña, por ser sevillanos, no por ser socialistas, cuando las difíciles relaciones políticas entre el PSOE tradicional y los nacionalismos centrífugos siempre se debieron más a una concepción de Estado basada en la rigidez de la asociación: Estado único = clase obrera única.

Pero a pesar de aquella desconfianza, a Pujol le fue muy bien que los socialistas inicialmente le minimizaran o propiciaran el trazado del círculo de tiza caucasiano del escándalo de Banca Catalana, para convertirse en el epicentro del centro derecha catalán respaldado por un populismo más radical nacionalista. Es más, Pujol tenía ciertas complicidades sociales congénitas con algunos dirigentes de la izquierda catalana porque militó en el antifranquismo y fue a parar a la cárcel. Casi inexistente socialmente todavía el pujolismo, fueron fundamentalmente los militantes clandestinos del PSUC, comunistas, los que hicieron campaña de denuncia de las torturas sufridas por Pujol y de las vergonzosas condiciones de su enjuiciamiento. En cambio con el PP le unía exclusivamente la ansiedad del pan para hoy, hambre para mañana con que CIU y PNV respaldaron la primera legislatura de Aznar, y cuando el aznarismo consiguió la mayoría absoluta, Pujol quedó como la reina madre de un pacto en el que todos los renglones rectos los escribía el PP y los torcidos, CIU.

Tan evidente era el sometimiento, que sectores importantes de las bases convergentes expresaron su disgusto ante la escasez de compensaciones políticas que ofrecía tan asfixiante alianza. El anuncio de la retirada de Pujol antes de las autonómicas de otoño del 2003, dejaba a CIU ante la incógnita de si su nominado heredero, Artur Mas, tendría el suficiente apoyo para continuar la política de *belle de jour* (en catalán: *la puta i la Ramoneta*) que tan eficazmente a veces ha practicado Pujol o si aparecería Duran i Lleida con algún invento, como socio internacional de los populares, acuciado por una anunciada derrota de CIU en las autonómicas. Ante este clima, era lógico que Pujol acentuara las maniobras del desamor para comprobar si despegarse del PP resultaba ahora más beneficioso que engancharse a él como una lapa. Quizá había llegado el momento no ya de las dos camas, sino incluso de las habitaciones separadas.

Mientras el ministro de Defensa o de la Guerra, según se mire, don Federico Trillo, desafiaba con el *banderazo* —una gigantesca bandera española en la Plaza de Colón de Madrid— y emplazaba a todas las fuerzas políticas a un acto de homenaje mensual, el propio Aznar afrontaba personalmente la nueva batalla de la reconquista contra los nacionalismos disgregadores. Curiosa escenificación de dobles verdades y triples papeles que otra de aquellas visitas *clandestinas* del jefe de Gobierno español a Barcelona, donde puso primeras piedras para la recuperación de un río podrido y para la construcción de la tercera pista del aeropuerto del Prat. Son trabajos infraestructurales que figuran en el presupuesto general del Estado y por lo tanto el PP venía a recoger entre los catalanes los posibles frutos propagandísticos de sus inversiones, explícitamente recordadas, casi hasta la grosería, por Álvarez Cascos. El momento era ambivalente, porque si bien las inversiones son objetivamente innegables y el pacto político entre CIU y el PP seguía más vigente que la rotación de la Tierra, la ya relativa proximidad de vísperas electorales de diverso rango obligaba a que CIU marcase las diferencias y en cambio a que el PP subrayase las dependencias. De momento Aznar había llegado a Cataluña con las manos llenas de primeras piedras y había anunciado la aparición de Josep Piqué como candidato a la presidencia de la Generalitat; Piqué, el hijo ex comunista bien amado en el que tiene depositadas todas sus complacencias. Pujol aparentemente actuaba como anfitrión, pero más parecía invitado de piedra, porque no podía arruinarle la fiesta catalana al PP, ni podía dejarla pasar sin oponer algo parecido a una resistencia crítica.

Algo hizo. Dijo que los catalanes estábamos preocupados por las muestras de neonacionalismo españolista y por un trato minimizador, como si Cataluña fuera una periferia en todos los aspectos. Aznar vino con los valiums puestos y contestó que para él Cataluña nunca, nunca, nunca sería una periferia y una afirmación tan tajante puso de los nervios a los pujolistas porque les sonó a apropiación indebida territorial. El forcejeo entre lo centrífugo y lo centrípeto cuando se plantea en desigualdad de fuerzas tiene sus más y sus menos, pero objetivamente CIU estaba perdiendo esa estrategia de la falsa tensión mientras el PP sólo la necesitaba como adorno democrático en España y como primera piedra, no de la depuración del río Besòs, ni de la tercera pista del Prat, sino de una reconstrucción del centro derecha catalán despujolizado.

Si Pujol estuvo muy moderadamente cuestionador y Aznar muy explícitamente moderado, alguien tenía que decir lo que pasaba realmente y ése no podía ser otro que Álvarez Cascos. Se puso su nariz más rota y su ceño más agresivo y leyó una declaración de principios que se resumen en dos: el gobierno ha invertido mucha pasta en Cataluña, invertirá mucha más en el 2003 y lo ha hecho porque le ha dado la gana, dado que disfruta de la mayoría absoluta y no tiene por qué atender pagos políticos a aliados realmente periféricos. El día antes, Aznar había pasado por la prueba de una entrevista en TV3 con

Joan Oliver y esta vez el entrevistador dejó menos territorio libre para que el presidente moviera la sonrisita chapliniana a sus anchas y le hizo algunas de las preguntas que hipotéticamente podían molestarle. La sobredosis de valiums exhibida en este viaje a Cataluña hizo que Aznar incluso abandonara en las tinieblas más exteriores de la galaxia al pobre ministro Trillo, al que reprochó el error de invocar la sangre, la tierra y la lengua para justificar el *banderazo*, aunque tal vez sólo le devolvía el cumplido, ya que Trillo había revelado que el *banderazo* era una idea absolutamente genial y personal del jefe de Gobierno.

Aznar tuvo tiempo de consolar a los catalanes por lo mucho que había llovido, y no siempre para bien, y de anunciar que pronto volvería para estar entre ellos tres días, tres, una visita más a sumar a las veintiocho ya realizadas a lo largo de su reinado y digo reinado no sólo como metáfora, porque siempre me ha parecido que Aznar tenía maneras de rey de monarquía visigótica electiva: Recaredo, Wamba, Don Rodrigo… recuerden. Y una vez lanzado Piqué, Aznar volvería a Cataluña dispuesto a destruir el reproche o la esperanza de considerarla periferia de España. Para Aznar, Cataluña forma parte del Gran Madrid y eso estará definitivamente claro el día en que el tren de alta velocidad, aliado con el puente aéreo, pase por encima del cadáver de las diferencias perversas.

Otra vez España como problema. Pujol e Ibarretxe plantan cara a la ofensiva antiautonomista del PP. Así sintetizaba la prensa más próxima al pujolismo la resultante política del encuentro entre los lehendakaris de Euzkadi y Cataluña. Síntesis algo precipitada si tenemos en cuenta que Pujol le debe el cargo al apoyo del PP en el Parlament y el nacionalismo moderado catalán representado por CIU recorre un calvario debido a los malos tratos a los que les someten los aznaristas. No pasa día sin que el PP catalán le recuerde a Pujol que le ayuda a tener la mayoría necesaria en el Parlamento autonómico y desde que tiene la mayoría absoluta en el Parlamento español trata a los pobres convergentes como trataban las hermanastras a Cenicienta.

Si escuchamos las declaraciones de los patriotas catalanes contra el patriotismo aznarista podríamos llegar a la conclusión de que esta pareja de hecho no puede prosperar, pero prospera, porque no hay comisaría donde CIU pueda denunciar su condición de coalición maltratada y en consecuencia se traga los malos tratos a cambio del poder y, ¡ay dolor!, por el bien de Cataluña.

Sería una situación casi cómica y es plenamente cómica cuando se utiliza el encuentro de Pujol con Ibarretxe para crear la ilusión óptica de que plantan cara a Aznar. Ibarretxe sí lo hace, entre otras cosas porque el PP no le ha dejado otra salida, comprometido Aznar en la cruzada de reforzar el españolismo a costa de debilitar el vasquismo, pero también planta realmente la cara porque a pesar del acoso y derribo perpetrado por el PP y el PSOE, el PNV ya ha ganado otras dos elecciones autonómicas. No es el caso de Pujol. Al contrario, a pesar de su alianza con el PP durante toda la legislatura iniciada en 1996, casi no ganó las elecciones autonómicas y quedó sometido a la benevolencia del neonacionalismo español. Para un español del interior y además interiorizado, le es difícil entender el drama abertzale por el que pasa Pujol y su sombra. Hay pujolistas en situación anímicamente desesperada, por más que Pujol les diga una y otra vez que gracias a la concordia con el PP, Cataluña consigue el oro y el moro, es decir, el euro y el moro.

Juntos y sumados fugazmente, Ibarretxe y Pujol, Pujol e Ibarretxe, se quejaron de la ofensiva del neonacionalismo español que tiene como principal portavoz al propio Aznar, pero como adláteres eminentes al ministro de Administraciones Públicas, o al de Asuntos Exteriores, gaseoso y galáctico, el todoterreno Piqué dedicado a la exaltación del orgullo patriótico español. Si Fraga pasará a la Historia por haber apadrinado el *Spain is Different*, Piqué lo hará envuelto en su eslogan, *Spain is Beautiful*.

El diseño estatal de Aznar pasa por la contención definitiva de la soberanía de las autonomías e incluso en el recorte de algunas de las prerrogativas descentralizadas y descansa en medidas sumamente peligrosas para los nacionalismos periféricos. Por ejemplo, la propuesta aznarista de reforzar la autonomía y el poder municipal ya fue durante el Felipato de Sevilla un proyecto socialista acogido con indignación por los nacionalistas catalanes y vascos porque lo interpretaron como un intento de romper el sujeto nación mediante el puntillismo de los sujetos municipales. La armonización de las prestaciones sanitarias se contempla desde Euzkadi y Cataluña como un recorte intolerable de la gestión autonomista, complementario de los objetivos pretendidos por la reforma universitaria. A pesar de los deseos de Fraga, el PP también se ha negado a que los gobiernos autonómicos estén representados en la UE, ni siquiera cuando se discutan problemas que afecten específicamente a Cataluña, Euzkadi o Galicia. Y para rematar la faena, el PP negó en primera instancia la necesidad de una carta municipal de Barcelona, reclamada desde antes de las guerras carlistas, para finalmente asumirla siempre y cuando sea la particularización de una similar carta municipal aplicable a las grandes ciudades.

A dos años de las elecciones generales del 2004, los estrategas del PP exacerbaban más que acentuaban la españolidad de su oferta, conscientes de que la bandera de la españolidad les podía hacer crecer en toda España, incluso en Euzkadi, donde pretenden quitarle al PSOE parte del voto antipeneuvista. Al margen de que se consideren españoles por la vía absoluta o metafísica, los aznaristas nunca han sido santos idealistas de la recuperación de España como unidad de destino en lo universal, sino los aprovechados estrategas de una abstracta reespañolización que tendría su piedra de toque en el momento en que, perdida la mayoría absoluta, al sucesor de Aznar no le quedaba otra salida que volver a hablar catalán en la intimidad y a ejercer de aizkolari en los jardines de La Moncloa.

Si excavásemos debajo de buena parte de festividades religiosas hallaríamos los cadáveres de las celebraciones paganas originales. No hay santuario importante que no ocupe un lugar donde antes se adoraba a vírgenes y dioses más inexactos todavía que los de ahora. A punto de llegar la Diada de 1999, fiesta nacional de Cataluña en la que paradójicamente se conmemora la derrota sufrida frente a los borbones en 1714, casi con el pistoletazo de salida de la carrera electoral del siglo, no digo de cuál, no faltaron lecturas muy ajustadas sobre cómo la celebran las distintas opciones políticas, porque las fiestas, como todo, son códigos de señales y son señales las palabras, los silencios y los gestos. No falta quien opina que la Diada es una celebración obsoleta, pasando por alto que las celebraciones son todas objetivamente obsoletas, incluso la del 5 a 0 que el Barcelona de Cruyff y Marcial le metió al Real Madrid en el Bernabeu, pero dependen de la voluntad y la capacidad de participación de quien las mantiene. Otra prueba futura le espera a la Diada. El espacio que le queda en un día en que se va a conmemorar, por los siglos de los siglos, el bombardeo de Nueva York mediante aviones comerciales: 11 de septiembre del 2001.

Pero en aquel año, 1999, todavía era evidente que si la Diada no existiera habría que inventarla porque era una excelente *escudella barrejada* (cocido de mezclas), la mejor de las *escudellas* si rebajáramos el listín patriótico de la *escudella i carn d'olla*. La *barrejada* puede ser un *pot au feu* de nueva planta o bien una gran liquidación de restos de serie fin de temporada, algo así como una *escudella* de sobras o rebajas. No estaba claro si los cocineros del 11 de septiembre de 1999 se atreverían a hacerla de nueva olla o si iban a poner en el potaje las sobras de sus estrategias e inteligencias. Maragall y Ribó pedían el cambio, Pujol quería continuar porque se lo pedían, sobre todo se lo pedía el cuerpo, y Carod Rovira, astutamente, sólo se casa con Cataluña y juró que haría lo más conveniente para Cataluña, propósito inteligente porque el sujeto interpelado, Cataluña, no tiene una corporeidad normal y es muy difícil preguntarle: «Oye, Cataluña, ¿a quién te conviene más que me sume, a Pujol o a Maragall y Ribó?». Ante la ausencia previsible de respuesta lo más lógico es que Carod Rovira siempre decida que lo que más le conviene a Cataluña es lo que más le conviene a su partido, Esquerra Republicana.

A las masas les costaba asimilar que podía ser la última Diada que Pujol contemplaba como president de la Generalitat, persistiendo en una continuidad democrática sin precedentes, porque hasta el general De Gaulle duró menos y sólo Josep Lluís Núñez, presidente del Barcelona, estaba entonces en condiciones de superar la longevidad del presidente, cierto que en otra dimensión más laica. A veces votas porque la sensación de vacío es insuperable y muchos catalanes no se pueden imaginar los informativos de TV3 sin las apariciones, justificadas o graciosas, de Jordi Pujol, y digo graciosas no porque hagan reír, sino porque son el fruto de una concesión graciosa de la política informativa del canal.

En cuanto al PP, estaba cogido por partes muy sensibles de su anatomía, porque para crecer debía bajar CIU y si bajaba CIU y ganaban *los otros*, se acababan los tacones postizos convergentes para el presidente Aznar y la patata caliente se trasladaba al conjunto de la política española. Lo ideal para el PP catalán ante las autonómicas de 1999 era que todo quedara como estaba porque así ellos seguirían siendo el bastón de la vejez de Pujol, y en España, Pujol proseguiría como el espectador privilegiado de los partidos de paddle de José María Aznar y el mejor árbitro de sus mejores o peores jugadas. Que CIU perdiera las elecciones autonómicas del 17 de octubre de 1999 habría sido un dramático augurio para la hegemonía del PP durante los meses que faltaban para las elecciones generales del 2000.

En los cuarteles generales y particulares del PP en Madrid se seguían las fluctuaciones de las encuestas electorales de Cataluña con auténtica zozobra. Dicha zozobra no se debía a las idas y venidas de las valoraciones sobre el voto catalán al PP, sino a las anunciadas insuficiencias de CIU, de Convergència i Unió, de Pujol, para entendernos definitivamente. El PP era consciente de que como formación política, de momento, en Cataluña había llegado a un techo, y que por lo tanto necesitaba la victoria de Pujol para mantener su hegemonía en el conjunto del Estado. Aunque Pujol perdiera, la mayoría parlamentaria en Madrid seguiría siendo la misma, pero seriamente dañada la imagen de una alianza y en difíciles condiciones de repetirla después de las elecciones generales del 2000.

Porque si Pujol perdía, una de las lecturas posibles de la derrota era que su electorado no había digerido la alianza con el PP. El pujolismo no es monocorde. Aúna diferentes sensibilidades y sectores sociales, contra la idea simplista de que es el partido de la burguesía catalana. Y serían los sectores más populares o los radicalmente nacionalistas, los que seguirían sin entender el porqué o el para qué del pacto Pujol-Aznar. Que Pujol estaba preocupado se notaba en los inusitados gestos que hacía en dirección al voto castellanohablante y a los asentamientos inmigratorios del área metropolitana de Barcelona. Su política de buena relación con las casas regionales no le pareció suficiente y le aconsejaron que se acercara lo más posible al ejército de ocupación lingüística de Cataluña.

Pujol perdió por la mínima, pero tan por la mínima que con la ayuda del PP pudo seguir gobernando en Cataluña otra legislatura. Por eso cuando se presentaron las elecciones generales del 2000, Pujol necesitaba que el PP ganara, pero también por la mínima, para que así su mayoría en las Cortes dependiera del voto convergente. Especialmente revelador resultó el debate televisivo entre los candidatos catalanes a las elecciones generales, aunque no cambió el criterio de voto de ningún espectador, pues cada cual había realizado su propia valoración y tenía más claro que antes el sistema de señales emitido por los aspirantes. Espectacular fue la superproducción en technicolor de Piqué, aquel precioso cuadernito elaborado en los laboratorios de ingeniería electoral del PP, lleno de cifras oportunas que no se parecían a las cifras que aportaba Joan Saura, candidato de Iniciativa per Catalunya, dotado de fotocopias de estadísticas oficiales. La no coincidencia entre las estadísticas oficiales y las de Piqué en technicolor nos obligaba, una vez más, a pensar que la estadística es como la tierra, para quien se la trabaja, y más si son estadísticas pintadas al óleo.

También fueron evidentes dos pautas de comportamiento que no abandonaron nunca a los aspirantes al campeonato periférico de los superwelters, señores Piqué y Trias. El primero debía reírse de todo lo que dijeran los demás candidatos, pero muy especialmente de lo que dijera Serra, candidato socialista, al que el señor Piqué trató como si fuera una caricatura de los muñecos del guiñol o del Jardín de los Bonsais. Y Trias debía aprovechar que el tren pasara por donde pasara para proclamar que al día siguiente de las elecciones CIU sería determinante, ganara quien ganara, sin que nos atreviéramos siquiera a imaginar una victoria de la Liga Comunista Revolucionaria, es un decir, porque vaya cara se le habría puesto a Trias. El candidato de Esquerra, Joan Puigcercós, no habló de independencia y sí de trabajadores y tenderos, con una notable sintonía con Saura, con el que nunca entró al choque, y ambos dejaron en paz a Narcís Serra, que bastante tenía con Trias y Piqué que le estaban tocando el piano a cuatro manos.

Mientras Piqué se reía, Trias me recordaba al cómico Johnson, de El Molino, capaz de dirigirse al espectador más impertinente para proclamar: «¡Serás mío!». Serra trataba de despegarse de su pasado como ministro socialista y superar una íntima sensación de hastío, como si se estuviera preguntando de dónde venía, dónde estaba y adónde iba, y por qué pudiendo estar escuchando a Mozart tenía que soportar las risas de Piqué. Pero en la España profunda, Aznar ya estaba anunciando el próximo juguete electoral, la bajada de los impuestos, y volvía a intentar demostrar que es gracioso con un chistecillo que apenas fue reído por un personal de empresarios de forma y fondo. No entiendo por qué con lo gracioso que es Piqué, Aznar sigue empeñado en hacer reír cuando lo suyo es la poesía. Debía centrarse en las apuestas más fuertes, que son la denuncia del pacto de las izquierdas como un elemento de desestabilización económica y el rearme del nacionalismo español frente a los nacionalismos centrífugos, especialmente el vasco. El pacto de las izquierdas sólo podría amenazar la reelección de Aznar si disminuía sustancialmente la abstención de la izquierda sociológica asqueada o indiferente por los pleitos entre Izquierda Unida y el PSOE o por los escándalos socialistas del inmediato pasado. La imagen de moderación aportada por el nuevo responsable de Izquierda Unida, Paco Frutos, trataba de desconvocar el fantasma del frentepopulismo elaborado en los laboratorios de ingeniería electoral del Partido Popular, laboratorios donde dominaba, por lo visto, el technicolor. En cuanto a la violencia desatada por ETA en el País Vasco pretendía denunciar el mal uso que el PP había hecho de la tregua, pero Aznar daba la vuelta al argumento tratando de culpabilizar al PNV de complicidad con los terroristas. No sólo los políticos hablaban desde la doble verdad, la coyuntural y la estable. Nosotros, como receptores o consumidores, también pasamos de creernos lo coyuntural a creernos lo estable, pero sabíamos que al día siguiente de las elecciones, si Aznar ganaba escasamente, necesitaría el consenso de los nacionalistas vascos y catalanes, consenso que interesaba al empresariado español, muñeca rusa menor, dentro de la gran muñeca rusa de los centros internacionales de decisión económica. De hecho la única obra abierta de aquella campaña fue la expectativa del frente de las izquierdas que ha exhibido la posibilidad de cambio y fortalecido individualmente a dos candidatos a priori perdedores y revaluados por el pacto: Almunia del PSOE y Frutos de Izquierda Unida. Pero en Cataluña, Serra me dio la impresión de que estaba escuchando a Mozart y que dejaba la campaña de izquierdas en manos de Saura y de Puigcercós.

El PP ganó las elecciones por mayoría absoluta y los nacionalismos *aplazados* pasaron a ser o los parientes pobres de la alianza, caso CIU, o el *punching ball* contra el que Aznar pasaría cuatro años probando su musculatura nacionalcatólica. Ese *punching ball* era el PNV.

En el año 2000, tras la victoria de Aznar por mayoría absoluta, dediqué mi aplauso más sincero al president Pujol, que al darle un cheque en blanco al PP en la ceremonia de la investidura, demostraba cuánta falsedad hay en la fama de que los catalanes somos interesados y todo lo hacemos por la *pela*. En buena medida era responsable el propio Pujol de que se acrecentara tan incómoda imagen porque muchas veces proclamó que gracias a sus pactos con el PSOE y el PP, Cataluña había conseguido el oro y el moro, sin que jamás fuera lo suficientemente rebatido ni por socialistas ni por populares. El hombre es él y su circunstancia, dijo Ortega, y así como Pujol sigue siendo Pujol, las circunstancias habían cambiado.

No estaba la cosa para bravatas y los negociadores de CIU fueron conscientes de que con su apoyo le regalaban al PP la imagen de partido definitivamente centrista, céntrico y centrado, sensible hacia los hechos diferenciales e incluso a los idiomas vernáculos. Así como en el pasado no se pactaba sin concesiones concretas, ahora el apoyo no necesario de Convergència tenía el aspecto de un acto de buena voluntad, algo así como enviarle al jefe una caja de puros o felicitarle porque el niño ya se afeita y la niña ha tenido la primera regla. Admiré sobre todo la actitud, las tablas de Xavier Trias que en cuestión de días, de horas, pasó de considerarse el árbitro de la situación, ganara el PP o ganara el PSOE, a no saber qué considerarse, a la espera de que fuera el PP el que le diera alguna indicación. Así ha de ser un buen centrista, opaco o transparente, según convenga.

Que el cheque en blanco de Convergència i Unió irritara a un sector importante de convergentes y unionistas era previsible porque, si ya fue difícil explicar la política de alianzas con el PP cuando se podía condicionar la gestión del gobierno, más difícil era cuando las concesiones que había que obtener dependían del buen talante de Aznar y de la estrategia ascendente de Piqué, llamado a ser el primer presidente de la Generalitat Catalana del PP si no tropieza con algún obstáculo acumulado en su deslumbrante pasado de joven ex comunista reciclado por Pujol y por el superfinanciero Javier de la Rosa. Por otra parte la lógica de CIU imposibilitaba dar un giro de ciento ochenta grados y aceptar encabezar una política de resistencia nacional en unión con las otras formaciones de raíz catalana. Los empresarios catalanes en los que tanto confía Pujol nunca estarán por esa labor y sólo respiran tranquilos cuando el puente telefónico entre la Generalitat y La Moncloa les facilita los tránsitos materiales y espirituales de la revolución conservadora. El PP había conseguido superar a Franco en el diseño del catalán adicto y, tras diversas probaturas, había encontrado en Piqué un Pedro Gual Villalbí posmoderno.

De todas las contradicciones formales condicionadas por la mayoría absoluta, la más inquietante era la que presidía las relaciones sadomasoquistas entre el PP y CIU. Al pujolismo no le quedaba más alianza política en Cataluña que la ofrecida por el PP, porque la otra era formar un bloque abertzale a la vasca y plantear una batalla frontal nacional catalana contra el ya absoluto y explícito centralismo españolista del PP. En esa línea plantó bandera de disidencia el señor Pere Esteve, en otro tiempo secretario general de Convergència Democràtica de Cataluña, y por ello considerado uno de los posibles sucesores de Pujol. Algunos sectores de las bases populares de CIU hubieran estado de acuerdo con esa estrategia abertzale numantina, pero los sectores políticamente dominantes creyeron en el puente aéreo, y muy especialmente en el puente aéreo que une al empresariado catalán con las razones de Estado. El PP consideraba interesante que CIU siguiera figurando como socio de la empresa, pero también debía justificar ante su electorado que la mayoría absoluta le servía para parar los pies a los nacionalismos. En el caso del PNV, la confrontación era fundamental, radical y esencial, y no son sinónimos, pero en lo que respecta a CIU, el PP practicó cariños no siempre furtivos, consciente de que en la relación sadomasoquista, los populares actuarían como sádicos y los pujolistas como masocas.

Como prueba de que habían llegado buenos tiempos para el sadomasoquismo baste la declaración de Piqué de que CIU debería modificar la normativa sobre el catalán. Fue un golpe en el plexo solar del presidente pocas horas antes de reunirse con el sanedrín nacionalista, donde tuvo que recurrir a apretar la tuerca de la reivindicación lingüística para compensar a sus bases del pacto con el PP de 1996, de 1999 y ahora el tan azaroso del 2000. Fue un acto fallido porque poco a poco las cosas volvieron a su sitio original y en muchos nacionalistas quedó un mal sabor de boca para siempre. Primero Piqué y más tarde Rajoy insistieron en un aligeramiento de la presión lingüística en Cataluña, aun a sabiendas de que es el *hecho diferencial sine qua non* exhibido por el nacionalismo pujolista y consensuado por todas las fuerzas políticas catalanas, con la excepción del PP. No era una presión inocente, ni sería la última. CIU podía prepararse para una relación matrimonial de copla con el PP, con las sienes moraítas de martirio y más ojeras que la Parrala o que la Campanera. No fue una presión inocente, porque de la misma manera que el acoso y derribo del PNV incrementaba la instalación electoral de los populares en Euzkadi, la protección indebida a CIU, según cálculos del PP, contribuiría a su crisis pospujolista y a las expectativas creadas sobre la herencia del centro derecha catalán. Nada había escrito sobre ese futuro a medio plazo y el PP era un aspirante a encontrar un sitio de privilegio, por qué no determinante, en el nuevo ecosistema político catalán.

Los efectos posibles de un nacionalismo catalán radical frustrado y relanzado por el fracaso anunciado del moderado pujolismo no parecían preocupar al PP, como no le preocupaba que el deterioro del PNV contribuyera a remotivar el maximalismo en Euzkadi. El PP ha descubierto que defender la vertebración de España vende, sin necesidad siquiera de remodelar esa vertebración según la lógica federal derivada del Estado de las autonomías como ensayo general. De rodillas, Señor ante el Sagrario, que no sólo guarda cuanto queda de amor y de verdad, sino que también guarda cuanto queda de amor y de unidad.

Ya en sus últimos meses como president, Jordi Pujol tuvo un excelente detalle al devolverle a Maragall el reloj que se había dejado en el pupitre desde el que le había increpado y reclamado las elecciones anticipadas. Es evidente que Pujol no iba a quedarse con el reloj, independientemente de la marca, pero sí podía haberlo dejado en el sitio de la pérdida para que su propietario se inquietase. Hermoso gesto a la altura del otra vez llamado *oasis catalán*, nombre que Cataluña ya mereció en los meses anteriores al golpe de Estado del 18 de julio de 1936. ¿Cómo iba a instalarse una sublevación militar *africanista* en el *oasis catalán*? En el oasis actual y sin amenaza previsible de golpe de

Estado a cargo de general alguno, ni siquiera del presidente Aznar, que Pujol le devolviera el reloj a Maragall tenía una cierta lectura simbólica que no agradaría a la coalición en el poder y socios en el parapoder, me refiero al PP. Devolverle el reloj era como entregarle el instrumento de vigilar el tiempo, no en sí mismo, porque el tiempo no es vigilable, sino en relación con nuestra propia vida e historia. Maragall sabe que ese reloj devuelto por Pujol lleva el peso de una última oportunidad, porque si no gana las próximas elecciones autonómicas deberá esperar otra convocatoria a una edad ya un tanto tardía, al menos convencionalmente.

Maragall había tratado de erosionar lo que quedaba del monumentalismo de cartón piedra de CIU mediante una moción de censura, que ni ganó ni perdió sino todo lo contrario, aprovechando aquel último ataque relámpago que pilló a Pujol en zapatillas, ya a punto de marcharse a casa y sin capacidad de respuesta. El inventario de acusaciones de Maragall por todo lo que Pujol no había hecho demostraba que no se pueden pedir peras al olmo ni una política progresista al centroderecha, y Maragall esta vez lo hizo bien al no dar posibilidad de réplica directa ni a Pujol ni a su heredero. La primera despedida factual de Pujol ante el Parlament deja más sitio para el lucimiento de Artur Mas, lucimiento del que está muy necesitado porque desde que se clausuró el programa *Set de nit* apenas sale en la televisión haciendo o diciendo cosas tan interesantes como las que emitía el humorista que le caricaturizaba. ¿Cuándo se producirá ese momento indispensable en el que la imagen de Mas se superponga sobre la de Pujol, enmarcadas ambas por una bandera catalana más grande que la española que Aznar y Trillo colocaron en la Plaza de Colón de Madrid y con *Els Segadors* como música de fondo? Ese instante sublime marcará el final feliz o infeliz de la serie de despedidas que Pujol tiene al alcance de sus ganas o sus desganas en los meses finales de su mandato.

Esas despedidas graduadas pretenden ser ratificaciones de una *feina ben feta* y la promesa de que sólo el heredero puede continuarla, aunque el aznarismo galopante que invadía Euzkadi y Cataluña desde sus bases estratégicas de Quintanilla de Onésimo o de la isla Perejil o del Irak anexionado por el imperio del Bien, dificultaba como un ruido bronco el mensaje fundamental de despedida a la pujolesca: hay que entenderse con el gobierno de España, gobierne quien gobierne y llevarlo con la resignación empleada por Mare Lola, el personaje de la canción de Serrat que mejor sublima la extraña relación sadomasoquista entre CIU y el PP. Mare Lola no sólo ha de cuidar la casa, hacer la compra, criar a los hijos y trabajar fuera de casa si es necesario, sino que además se ha de poner en pelotas todas las noches que el marido quiera.

Despedidas que Aznar quiso enmarañar con ese banderón que colocó en Madrid, para que inicialmente todos los meses Ibarretxe y Pujol se enteraran de lo que vale una bandera. Esa bandera que no se les había ocurrido ni a los cuatro generales —Franco, Sanjurjo, Mola, Queipo del Llano— es fruto de un delirante amor a España, España, España pronunciado el nombre de la nación como suelen hacerlo los sargentos arengadores y el señor Trillo, al que con motivo del *banderazo* le salió un «*¡vivaepaña!*» yo diría que casi anterior a la presencia del Opus Dei en los gobiernos de Franco.

Miembro del Opus Dei, el señor Trillo tal vez consultó con su director espiritual o con el nuevo santo, Escrivá de Balaguer, el tamaño de las banderas y de los gritos de rigor no sólo en tiempos normales, sino también en tiempos de despedidas de enmascarados agentes de la España rota.

No sólo Pujol terminaba su mandato malherido por la usurera protección del PP, sino que empezaba a extenderse por Aragón y Cataluña la sospecha de que la Comunidad Valenciana estaba recibiendo un trato de favor por parte del gobierno central porque allí gobierna el PP y una de dos, o la sospecha se desactiva gracias a las obras del gobierno central, o se consolida dando paso a dos posibles reacciones: que los ciudadanos de Aragón y Cataluña se pasen al PP a ver qué cae, o que armen la marimorena por los agravios comparativos.

En cualquier caso las aguas del Ebro bajan revueltas desde hace dos años por culpa de un plan hidrológico que sobre todo beneficia a Valencia y Murcia, y la ceremonia de la confusión de los expertos no ayuda a serenarlas. El PP exhibe sus cálculos técnicos pero no los respalda suficientemente con los argumentos de los que saben de qué van las aguas y las tierras. Frente a esa exhibición de informes sin apellidar, la oposición enseña una plana mayor de ingenieros y expertos en hidrología que están en contra del proyecto del Ebro y anuncian deterioros ecológicos irreparables. Ya sé que la ecología extrema tiene mala prensa, porque se interpreta como una disciplina correosa y aguafiestas. Pero a la vista de los argumentos exhibidos por técnicos y científicos que no están de acuerdo con el plan hidrológico sería conveniente que el asunto se pusiera sobre la mesa y al arbitraje de personas responsables y no de presumibles paniaguados de tal o cual tendencia.

Nos estamos jugando el agua que bebemos y que beberán nuestros hijos. Apelativo dramático que me hice un día a primeras horas de la mañana con el fin de extender la sospecha sobre las intenciones de los políticos cuando reparten dinero y agua con tanta facilidad. Entre conquista de isla Perejil y conquista de Bagdad, Aznar ha repetido sus viajes de reconquista de Cataluña sin verse obligado jamás a demostrar que habla catalán en la intimidad. Los círculos catalanistas y de la oposición de izquierdas se quejan de que Aznar ya pone descaradamente los límites de la reivindicación catalana y declara finiquitado el nacionalismo basado en la defensa de una identidad. Perdone, señor Aznar —me dije—, pero si se acaba la reivindicación identificativa del nacionalismo, se acaba el nacionalismo. Esta tendencia ideológica se basa en la defensa de una identidad frente a necesarios enemigos interiores o exteriores, y para los nacionalismos aplazados en España el enemigo siempre, siempre ha sido el centralismo españolista nacionalcatólico que ahora encarna sobre todo el PP. Dejando de lado este problema para que lo resuelvan las futuras generaciones, la oposición catalana le exigía a Pujol que rompiera con el PP y Pujol les estuvo contestando casi hasta antes de ayer que arrimarse al PP podía tener alguna compensación política y económica y en cambio separarse del PP significa la nada y el nadie.

Pan para hoy, hambre para mañana.

Muchos creen que Pujol para salvar el pujolismo de hoy ha estado matando el pujolismo de mañana, pero para comprobar la verdad de estos temores hay que esperar el paso del tiempo, que para algunos se registra mediante modernos cronómetros y para otros mediante el reloj devuelto por Pujol a Maragall o tal vez en relojes de arena, sin descuidar los relojes blandos que imaginó Salvador Dalí.

5

Los españoles que dejaron de serlo

Así subtitulaba Gregorio Morán uno de sus radicales ensayos críticos, esta vez dirigido al PNV y todo lo que le cuelga. Las relaciones entre el gobierno de Madrid y el de Euzkadi casi no existieron desde que Aznar alcanzó la mayoría absoluta y el lehendakari Ibarretxe se quedó entre la espada de esa mayoría y la pared de su clientela nacionalista. Los partidarios de una solución moderada del llamado problema vasco han lamentado una y mil veces que Ardanza no siguiera de lehendakari de Euzkadi y fuera sustituido por Ibarretxe. Me explicaré, porque no conviene extremar la ironía en estas cuestiones, aunque es inevitable hacer uso de ella cuando la lógica ensimismada de lo político se pone a jugar con las bombas de explosión retardada que deja el terrorismo en los lugares y tiempos más imprevistos. Desde que gobierna el PP, cada vez que el PNV ha lanzado una iniciativa negociadora, el Ministerio del Interior ha demostrado horas o días después una sorprendente eficacia deshaciendo comandos que parecían esperar en la cola de los comandos que había que desarticular. No se desarticula un comando así como así y todo el trabajo de información y seguimiento que conduce a las detenciones responde a un ritmo al parecer graduable, porque se acelera cuando el PNV se pone pactista en una u otra dirección.

Cuando Ardanza formulaba un plan de paz, inmediatamente después caía un comando de ETA y aunque la cantera etarra fuera copiosa, no hay cantera terrorista que resista caídas tan consecutivas. También habría que primar las situaciones preelectorales, tal vez incluso revisar la Constitución y acordar elecciones autonómicas cada seis meses, porque la perspectiva electoral estimularía la imaginación negociadora del PNV para reconquistar voto abertzale y la imaginación represora del PP para crecer entre la potencial clientela de Euzkadi. Tal como se resolvieron las crisis ante los planes de paz de Ardanza, *tutti contenti*. El PNV salvaba la cara abertzale, el PP persistía en crecer entre el antinacionalismo vasco y Herri Batasuna demostraba que la mesa de Ajuria Enea no sirve para una puñetera indisposición intestinal. El silencio de ETA puede romperse truculentamente durante el tiempo que tarde esta reflexión en ser leída y cualquier atentado terrorista, sea de sangre o secuestro, reforzará las tres estrategias en disputa: 1.º ¿Veis cómo era necesario negociar? 2.º Aquí no hay nada que negociar. 3.º No hay otro camino que el de la violencia.

Todas las guerras, antiguas y modernas, convierten a la población civil en las principales víctimas, cuantitativa y cualitativamente, pero sobre todo las guerras civiles posmodernas hacen del ciudadano carnaza preferida por el cazador, porque de la extensión del terror nace la rendición y en cambio el terror dirigido a la casta dominante, política, social, económica o militar puede, no digo que deba, ser dejado de lado por el conjunto de la sociedad. El conflicto vasco necesitaba, necesita y necesitará una clarificación política transparente para el peatón de la Historia que puede morir en la calle o en un supermercado. Tan evidente como que las usuras estratégicas de los partidos que juegan a aparejarse y desparejarse según cálculos electorales se basa en el control y racionamiento de una información veraz sobre todos los términos en litigio. La cuestión vasca no debe ser sometida al cambalache electoral urdido en el territorio vasco o en la meseta castellana donde el Cid trata de resucitar de vez en cuando de su sepulcro, porque es una cuestión geopolítica de toda España y toda España debiera saber si la estrategia de la tensión al borde del abismo no sólo beneficia a ETA, que sin duda la beneficia. En este país los maximalismos están cargados de sexualidad y las posiciones extremas, dentro de cualquier tendencia política, ética y estética, tienden a demostrar que su sostenedor la tiene más larga. Extramuros de ETA se debiera construir una razón clarificadora debatida en libertad e igualdad de información por el conjunto social. ETA es esclava de una lógica ensimismada que desde fuera se alimenta cada vez que la lectura electoralista sustituye a la lectura política en profundidad.

Arzalluz siempre queda como Dios, y nunca mejor dicho. *ABC* le había regalado el cartel de abuelo de ETA y él se colgó el de víctima preferida de las insidias antivascas de la derecha de siempre, incluso en los tiempos en que Aznar le recibía en La Moncloa y los dos se permitían llegar al final feliz de ni sí ni no, sino todo lo contrario. Él era el radical y Ardanza el moderado. El moderado Ardanza se retiraba de la presidencia de Euzkadi con una inmejorable imagen de hombre de gobierno y de negociación al que sólo habría que reprocharle que fuera muy tacaño en planes de pacificación por la vía negociadora. De haber cuidado un tanto más esta faceta, una de dos, o habría conseguido por fin una negociación retransmitida por Televisión Española a todos nuestros hogares o, por el contrario, Mayor Oreja ya hubiera metido en la cárcel a todos los etarras. Dos hombres y un destino.

La añoranza de los tiempos de Ardanza se formó casi instantáneamente, pero sólo se exteriorizó por parte del PP cuando consiguió la mayoría absoluta en el año 2000 y ya no necesitaba la alianza con el PNV. Sólo el insuficiente resultado de 1996 había hecho posible el flirteo entre el nacionalcatolicismo aznarista y los llamados nacionalismos periféricos o aplazados, porque en definitiva el PP, y muy preferentemente Aznar, se ha ido revelando como heredero del hipernacionalismo españolista. Miembro durante décadas de la internacional democristiana, el PNV tuvo que salirse por la presión del PP, cuando la vieja internacional criptorreligiosa pasó a denominarse Popular y a preferir quedar bien con partidos estatalistas.

Para evitar hablar de nacionalidades y nacionalismos, en la España franquista se utilizaba la expresión *patria chica*, en relación con la patria grande, la de verdad, la de todos los españoles. Un barrio, un

99

pueblo, una ciudad, incluso una región podían ser la *patria chica* tolerable, siempre y cuando tuviera adosada una reafirmación de la identidad superior española. En el momento en que el PNV, fortalecido por su alianza con el PP en el Parlamento español y en plena ofensiva estratégica, le concedía al gobierno Aznar una tregua política hasta el año 2000, todos los discursos sobre la remodelación de España debieron enfriarse para entender qué estaba pasando. Se había enfriado el debate sobre si la Constitución sirve o no sirve. ¿Para qué?

El PP necesitaba el respaldo parlamentario de PNV y CIU para mantener su mayoría y tanto el uno como el otro consideraron que podían forzar la correlación de fuerzas e ir más allá en sus reivindicaciones. El PNV concedía una tregua al gobierno y se permitía ni plantearse la cuestión constitucional hasta el año 2000. El «para qué» era más importante que la utilidad de la Constitución, porque el «para qué», aunque el PNV lo aplazara hasta el año 2000, cuando ya estuviera conformado el cuadro de la hegemonía política abertzale en Euzkadi con HB, o lo que fuera, incluida, no es otra cosa que ese famoso *límite* de la reivindicación nacionalista. Ese demandado límite consistiría en el reconocimiento a ejercer el derecho a la autodeterminación en el momento adecuado, a la espera un tanto ingenua de que Europa alcanzara una identidad política a medida que la vayan perdiendo los estados nacionales. Es decir, cada vez más cerca de Bruselas y más lejos de Madrid. Si en Euzkadi se consiguiera la paz como consecuencia de una iniciativa básicamente nacionalista con el añadido de IU, el papel de los partidos llamados estatalistas quedaría entre la comparsería y el banderín de enganche de un españolismo a la defensiva, mala situación para cuando llegue el final de la tregua del PNV.

Si el PP estaba aliado con las mismas fuerzas políticas que se quejaban de las escaseces de sus estatutos de autonomía, el discurso adoptado por el PSOE en la oposición estaba desfasado y condenado a la nada, repentinamente situado a unas cotas de españolidad de tonadilla escénica años cuarenta, a la altura de «Sombrero en mano entré en España y al verla me descubrí», cuando no inscrito en la teoría de la catástrofe en una confusa atribución del papel de serbio en esta historia. Los españolistas han sido tradicionalmente los serbios de nuestra película, pero ahora resultaba que los socialistas apreciaban rasgos serbios en Pujol y Arzalluz e incluso describían a Aznar como un debilitado Kerenski que estaba abriendo a los abertzales las puertas del Palacio de Invierno de la españolidad. Madrid-Sarajevo asaltado por la limpieza étnica de vascos y catalanes es una contrafigura histórica de delirio. Frente al inmenso paso adelante dado por el ya claro frente nacionalista, el PP y el PSOE dan la impresión de ir a remolque cargados con el lastre de viejas metafísicas y sin el recurso de la fuerza, porque aquí todos somos demócratas. En el pasado una situación semejante la hubiera resuelto cualquier general, pongamos por ejemplo a Espartero para no hacernos mala sangre, con cuatro bombardeos de Barcelona. Pero ahora, y espero que para siempre, los pactos de Estado son fruto del valor político supremo: la correlación de fuerzas. Debería ser aspiración del PP y del PSOE utilizar como factor complementario de presión la parte de la conciencia social no escisionista, ante todo la presente en Euzkadi, desde una nueva predisposición estratégica que implicaría meterse de lleno en la aprehensión de la razón y sinrazón de la reivindicación nacionalista. El PSOE debería aportar un nuevo imaginario de España, si es que vale la pena seguir utilizando como referente eso que llamamos España, es decir, una entidad que tiene un presupuesto general de Estado, y debería garantizar un notable crecimiento del producto nacional bruto, pero sobre todo unas reglas de cohabitación.

Dentro de una política de mercado, tan avalada por los líderes socialistas ascendentes, lo que cuenta son los resultados electorales y, a la espera de lo que las izquierdas deban pensar en tiempos globalizatorios, Felipe González o Almunia o Borrell o Rodríguez Zapatero, incluso los cuatro juntos, debieron dar por irreversible la obsolescencia del tradicionalmente precario, miserable, militarizado jacobinismo español y sustituirlo por un pacto sentimental y racional entre gentes de memoria mestiza. O se va por ahí, es decir, por la vía de la resistencia cultural mestiza o el mercado electoral impondrá su razón pragmática y no habrá nada que hacer, ni que decir.

Y en cuanto a las tribulaciones del PP, acogido en 1999 a la tregua de ETA y a la del PNV, eran lógicas y constructivas. No se pasaba en balde de la tutoría ideológica de Ramiro de Maeztu y José Antonio Primo de Rivera a la de don Manuel Azaña y Xabier Arzalluz. Eso, forzosamente, ha de tener un costo, pero como suponían los dialécticos del más variado pelaje ideológico, en todo fin hay un principio. La devaluación del lenguaje oral y de la gestualidad política había llegado a unos niveles que resulta difícil escuchar o ver lo que se dice políticamente sin que te entren ganas de sonreír con melancolía o de soltar la carcajada, ya sin el menor decoro. Por ejemplo, el señor Aznar inicia cada año el curso político en Quintanilla de Onésimo, es decir, en Quintanilla de Onésimo Redondo, población reconsagrada a uno de los líderes parafascistas más mediocres, coautor del invento de la Falange Española y de las JONS. Aznar da así un primer paso de acumulación de efectivos —las bases sociales que hicieron posibles las Juntas Castellanas de Actuación Hispánica, invento nacional patriótico de Onésimo Redondo— porque luego a lo largo del curso ya se irá a por los azañistas y a por los socialiberales o a por Arzalluz y Pujol entre 1996 y 2000, en ese esfuerzo por hacer del PP definitivamente un partido céntrico, centrista y centrado.

Si recordamos aquellas circunstancias, recuperemos también la estampa de Aznar asumiendo la digestión de una salida pactada al problema vasco. Los socialistas actuaban en Euzkadi desde la más absoluta miseria de la razón y la más clara potenciación electoral, legitimados por sus militantes asesinados por ETA. Jugaron a demostrar que eran más españolistas que el PP para quitarles votos españolistas, pero destruyeron así la posibilidad de un discurso socialista vasco no españolista, lo cual no hubiera querido decir que renunciaran a una idea de España. España debería ser un compromiso entre gentes, pero me parece hoy insalvable una idea de España fundamentada en la metafísica o en la identificación marxista: clase obrera unitaria igual a Estado unitario y mercado nacional igual a Estado nacional.

Lamentable, culpablemente, ni el PSOE ni el PP han actuado jamás en la cuestión vasca más allá de sus intereses partidarios. Como era obligado, Almunia propuso un trasnochado pacto de Estado a Aznar cuando el PSOE, la formación hegemónica de la izquierda española, debiera olvidarse de Aznar y encaminar sus esfuerzos en otra dirección: reconsiderar el idearium español y proponer un nuevo imaginario para hacer frente a lo que se les venía encima, la ofensiva de los nacionalismos periféricos y centrífugos. Frente a esos nacionalismos, reivindicar la idea de la España de Carmen Sevilla, y no la de Mérimée y no la de Mérimée, como pregonaba la copla autárquica, me parece un esfuerzo obsoleto y algo idiota, en cualquier caso una ofensa a la inteligencia.

Los que cuestionamos el nacionalismo como razón suprema de la voluntad política y en ese sentido no asumimos los integrismos nacionalistas, ni el español ni el serbio, a veces parecemos atraídos y agradecidos por la ascensión de los nacionalismos vascos y catalán. No se trata del síndrome de Estocolmo, sino de la ultimación racional de una crisis de la cohabitación española. Cuanto antes consigan el derecho de autodeterminación en Cataluña y el País Vasco, antes podremos afrontar el rediseño de esa cohabitación, ya sin el menor complejo de culpa de nacionalismo español dominante. Ante todo se ha de pacificar Euzkadi, pero de momento hay que pagar un precio por haber formado parte del ejército de ocupación, aunque en mi caso se trate del ejército de ocupación lingüística.

El diferente temple de la resistencia radical vasca y el de la catalana no es atribuible a ningún factor sanguíneo, sino a la raigambre de la reivindicación nacional catalana en un espectro social muy amplio y a la seguridad lingüística como elemento de identificación. El catalán ha sobrevivido como lengua interpersonal y de cultura gracias a una voluntad política bastante generalizada, en este caso no sólo activada por la conciencia externa de unas vanguardias voluntaristas, sino, muy fundamentalmente, por la voluntad de un amplio y complejo tejido de la sociedad civil. Sólo una catástrofe equivalente a la que representó la Guerra Civil de 1936 a 1939 y la posterior ocupación franquista podría replantear con toda honestidad el problema del riesgo de supervivencia. El problema real actual se plasma no tanto en términos de supervivencia como de normalizar la plena salud de una lengua hegemónica dentro de la nación catalana, pero obligada a una constante tensión por la coexistencia con la lengua dominante en el Estado del que forma parte Cataluña y con la lengua hegemónica universal, el inglés. Los problemas derivados de una y otra convivencia son diferentes, pero objetivan agresiones, independientemente de que esas agresiones tengan un origen y una finalidad conscientes. También el inglés es una agresión para la supervivencia del español o del francés o del alemán, pero como consecuencia de una correlación de fuerzas derivada de un valor de uso y de cambio desigual del inglés con respecto a todas las restantes lenguas. El inglés es la lengua del Mercado Universal, uno, grande y libre, y queda implicado el mercado cultural, es decir, aquel que afecta al filtro del patrimonio del saber y a la formación de todo nuevo saber.

El rearme lingüístico nacional frente al inglés me parece tan necesario como sospechoso si se convierte en un mero factor de afirmación del Genio de la Nación, en una herramienta al servicio de un neonacionalismo mesiánico. El rearme frente al castellano o español me parece necesario no ya porque todavía hoy la correlación de fuerzas objetiva se inclina por el idioma del Estado, sino porque sigue sin clarificarse la condición de cohabitación entre el catalán y el español en Cataluña preferentemente, pero también en la totalidad de España. Una mera actitud a la defensiva del idioma pequeño frente al idioma gigante ayuda a perpetuar una filosofía del desquite que puede hacer más daño que bien a la cohabitación. Obsérvese que utilizo cohabitación lingüística y no bilingüismo, desde la perspectiva de que el bilingüismo o el trilingüismo es una situación social y la cohabitación es a la vez situación y disposición cultural. Al tiempo que el catalán se defiende reafirmándose como lengua hegemónica, el sujeto histórico que guía esa operación debería abordar sin prejuicios ni segundas intenciones las reglas de cohabitación con la lengua española que no se resuelven mediante reglamentaciones de pupitres y codazos escolares o de padres de escolares. O se crea una atmósfera de cohabitación que, junto a la afirmación de la naturalidad hegemónica del catalán, no ejerza una no siempre soterrada operación de atrofia, incruenta pero progresiva, del castellano en Cataluña, o la crispación a este respecto aparecerá y desaparecerá como un Guadiana con las compuertas trucadas por las correlaciones de fuerzas políticas. La última trifulca debería servirnos de experiencia. Los denunciadores del genocidio catalán contra el castellano eran utilizados por los interesados para que fracasara el pacto PSOE-Convergència, y la vida de las lenguas está por encima de las conjuras superestructurales de la política.

Así como en Cataluña la lengua fue instrumento de cohesión social y propició una espléndida tradición literaria milenaria, en el País Vasco sobrevivió en los caseríos y en las comunidades de pescadores, y las burguesías se españolizaron casi en su totalidad, especialmente la alta burguesía, en buena parte constructora de la trama económica y política de la España de la Restauración. Aznar necesitó el apoyo del nacionalismo vasco moderado durante su primera legislatura, y tuvo que pasar por la prueba de que tomaran la iniciativa PNV y ETA mediante las treguas que en buena medida forzaban al PP a la negociación. Ya convertido en el dueño y señor del Parlamento español, Aznar dividió sus empeños en la proyección internacional y en extraer toda la rentabilidad posible a la lucha contra los nacionalismos interiorizados, y muy preferentemente contra el PNV. En el encuentro de estadistas celebrado en Nueva York para conmemorar el cincuenta aniversario de la OTAN, Aznar trató de autoatribuirse estatura de líder internacional sin conseguirlo. Quería aprovechar la reunión para pedir que España entrara en el Consejo de Seguridad y para mediar entre palestinos e israelíes. No obtuvo ni lo uno ni lo otro, de momento, y el presidente Clinton asumió sus funciones de emperador termi nal para forzar a Arafat a aplazar varias semanas la proclamación del Estado palestino. Incluso en Nueva York, Aznar tuvo que dedicarse, sobre todo, a nuestro problema, a ese problema con el que los españoles amanecemos y con el que nos acostamos, como si estuviéramos encerrados en una habitación con un solo y falso juguete que en realidad es una bomba de relojería, un problema que tiene su propia lógica, su tiempo, su espacio, su tiniebla, como las pesadillas. El problema vamos a llamarlo vasco-español.

El presidente Aznar justificó desde Nueva York las medidas excepcionales que el gobierno proponía para enfrentarse a los jóvenes vascos de Jarrai, practicantes de la llamada violencia de baja intensidad, y seguramente esas medidas contentaron a buena parte de la clientela electoral del PP, mayoritaria en España. Algo había que hacer y ningún gobierno puede permanecer inoperante ante la quema de autobuses, de establecimientos, de mobiliario público, de todo tipo de coacciones ciudadanas. Según las reformas punitivas presentadas, podrían ir a la cárcel activistas de catorce, quince, dieciséis años, vascos en su mayoría, naturalmente, y el gobierno tenía que asumir el trastorno emocional que estas medidas iban a sumar a la desastrosa situación política de Euzkadi. Si una parte de esa desastrosa situación procedía del número de presos adultos vinculados o vinculables a ETA, imaginemos lo que iba a representar que ingresaran en cárceles, o algo parecido a cárceles, chicos y chicas adolescentes, peligrosos pero adolescentes. El PP planteaba que las restantes fuerzas políticas apoyaran su propósito y el PSOE se lo pensaba, ya que la medida podía ser catastrófica dentro de Euzkadi, pero en el resto de España sería aplaudida por buena parte de la ciudadanía y era políticamente peligroso dejar al PP como el único partido capaz de proponer medidas drásticas contra los activistas juveniles paraetarras. No lo tenía fácil el PSOE para tomar la decisión de apoyar al PP o de respaldar, con condiciones, al PNV para que pueda seguir gobernando en el País Vasco.

Sin éxitos destacables ante los etarras adultos, ¿pretendía el PP ganar la batalla cotidiana en las calles de Euzkadi contra las bandas de

Jarrai? Más o menos. Al PP hasta ahora no le había importado una política al borde del abismo que partía del principio «cuanto peor, mejor». Cuanto más duras fueran las acciones de ETA, más justificada estaba la línea del PP. De momento esa estrategia le había dado la mayoría absoluta en España y reforzado sus posiciones socioelectorales en el propio País Vasco. Otra cosa es que por este camino vayamos hacia la solución del conflicto, pero de momento se correspondía y se corresponde con la conciencia mayoritaria en el mercado del voto español. Independientemente de que el proyecto de meter en la cárcel a los temibles adolescentes paraetarras debilitase o fortaleciese a ETA, la simple propuesta fortalecía al PP. Al partido en el gobierno le bastaba con que el público aplaudiera su decidido empeño de enfrentarse a los violentos. La propuesta es el mensaje, independientemente de que se cumpla o no se cumpla, de que sea positiva o negativa a medio o a largo plazo. De momento los españoles todavía no podían hacer cálculos sobre los éxitos antiterroristas del gobierno, tal vez a la espera de que un día u otro los tendría. A los clientes sociales y electorales del PP les bastaba con que Aznar, y nada menos que desde Nueva York, se pusiera el ceño de las más duras irritaciones y dijera: Basta ya. Insisto una vez más en que las buenas gentes del lugar son históricamente conscientes de que las derechas son contundentes contra el desorden o al menos contra lo que las derechas consideran desorden. Lo del País Vasco es desorden, lo vean las derechas o las izquierdas, pero tan condicionado por su complejidad política que todo conducía a pensar que de prosperar la propuesta pepera contra los de Jarrai la situación no mejoraría. Pero lo de «cuanto peor, mejor» no es un criterio inventado por el PP, aunque lo haya llevado a la práctica en el pleito vasco.

Cuando el PNV empezó a despegarse del espíritu de Ajuria Enea y dejó para uso casi exclusivo del PP al espíritu de Ermua, acercándose progresivamente al espíritu de Irlanda, es decir, de Lizarra, fueron muchos los que pensaron que se trataba una vez más de unos ejercicios espirituales ignacianos, táctico-preelectorales, y que una vez pasadas las elecciones, hechas las cuentas del debe y el haber, el PNV volvería a necesitar alianzas *estatalistas*, ETA volvería a matar y la sangrienta rutina de la lucha antiterrorista se reinstalaría como un simple problema de paciencia social y de presupuesto general del Estado, con fondos reservados incluidos. Pero Herri Batasuna también se movió presentando una plataforma electoral de apertura, dentro de lo que cabe, y ETA acabó ofreciendo el dato que faltaba mediante una tregua ilimitada.

Todavía desde la anquilosis estratégica, PP y PSOE se guiñaron el ojo, proclamaron con su sagacidad habitual que lo de ETA era una trampa y tardaron veinticuatro horas, demasiadas, en enterarse de que la trampa no la había tendido ETA, sino el conjunto de fuerzas políticas vascas, Herri Batasuna incluida, con ETA de convidada de piedra y por extensión los partidos nacionalistas implicados en la Carta de Barcelona, el Bloque Nacionalista Gallego y CIU. Quedaba claro que los llamados partidos estatalistas estaban ante un «lo tomas o lo dejas», inicialmente muy mal respondido por Mayor Oreja cuando traspasó la responsabilidad de negociar con los violentos o sus amigos al PNV. Si resulta que el PNV es quien debe negociar una posible paz en Euzkadi, que es el principal asunto político pendiente del Estado democrático español, ¿para qué sirve el gobierno? ¿Para qué sirven el PP y el PSOE? ¿Para qué sirve el Estado español? Mayor Oreja reforzaba así la afirmación de Arzalluz de que sólo los vascos deben solucionar el problema de los vascos, un paso más aportado por el ministro del Interior que ha llevado una política de estatalización del conflicto de cara a satisfacer a la clientela política del PP, pero dejando al PNV sin otra salida que la búsqueda de un gran acuerdo vasco. Lo dicho: Lo tomas o lo dejas.

A pocas semanas de las elecciones, el voto de la paz tenía muchas posibilidades de ir a parar exclusivamente a las urnas abertzales. El gobierno de Aznar reaccionó ofreciendo soluciones para la integración de los presos si la tregua de ETA se convertía en un adiós a las armas, pero insistiendo en que no cabía ninguna concesión política. Más tarde se filtró que hubo conversaciones entre el gobierno y ETA, con el obispo vasco Uriarte como árbitro. Ya era una concesión política objetiva, pero la expresión nunca se utilizó inocentemente. Hubiera sido mucho mejor no mencionar siquiera la locución «concesiones políticas», porque cuando esas concesiones políticas estuvieran sobre el tapete, que lo estarían, el uso de la hemeroteca sería menos dañino. Sería pedagógicamente necesario que los medios de comunicación en poder del gobierno empezaran a introducir, a título especulativo, la necesidad de un planteamiento político de las negociaciones, porque ni el IRA, ni ETA, ni ninguna organización semejante, se dedica a la lucha armada o al terrorismo por el puro placer de que le metan militantes en la cárcel para luego negociar sólo su liberación. Los mártires no se cuentan, los resultados políticos sí y el conflicto vasco sólo se resolverá si casi cuarenta años de crueldades y muerte aparecen políticamente compensados.

De la inteligencia de las partes implicadas debe esperarse que las concesiones políticas no supongan derrota de nadie que no se merezca la derrota, sino resituación de una demanda histórica. ¿Quién se merece la derrota política? Observe el agudo lector que no me refiero a derrotas éticas, porque el mundo está lleno de terroristas que accedieron a la condición de *estadistas* y de premios Nobel de la Paz. Todos los que han contribuido a falsificar el conflicto desde unos criterios de esencialismo hispánico disfrazados de modernidad integradora merecen la derrota. Asistimos, es cierto, a una seria tensión entre globalización y localismo que pasa por encima de aquella entidad integradora presente desde el siglo XVI, el estado-nación, y no es necesario recurrir al argumento de que es un anacronismo la autodeterminación o que el independentismo no debe razonarse desde la óptica del estado-nación, sino buscar una clarificación de qué quiere decir hoy autodeterminarse y ser independiente. Muy poca cosa. Aún estamos a tiempo de construir una razón integradora de los pueblos de España basada en la gente, en lo que nos une tras una larga cohabitación marcada por la fuerza o la necesidad y que ahora debería unirnos mediante el uso del sentimiento y la razón. Un pacto de integración de gentes, de cohabitación de memorias, culturas y lenguas podría contemplar con una tranquilidad a prueba de Historia modificaciones constitucionales, federalismos, confederalismos y lo que caiga.

Más tarde o más temprano vamos a llegar a esa situación y ante el anuncio de jaque al PNV habría que empezar a pensar entre todos en cómo esta jugada termina en tablas.

De Nueva York a Chinchón. Aznar actuaba en el gran musical de lo mundial, y Mayor Oreja, con aspecto de cansadísimo médico de comedia rural, contaba a los líderes locales lo desesperanzada que estaba ETA, en fase terminal durante cuarenta años, o a cuánto ascendía la deuda del Real Madrid o qué posibilidades había de que el Ebro fuera a parar a Palos de Moguer o a Lepe. La estampa de Mayor Oreja cansado y algo tristón, departiendo protocolaria e inútilmente con interlocutores que esperaban que el PP embarrancase en los arrecifes vascos, era como el contrapunto necesario de la imagen de Aznar bailoteando sobre el *skyline* de Nueva York insinuando un claqué triunfal de estadista al que se le pide que arregle de una puñetera vez el problema palestino. Son las ventajas del gran teatro del mundo convertido en un mercado de imaginarios en el que cabe la posible entrada de España en el Consejo de Seguridad y el del lío que se va a armar el día en que empiecen a desparramarse las aguas del Ebro.

Aznar tampoco exhibía prudencia con respecto a Cataluña y se permitió ironizar cuando los catalanes quisieron que en las nuevas identificaciones de los coches en lugar de la E de España figurara la C de Cataluña. Estaba una parte de la sociedad catalana soliviantada con el asunto de las chapas, tal como lo calificó el presidente Aznar desde el extranjero. El presidente estaba convenciendo a los europeos de la maldad de Milosevic y de las desventajas que tendría para los yugoslavos el que ganara las elecciones, cuando le dijeron que los catalanes protestaban porque las nuevas matrículas de los coches no incluían ningún distintivo autonómico. Sólo la E de España, el círculo de estrellas europeo y el número. Aznar no pudo disimular su enfado, disgustado porque en plena actividad de estadista a nivel posyugoslavo tenía que preocuparse por la metafísica de las matrículas de los coches catalanes. No. No quería descender, dijo, a una discusión sobre chapas, alertado el señor presidente de lo mal que se adjetiva y sustantiva en España la palabra *chapa*, que o bien se resuelve en chapado a la antigua o bien en chapero.

Aunque Aznar minimizara la cuestión, lo de las chapas podía crear problemas porque si los ciudadanos de Cataluña o de cualquier otra autonomía agraviada, cometían la ilegalidad de ponerse matrículas alternativas, la Guardia Civil de Tráfico tendría que perseguirlos y multarlos una vez traspasada la frontera autonómica y ya sabemos la que se armó con la batalla de las banderas autonómicas frente a la española, para presuponer que se podía armar una partida de chapas: la estatal contra la autonómica. Sabiamente, los vascos no se metieron en la polémica porque la E de España puede ser interpretada como la E de Euzkadi, pero no se descartaba que a alguien se le ocurriera que no todas las *es* son iguales. Que una cosa es la E de España, otra la de Euzkadi y no deja de ser una E la que inicia la expresión Epaminondas. La batalla de las chapas se iniciaba a pocas horas de que Aznar viajara a Cataluña para asistir al estreno de *Arte*, obra teatral en castellano que fue vista desde Cataluña como una adopción de Josep Maria Flotats por parte de la cultura centralizada, frente a los agravios que contra él cometiera la burocracia cultural pujolista. Es decir, teníamos por delante dos duras piedras de toque para comprobar las relaciones entre el PP y Convergència i Unió: las chapas de los coches y la túnica sagrada de Josep Maria Flotats.

Y en estas que a ETA se le ocurrió matar a un concejal del PP en Sant Adrià del Besòs, en un municipio pegado a Barcelona, a la Barcelona en expansión a partir de la Villa Olímpica. Y esos disparos se sumaron a los demás disparos, una muerte más que sumar a otras muertes. Demostraban formar parte de una normalidad casi aceptada. Las buenas gentes del lugar se echaron a la calle para protestar, a la espera del próximo disparo. Durante un día nadie habló de chapas ni chaperos. El presidente Aznar renunció a presenciar la puesta en escena de *Arte* y por ahí no hubo conflicto.

Lo más duro del terrorismo a lo etarra no es que provoque terror, sino una viscosa sensación de normalidad ensangrentada.

Cuando Gerry Adams aseguró que le pediría al presidente Clinton que respaldara el acuerdo de Lizarra o Estella entre las formaciones políticas vascas, algunos tuvimos la impresión de que por fin el asunto vasco estaba en manos expertas. Adams sabe que si alguna vez se arregla el caso irlandés se deberá a que el emperador del mundo miró hacia Irlanda y vio que allí había un problema: «¿Cómo es posible que mis súbditos de Irlanda sufran enfrentamientos violentos y yo no pueda hacer nada para ayudarlos?». Fue así como el emperador pidió a su experto en asuntos irlandeses que, tras localizar Irlanda en el mapa, le hiciera un informe completo de la situación y en pocas semanas se diseñó una solución final irlandesa, tras siglos de tensiones y brutalidades y ochenta años de enfrentamientos armados más o menos intermitentes.

Así como los hechos de Irlanda han dado lugar a abundante literatura y cine en lengua inglesa, el drama vasco apenas si ha sido tratado por la industria cultural española, mucho menos incluso por la europea, hasta el punto de que las películas más directamente expositivas de la significación de ETA son *Operación Ogro* de Gillo Pontecorvo o *La muerte de Mikel* y *Días contados* de Uribe. Si ni siquiera en España hay suficiente literatura y cine que haya asumido la guerra vasca, es lógico que a Clinton le tuvieran que dar un curso acelerado para ponerlo más o menos al día. El emperador no se pronunció suficientemente sobre la cuestión, pero contemplemos esa foto histórica en la que Arzalluz y Gerry Adams completan el triángulo imperial, es decir: Arzalluz, Gerry Adams, el emperador. Desde la Guerra Civil el nacionalismo vasco ha tenido muy claro que el contencioso con España debía resolverlo con ayuda de la potencia hegemónica universal. Hubo quien quiso arrimarlo a la Alemania de Hitler y finalmente, con más visión histórica, lo arrimó a Estados Unidos de Roosevelt y Truman. En algún lugar está escrito el compromiso entre el gobierno Aguirre y el Departamento de Estado para que los servicios de información norteamericanos se vieran fortalecidos por agentes vascos en el exilio. Uno de ellos fue Jesús Galíndez y lo tramaba todo Irala, padre del futuro responsable de Iberia en tiempos de la segunda Transición. Hasta la entrada de la España de Franco en la ONU bajo el palio del Vaticano del truculento Pío XII y de Estados Unidos de los siniestros hermanos Dulles, el intelectual orgánico del PNV creyó que algún día los norteamericanos los ayudarían a salir de entre las garras de Franco y poder formar una patria vasca. Incluso se organizaron movimientos guerrilleros para cuando Estados Unidos diera la señal. La noche en que los vascos comprendieron que Estados Unidos los habían traicionado —España acababa de entrar en las Naciones Unidas—, Jesús Galíndez lloró amargamente en la soledad de su apartamento de la Quinta Avenida de Nueva York y escribió desde la melancolía impotente las mejores páginas de su vida.

Es lógico que con estos precedentes, para el nacionalismo vasco la intervención del emperador sería como una reparación histórica. En cambio, como los responsables del PP y del PSOE no suelen estar enterados de estas cosas y algunos piensan incluso que el catalán se lo ha inventado Pujol para molestar a algunos reales académicos de la lengua española, y que lo de los vascos se arregla con una transfusión de sangre, no acabaron de entender qué pintaban personajes de primera página de todos los días, Gerry Adams y Clinton, en un asunto tradicionalmente considerado como una cuestión de fronda aldeana. Supongamos que Gerry Adams hubiera cumplido su palabra y le hubiera enseñado a Clinton los acuerdos de Lizarra (Estella), junto con el mapa donde está España y se concreta la ubicación exacta del País Vasco, omitiendo lo de Navarra porque eso ya sería liar al emperador. Y supongamos que tras pasarle veinte duros o un euro de saber sobre el asunto el emperador le encarga a Blair que le diga a Aznar que no remolonee y que quiere ver lo de los vascos solucionado antes de que el Congreso se plantee si le repudia o no. Blair no hubiera tenido más remedio que llamar a Aznar y decirle que el emperador era partidario de los acuerdos de Estella, que no era el momento de crearle problemas, porque había muchas posibilidades de que ni siquiera bombardeando Serbia se librara de la caída política. Lo que nadie sabrá es que Clinton, tras el informe Adams, se planteó durante unos minutos si la salida para sus problemas postovales era bombardear Serbia o arreglar lo de los vascos. Ante la evidencia de que el problema de Kosovo, como suele pasarle al sistema futbolístico holandés, estaba en posesión de la pelota durante un sesenta y cinco o un setenta por ciento del tiempo de juego mientras que lo de los vascos sólo salía diariamente en *ABC* y día sí día no en la prensa de las provincias del imperio, Clinton se inclinó por el bombardeo de Serbia.

La perversa insinuación del señor Arzalluz a propósito de la colaboración antiterrorista entre España y Francia, activada, según él, por concesiones económicas del gobierno Aznar, merecía ser aclarada inmediatamente, porque peligraba nuestra inocencia, convencidos como estábamos de que Francia iba devolviendo etarras a cambio sólo de la satisfacción del deber cumplido, de la camaradería democrática y europea y, quién sabe, si por el respeto a lo que fueron pactos de familia, cuando a ambos lados de los Pirineos reinaban borbones. Si resulta que el Estado francés cambia etarras por contratos de trenes de alta velocidad, comprobaremos una vez más que los niños no vienen de París, que los Reyes Magos de Oriente casi seguro no vienen de Oriente, que las pirámides de Egipto no son tres, sino unas cuantas más y que sexos hay más de dos y a ti te encontré en la calle.

De confirmarse tan interesada amistad, ¿qué le daban a Tony Blair por ejemplo para que se dejase fotografiar de vez en cuando con Aznar y con Almunia? ¿Qué caché tiene el *premier* inglés que hasta hace poco era el Enrique Iglesias de la tercera vía y no había político que no quisiera parecer su amigo o, mejor dicho, el amigo del chico? Y cuando en las fotos de estadistas mundiales dejaban posar a Felipe González y ahora a Aznar. ¿A cambio de qué? ¿De cuántos lotes de mantecadas de Astorga? ¿Cuántos botillos nos han costado esas amistades interesadas? ¿Cuántas patas de jamón de bodega? ¿Cuántas caravanas de langostinos han tenido que recorrer los caminos de Europa para que España haya sido aceptada en el concierto o el desconcierto de las naciones?

La batalla entre el PP y el PNV alcanzó niveles de película de la familia Munster; no pasaba día sin que se lanzaran los unos a los otros las peores maldades y sólo faltaba que Arzalluz cerniera la sospecha sobre los trenes que han de llevarnos a las últimas metas de nuestra irreversible modernización. Arzalluz incluía las concesiones de los trenes de alta velocidad en el comercio y la industria antiterrorista y como Francia siga devolviendo etarras a este ritmo, cundirá la sospecha de que nos lo cobra a precio ventajista. Aparentemente el PP y PNV practicaban la política de tierra calcinada y de hundir todas las naves que podían propiciar el reencuentro al día siguiente de las elecciones.

Llegados a tal nivel de agresividad verbal resultaba difícil el reencuentro después de las elecciones autonómicas, como resultaría difícil el reencuentro entre el PP y CIU si se radicalizaban los duelos entre el nacionalismo centrípeto de Aznar y los nacionalismos centrífugos. Curioso papel el de los nacionalistas en el mapa electoral de España. Antes de las elecciones de 1996 eran acusados de destruir el imaginario de España; después de las elecciones eran invitados a ayudar a la gobernabilidad de España y, ya con la mayoría absoluta del 2000, España volvía a tener su problema preferido.

Perteneciente a la promoción educada por los chistes verdes de Jaimito, Pujol recurre alguna vez a las jaimitadas, siempre a la espera de que después Duran i Lleida le reinterprete y abarate los costes de sus chistes. Pero las jaimitadas de Pujol nunca se emiten en vano. Retrato de grupo con Jaimito: los partidos nacionalistas centrífugos conciertan sus estrategias en la reunión de Barcelona, los partidos vascos se reúnen en Estella tomando la iniciativa hacia una posible mayoría electoral abertzale con Herri Batasuna incluida. La tregua de ETA al parecer no sorprende a la Guardia Civil ni al CESID, pero sí a Mayor Oreja que en primera instancia dice que se apañen los vascos entre sí. Aznar no se tira por el mismo precipicio que Mayor Oreja, mientras el PSOE por fin cree haber descubierto el espacio electoral de las mayorías absolutas y divide sus peregrinaciones: los unos a Guadalajara a solidarizarse con los del GAL y los otros a Zaragoza como Agustina de Aragón, a defenderla del asedio de los nacionalistas. Es como si le hubieran pegado un puñetazo en la boca del estómago al ecosistema político español y todos trataran de recuperar la respiración antes de decir algo inteligente, imposibilitados por una súbita carencia de oxígeno, especialmente manifiesta entre los líderes del PSOE cuando Borrell se veía instado por González y Almunia a hacer declaraciones de esas que convierten las hemerotecas en colecciones de lápidas funerarias.

Gerry Adams acudía al País Vasco como en el pasado Julio Iglesias y Raphael se prestaban a respaldar las campañas del PP, pero esta vez el irlandés dio su visto bueno al acuerdo de Estella y prometió que lo recomendaría al emperador Clinton, para que intercediera y consiguiera pacificar Euzkadi según los procedimientos empleados para pacificar Oriente Próximo, la postYugoslavia o Irlanda. Junto a Gerry Adams apareció Arzalluz, convertido en Mefisto urdidor de una emboscada definitiva al españolismo. Cualquier espectador de esta situación hubiera recomendado una cierta prudencia histórica, un ya está bien, un conformémonos con el 5 a 0 y no pasemos al 10 a 0, renunciemos al toque de degüello o a la tierra calcinada, pero Pujol no. Pujol consideró que era el momento de asestar un golpe de karateka definitivo a la herida conciencia de la españolidad y a la primera de cambio negó que España fuera una nación, perversidad no ya táctica sino estratégica que podía conducir a la esquizofrenia a muchos españoles, arrojados de la creencia de pertenecer a una unidad de destino en lo universal. Si España no es una nación, ¿se llamará España? ¿No sería conveniente incluso resituar la relación entre significado y significante, recurriendo a denominaciones menos comprometidas, como por ejemplo Estado de las Autonomías Residuales?

La inteligencia simplemente humana aconsejaría ganar tiempo sin decir demasiadas tonterías, esperar el resultado de las elecciones vascas y comprobar quién es quién y quién le ha quitado la cartera a quién. Si se producía una victoria abertzale y si se confirmaba la tregua y el pacto Clinton-Arzalluz, más de uno iba a tener que elegir entre la cirugía estética y el harakiri. Si las elecciones le salían mal al PNV y necesitaba volver a pactar con el PP o con el PSOE, todo volvería a ser como antes. A esperar otra vez el próximo atentado de ETA. A esperar el caso Lasa y Zabala. A peregrinar a Guadalajara e Intxaurrondo, para expresar la adhesión inquebrantable a Vera, Barrionuevo y al general Galindo. Serían imposibles una vez más las selecciones de fútbol de Cataluña y Euzkadi. Posible en cambio que, caído en desgracia, Clinton se viera abandonado por Hillary, se casara con la Lewinsky, que es la que le gusta, y que Arzalluz y Gerry Adams fueran los padrinos. Tiempos de globalización. Pase lo que pase, el estado-nación casi no sirve para nada y así como bajo Franco España fue una insoportable unidad de destino en lo universal, bajo Aznar puede convertirse en una no menos insoportable unidad de desatinos.

Y por si faltara algo, el president Pujol dijo que España no es una nación. Que Cataluña sí, pero España no. ¿Y eso es malo? Tal vez, por fin, España haya dejado de ser una nación y trate de convertirse en algo muchísimo más sensato y menos peligroso: una unidad pactada de gentes demasiado implicadas entre sí como para inventarse otro imaginario. En cambio el president Pujol nos fue dando pistas día a día de lo bien que le sentaba el silencio, de lo mal que se expresa cuando habla desganado y de lo irritante que puede llegar a ser cuando habla con ganas. Estaba España digiriendo los duros brebajes disgregadores a que había estado sometida en las últimas semanas y Pujol, inmisericorde, va y le dice que no es una nación, que se busque la identidad como quien tiene que buscarse la vida y eso a pocos días de las elecciones vascas, sin tener en cuenta que al día siguiente sería difícil recuperar tanto silencio malgastado.

117

Mientras Pujol almacenaba dividendos de agresividad electoralista dirigida a la parte de potenciales pujolistas agresivos, otros dirigentes de CIU se aprovechaban de las derivas de Borrell y de la rigidez de movimientos del PSC para en realidad desacreditar la alternativa maragalliana. ¿Cómo iba a votar Cataluña a un candidato socialista cuyos colegas ideológicos demuestran un jacobinismo de esta especie? Tanto Arzalluz como Pujol salvaban de la quema al PP, concretamente a Aznar, hasta el punto de que Arzalluz le estaba ofreciendo el espejo que le devolvía la imagen de pacificador de Euzkadi, envidiado por los socialistas que no consiguieron ni con el GAL ni con Argel un prodigio semejante. Implacables, Pujol y Arzalluz aprovecharon su *pole position* para sacar fuera de la pista al PSOE, a Borrell y a Maragall.

Y ésta es la cuestión. Eran los socialistas los que debían salir del balbuceo para encontrar una estrategia duradera de Estado que asumiera la nueva situación. Refugiarse en una defensa abstracta de la Constitución suena a una mala imitación de la letanía de Anguita tan satirizada en el pasado por los propios socialistas: Constitución, Constitución, Constitución. No se puede pactar con el PP una defensa numantina de una cada vez más diluida idea de España, sino ofrecer un imaginario alternativo de España, imaginario necesario, no metafísico, un compromiso de gentes. Lo más sensato era que todos esperáramos los resultados electorales de Euzkadi, hasta el momento la carrera de fórmula uno en curso, para ver cómo proseguía la escalada del nacionalismo centrífugo, cómo quedaba del Estado de las Autonomías al día siguiente y cómo se las ingeniaba Pujol para seguir provocando a *ABC* y dando satisfacciones a sus *hooligans* a base de chistes de Jaimito. Y ojo si se confirmaba que España no era una nación, porque podrían perder parte de su encanto o morbo los nacionalismos a la contra del nacionalismo español. Cuando los mitos ajenos veas afeitar, pon los tuyos a remojar.

Durante la tregua de ETA, de la noche a la mañana el lenguaje convencional con que se abordaba en España el problema vasco sufrió una mutación sorprendente y palabras como *autodeterminación* que en el inmediato pasado rimaban con traición, adquirieron valor de uso y de cambio. El imaginario de una posible paz tras la tregua de ETA puso alas a las palabras prohibidas y se formó una conciencia de diálogo que antes hubiera parecido de rendición frente a las demandas terroristas. El partido del gobierno en España heredaba la tradición nacionalcatólica del franquismo, y sin embargo reaccionaba inicialmente ante las elecciones de Euzkadi con menor fervor patriótico que el Partido Socialista Español, reivindicador entonces de un españolismo casi metafísico.

Las elecciones vascas iban a ser algo más que unas elecciones vascas, como antes se decía que un club de fútbol como el Barcelona, el Madrid o el Bilbao eran más que un club y revestían cierto carácter de ejércitos simbólicos de Cataluña, España y el País Vasco. En Euzkadi puede fraguar la necesidad objetiva de un nuevo proyecto de Estado o de la corrección del modelo establecido, como consecuencia de la correlación de fuerzas postelectorales. Llegará la hora de la verdad para el Partido Nacionalista Vasco si puede gobernar sin la ayuda de los partidos llamados españolistas, PP o PSOE. También la hora de la verdad para ETA y su tregua, según administren los resultados políticamente o vuelvan a las armas. PP y PSOE algún día han de dar una respuesta inteligente a los partidos nacionalistas y ofrecer algo más que la defensa de Numancia para garantizar el imaginario de España. En cierto sentido la hora de la verdad en la relación España-País Vasco-Cataluña, está aplazada desde la crisis de Estado de 1898 contando con los cuarenta años enmascaradores, militarizados y perdidos bajo Franco.

Los que no somos testigos de Jehová porque ni siquiera creemos en la religión verdadera, sea la que sea, también dudamos de los esplendores nacionalistas, incluso del nacionalismo verdadero que es el serbio. Pero hemos de agradecer la ascensión de los nacionalismos vascos y catalán y cuanto antes se instalen mejor. Ya sin el menor complejo de culpa de nacionalismo español dominante, llegará el momento en que se reconstruya un discurso primero autocrítico y luego crítico que lleve a nuevos desafíos del espíritu. Ante todo se ha de pacificar Euzkadi, cueste lo que cueste y luego ya vendrá el verano. El día en que los jóvenes nacionalistas radicales crezcan y descubran que el nacionalismo no puede seguir enmascarando los problemas de la globalización, ese día construiremos por fin el territorio de la lucidez. Pero para llegar a esa tierra prometida hay que dejar solucionados los pleitos mal aplazados, desde la razón democrática, que a veces no coincide con la democracia cuantitativa.

Que los nacionalistas se sientan tranquilos cuanto antes para que se supere este ya agotador, roñoso pleito esencialista de si España es una nación o un comistrajo y podamos volver a pensar en un mundo solidario por encima de la frontera de fondo. La que separa la riqueza de la pobreza.

En cervantino texto dos jumentos dialogan sobre su estado de ánimo: «Metafísico estás». «Es que no como.» Fue desconcertante que Mayor Oreja declarara metafísicamente imposible hablar de política con el etarra Kantauri, porque tanto Kantauri como Mayor Oreja pueden hablar de política, de mujeres y si se terciara de la caída de la *de* en posición intervocálica, uno de los genocidios idiomáticos de los que no habla nadie. Otra cosa es que Kantauri y Mayor Oreja no pudieran hablar porque ETA presumía que proponer a Kantauri como interlocutor era como pedir que llueva en el Sahara y para el PP aceptarlo como interlocutor suponía hacerle el harakiri a Mayor Oreja y aún no había llegado el momento.

Metafísicos estaban también los de HB, que se negaban a aceptar las limosnas metafísicas de la españolidad y si bien no querían presentarse como candidatos a elecciones institucionalmente españolas, nada dijeron sobre si iban a seguir utilizando Iberia o la red de ferrocarriles españoles hasta que lo privaticen todo y con la privatización se pierda la metafísica, esencia de todas las identidades, menos de la del capitalismo. Las elecciones vuelven metafísicos a los políticos que recuperan transitoriamente esencias, principios, identidades. Como prueba de ello doña Teófila Martínez, candidata a lehendakari de Andalucía, acusaba a Chaves de ser oligarca, traidor e insolidario porque al duplicar la subida del sueldo de los funcionarios andaluces dejaba a doña Teófila la difícil papeleta metafísica de prometer lo mismo o de justificar por qué no prometía lo mismo. Aznar recuperaba la metafísica distributiva y la familia como célula social metafísicamente fundamental y reunía jubilados para pedirles el voto y retratar a Almunia como un vampiro de pensionistas. Asumía José Luis Pardo en *Babelia* la miseria de la filosofía por las pocas cosas que pueden decirse del ente en cuanto ente, salvo cuando Boskov decía: «Fútbol es fútbol». Pero en lo electoral, cuando los políticos se pasan el día tocándose las metafísicas, me pregunto mayéuticamente: ¿Qué tendrá que ver la metafísica con la mosca cojonera?

Arzalluz tiene la virtud de sacar de quicio a los políticos españoles más correctos. Él lo sabe y de vez en cuando excita al personal sacándose el factor Rh de sus profundidades étnicas o recordándonos que es un independentista y que por lo tanto su proyecto final es el mismo proyecto final de ETA. Si ETA no matara, el mensaje de Arzalluz sentaría mal a la misma gente, pero no tendrían ninguna posibilidad de reprochárselo. Si lo hacen es porque, dicen, Arzalluz está dando elementos de razón a la actuación de ETA, es decir, realiza algo parecido a una apología indirecta de los fines de los etarras, voluntaria o involuntariamente.

Otra cosa es que el señor Iturgaiz, el jefe del PP vasco, esté más rayado que un *longplay* de piedra picada y cada vez que Arzalluz se pone finalista étnico, le dice que está senil, que chochea. No lo creo. Arzalluz sabe lo que dice y a quién va a molestar lo que dice, pero también a quién le va a gustar. Empujado el PNV hacia unas elecciones anticipadas, Ibarretxe y Anasagasti recuperaron el discurso moderado y Arzalluz el radical, según aquel viejo truco de las dos caras de la misma moneda que en el inmediato pasado democrático cultivaron Suárez y Abril Martorell, Felipe y Guerra, Aznar y Álvarez Cascos, juego de las parejas bilingües que ahora el PP ha modificado poniendo en labios de Aznar la dureza de juicio y en los de Rajoy la habilidad de la gaita gallega para sonar casi igual en las bodas y en los entierros.

Mientras esperábamos el trasvase del Ebro, rechazado por la plana mayor de los ecologistas de toda Europa, como un paseo militar o como una zarzuela consensuada, Arzalluz conseguía primeras páginas casi todas las semanas y un inútil tratamiento de exiliado de la razón. Arzalluz sabe lo que hace, ante todo porque no dice nada que no siente bien a amplias bases del PNV y a sectores que van más allá. Arzalluz está donde está y proclama lo que proclama para excitar a sus antagonistas y que ellos mismos le monten el espectáculo.

Precisamente el problema Euzkadi se caracteriza porque hay miles de vascos a favor de lo que dice Arzalluz y de cómo lo dice. El independentismo vasco podrá ser considerado una pieza de la arqueología del espíritu, pero no es un problema artificial tramado por una docena de pirados con veinte duros de ideología nacionalista y dispuestos a matar a su padre si hace falta. No estamos ante una tragedia condicionada por un puñado de voluntaristas sin raíces, sino por una vanguardia implacable, sin piedad, convencida del sentido histórico de su criminalidad convertida en terror paralizador, una vanguardia con poderosas conexiones ideológicas y emocionales con una parte importante de la sociedad vasca y esa vanguardia ha expresado ya su voluntad de pasar incluso por encima del PNV para convertir el festín prerrevolucionario en un mano a mano con el PP.

Arzalluz mantiene por su cuenta una perpetua campaña electoral para que el PNV no pierda terreno, aunque los enemigos de su ejecutoria pretenden caricaturizarla no tanto para vencer al correoso ex clérigo como para debilitar la oferta PNV en su conjunto. Pero Arzalluz no parece debilitado en Euzkadi y, de momento, los moderados de su partido pasan buena parte de los días de la semana, y a veces incluso el octavo, explicando a los gentiles el sentido real de las parábolas arzallistas. Esas parábolas forman parte de un discurso reivindicativo instalado en una sociedad escindida. ¿Cómo se desinstala? ¿Alguien piensa que si desaparece Arzalluz desaparece ese discurso? No, y ésta es la cuestión, la gran cuestión que puede convertir las indignaciones antiarzallucistas en retóricos desahogos entre bombazo y bombazo.

Cuando yo era rezador por obligación, en aquella España bajo palio y bajo toda clase de hostias, si tocaba rezar el Rosario los misterios que prefería eran los gozosos, porque nunca he sido un masoca y me gusta que la gente lo pase bien, incluso de san Miguel Arcángel para arriba. La ausencia de atentados de ETA había permitido días, semanas llenas de misterios, sí, pero de misterios gozosos y ahí estaba la Puerta de Alcalá acompañada de hechos prodigiosos que permitían acoger el lunes con una esperanzada aunque avisada sonrisa.

Por ejemplo nació el cuarto nieto del rey y ya teníamos abuelo cuatripartito mientras el personal se dividía ante las cualidades de los neonatos, porque es imposible no hacer comparaciones entre bebés, por más consensuados que estén. En la reunión de Niza para graduar la estatura de los países de la Unión Europea, España quedó más bajita que Francia, Alemania y el Reino Unido, pero podía mirar por encima del hombro a griegos y portugueses, aunque desde el sur, siempre desde el sur, los observadores críticos de la Europa Unida hagan una lectura bastante negativa de las insuficiencias consentidas de tanto acuerdo formidable.

Otro prodigio que pertenece al territorio de los acontecimientos largamente esperados fue el pacto entre PSOE y el PP, que descansa en el principio esencial de que ETA es culpable, afirmación que al menos tiene el don de la obviedad. El pacto llegaba tarde pero llegaba, aunque Ibarretxe acusara a socialistas y populares de haber urdido un mero panfleto preelectoral dirigido contra el PNV. Tanto como eso no. Pero desde que ETA había vuelto a matar y difuminados los espíritus pactistas anteriores (Ajuria Enea, Ermua, Lizarra...), había pasado el suficiente tiempo como para esperar que el pacto entre socialistas y peperos fuera, si no el compromiso de Caspe, sí algo más que un expediente X para salir del paso, un texto oportunista que retrataba la impotencia de nuestras formaciones políticas para ir más allá de donde las había dejado ETA sacudiéndolas a bombazos y a desafíos tácticos. Este pacto sólo conducía a marcar el clima de las elecciones autonómicas vascas anticipadas y no añadía ni conocimientos ni propósitos a lo que ya impotentemente se sabía. Era como volver a empezar las jaculatorias sin haber añadido ninguna nueva que marcara recorridos y a partir de la discusión que hubo en el Congreso sobre la función del acuerdo, a Aznar se le escapó demasiado resentimiento y mala voluntad condicionados por el desconcierto que le causó el pacto de Lizarra y el clima de prepotencia abertzale que marcó el año de la tregua ETA.

Otro misterio de gozo contemporáneo al pacto antiterrorista fue la final de la Copa Davis de tenis, conquistada en Barcelona por la selección española y, a decir de la prensa especializada internacional, por una masa de patriotas que se tomaron el partido de tenis como si hubiera sido una final entre el Boca Juniors y el River. La espléndida actuación de los tenistas españoles dejó lo deportivo en su justo nivel y muy especialmente la ratificación de un gran jugador, Ferrero, que ha llegado a ser primero en la lista de tenistas del mundo. Pero es cierto que el comportamiento del público español a veces parecía como equivocado de catedral, de misa, de cantata y de hemisferio. ¿De dónde salió tan contundente claque? Ignorante de que en las catedrales del tenis hay que insultar al adversario con educación y a ser posible en inglés de Oxford o en su defecto en inglés de Cambridge. Y dentro de la ola de recuperación patriótica que nos invadía, a pesar de desarrollarse el encuentro en Cataluña, dominaron las banderas españolas y cuando el catalán aparecía como lengua de altavoz, los silbidos españolistas dejaron a Jordi Pujol sin resuello y a todo el mundo sobre aviso de cómo pueden montarse los actos de desagravio nacional-lingüístico venideros. Una de dos, o había llegado mucho público de más allá del Ebro o los seguidores del tenis en Cataluña se sienten más identificados con el español que con el catalán aunque, como Aznar, lo entiendan e incluso lo hablen en la intimidad.

Los augures anticipaban malos tiempos para rezadores risueños, tiempos de misterios de dolor, por lo que merecen que elogiemos aquellos días de tregua en los que nacieron infantes, se firmaron acuerdos y se ganaron trofeos hasta ahora inalcanzables. Circulaba, no obstante, la quiniela peneuvista de que la decidida presión de socialistas y populares en pos de las elecciones anticipadas sólo reportaría un incremento del protagonismo aterrador de ETA. Pero la quiniela competía con otra urdida en los laboratorios del PP, según la cual ETA era muy capaz de decretar una tregua transitoria mientras durase el proceso electoral, para volver después con sus nueve milímetros Parabellum y sus coches bomba.

Arzalluz insistía por si Aznar picaba: Tú, tú, Aznar, eres el pacificador de Euzkadi, no Felipe González, no Borrell, no Almunia y Felipe González. Borrell y Almunia colaboraron activamente con Arzalluz porque dejaron suelto a Rodríguez Ibarra y obligaron a Borrell a decir cosas que perjudicaban la candidatura de Maragall frente a Pujol y su propia candidatura como alternativa a Aznar. Los socialistas repetían: Constitución, Constitución, Constitución. Este país siempre da la sensación de que está por hacer, de que nada está definitivamente a flote, de que hasta los lagos más pequeños admiten naufragios, como ocurrió en Banyoles.

La política de acoso y derribo del PNV para conseguir una nueva mayoría electoral vasca compuesta por el PP y el PSOE, provocó una continuada y alterada reivindicación de la anticipación de las elecciones autonómicas. Empezaron desenganchándose los socialistas al percibir que el PP se estaba pasando en la sospechosa reclamación de elecciones, pero también los sondeos debieron aconsejar a los populares que no se pasaran porque se les veían las intenciones y en la trastienda de esta confusa historia de intereses y de crímenes, en la que ETA pone los crímenes y los intereses políticos todos los demás, se estaba cociendo el reencuentro entre el PNV y el PP.

Satisfecho Aznar, porque es el que manda aunque sea escasamente encantador y muchas veces inoportuno, dijo haber aprovechado la manifestación de repulsa por el último asesinato de ETA para decirle unas cuantas cosas claras al lehendakari Ibarretxe y que esperaba volver a decírselas cuando se vieran en las próximas semanas. A veces las cosas no hay que decirlas tan claras y a veces hay que tener pelos en la lengua. Cuando alguien nos advierte: «Yo no tengo pelos en la lengua», lo mejor es dejarle a solas con su lengua lampiña. A mí me encanta la gente con pelos en la lengua. Tener pelos en la lengua significa pensar lo que se dice.

Pero tal vez, creímos, todo está ya encauzado y el atentado de ETA servirá al PNV para volver a concertar un espíritu con los demás partidos democráticos y volveremos así al origen de todo, que es el origen de nada. Este asunto de ETA viene de lejos y va para largo, provocando en nosotros, peatones de la Historia, la exasperante sensación de lo ya visto, oído, sentido, gritado, dicho, llorado. La suma del cadáver del espíritu de Lizarra sobre el de Ermua o el de Ajuria Enea no me provoca ningún entusiasmo porque estamos hablando de un cadáver metafórico construido sobre cadáveres reales, sobre muertos reales y sobre anuncios de otras muertes que nadie podrá proteger por más claras que se digan las cosas los políticos. No es un reproche. Es una constatación de la tozudez de este tipo de luchas que tardan en desembocar en el *happy end* y en el beso entre la chica y el terrorista.

Pero hete aquí que Aznar no esperó el encuentro con Ibarretxe para decirle unas cuantas *cosas claras*, sino que preparó la entrevista insultándole al calificar de *repugnante* la política del PNV. Consecuentemente podemos llegar a la conclusión de que los políticos del PNV que aplican esa política son repugnantes. Queda claro pues que había una cita quince días después entre Aznar y el repugnante Ibarretxe, y utilizo el adjetivo *repugnante* porque es el que se deduce de las desafiantes declaraciones del jefe de Gobierno. La entrevista debió de empezar más o menos así: «Usted, repugnante, dígame: ¿cuándo va a abandonar el pacto de Estella?».

Cabe preguntarse si las declaraciones de Aznar fueron controladas o incontroladas. Conocida la templanza de nervios del señor presidente, su capacidad de vivir en estado de congelación en las situaciones difíciles, sin duda controla sus indignaciones y pertenece, cuando le interesa, a la raza de los que tienen pelos en la lengua. Calculó muy bien el momento en que tendía la mano a Ibarretxe para el reencuentro y el momento en que la retiraba para llamarle repugnante, pero sin anular la cita. Ante la clientela electoral, Aznar quedaba como Pancho López, chiquito pero matón, el más chulo del *saloon* y colocaba al lehendakari ante el dilema «lo tomas o lo dejas, ser repugnante». Desde el punto de vista partidario, Aznar era el vencedor porque se dice que el que pega primero pega dos veces. Otra cosa es que diera un paso adelante en el reencuentro de las fuerzas democráticas para inventarse un nuevo espíritu pacificador. Aznar llevaba su desafío al límite de pedir explícitamente el cambio de la cúpula de poder del PNV para poder asumir acuerdos tácticos y operativos. Arzalluz y Anasagasti han preguntado repetidamente: ¿Está Aznar contra ETA o contra el PNV?

La respuesta se la pusieron a Aznar en bandeja. Estar contra ETA pasaba por estar contra el PNV. Pero imaginemos que el acoso y derribo del PNV hubiera tenido éxito, el PP es el partido más votado en Euzkadi, retrocede la hegemonía peneuvista y después ¿qué? ¿Tenía una fórmula el PP para, desde el gobierno de Euzkadi, impulsar un plan de paz o sólo tiene una fórmula para impulsar un plan de guerra? En cualquier caso, guerra o paz, cabía pedirle al gobierno un plan, una alternativa que sacase la situación vasca del marasmo a que ha llegado después de la ruptura de la tregua de ETA. Después de esa ruptura todo estaba como hace dos años, todo menos el lenguaje, porque ahora ya se ha vuelto a los adjetivos más provocadores.

El PP seguía en Euzkadi su viaje desde la nada a la medianía absoluta. Había llegado la hora en el que el PSOE dijera algo de motu proprio. Pero ¿dónde estaba el PSOE? Como las llaves de Matarile rile rile ron, el PSOE estaba en el fondo de su propia crisis.

A pesar de que la muerte era el lenguaje fundamental de la tragedia, de vez en cuando parecía banalizada por las chorradas. Por *chorradas* se entienden los adornos superfluos y tiene como sinónimo privilegiado *tontería*, lo cual no quiere decir que quien las cometa sea tonto, sino que ha tenido un mal momento.

Estamos entre fascismos y chorradas, porque ilustración del fascismo fueron los asesinatos de ETA y muy especialmente los que castigaban «delitos de opinión», como fue el de López de Lacalle, el de Ernest Lluch o la paliza que recibió un estudiante en el País Vasco por estar en desacuerdo por lo que pintaban en las paredes unos encapuchados. El fascismo lo basa todo en la dialéctica de los puños y las pistolas y cuando se reprime la libertad de opinión con la muerte, caso de López de Lacalle, o con una paliza, caso del estudiante discrepante, no lo toquéis más, eso es fascismo.

La chorrada es otra cosa y casi siempre se producen de dos en dos, como cuando Rodríguez Ibarra propuso encabezar la lista de solicitantes del indulto para los condenados por el caso Lasa-Zabala. Cuando estaba claro que el PSOE había cometido una chorrada como colectivo implicándose en el GAL por el procedimiento de dar vueltas a lo gallina ciega a la cárcel de Guadalajara, ahora, llegado el momento de pasar página, Rodríguez Ibarra quería que el colectivo del partido empezara a jugar a la gallinita ciega en torno del cuartel de Intxaurrondo en versión Rodríguez Galindo. Rodríguez Ibarra es un hiperactivo y estaba que se salía, pero esta propuesta debería haber sido considerada por los responsables transitorios del PSOE como un flaco favor, algo muy parecido a una sugerencia envenenada y, lo que es peor, sin que el que la hizo fuera consciente de que estaba ofreciendo una manzana envenenada.

La otra chorrada la protagonizaron en el Parlament catalán los diputados del PP cuando llevaron su campaña electoral contra el PNV al extremo de la grosería corporativa. Está bien que se dé la libertad de aplaudir o no aplaudir al lehendakari Ibarretxe, pero es una chorrada que se decida como comportamiento de grupo. El acoso organizado por el PP contra el PNV conducía, casi sin duda, a las elecciones anticipadas. Pero no constaba, siquiera, que esas elecciones fuera a perderlas el PNV. ¿Qué ocurriría cuando el electorado vasco, entre el maximalismo del PP y los comportamientos fascistas de ETA, decidiera que el PNV era, otra vez, un mal menor?

Cuando desde Aznar hasta el último diputado del PP convierten en cuestión *sine qua non* el derrumbamiento del PNV, no se está defendiendo el interés general, se está defendiendo el interés electoral del PP en Euzkadi y en España. Allá el PP y sus estrategias, pero habría que pedirles que de toda la gama de recursos a su alcance, prescindiesen de las chorradas. Con la mayoría absoluta en las manos, ¿para qué tanta chorrada?

Mientras el jefe de Gobierno con sus declaraciones hacía todo lo posible para que su encuentro con Ibarretxe fuera un fracaso, la noticia de que Arzalluz y el secretario general del PSOE, Almunia, iban a reunirse despertó razonables especulaciones. El encuentro entre los dos políticos no era sólo un hecho sugeridor de intenciones de segunda conciencia, sino que el encuentro era una peripecia posiblemente espiritual. Trascendente que dos vascos se reúnan para tomar unos chiquitos y cantar «Desde Santurce a Bilbao, vengo por toda la orilla, con la falda remangada, luciendo la pantorrilla». Como dice la canción, la bella sardinera viene deprisa y corriendo porque le oprime el corsé y en cierto sentido tanto a Almunia como a Arzalluz les oprimía el corsé en el que se habían metido. A Arzalluz el corsé del espíritu de Lizarra y a Almunia el haberse quedado a solas con el PP metido en el corsé del espíritu de Ermua. Del de Ajuria Enea nadie hablaba. El espíritu pasó a mejor vida. Razones espirituales conducirían a que, después de los chiquitos, Arzalluz y Almunia hablaran de la necesidad de encontrar un nuevo espíritu que propiciase una nueva mesa de acuerdo vasco.

Lo deseable era que esa mesa reuniera a la totalidad de fuerzas políticas en presencia. Pero era imposible que el PP se sentara a ella, a pocos meses de las elecciones generales del 2000 y habiendo adoptado la línea Mayor Oreja como la más rentable de cara a su clientela electoral. En cambio el PSOE tenía que asumir rápidamente un carácter más dialogante, alejado de la línea de actuación de sus tres tenores, Bono, Rodríguez Ibarra y Chaves. Lo peor que le hubiera podido pasar al PSOE, según un cálculo electoralista, era que Aznar hubiera conseguido el acuerdo con ETA en la primera legislatura. Insisto en que según un cálculo electoralista, porque la mayoría de ciudadanos se hubieran llenado de júbilo de haberse confirmado la expectativa de paz.

No fue así. La paz quedó aplazada al más allá de los resultados electorales y al día siguiente de las elecciones volvió a plantearse la batalla de las usuras y el cálculo de lo que se pierde negociando, nunca de lo que se gana. El PSOE necesitaba abandonar la rigidez de cintura demostrada en todo este proceso, rigidez no bien asimilada por sus propios seguidores y votantes que no entendían el eje que conforman en la cuestión vasca los socialistas y populares, por más que se disfrace de sentido de Estado. Lo peor que se puede hacer es jugar al fuera de juego cuando se carece de cintura.

El PP le concedió a Mayor Oreja el monopolio de la lectura de la situación que le acompañaría hasta las elecciones. Aznar cree que la intransigencia de Mayor Oreja representa la posición mayoritaria de su electorado potencial y no quiere exponerse a un revolcón táctico. En cambio el PSOE necesitaba que Almunia dejase de cantar al unísono con los tres tenores. De ahí el ensayo general a dos voces con el señor Arzalluz. Estaba escrito que la cuestión vasca no podía liberarse de la lógica electoralista, nada se libra ya de esa lógica, caiga quien caiga, cueste lo que cueste. Los augures del CIS van marcando la ruta de la verdad o la mentira según marque victoria o derrota electoral. La verdad es ganar, la mentira es perder y el PP perdió la ocasión de asumir en solitario la responsabilidad de la paz a pesar de que el PSOE le regaló esa condición con la insoportable levedad analítica con que acogió los acuerdos de Lizarra. No era el momento entonces de gritar: «¡Santiago y cierra España!», sino de propiciar una corriente social española favorable a la nueva situación, porque esa corriente social será imprescindible para digerir el proceso definitivo de negociación, si es que llega. Recordemos lo que ha costado que el metabolismo español aceptara la negociación, la cantidad de veces que tanto UCD como el PSOE o el PP se rasgaron las vestiduras pregonando que ellos no negociaban con terroristas. De haber dicho la verdad a tiempo, la filosofía de la negociación se habría instalado en la sociedad española y nos habríamos evitado unas cuantas interpretaciones más o menos colectivas de teatro épico o epopéyico.

Eran malos tiempos para dar pasos adelante en la expectativa de paz, así que la aritmética postelectoral volvería a marcar por dónde iba a salir el sol. Porque si ganaba el PP en el año 2000 diría que le dio la victoria la entereza, y de haber ganado el PSOE hubiese dicho que le dio la victoria la combinación de rigidez y ambigüedad del PP. En este como en otros asuntos, o adquiere protagonismo la presión de la sociedad civil menos esquemática o habrá que esperar a que los sondeos de opinión del CIS digan que España está madura para enterarse de lo que pasa realmente en las negociaciones entre ETA y el gobierno. Tantos rodeos otra vez para llegar a un mandato necesario, obvio, taxativo. Póntelo. Pónselo.

En este marco era lógico que el encuentro entre el lehendakari Ibarretxe y el presidente de Gobierno Aznar fuera un desencuentro. A tenor de lo divulgado por los medios, los dos políticos acercaron posiciones, pero quedaron a considerable distancia, es decir, apenas si acordaron posiciones. Se dijo que Aznar le encareció a Ibarretxe que todo pasaba por la Mesa de Ajuria Enea, mesa metafísica que se ha quedado sólo con dos patas, mesa imposible sin la ayuda de la realidad virtual. También se ha dicho que Ibarretxe le pidió a Aznar que se integrara en la Mesa de Lizarra.

Ni el uno ni el otro son tan mentecatos como para proponer una mesa obsoleta como la de Ajuria Enea, ni una mesa hoy por hoy ina-

ceptable por Aznar como la de Lizarra. Deberían haber hablado de
la posibilidad de crear una mesa nueva a la que con el tiempo pudiesen sentarse los del PP y los de Herri Batasuna, siempre y cuando
se hicieran gestos pacificadores importantes por parte de ETA y el PP
se sacara a los presos vascos de la bragueta y los trasladase a las cárceles de Euzkadi.

La demanda del PP de que se convocasen elecciones anticipadas en el
País Vasco tanto en el 2001 como en el 2003 formaba parte de una
guerra psicológica que progresivamente dejaba de ser de baja intensidad. El PP estaba dispuesto a jugar fuerte la carta de la españolidad
en todos los futuros desafíos electorales y supongo que sus expertos
en imagen le habrían dicho que es la más rentable para pugnar por la
mayoría absoluta. Porque considerar que la petición de elecciones anticipadas fuera un desliz irresponsable sería minimizar demasiado al
intelectual orgánico colectivo llamado PP, obligado a contar hasta cien
antes de hacer propuestas de tanta contundencia. Desde la usura mos-
trada en las negociaciones con ETA hasta la provocación directa al
PNV por los acuerdos de Lizarra, pasando por el anuncio de que la
negociación quedaría cortada hasta después de las elecciones, era evidente que asistíamos a una táctica de filibusterismo considerada rentable para los intereses electorales del PP. Confieso que me equivoqué
cuando pensé que el PP podía rentabilizar sobre todo un buen espíritu negociador. No sirvo para estratega. Los estrategas de verdad le
habían dicho a Aznar que hasta las elecciones no toca enseñar la cara
razonable del poder.

Los sondeos de opinión actúan como voces de Dios y recientemente, el que fue papable cardenal de Milán, hoy jubilado, monseñor
Martini criticaba estos tiempos en que no hay otras verdades que las
de mercado, pero estamos hablando de un cardenal incorrecto que se
habría estrellado contra la mayoría de los cardenales correctos si hubiera afrontado el desafío de suceder al Papa polaco, el hombre que
más ha hecho en la Tierra por la hegemonía del Opus Dei, si pres-

cindimos de Escrivá de Balaguer y de Francisco Franco, Franco, Franco. De no tener el presidente Aznar tan mala pata para los ejemplos históricos, tanta falta de cintura dialéctica cuando se sale del guión o de la monofrase repetida con todas las variantes de entonación requerida, la algarada entre el PNV y el PP no habría llegado a honduras tan profundas. Pero quizá también las intemperancias verbales de Aznar formaban parte del guión y en algún laboratorio electoral se preparaban las recetas de la campaña.

La campaña estuvo marcada por el proceso Lasa-Zabala ante el que tomó posiciones el ex presidente Felipe González. Llegó a insinuar que todos eran sus hijos, incluso el general Rodríguez Galindo. Y yo me hago cruces —no suelo hacérmelas—, porque durante el Felipato, altos cargos muy próximos a Felipe González, tan próximos que departían con él todos los días, opinaban a magnetofón no siempre cerrado que el general era un fascista, opinión de ellos, que no mía, porque tengo el gusto de no conocer a tan eximio militar. Si en los círculos inmediatos a González se calificaba así a Rodríguez Galindo cuando todavía no le había salpicado el caso Lasa-Zabala, es sorprendente que el presidente de Gobierno o no supiera que estaba al frente del cuartel de Intxaurrondo personaje tan poco recomendable o que tenía a su alrededor colaboradores tan equivocados como para considerar que Rodríguez Galindo era un fascista.

Aunque estoy algo sordo del oído izquierdo, el derecho me funciona como un amigo. Estoy convencido de que la naturaleza nos odia por nuestra prepotencia y por eso nos ha metido el enemigo biológico, finalmente letal, en el cuerpo, enemigo que empieza ocupando territorios menores como un oído y un día finalmente puede con nosotros. Pero mientras tanto nos va permitiendo un ir tirando que se manifiesta en hechos como el expuesto: mi oído derecho compensa los déficit del izquierdo. Y por mi oído derecho he oído lo que he contado. Que Rodríguez Galindo inspiraba horror a los representantes del gobierno del PSOE que lo conocían y que sus prácticas anti ETA eran consideradas por algunos dirigentes socialistas como contraproducentes, pero que era muy difícil destituirlo porque habría significado desmoralizar a uno de los cuerpos que más había pagado en vidas humanas y acoso social su lucha contra ETA. Ese mismo razonamiento dirigió el dilema previo de ascender o no a general al coronel Rodríguez Galindo, motivo de debate en un consejo de ministros presidido por Felipe González. Pero es que por mis ojos, dos ojos para toda una vida, no lo olvidemos, vi varias veces a Felipe González, ya cesante, cobijando bajo su capa a todos los presuntos implicados en la desaparición, tortura, muerte y enterramiento de Lasa-Zabala, y Felipe González ya no funciona ahora a toque de pito de sondeo de opinión. Va por libre.

Los atentados pre y postelectorales del 2000 fueron los últimos del pasado curso terrorista y los primeros del nuevo. ETA lo aclaraba por sus contundentes procedimientos habituales, y estábamos en plena lógica del análisis postelectoral de las autonómicas vascas del 2001. Una síntesis muy utilizada fue la siguiente: derrota de ETA y victoria de Lizarra. Sería válida de ser correcta la interpretación de que la pérdida de escaños de los seguidores de Otegui fue una condena a ETA y no un préstamo transitorio al PNV, amenazado por la cruzada nacionalconstitucionalista de Aznar. A Euskal Herritarrok le siguieron votando ciento cincuenta mil vascos que no caben en un estadio, ni siquiera el del Barça o el del Real Madrid.

La fallida batalla del PP por conseguir el *sorpasso* en Euzkadi fue dictada o bien por el intelectual orgánico colectivo, es decir, el partido, o por las meninges del señor Aznar, lógicamente más cercano siempre a Quintanilla de Onésimo que a Lizarra. Pocas veces una formación política española ha dispuesto de tantos efectivos mediáticos y sociales para emprender una campaña de anexión política y pocas veces una expectativa de cambio se ha visto más defraudada. En cualquier país de tradición democrática, ante un descalabro semejante, el jefe de Gobierno hubiera puesto su cargo a disposición de la Cámara de Diputados, pero aquí se limita a entregar la cabeza de Mayor Oreja como el general perdedor en la expedición de Euzkadi.

Se percibía el papel cumplido por un nuevo poder, convocado por los partidos en horas bajas de actuación para que fuera la sociedad civil la que tomara la iniciativa. El papel cumplido, por ejemplo, por *Basta Ya* o *Elkarri*, por mencionar dos movimientos opuestos por el vértice, ha sido importante y lo seguirá siendo en la medida en que pueda establecerse un diálogo entre plataformas movilizadoras de la sociedad para bloquear violencias sangrientas, pero también cerrar el paso a las cruzadas nacionalconstitucionalistas. El diálogo que *El País* posibilitó entre *Basta Ya* y *Elkarri* fue de lo más clarificador e inteligente que se ha podido leer sobre la cuestión. Estos debates pueden mantener una movilización social por la paz, más eficaz que las aritméticas electorales, mientras la democracia exija también contar con los dedos.

Dos noticias *europeas* estaban llamadas a marcar nuestro destino y afortunadamente no se refieren al País Vasco ni a ETA. Conviene asumir que hay otras realidades y otras dimensiones, por ejemplo, Europa o la Justicia. La cosa tiene su enjundia. Europa todavía no es una unidad de destino en lo universal. El premier alemán Schröder propuso algunas veces una Europa de las regiones que pasara por encima de la lógica y la historia de los estados-nación. En cambio, Lionel Jospin, el entonces jefe de Gobierno francés le replicaba que apostaba por una Europa de las naciones, del estado-nación se entiende, y esa posición Jospin se parece mucho a la fórmula europeísta de la Europa de las patrias. A De Gaulle se le acusó de chovinista por sostener este criterio y nadie se lo llamó en cambio a un socialista como Jospin, que puede utilizar el argumento de que los estados son las penúltimas barreras racionalizadoras que se pueden imponer a la hegemonía del poder económico multinacional.

Jospin tenía al teórico en casa. El señor Chevènement ha sido uno de los socialistas que más han esgrimido el argumento de que sólo recuperando la autonomía política del Estado se puede poner freno al expansionismo apátrida del neocapitalismo. La reflexión de Chevè-

nement iba más lejos. La única posibilidad de hacer una política social y económica alternativa de izquierda pasa por la reconstrucción
del Estado arbitral, capaz de adelgazar los apetitos del gran capital. Es
difícil discernir hasta qué punto las posiciones de Chevènement y
Jospin coinciden sólo en la forma con el chovinismo gaullista, de la
grandeur de la France. Pero lo cierto es que Europa en aquellos momentos ofrece dos lecturas, dos proyectos de sí misma: el que defiende Schröder y el que planteaba Jospin cuando era jefe del Gobierno
socialista de Francia. ¿De qué proyecto está más cerca España? Ya sé
que utilizar el sustantivo España es generalizar demasiado. Porque sin
duda Pujol o Ibarretxe estarán más cerca de Schröder que de Jospin,
pero José María Aznar, si fuera fiel a su propio imaginario de vera-
neante en Quintanilla de Onésimo, debería ponerse a las órdenes,
simbólicamente, de Jospin.

De tanto hablar de la Europa de las patrias o de la Europa de las
regiones, no valorábamos suficientemente la noticia de que PP y
PSOE conseguían ponerse de acuerdo para emitir un acuerdo antiterrorista obsoleto o en dictar medidas para que el poder judicial recuperara su prestigio. Era mucho suponer. Primero significa creer que
el poder judicial tuvo alguna vez prestigio generalizado y segundo
que el PP y el PSOE estuvieran en condiciones de devolvérselo. Se
ha gastado tanto el lenguaje que pronto no tendrá sentido el nombre
de las cosas. ¿Acaso el PP ha contribuido al prestigio del poder judicial con los nombramientos de altos cargos judiciales que ha realizado
desde el comienzo de la primera legislatura aznariana?

El asesinato del ex ministro socialista Ernest Lluch a manos de un comando de ETA desplazado a Barcelona marcó uno de los puntos cul-
minantes de la audacia terrorista después de Lizarra y de la tregua
transitoria. Barcelona respondió con una apabullante manifestación
que iba contra ETA, pero que el jefe de Gobierno consideró como
enemiga. Quedaba claro que la manifestación era anti ETA porque
los etarras se autoatribuyeron en esta tragedia el papel de matarifes, y

el asesinato de Lluch, como el atentado de Hipercor en el pasado, marcó los límites mayores del desprecio de gentes. Pero tan claro como la condena a ETA quedó un tono de civismo reticente con la instrumentalización política de la manifestación y una demanda de *diálogo* que partía de la propia familia Lluch y que se convirtió en la consigna dominante, hasta el punto de llegar a molestar a algún dirigente del PP que se la tomó como un ataque a su partido, especialmente el emotivo final del eficaz parlamento de la portavoz de la manifestación, Gemma Nierga: «Lluch hubiera tratado de dialogar incluso con el que iba a matarle».

Tenía una cierta razón el dirigente del PP agraviado. La insistente palabra *diálogo* mostraba una voluntad positiva pero aludía en negativo a la inútil estrategia del PP de llevar la cuestión vasca a la instrumentalización partidaria del autismo aznarista. Durante las horas que mediaron entre el asesinato de Ernest Lluch y la manifestación popular, el tema dominante en los medios de comunicación catalanes fue la sospecha del fracaso de la política gubernamental, el empecinamiento en el *sorpasso* de la estrategia de Aznar en Euzkadi y la alarmante escisión de Mayor Oreja entre ministro del Interior en ejercicio y candidato a lehendakari. En cambio, en el frente de comunicación aznarista, cada día más militante en los medios centrípetos, los Ramiro de Maeztu de nueva planta seguían oponiendo al terrorismo etarra ciertos efluvios de la FEN (Formación del Espíritu Nacional), asignatura obligatoria durante los tiempos de Franco, Franco, Franco y no añadían ni una palabra que reflejara una nueva sensibilidad ante la gravedad de una situación en la que ETA parecía dueña de la iniciativa.

El desconcierto de las formaciones políticas buscó la salida de que fuera la sociedad civil movilizada la que convirtiera la calle en el escenario de la resistencia frente a la barbarie y la muerte, resistencia ejemplarmente ejercida en el País Vasco. Cuando Gemma Nierga pidió *diálogo*, en la primera fila a Aznar se le puso cara de cubito de hielo. En Barcelona la calle había pedido a la vez diálogo y silencio. El silencio de la retórica.

Un importante grupo de ciudadanos catalanes suscribieron un manifiesto para que se creasen las condiciones que hicieran posible la paz en aquella España marcada durante el año 2000 por una durísima ofensiva terrorista. Entre las sugerencias de los abajo firmantes figuraban la de pedir una «mediación internacional», a la vista de que la solución no se alcanza entre los litigantes aborígenes. Fue la primera propuesta alternativa al famoso manifiesto a dos, a ese metafísico juramento de Santa Gadea protagonizado por Aznar y Rodríguez Zapatero. Precisamente Rodríguez Zapatero, antes de comerse los turrones, viajó a Barcelona para hablar con Pujol y tranquilizarle, a pesar de que el president de la Generalitat no había suscrito el acuerdo PP-PSOE por sus claras agresiones implícitas al PNV. A la vista de cómo gastaban sus atributos políticos y personales Rodríguez Zapatero y Aznar, era evidente que el presidente del Gobierno se había reservado el papel de policía malo y Rodríguez Zapatero el de policía bueno. Los dos suscribieron el acuerdo anti ETA, pero al PP le había ido bien hasta ese momento transmitir un mensaje de dureza y en cambio al PSOE, sin querer renunciar a su papel de coadjutor de la razón de Estado, le iba mejor una cierta blandura de palabra y gesticulación que tan bien transmite la mirada dulcísima, y a veces casi rutilante, de su nuevo secretario general y las vibraciones relajantes que emanan de sus carrillos fruncidos por una sonrisa total.

Tras el encuentro con Rodríguez Zapatero se dijo que Pujol negociaría con Ibarretxe y Arzalluz nada menos que las famosas elecciones anticipadas, en un momento en que buena parte del PNV estaba ya de acuerdo en convocarlas y sólo se dudaba entre las primeras semanas de la primavera o del verano. Una inmediata convocatoria, a la espera de la respuesta más o menos carnicera de ETA, frenaría parte de la irritabilidad existente y obligaría a las fuerzas en litigio a poner sobre la mesa una argumentación política. Aunque el PP iba a seguir con su idea fuerte de que la política del PNV favorece la potencialidad social de ETA y su capacidad agresiva, los socialistas tendrían que decir algo más y de ellos se esperaba una idea correctiva del nacionalismo tradicional del PNV y del nacionalismo terrorista de ETA, una respuesta no cómplice con el nacionalaznarismo del PP ni a remolque del PP en el País Vasco. No todos los socialistas de España participan en la misma táctica. Discrepan sobre todo los socialistas catalanes porque vienen de una tradición de socialismo capaz de entender la reivindicación nacionalista para reconvertirla a través de la idea federal. Tal vez habría sido más interesante que la visita de Rodríguez Zapatero a Pujol se hubiera trocado en un encuentro entre Maragall y sus compañeros del PSOE, en Madrid o en Euzkadi, para inculcarles ciertas dosis correctivas del estatalismo tradicional socialista.

En la cuestión vasca al PP se le crecieron incluso los obispos. Lo políticamente correcto necesita un lenguaje a la medida y si no es así, cualquier sonido suena a ruido. A oídos del PP la declaración de los obispos vascos matizando y discrepando de la estrategia empleada en Euzkadi sonó a voladura de La Moncloa por procedimientos espirituales. Cuando más empeñada estaba la tenaza PP-PSOE en la operación preparatoria del envío de Herri Batasuna a Guantánamo a hacer compañía a los talibanes, junto a otras sensatas voces contrarias a la torpe deslegalización de HB, algunas de ellas socialistas, aparecen los curas vascos que están en esa brecha desde los tiempos de Sabino Arana y saben por lo tanto la misa entera, mientras los del PP sólo saben de esta misa la mitad. Aznar trataba de meter el pulso con ETA en el frente de la *libertad duradera* diseñado por Estados Unidos tras el 11 de septiembre contra el terrorismo internacional y de momento se podía colegir un mayor acoso a los separatistas vascos al menos desde Francia, con éxitos policiales insuficientes a sumar a los éxitos policiales contra ETA durante más de treinta años, desde los tiempos de Carrero a los de Rajoy pasando por los de Martín Villa y Barrionuevo.

El sueño del PP era *globalizar* a ETA casi tanto como lo estaba Bin Laden y durante los seis meses en los que Aznar y Piqué ocuparon el escaparate del *poder europeo* toda su gesticulación se les evaporó en esa dirección, con éxitos igualmente gestuales, y culminó pocos días después de una huelga general que puso a prueba la esquizofrenia que

139

siempre subyace en las mayorías absolutas. De momento el presidente Aznar abordaba sus últimos años de reinado absoluto demostrando lo cierto del aforismo de que lo peor que le puede pasar a un paranoico es que le persigan de verdad. De no contar con la complicidad escénica de CIU y Coalición Canaria se hubiera deteriorado más rápidamente la apariencia de inexpugnabilidad de la mayoría absoluta del PP, tan bien acompañada por una supeditación mediática sin precedentes en la nueva democracia española. Desaforado y chillón, víctima de sus guiñoles y caricaturistas, el presidente Aznar asumía el principal papel en esta ceremonia de la confusión que trata de convertir a ETA en un peligro para la hegemonía norteamericana en el actual orden internacional y a Bin Laden en la reencarnación del Lute. Las próximas guerras civiles dentro de la globalización tendrán una envergadura y un papel mucho más determinante del que pudiera tener en estos momentos la guerra en Euzkadi de un ejército expedicionario aliado, caserío por caserío, bar de chiquiteo en bar de chiquiteo, zurrándoles la badana a curas vascos desemboinados, maniatados, encapuchados y casi en pelotas. Con perdón.

Desmesurar el problema vasco. Ésta ha sido la estrategia del PP, en parte porque a eso le llevan sus conclusiones partidarias y no es la menor que las tempestades que provoca en Euzkadi se vuelven votos adictos en las otras comunidades autonómicas, especialmente en esa España sin problemas para ser España. Atrae la idea de que la mayoría absoluta en el conjunto del Estado depende de la presumida *entereza* demostrada por los populares en Euzkadi, como si sobre las espaldas vascas se estuviera edificando un nuevo monasterio de El Escorial simbólico y en la ría de Bilbao cupiera la batalla de Lepanto decisiva y en el horizonte no constara otra racionalidad que la del grito: «¡A mí, Sabino, que los arrollo!».

La carta de los obispos vascos expresaba no sólo la natural tendencia eclesial de situarse siempre entre el aquí y la eternidad, sino también el decidido sentir de una parte importantísima de los vascos, al menos de los que suman PNV, abertzales indeterminados y EH, en contra de la ilegalización de los contemplados como plataforma política legal de ETA, se llamaran Herri Batasauna o Euskal Herritarrok. No es el primer caso histórico en el que un movimiento reivindicativo armado se vale de un pacto más o menos claro con una fuerza política próxima y el caso IRA nos ha demostrado cuántas veces la hegemonía en esa coalición pasa de los *militares* a los *políticos* y viceversa, hasta que se crean condiciones para desarmar a los militares y avanzar hacia un acuerdo político. Estar en contra de la ilegalización de HB no obligaba a estar de acuerdo con los batasunos ni con ETA, sino a introducir una alternativa analítica racionalizadora que incluye la dura pero inevitable previsión de cuántas víctimas del terrorismo serán necesarias para llegar a una solución política, la única posible.

ETA es un pastiche ideológico que incluye a Sabino Arana, a Lenin o a Trotski, en un mundo lleno de pastiches ideológicos, cada cual condicionado por diferentes marketings y es la ensangrentada sombra de la democracia española una especie de pantano sangriento en el que ha quedado varada la posible evolución democrática hacia una España federal de ciudadanos cómplices. Lo irónico es que la lucha contra ETA, sus civiles y sus curas pueda ser convertida en la principal argucia electoral del chico y la chica de la película: el chico, el PP, y la chica, el PSOE, hasta que la biogenética no demuestre lo contrario.

La ofensiva del PP contra el nacionalismo vasco de centro derecha, es decir, contra el PNV, y el secuestro que ha practicado del pujolismo entre las elecciones generales del 2000 y las elecciones autonómicas catalanas de otoño del 2003, tuvo un sorprendente calificador: el mismísimo señor Pujol. Descubrió la ofensiva como *cruzada antinacionalista* y se mostró satisfecho por su espectacular fracaso en las otra vez anticipadas elecciones vascas del 2003, algo así como la derrota del nacionalconstitucionalismo. Menos satisfecho debía de estar en cambio el muy honorable presidente de la autonomía catalana de sus propias relaciones con el PP, al que permaneció atado de pies y manos y cogido y bien cogido por los congojos. Tenía razón en cambio en que la estrategia anti PNV del PP había traspasado los límites de la más enajenada obstinación y se había dejado impregnar de maneras histéricas que invitarían a una cierta ironización, de no comprobar efectos devastadores sobre la racionalización de nuestra democracia.

Los crímenes de ETA, de una brutalidad especialmente significativa, han respaldado esa *cruzada antinacionalista* del PP, que hubiera quedado calificable como «nacionalconstitucionalismo y de las JONS» de no haber arrastrado a personas y personajes de un talante democrático incuestionable, de súbito convocadas, a rebato de tambor, a dar una batalla bastante parecida a la de Covadonga. Junto a estas personas de indiscutible talante democrático, han aparecido reencarnaciones de Ramiro de Maeztu en defensa de la Hispanidad, a los más distintos niveles, pero con la voluntad expresa de demonizar los nacionalismos periféricos y redivinizar el nacionalismo español con argumentos en la línea de los exhibidos por el redactor o redactores de los discursos del Rey, las declaraciones de la ministra de Cultura y las sorprendentes ratificaciones lingüístico-imperialistas del portavoz del PSOE, el señor Caldera.

La derrota del nacionalconstitucionalismo en Euzkadi podía conseguir dos efectos: o radicalizar los rebrotes de nacionalismo español o ayudar a marcar distancias con todos los nacionalismos, incluido el triunfador en Euzkadi, pero sólo propició el primero. En mi opinión es síntoma de desajuste histórico delirante el que, al parecer, nuestro *único* problema sea el nacionalismo vasco y, en segunda división reivindicativa, el catalán, mientras el gallego se ha *fraguizado* y a ver quién lo *desfraguiza*. Podemos ahora llegar a la conclusión de que el aznarismo ha reforzado al PNV y ha enseñado un rostro de guiñol amenazante, lo que invitaría a seguir el programa de teleñecos de Canal Plus como el mejor telediario de todos los telediarios posibles en un país donde el control de los medios que ejerce el PP resulta cada día más claro y desnutridor.

El dato de que parte de los votantes de Euskal Herritarrok se pasaron al PNV cuando el PP ilegalizó todo lo que sonara a Herri Batasuna en las elecciones autonómicas del 2003, sigue teniendo dos lecturas y las dos han sido exhibidas por el mismísimo Otegui: son votos desafectos a ETA y que por lo tanto abandonan un partido que no ha condenado el terrorismo etarra o son votos de presión al PNV para que radicalice sus discurso. La palabra más fuerte que había sonado era Irlanda y a poca distancia Estella o Lizarra, porque algún comentarista político había juzgado la nueva situación como una derrota de ETA y en cambio una victoria del pacto de Lizarra, aquel pacto que cogió a contrapié a populares y socialistas pero que fue asumido por buena parte de la conciencia social vasca y española porque significaba tregua: un año, un año entero de paz. La ofensiva nacionalconstitucionalista de Aznar convirtió el pacto de Lizarra en una simple burla de ETA, que había transformado incluso al PNV en su víctima política, y clamaba que esta situación no podía ser obviada por el votante vasco. Lo ha sido. Los vascos han demostrado que prefieren el espíritu de Lizarra y que lo lastimoso es que ni ETA ni el PP se lo tomaran en serio.

Se ignoraba qué consecuencias iba a sacar ETA de estos resultados electorales, aunque de momento exigiría que el PNV acentuara el carácter soberanista de su reivindicación. Palabras como *Irlanda* y *autodeterminación* poblaron los floreros de juegos no solamente florales. En los días que median entre el 13 de mayo y el infinito oímos y vimos sorprendentes análisis abandonistas del nacionalconstitucionalismo, como si el golpe electoral lo hubieran recibido sobre todo los compañeros de viaje del hombre de Quintanilla de Onésimo. Los medios de comunicación extranjeros hablaban del estrepitoso fracaso de Aznar y los de España trataban de salvar a Mayor Oreja, comparado con un general romano al que el emperador hubiera enviado a una expedición anexionista suicida.

Hay que preguntarse: desde que Maquiavelo fundó la ciencia política, ¿tan poco ha avanzado esta parcela del saber como para que un gobierno como el del PP, tan armado de instrumentos de sondeo y persuasión, convirtiera la cruzada contra el PNV en una ratificación del PNV y volviera a repetir este error en las autonómicas del 2003? Aquí ha habido un intelectual orgánico colectivo que se ha pasado de tonto.

La ilegalización de Herri Batasuna conseguida por el PP antes de las elecciones autonómicas vascas del 2003 trataba indirectamente de castigar al PNV, según Aznar, objetivamente cómplice de la banda terrorista. Regateo más, regateo menos, se puede llegar a un acuerdo por escrito sobre la manera de ilegalizar partidos políticos considerados de credo y gestión peligrosa para la democracia. Es curioso pero la urdimbre de este acuerdo en más de una ocasión ha parecido peligrosa para la democracia, especialmente en los tiempos iniciales cuando el PP se había liado la bandera española a la cabeza y marchaba absolutamente solo por las rutas de la Constitución. Hay constitucionalismos que matan constituciones y el PP tiene una irreprimible, congénita tendencia a matar la Constitución de 1978 de tanto abrazarla.

Rebajados los planteamientos del PP y salvada la cara crítica del PSOE, mientras Convergència i Unió examinaba la cuestión de cerca, de muy cerca, y Coalición Canaria estaba, como siempre, a lo que caiga, llegamos a una situación en la que Herri Batasuna o cualquier otra fuerza equivalente podrá ser excluida del Parlamento mediante un complicado y duro proceso que si conduce a la expulsión crea un problema políticamente irresoluble y si no conduce a la expulsión, lo mismo. Se comprende que los estrategas del PP pretendieran sacarle partido a la cruzada antiterrorista de Bush y en pos de la *libertad duradera* traten de radicalizar sus planteamientos sobre el bien y el mal político en Euzkadi y en la relación Euzkadi-España. Pero sería conveniente que el consumidor español de cruzadas hiciera una valoración objetiva de los pros y los contras de la estrategia seguida por el PP ante la cuestión vasca.

Como contra principal, el efecto boomerang de la tenaza Mayor Oreja-Redondo para sobrepasar al PNV, con un doble fracaso total de esa operación que fortaleció al PNV, creó una no superada crisis interna en el PSOE y dejó al señor Mayor Oreja en la sección de gran liquidación, rebajas, fin de temporada. El único pro importante es que el PP fortaleció su voto potencial en el conjunto del Estado español, estimulada la emocionalidad españolista frente al secesionismo de ETA y sus presumibles socios. A pesar del fracaso en Euzkadi, el PP aznarista ha seguido en sus trece, tal vez a la espera de una posible desaznarización, ha tratado de mantener sitiado al PNV y plantea crear las condiciones que hagan posible la ilegalización del abertzalismo radical, venga de donde venga. Esta campaña durísima en el 2003, predispone la línea de conducta del heredero de Aznar, Rajoy, proclamado en septiembre del 2003 y obligado a secundar a su jefe en la estrategia de practicar españolismo en Euzkadi como garantía de otra victoria electoral en las legislativas del 2004.

El PP parece ganado por la pulsión de acentuar el número y coherencia nacionalista de su voto español al precio de complicar la cuestión en el País Vasco, porque de momento sólo contemplamos qué pasa en Euzkadi y en España como consecuencia de la ilegalización de Herri Batasuna. Ante todo vamos a asistir a una batalla lingüística que necesitará del concurso de nuestros mejores filósofos, al fin y al cabo especialistas todos en el sentido conceptual y funcional del lenguaje. Cuando con las leyes en la mano se ilegalice a Herri Batasuna, o como se llame, por lo que dijo e hizo o por lo que no dijo o no hizo o por lo que dijo y no hizo o hizo y no dijo, los reputados diálogos para besugos de los tebeos de nuestra infancia pasarán a convertirse en literatura constitucional, oral y por escrito.

Pero supongamos que el lenguaje se organiza hacia la expulsión y de pronto, de la noche a la mañana y, lo que es peor, de la mañana a la noche, doscientos o doscientos cincuenta mil votantes vascos se quedan sin partido y gritan lo que se contaba en un chiste que gritaban cinco mil gallegos en la plaza de Cataluña de Barcelona: «¡Nus hemus perdidu!». Doscientos cincuenta mil vascos gritando que se han perdido son muchos vascos y es difícil suponer que si han metabolizado durante décadas todas las brutalidades de ETA se van a tragar ahora la *libertad duradera* del señor Aznar. Cabe suponer que el PP habrá aplicado toda su inteligencia colectiva a la estrategia que conduzca a esa situación en la que doscientos cincuenta mil vascos vaguen por las calles de Euzkadi gritando: «¡Nus hemus perdidu!». Pero los que hemos militado alguna vez en algún partido y precisamente en partidos que han teorizado y practicado el concepto de intelectual orgánico colectivo, sabemos que en más de una ocasión, por extrañas químicas, el supuesto intelectual se convierte, transitoriamente o para siempre, en un idiota orgánico colectivo.

Mal asunto hacer cálculos electorales españolistas para solucionar el desafío de ETA y peor el diseñar un campo de concentración vigilado las veinticuatro horas del día para un sector importante de la sociedad vasca difícilmente ametrallable desde las garitas y convertido por lo tanto definitivamente en un quiste más agraviado que nunca y además en la clandestinidad.

La muerte nos hace sabios, pero por poco tiempo. Nuestros antepasados acuñaron el aforismo: «¡Dios mío, qué solos se quedan los muertos!», y hay que recuperarlo para entender lo poco que ha durado el luto por las últimas víctimas de ETA. Cada vez nos dura menos el respeto por la muerte. En pleno sepelio ya había vuelto el zafarrancho electoral y los candidatos se tiraban del moño como se decía antes cuando al parecer sólo las mujeres llevaban moño. Se peleaban cuerpo a cuerpo y siempre lo hacían, recordémoslo, como verduleras. ¿Qué habían hecho las verduleras para merecer tal fama? ¿Qué especial violencia suscitaban las verduras y no la carne, por ejemplo, para decir que las mujeres se peleaban como verduleras?

Hace ya algún tiempo, a medio enterrar Buesa y Díaz, asesinados por ETA, Arzalluz acusaba al CESID y al partido en el gobierno del hostigamiento al PNV en el acto del funeral. De la boca de Aznar salían versos de chuleta, leídos de reojo para demostrar lo que le gusta la poesía a este hombre, e insultos contundentes, *asesinos* y *cínicos*, para demostrar que no perdía comba electoralista. Lo de asesinos dirigido a ETA, lo de cínicos al PNV. El señor presidente recuperaba inmediatamente lo que Matías Prats senior hubiera llamado posición teórica de delantero centro electoral. Esta vez, los cadáveres pasaron a la fosa común del tiempo a una velocidad de consumo caníbal, conscientes de que la campaña no debía pararla ni Dios, como se decía antes, ni ETA, aunque todo el mundo escudriñaba los cuatro horizontes que, según Francis James y Georges Brassens, crucifican el mundo, sabia percepción precursora del sentido profundo de la globalización. Y ese escudriñar las cuatro esquinas del mundo sugería la espera del próximo atentado. El próximo atentado anterior al día de las elecciones estaba ya como hipótesis sobre las mesas de trabajo de los creadores de imagen que empezaban ya a diseñar el vestido del próximo luto, los versos a recordar, los insultos más eficaces, antes de llegar a ese día de meditación en el que todos los candidatos recuperaron el silencio, la familia y el municipio.

Pero no sólo de terrorismo etarra se nutre la voraz máquina de la memoria colectiva. El día mismo en que se iniciaba la hasta ahora última carrera electoral homologada, hubo huelga en la construcción como protesta por los muertos en accidente laboral: trescientos en un año. Trescientas víctimas del terrorismo de la contratación precaria. Trescientas víctimas del éxito de las estadísticas. Trescientos cadáveres en la cuenta del economicismo, la ideología dominante en el momento en que la derecha decreta la muerte de las ideologías. Ésos sí han muerto de éxito. A medida que bajan las cifras del paro, suben las de la muerte entre trabajadores *fast food*, trabajadores engullidos como comida rápida, a bajo costo, a los que no se les pide la experiencia necesaria para sobrevivir en condiciones laborales de alto riesgo. Algunos de esos trabajadores deben la inexperiencia que los conduce a la muerte a la fluidez del mercado laboral, ese eufemismo tantas veces criminal, a la alegría con la que se practican las fusiones de empresas que siempre, siempre, llevan aparejadas miles de despidos, de desplazados hacia el paro o hacia trabajos precarios.

Cada vez que se comunican los números del descenso del paro deberían aportarse los datos cualitativos de cuántos de esos trabajadores que ya no están en paro han pasado a lo que antes se llamaba mejor vida y que ahora debería llamarse el limbo estadístico. Lo dicho. ¡Dios mío, qué solos se quedan los muertos! Y qué necesaria sería una agrupación de víctimas del terrorismo economicista.

6

Del nacionalfutbolismo
al nacionalcatolicismo

Permanecer durante semanas fuera de España representa un terrible aprendizaje de poquedad española en el mercado mundial de la información. Recuerdo un escrito similar que redacté para *Triunfo* en los años terminales del franquismo, cuando en el extranjero sólo se hablaba de España si se había producido algún atentado del FRAP o ETA o represiones controladas o incontroladas a cargo del poder franquista. Ahora España sigue siendo noticia si ETA mata o por la prepotencia contractual de los clubes de la Liga española, o por el vicio del Real Madrid de ganar nueve copas de Europa, en contradicción con las insuficiencias de la selección nacional de fútbol en las grandes citas internacionales. Si nos colocamos en la perspectiva de un receptor extranjero, el imaginario de España sigue dependiendo demasiado de los signos de violencia e impotencia. Casi treinta años después de mis artículos para *Triunfo* en el verano de 1973 o 1974 o 1975, cuando regresaba a España con la incómoda sensación de que los tópicos sobre los pueblos los crean los propios pueblos con sus conductas más habituales, tengo la sensación de que en la galaxia nos hemos quedado con las castañuelas y el pistoletazo puestos, aunque algo modernizados, y ni siquiera nuestros *hooligans* tienen valor competitivo en el mercado mundial de la barbarie posmoderna, porque a la selección apenas le queda tiempo de llegar a los octavos de final de cualquier campeonato de campanillas. Los ciudadanos vascos se quejan de que en el resto de España, o si se prefiere, en España, sólo se habla de Euzkadi cuando estalla la violencia. Pero es que el fenómeno se extiende a la aldea global y si España sólo fue noticia de primera página durante la Guerra Civil y sus consecuencias, ahora ni siquiera aparece en primera página con motivo de la violencia a plazos del terrorismo y sólo muy de pasada con motivo de las tiernas alianzas bélicas entre Aznar, Blair y Bush Jr.

Los que vivimos aquí dentro sabemos que interpretamos una realidad plural y coral, pero carecemos de instrumentos para exportar un imaginario que sustituya al preestablecido en el mercado mundial de los imaginarios. Y aun tenemos que asumir con más resignación los desastres épicos de nuestro deporte, a la vista de que la selección de fútbol jamás será otra naranja mecánica, ni siquiera una mandarina mecánica. Tampoco la jaleada *armada invencible* del tenis ha estado siempre a la altura de su potencial y de la tierra batida al césped parece haber un recorrido insalvable que en el pasado sólo superaron los Santana, Orantes y Gimeno. Sin un Induráin que llevarnos al alma de todos los veranos, vamos de insuficiencia en insuficiencia. Si planteo con una cierta amargura los efectos de las frustraciones deportivas sobre la conciencia nacional es porque reconozco un fracaso más de la construcción de la Razón a lo largo del siglo xx. Si cuando éramos aprendices de racionalistas, en los años cincuenta o sesenta, se nos hubiera dicho que el siglo xx terminaría con el Papa en La Habana y las masas de países democráticos movilizadas religiosa y patrióticamente en torno de sus equipos nacionales de fútbol o a sus ejércitos neoimperiales, hubiéramos rechazado tal apocalipsis como una conjura propagandística de la contrarrevolución irracionalista universal. Y así, así acabó el siglo xx y empezó el xxi y ahí estaba otra vez la tentación del nacionalfutbolismo como vía abierta hacia la reconsideración del nacionalcatolicismo.

En este contexto no era de extrañar que, dada su condición de madridista, el presidente Aznar pretendiera desde el comienzo de su mandato, vehicularse a través del imaginario deportivo, desde lo personal, mostrándose como jugador de paddle, o como forofo del fútbol de la selección nacional, pero sobre todo del Real Madrid como equipo por excelencia de la españolidad tal como él la entendía. No iban bien las cosas al comienzo de la exhibición de esta gran pasión, porque el Madrid había hecho una mala temporada de Liga y en cambio llegaba a la final de la que podía ser su séptima Copa de Europa. Aznar apostó por la victoria y la convirtió en un necesario éxito de Estado, en una disposición convergente a la que había expresado Franco, Franco, Franco en tantas ocasiones. El Madrid se jugaba aquella noche su última baza para salvar la temporada y sus dirigentes pusieron en marcha una campaña de concienciación nacional para significar al equipo como el representante de la nación española, una representatividad que había tenido en los tiempos de Franco cuando era el único emblema victorioso de exportación y el caudillo se preocupaba por sus alineaciones y su sistema de juego. Franco llegó a proponer a sus amigos, afortunadamente muy pocos, un nuevo procedimiento para resolver empates: en vez de tirar penalties, recurrir al córner con rematadores. Franco tenía pequeñas ideas para casi todo, incluso financió el proyecto de conseguir gasolina sintética utilizando las plantas de las orillas de los ríos, de qué ríos no importa.

Desde hacía años, inquietos por los éxitos del Barcelona de Cruyff coincidentes con los gobiernos del PSOE, una parte de los seguidores del Real Madrid había pretendido recuperar el carácter de equipo representativo del Estado y se vieron reforzados por la simpatía madridista confesada por José María Aznar. Y dentro de ese sector nacionalista replicante del nacionalismo catalán que respalda al Barcelona, o del vasco que anima al Athletic de Bilbao, un sector añoraba los años del fascismo y acudía al estadio Bernabeu portador de la bandera franquista. Todo el mundo pudo ver durante la desgraciada peripecia de la portería abatida por los bárbaros en el estadio madridista, que los energúmenos de ultraderecha que consiguieron la proeza lucían la bandera con el águila imperial de los tiempos de Franco, no la bandera monárquica democrática. No quiere esto decir que la mayoría de los seguidores del Real Madrid respalde la renacionalización del club, y mucho menos que esa renacionalización tenga carácter franquista, pero los dirigentes se aprovecharon de la renacionalización para superar el malestar social generado por la amenazante crisis económica que se cernía sobre la entidad. El Real Madrid debía unos treinta mil millones de pesetas y, como reconocían sus dirigentes más sensatos, tenía las estructuras anquilosadas y estaba por ingresar en la modernidad cuando ya se estaba acabando la posmodernidad. Como si se tratara de un ecosistema en peligro, salvar al Madrid representaba para Aznar salvar un imaginario que equivalía casi a un Estado.

La indiscutible clase individual de los jugadores madridistas permitía que el derrumbamiento padecido en la Liga española no afectara la participación en la Champions League. Europa ha constituido para los jugadores y para la afición o un señuelo o una huida hacia adelante. Prisioneros del mito del Madrid ganador de seis copas de Europa, la conquista de la séptima se convirtió en una condición indispensable para ratificar una identidad que siempre ha querido ser hegemónica. Aznar en el poder constataba que hacía más de tres décadas que el Madrid había ganado su última Copa de Europa, demasiados años tratando de convertir un álbum de fotografías oxidadas en el espejo de la nueva victoria anunciada.

La Liga española de fútbol suele ser presentada como la Liga de las Estrellas debido a la gran cantidad de jugadores extranjeros de fama internacional contratados por casi todos los equipos españoles. Los beneficios obtenidos por las retransmisiones televisivas permitieron que hasta formaciones modestas pudiesen componer plantillas de extranjeros de cierto renombre, incluso se dio el caso de alineaciones en las que no figuraba ni un jugador español. Pero el público tenía la impresión de haber presenciado el peor fútbol de los últimos años y de que buena parte de las estrellas pertenecientes a la constelación llegaron a media luz o apagadas. El irregular, cuando no mediocre, juego del Barcelona post Cruyff, campeón de Copa y de Liga dirigido por Van Gaal, no había conseguido compensar a sus seguidores, a pesar de la doble victoria, y el Real Madrid llegaba al final de la Liga de Campeones tras una campaña decepcionante. Ni siquiera había conseguido uno de los puestos que le permitían jugar la Champions League del siguiente año y sólo la victoria sobre la Juve podía darle esa oportunidad.

Y ganó. Se hizo con la séptima como después se haría con la octava y nada menos que contra otro equipo español, el Valencia, encantado el jefe de Gobierno de que su equipo preferido ganara enteros para ser designado el más importante de todos los tiempos. Después de la octava llegaría la novena, pero la que realmente alcanzó una gran significación simbólica fue la obtenida a costa del Valencia. Claro está que la final contra el equipo valenciano se planteaba como algo más que un partido de fútbol. El Madrid-Valencia o el Valencia-Madrid, tanto monta, representaba la evidencia misma de la mayoría absoluta, de la mayoría natural y de que España va bien. Si rastreamos con un contador Geiger, o con vara de zahorí, cuántos españoles jugaban habitualmente en uno y otro equipo, nos bastan los dedos de una mano, aunque Raúl y Casillas acabaran marcando la diferencia en el Real Madrid, y Mendieta, un vasco, en el Valencia. A priori no hay pues muchos motivos para orgullos étnicos, pero los equipos de fútbol son sublimaciones simbólicas, sobre todo si ganan y toda la extranjería que poblaba el Valencia y el Madrid había sido ya nacionalizada por el hecho de llegar a esa final, porque habían aportado una satisfacción endogámica. Dos equipos jurídicamente españoles bailaban solos y tanto el Valencia como el Real Madrid representaban comunidades donde gobernaba el PP: en Valencia, Zaplana, y en Madrid y en toda España, Aznar.

El único antecedente de enjundia que se me ocurre fue la final del máster de tenis jugada entre Corretja y Moyà, con victoria de Corretja y a continuación una extraña caída de juego de los dos grandes tenistas que hasta hoy no se han recuperado del todo. Después de aquella final del máster, llegaba la del Real Madrid-Valencia que, insisto, era algo más que una final, porque detrás del Real Madrid está el corazón futbolístico del presidente Aznar y detrás del Valencia se alzaba otro líder del PP, Zaplana, ese presidente autonómico, posteriormente ministro de Trabajo, que siempre va vestido como si fuera de boda o de bautizo o de primera comunión. Las mayorías absolutas nunca vienen solas y por si algo le faltara al Partido Popular, ahí estaba esa apoteosis nada menos que en París, tras quedar descolgado el Barcelona, descarte que también estaba cargado de significaciones políticas y que afectó gravemente al ecosistema del poder catalán. Me explicaré.

El corazón del entonces presidente del Barcelona, Josep Lluís Núñez, también pertenecía al PP y su vicepresidente Gaspart había sido considerado en los años ochenta como un posible cabeza de lista de Alianza Popular en Cataluña, en aquellos tiempos en que la derecha democrática española estaba muy infradotada de líderes potenciales. Pero Núñez concedió algunos puestos en su junta directiva a pujolistas y a un socialista, con lo que consiguió convertir la junta del Barcelona en un centro izquierda moderadísimo. La eliminación del Barcelona en la Liga de Campeones propició la ruptura de la relación entre Núñez y Van Gaal con el público, la rabieta dimisionaria del presidente del Barcelona, la caída definitiva del entrenador holandés y la esperanza de que iba a cambiar uno de los rostros inevitables del escaparate representativo de Cataluña: el de Núñez. Por algo se empezaba. Que Van Gaal no hubiera conseguido llevar al Barça a la final de París se agravaba porque Del Bosque, el humildísimo entrenador del Real Madrid, sí había llevado al Real Madrid. Demasiado desastre para justificar los veinte mil millones de pesetas que el presidente Núñez puso a disposición del prepotente Van Gaal para que hiciera un equipo triunfador.

Mientras Zaplana y Aznar gozaban de su fiesta en París, Núñez y Van Gaal se aprestaban a vivir los peores años de su vida, vamos a llamarla, deportiva. Núñez no quería matar a Van Gaal para sobrevivir, consciente de que creó al monstruo que le había destruido y de que ya era demasiado tarde para saltar por encima del cadáver del holandés. Y la desaparición de Núñez abría una batalla por el poder que afectaba sobre todo al PP y a CIU, las dos formaciones políticas mejor situadas para propiciar nuevas juntas directivas. Ganar o perder esta batalla significaba ganar o perder posiciones ante un período crucial, el pospujolismo, en el que se están produciendo ya cambios de referentes políticos y la evolución del Barça va a ser muy vigilada por toda clase de poderes fácticos e institucionales. Batallas que animarían el futuro, una vez zanjado el duelo en el OK Corral del palco presidencial de la final de París, encuentro que podía tener imprevisibles derivaciones simbólicas y políticas. Si ganaba el Real Madrid todo seguiría en su sitio pero si vencía el Valencia, Zaplana vestido de boda o de bautizo o de primera comunión y alzando la copa era una amenaza para los presuntos herederos de Aznar. Podía nacer una estrella. Situados ante el trascendental Madrid-Valencia, se apreciaba que durante las semanas anteriores ni el PSOE ni el PP exigían elecciones anticipadas en el País Vasco. Lo primero es lo primero y lo primero era la final de una Copa de Europa de fútbol.

A José María Aznar le encanta demostrar que no tiene carisma y que sin embargo es el que manda. Está encantado de su mismidad y a pesar de la felicidad aportable por el Madrid-Valencia mantenía su dura operación de acoso y derribo al PNV. Por ejemplo, la concertada cita con el lehendakari Ibarretxe en La Moncloa, días antes puesta en peligro por el propio Aznar, que preparaba así un encuentro que nacía muerto. Esta falta de atractivo la exhibe cuando trata con otros dirigentes, dirijan lo que dirijan, también con los futbolísticos y sólo se pone hueco y lleno de relevancia cuando se ve con gente realmente importante, por ejemplo Arantxa Sánchez Vicario o el presidente Bush. Presenciaba el señor presidente del Gobierno el relevo en la presidencia del Real Madrid y en la del Barcelona, con la entrada de Gaspart en el Barça, perfectamente conocido y previsible, y de Florentino Pérez en el Madrid, un nuevo rico inteligente conectado con los sectores empresariales más prepotentes y modernizados.

Entre Florentino Pérez y Lorenzo Sanz iba el pulso en el Real y una semana después le tocaba al Barcelona, con un combate estelar entre Gaspart, heredero de Núñez, y Bassat, un publicitario de muchísimo prestigio en Barcelona. Aznar estaba pendiente de las elecciones del Real Madrid y le interesaba una victoria de Gaspart en Barcelona, por afinidades ideológicas y estratégicas. Bassat en cambio era el candidato de los sectores catalanistas y progresistas moderadísimos. En tiempos de trastornos deportivos, a don José María Aznar se le despertó un *élan* atlético extraordinario y le encantaba enseñar las piernas, por ejemplo en presencia de Arantxa Sánchez Vicario, en un partido de paddle que es algo más que un partido de paddle. Que un jefe de Gobierno enseñe las piernas demuestra que España va bien, porque no las habría enseñado en caso de ir mal. En momentos de graves trastornos sociales o naturales, por muy moderno que se sea y a pesar de tener unas piernas competitivas, no se enseñan, yo diría que ni siquiera los brazos.

Si don José María Aznar lo hacía y se ponía de perfil para el saque de honor, se debía precisamente a que el PSOE estaba eligiendo a quien probablemente no va a ganar las elecciones del 2004. El Real Madrid y el Barça en cambio estaban eligiendo ensimismadamente y sin efectos indirectos sobre el equilibrio de poder. Entre Florentino Pérez y Lorenzo Sanz iba el pulso, una semana antes que Bassat y Gaspart, mientras los socialistas Rodríguez Zapatero, Matilde Fernández, Bono y Rosa Díez elegían candidatos para las elecciones generales del 2004. Pero la realidad es la realidad, del mismo modo que fútbol es fútbol. Y ahí estaba el desafío de seguir manteniendo distancia cognoscitiva entre el ganador del Gran Hermano, el lehendakari del Real Madrid, el sultán del Barça y el secretario general del PSOE, mientras don José María Aznar enseñaba las piernas en presencia de Arantxa Sánchez Vicario: un partido de paddle siempre es algo más que un partido de paddle.

Observemos que en todos los frentes civiles abiertos el control está asegurado y sólo en el frente armado contra ETA podría parecer que los disparos y los muertos actúan como ruidos que rompen la armonía de la era aznarista. Falsa conciencia. Esos disparos y esos bombazos actúan como correlato objetivo de la salud de los restantes conflictos y por eso don José María Aznar enseñaba las piernas y contemplaba todo lo que pasaba en España con esa sonrisa helada con la que afronta los conflictos buenos, malos o deportivos. La Historia alecciona. La Reconquista requirió ocho siglos para expulsar a los árabes, pero lo de ETA se solucionará antes si el PP gana unas elecciones autonómicas en Euzkadi y se refuerza la dimensión épica del imaginario español, de momento a través del Real Madrid.

La ascensión de la nueva directiva del Madrid pilla al Barcelona en el posnuñismo, dirigido el club por una gran coalición de presidenciables en tensión, a la espera de que Gaspart dimita o sufra una lipotimia y puedan comérselo antes del anochecer. El nuñismo fue un período deportiva y culturalmente lastimoso hasta la llegada de Cruyff como entrenador, luego Núñez se alzó sobre los tacones prestados por el *dream team* y acabó hablando por los codos, asesinando la sintaxis y la fonética y dejando la sociedad barcelonista escindida. Pero aunque los barcelonistas y los madridistas se alegren de las dificultades del otro, saben que se necesitan para ser lo que son o para intentar ser lo que quieran. Si bien el Barcelona sigue cargando con el peso de una importante parte de la afición que lo considera todavía como *algo más que un club*, el Madrid de Florentino Pérez no ha conseguido dejar de ser *algo más que un club*, tal vez por el excesivo afecto que le demuestran el presidente Aznar, el alcalde de Madrid y los hinchas ultras empeñados en seguir exhibiendo la bandera de la España de la FE y de las JONS.

Buena parte de la musculatura épica del Madrid y del Barcelona dependía de sus enfrentamientos, y corríamos el peligro de que una presidencia del Barcelona sedada y una presidencia del Real Madrid serenamente calculadora devaluaran un antagonismo que nos ha hecho tal como somos. En cierta ocasión, Valdano y yo suscribimos la evidencia de que la decadencia del Madrid o la del Barcelona representaría la ruina del antagonista, por más que de la noche a la mañana se buscara un nuevo enemigo de fondo. Las antítesis no se crean así como así y la dialéctica entre el Barcelona y el Real Madrid se remonta a los tiempos del conde-duque de Olivares. La temporada 2001-2002 aparecía diseñada como para glorificar al Real Madrid en el año de su centenario y el club podía ganar la Liga, la Copa y la Euroliga antes de ascender a los cielos, convertidos sus antagonistas en satélites inútiles para la galaxia madridista. Creo que fueron los profesionales de las retransmisiones futbolísticas de Canal Plus los que hablaron por primera vez del Real Madrid como «equipo de otra galaxia», en un momento dulce en que estaba presente en todas las competiciones y Zidane salía de la extraña clandestinidad en la que permaneció durante las primeras semanas. Ya sólo el prodigioso cuarteto Zidane, Roberto Carlos, Figo y Raúl era considerado como algo más que un club, como una irresistible banda de los cuatro y ha sido el propio juego desganado o confiado del equipo el que a veces le ha repatriado a esta galaxia, compartiendo cabeza de Liga con otros ocho que caben en un territorio de tres puntos de diferencia.

Otra falsa ayuda para propiciar la hipérbole madridista era que el Atlético de Madrid jugara en segunda división y el presidente Gil y Gil se sucediera sí mismo como algunas epidemias. Falsa ayuda porque el Real Madrid necesitaba una *eterna rivalidad* que no estuviera en el subsuelo. Cualquiera al que le gustara el fútbol había de reconocer que el Real llegaba al año de su jubileo con una plantilla deslumbrante. Creo que Roberto Carlos es el mejor defensa subidor del mundo, que Figo es un genio como estratega territorial y en el uno frente a uno, que Zidane es el futbolista más completo de Europa y que Raúl es el instinto futbolístico personificado, como si estuviera hecho a la medida del área y el área fuera su patria. Además ahí están Casillas o Helguera, como jugadores por encima del nivel medio, es decir, una plantilla temible, reforzada por los factores añadidos del centenario y de la impresión de seguridad económica que han sabido establecer entre Florentino Pérez, Álvarez del Manzano y Ruiz Gallardón.

Aunque todas las victorias estén más en el aire que en la tierra, si se hiciera una encuesta entre la feligresía futbolística española, ya sea del Bilbao, del Barcelona, del Betis o del Valencia, sobre quién consideraba que iba a ser el equipo más victorioso en la temporada 2001-2002, la mayoría contestaría que el Real Madrid, como si esa posibilidad ya figurara en el libro donde todo está escrito. No porque lo consideren bueno o malo, sino porque lo consideraban *inevitable*. El equipo sólo había jugado excepcionalmente dos o tres medios partidos, pero tampoco sus antagonistas podían presumir de un juego sólo situable entre lo calculador y lo mediocre. La asistencia a los campos de fútbol decrece en España al tiempo que en toda Europa se sanciona la liga española como la mejor, afirmación no discutible porque en Europa se juega cada vez peor y basta seguir a los equipos considerados grandes como el Bayern o el Roma o el Manchester para llegar al pesimismo más melancólico. Ni juego de equipo, ni figuras capaces de crear ese instante mágico que Valdano consideraba en el origen de la fidelidad futbolística de las masas. El Madrid iba absorbiendo las escasas figuras indiscutidas del mercado mundial, de Figo a Beckham pasando por Ronaldo y adquiría un cierto aspecto de Harlem Globetrotters futbolístico. La difusión audiovisual permite que el fútbol sea un gran negocio y conserve el carácter de religión laica de diseño hegemónica en Europa y América Latina, pero se trata de una militancia conscientemente irracional, explícitamente higienista, terapéutica, sin fe ni esperanza, consideradas como virtudes no teologales. Jugara o no jugara bien, ganara todo lo que esperaba o no lo ganara, el Real Madrid superaría el empeño ofreciendo su mejor rostro, el de Florentino Pérez comprando sueños estén donde estén y sean de quien sean. Las maneras del actual presidente del Real Madrid proceden de un canon de triunfadores tranquilos y los del Partido Popular van por ahí abrazando siempre como osos a los símbolos del Real Madrid, no se sabe si succionando o transmitiendo plasma. En la libreta azul de José María Aznar, reliquia casi incorrupta, figuraba un plan primero de vampirización de Jordi Pujol, complementado con la soñada anexión del Real Madrid en el año de su centenario, feliz coincidencia con la mayoría absoluta del PP, la fastuosa celebración de su congreso en technicolor y la boda de la hija del señor presidente con un producto de la ingeniería genética dedicada a la elaboración de nuevos triunfadores. Entre la oposición al Real Madrid renació el argumento de los vínculos con España, España, España concebida como unidad de destino en lo universal, pero ya no según el estilo del padrinazgo prehistórico, cuando en los tiempos de Santiago Bernabeu, Franco se acostaba con la preocupación de si Kopa era el mejor extremo posible o si el córner no era un recurso cobarde y además procedente de la Pérfida Albión.

No. No era éste el Real Madrid del cabo Bernabeu, que se jactaba de haber ocupado Cataluña a las órdenes de Muñoz Grandes, y dentro de una compañía marroquí, sino el de Florentino Pérez, prueba del nueve de la sabiduría de Solchaga cuando aseguró que España era un país donde era muy fácil enriquecerse rápidamente. Representa don Florentino Pérez el neocapitalismo *fast* y que nadie se extrañe si en cualquier convocatoria del Foro Económico de Davos dispusiera el señor presidente del Madrid de ponencia propia. Sus empresas ya figuran como seleccionadas para la reconstrucción de Irak una vez haya sido definitivamente deconstruido por los mismos que lo reconstruirán. Más rico y más posmoderno que Gaspart, entonces presidente del Barcelona, y flanqueado por sexsímbolos millonarios como Fernández Tapias, Florentino Pérez además es amable y succiona a Figo del Barcelona sin perder las buenas maneras, que tampoco pierde cuando insinúa que podría interesarle Kluivert o llegaría a proponer la celebración de las victorias del Real Madrid en Montserrat o mete a Ronaldo en el equipo, pasando por encima de la resistencia de sus grandes figuras y convierte a Beckham en un emblema mercantil. Si en el pasado Mendoza o Sanz representaban el antagonismo chulesco con el enemigo número uno, Florentino Pérez ha introducido otro estilo que podría ser calificado como el de la *amabilidad economicista*. El fútbol actual es una religión laica servida por diferentes cuadros escénicos, el de los directivos que quieren oler a Egoiste y a multitud, el de los sacerdotes mercenarios y el de los feligreses que pretenderán participar en una comunión de los santos que no condicione ir al cielo, al infierno o al limbo. El purgatorio, por lo que he oído, es cada vez menos verosímil.

Durante la temporada 2001-2002, Barcelona y Real Madrid se enfrentaron en las semifinales de la Copa de Europa y en las jornadas que precedieron al partido y a lo largo de todo el encuentro, irritado por la mediocridad de los insultos contra Figo, analicé los argumentos desde el punto de partida de un barcelonista deprimido porque un jugador de mi preferencia hubiera cambiado de bando y reapareciera con la *otra camiseta*. Admito que mi planteamiento de partida es discutible: ser todavía seguidor de un equipo de fútbol a comienzos del siglo XXI y mantener al Real Madrid dentro del formato del enemigo preferente ¿es moderno, posmoderno o premoderno? Mi cupo de irracionalismo necesario lo extraigo de mi imaginario futbolístico y así lo evito en política o en amores y no digamos ya en religión.

Pero más vale antagonista delimitado que antagonista por delimitar y me daría una pereza tremenda no ya pasarme del Barça a cualquier otro equipo, sino elegir otro rival que no fuera el Real Madrid. Necesitaría toda otra vida para encontrar raíces emocionales a esa elección y un discurso *ad hoc*. No tengo almacén mítico, ni simbólico, ni lingüístico para hacerme del Valencia o del Bilbao o del Villarreal, por ejemplo, pero no sabría diseñar un enemigo tan a la medida como el Real Madrid: Franco soñaba sus alienaciones, el presidente Bernabeu —cabo franquista— presumía de haber liberado Lérida en 1938, Lorenzo Sanz estuvo vinculado a Fuerza Nueva en sus años mozos. ¡Es que ni de encargo estaría tan hecho a la media de mis fijaciones! Y resulta que además el Madrid se llevaba a Figo, mi portugués preferido después de Saramago y de José Alfonso, el autor de *Grândola Vila Morena*.

Preocupados quedaron los barcelonistas porque al Real Madrid lo dirigía un mánager posmoderno, Valdano; un empresario globalizador, Pérez, y el blasfemo fichaje de Figo destruía la ilusión de las masas convencidas de que los futbolistas se identifican con sus sueños y cuando besan el escudo del club están como comulgando. El camino iniciado por Pérez lleva a la pérdida de la inocencia esencial del público y a base de cazar gallinas nos vamos a quedar sin huevos. A este paso tal vez, tal vez Raúl acabará en el Barcelona y que nadie se extrañe si don José María Aznar, cumplidos los dos mandatos, se matricula en el PNV y entramos sin remedio en la era de la incertidumbre.

Sospecho que el Real Madrid con el valor añadido de Beckham se aleja mucho del idearium nacionalfutbolístico de don José María, aunque en los dos últimos años ha asumido claramente el nacionalcatolicismo como un empeño más determinante. Pero al menos el Real

Madrid de las nueve copas de Europa ha colmado el buche épico de don José María. A pesar de su cada vez más probado nacionalcatolicismo no ha conseguido que la selección nacional española alcance las dimensiones galaxiales que algún día tendrá España si recupera su propósito de ser una unidad de destino en lo universal o de llegar por el imperio hacia Dios. Se especula que así como con el Real Madrid Aznar ha dejado de ser gafe por el recurso de no insistir tanto en su militancia, lo sigue siendo en su adoración por la selección nacional. Por más que los anime por teléfono, o en persona o los visite incluso en el vestuario, ni en los campeonatos del mundo, ni en los de Europa, la selección ha hecho otra cosa que despertar sueños imposibles. Observemos que desde la confirmación de que toda la épica esperable de los futbolistas que viven y trabajan en España se limita a la Copa de Europa de clubes y se haya confirmado la imposibilidad congénita de la selección nacional, en don José María se ha acentuado el nacionalcatolicismo. Diluidas nuestras hazañas futbolísticas auténticamente étnicas, sólo nos quedan las insuficientemente bélicas en encomiables tareas asistenciales de la aldea global o en prestar infraestructura para que los norteamericanos bombardeen Irak o Libia, con el consuelo de que siempre nos quedarán el tenis o el fútbol para ser cabezas jefes de centuria de algo épico. En plena anexión de Irak, de visita don José María por el imperio de Bush, a pesar de la trascendencia de sus empeños bélicos, tuvo especial interés en saber quién había ganado en el Madrid-Barcelona del 2003.

Recordemos las frases que hicieron famosa a España en tiempos de zozobra y catástrofe. Ante el desastre de la Armada Invencible, Felipe II dijo: «No hemos mandado las naves a luchar contra los elementos». Cuando la Armada española padeció un descalabro en las costas de Chile, el almirante Méndez Núñez dijo: «España más quiere honra sin barcos, que barcos sin honra». Los tiempos han cambiado y ya no hay tanta facilidad de palabra ni tanto orgullo patrio. Pero algo habría que decir después de la comprobación de las insuficiencias de la selección española de fútbol. Por ejemplo: «No se construyó el *Titanic* para chocar con un iceberg» o «No dejemos que el hielo noruego nos congele el amor propio» o «Precongelados, tal vez; congelados nunca». Más de una vez he expresado mi escepticismo hacia las selecciones nacionales, sea la española, sea la que sea y mi total condena al intento de crear una selección nacional catalana o vasca de fútbol. Prefiero los clubes de fútbol porque son, a pesar de los pesares, más laicos que las selecciones nacionales. En torno a ellas siempre se crea un no sé qué de verdad revelada y de pueblo escogido, como si reclamara a la Providencia que jugara a favor de una u otra selección. Recuerden que al final de los campeonatos del mundo de fútbol desarrollados en Francia, el croata Suker agradeció a Dios lo mucho que había ayudado a la selección de Croacia. Sin duda se trataba de un infundio, porque no hay ninguna razón evidente o presumible para que la Providencia prefiera que ganen los croatas y no los serbios, por ejemplo. A no ser que entre los secretos de Fátima no revelados figure un ranking providencial de selecciones de fútbol y descubramos, por fin, que la selección española no figura entre las escogidas. Me niego a asumir esta circunstancia. Después de todo lo que ha hecho España para defender la cristiandad, ¿por qué los croatas o los coreanos o esos bárbaros lapones que fueron cristianizados, como quien dice, hace dos días? Líbrenos la Providencia de que una selección catalana de fútbol tenga que pasar por el mal trago de deducir que Dios, a pesar del auxilio de la Virgen de Montserrat o de la de Nuria, prefiere, por ejemplo, a España. Los que gestionan la selección catalana de fútbol ¿han pensado en los efectos nacionalpatrióticos de que esa selección pierda ante la española? ¿No es más laico y civil dejar estas cosas en manos de clubes urbanos, el Barça y el Real Madrid?

Dejemos pues a la Providencia para otros menesteres y consuelos y asumamos la maldición civil que nos afecta. Hay pueblos que han nacido para ganar campeonatos del mundo o de Europa de fútbol y otros que han nacido para padecerlos. Sobre todo para padecer a una prensa especializada que pasa de la euforia a la depresión y nos amarga los veranos, que son las estaciones más aptas para las epopeyas. Aznar siguió buscando consuelo en el Real Madrid y dejó de cobijarse en los vestuarios de la selección nacional, consciente de que la persistencia en el fracaso pondría incluso en peligro la estabilidad del gobierno y la mayoría absoluta emocional. Si esa mayoría no sirve ni para respaldar y avalar internacionalmente el nacionalfutbolismo, ¿para qué sirve? De hecho, cuando don José María se proclamó nacionalfutbolista, estaba preparando el mercado para relanzar un producto que parecía obsoleto: el nacionalcatolicismo.

7

La aznaridad

Cabe la duda de si el señor Aznar lleva siempre los cables cruzados, lo que le permite ser pulcro, moderado y leer poesía hasta entrada la noche y si cuando le sale un discurso de Terminator es cuando se le descruzan los cables o al revés. No es cuestión baladí. Para mí que ese rictus constantemente tenso de Aznar es porque está conteniendo el Aznar que lleva dentro, por el procedimiento de que algún fontanero fisiológico le cruza los cables para vivir en plena excepción de conducta. Pero frecuentemente el fontanero debe tomarse el puente de fiesta, el puente o el acueducto de la Constitución, por ejemplo, y al presidente le sale el legionario que lleva dentro precisamente en un puente de la Constitución como ocurrió en uno de sus primeros discursos, en el que comparó al PNV con Kosovo.

A medida que cumplía su primer mandato (1996-2000), Aznar se sentía afirmado en su cargo y además Telefónica, dirigida por su compañero de estudios Villalonga, crecía y los medios de comunicación paragubernamentales hablaban de Aznar como si fuera el mismísimo Franco pero en laico, es decir, un salvador de España, capaz de llevarla a las más altas cimas del desarrollo y además democráticamente correcto. Pero no es el único animal político envalentonado porque el tiempo le regala la condición de justificado. En España tenemos un recordman universal de resucitado sin haber muerto, Samaranch, contemporáneamente presumiendo de haber sido franquista, es decir, de haber ganado una guerra civil y de haber impuesto cuarenta años de incumplimiento de derechos humanos, con la excusa de que Franco elevó el nivel de vida de los españoles, desconociendo o ignorando el dato de que España entre 1939 y comienzos de los sesenta, vivió por debajo de las cotas alcanzadas antes de la Guerra Civil. Y Samaranch siguió siendo el presidente de la espiritualidad olímpica y lo era todo en las finanzas patrióticas de la Cataluña social y democrática y pobre de ti si te metes con Samaranch porque algún paniaguado saldrá que te saque los colores, rojos naturalmente.

Que dure la democracia, por formal que sea, porque de lo contrario nos vamos a encontrar ante desagradables sorpresas a propósito de los cruces o no cruces de cables. La democracia es para muchos como la piedra de los personajes de Chumy Chúmez: se han de dopar para soportar su peso todos los días. Nadie habla de hacer un control de dopaje al señor Aznar o al señor Samaranch, porque tal vez no están detectados todavía los fármacos que ayudan a soportar la servidumbre democrática. Es preferible creer que estamos rodeados de demócratas por todas partes y no de conversos porque a la fuerza ahorcan y sin autoengaño no hay satisfacción, de ningún tipo. De flojear algo la corrección democrática me temo que muchos serían los que de pronto, movidos por una fuerza interior irreprimible, alzarían el brazo y cantarían cara al sol con la camisa vieja.

En cualquier caso, pongámonos trascendentes, dejemos a Samaranch por imposible entre las ruinas de la tragicomedia olímpica y afeemos a Aznar aquella primera gran desmesura de su lenguaje como estadista, precisamente en fechas tan señaladas como las constitucionales. Y reprochemos también a los del PNV por haber llamado franquistas a los PP porque nadie debe ser condenado como franquista mientras no se demuestre que lo es y si se demuestra que lo es, pues a disimular, porque no olvidemos que el franquismo ganó la Guerra Civil, ganó la posguerra civil y todo indica que ha ganado la segunda transición y los franquistas, día a día, van siendo más conscientes de que en el siglo XXI aún puede irles mucho mejor.

La progresiva evidenciación de que don José María Aznar consideraba llegado el momento de manifestarse como una cría del nacional-católicismo español coincidía no sólo con la presión política de los nacionalistas periféricos, sino también con síntomas de desvertebración de España al alcance incluso de personajes como Jesús Gil y Gil. La victoria en las municipales de Melilla del partido del alcalde de Marbella y presidente del Atlético de Madrid, don Jesús Gil y Gil, resucitó el fantasma de la invasión de los árabes perpetrada a comienzos del siglo VIII con la ayuda del gobernador de Tarifa, el famosísimamente traidor conde Don Julián. El caso de Melilla se apoderó de las primeras páginas y dejó relegado a segundo término dos viajes insustanciales: el de Aznar por América y el de Almunia alrededor del PSOE, ambos de ida y vuelta. Aznar empezó su *tournée* con el exclusivo objeto de poder dar ruedas de prensa en cada capital latinoamericana. Al presidente de Gobierno le encanta sonreírle a España vía satélite y lanzar algún que otro picotazo a la oposición desde muchos kilómetros de distancia, aunque hay que reconocerle que no ha llegado al extremo de Carrillo o Felipe González que anunciaban giros trascendentales en sus estrategias políticas aprovechando que hoy es martes y esto es Bélgica o Washington. En cuanto a Almunia, su viaje ratificaba que la Tierra es redonda y gira alrededor del Sol, por si les faltaba alguna comprobación a los teólogos más recalcitrantes del Vaticano. Almunia se puso en marcha en Pinto para llegar a Valdemoro y para que no se dijera que no había evacuado consultas con el fin de demostrarse a sí mismo que era el candidato más idóneo para que el PSOE perdiera las elecciones del año 2000, paso obligado para tratar de ganar las del 2004. Sólo se produjo un jirón en la cortina de humo y lo provocaron los guerristas, siempre enfrentados a un problema metafísico: ¿qué es el guerrismo? Salvo en matices sensoriales y culturales, ¿cuándo ha marcado el guerrismo distancias con respecto a los grandes giros del felipismo, por ejemplo la OTAN, antes y después de Solana?

En algún pliegue de la memoria se me quedaron las imágenes de los jefes de Gobierno asistentes a la celebración del cincuenta aniver-

sario de la OTAN, acompañados de sus respectivas esposas, convertido el acto, pues, en un desfile de modelos representativos del gusto
y de la ética. Ya que hablo de ética, allí estaba también Havel, calificado por muchos como un monumento ético, satisfecho porque su
país ha salido del Pacto de Varsovia de tierra adentro y asume el del
Atlántico porque le abastece de una perspectiva oceánica. Mientras
los políticos se solazaban con los festejos que siempre acompañan este
tipo de colaboraciones —y precisamente por eso habían llevado a sus
parejas, desde el criterio un tanto involucionista de que las mujeres
lucen más—, brigadas de trabajadores rescataban de entre los escom-
bros de la televisión serbia trozos de cadáveres de profesionales de la
información. El *garden party* de la OTAN se celebró sin que ni siquiera a alguien se le ocurriera pedir un minuto de silencio en memoria
de las víctimas de una guerra no declarada, ritual que se respeta hasta
en los campos de fútbol cuando se ha muerto la suegra del presidente del club.

No podían pedir ese minuto de silencio porque todos se hacían
responsables de la carnicería y de la explicación que el mando atlántico había dado: la televisión yugoslava era el centro propagandístico de Milosevic. Es decir, se trataba de aterrorizar mediante terrorismo atlántico, del bueno, a los profesionales de la información que
prestaban su oficio o su ideología, o las dos cosas, a la defensa de las
razones serbias. Es como si se supusiera que la RAI, no sé si la uno,
la dos o la tres, fuera el cerebro propagandístico entonces de D'Alema y mereciera ser bombardeada por esta circunstancia e igual podría decirse de Televisión Española o de la BBC. A partir de ahora
todos los contratados por televisiones estatales deberán recibir un
plus por riesgos derivados de su tarea como cerebros orgánicos o bien
declararse en contra de sus sistemas políticos y así obligar a la tecnoindustria militar norteamericana a fabricar misiles aún más inteligentes. Es decir, misiles que en caso de que sea necesario bombardear la RAI o TVE o la BBC, sólo maten a los profesionales que se
han declarado partidarios de Berlusconi, Aznar o Blair. Aunque a
juzgar por sucedidos posteriores, tal vez el bombardeo de la televi-

sión yugoslava fue un aviso que con el tiempo se concretaría en el factual asesinato de periodistas en ejercicio profesional durante la guerra de Irak.

Más allá de la insensibilidad de los políticos con respecto a los profesionales de la información que pudieron ver incluso en la carnicería de Belgrado un castigo simbólico a la maldad de los medios, repasando los rostros de los más altos representantes de esta Alianza Atlántica se descubriría fácilmente que estaba llena de socialistas e incluso de un ex comunista reciente, mi querido D'Alema. No insisto ya en que Solana, el secretario, viniera de posiciones socialistas antiatlantistas, porque no quiero convertirme en el flagelo de este hombre que al fin y al cabo se ha estado ganando un sueldo al mes y un lugar nada envidiable en la Historia. Pero es que a la vista de la fotografía de jefes de Gobierno con señora, el corazón me late y proclama: ¡no la toquéis más, ésa es la euroizquierda! ¡La euroizquierda al poder! Un sueño hecho realidad veinticinco años después de las formulaciones berlinguerianas, como final feliz de una *realpolitik* de la izquierda que no sólo ha querido predicar, sino también dar trigo. Ante la evidencia de que la euroizquierda estaba prestando coartada progresista al pim pam pum norteamericano contra Serbia, pasando por encima de cadáveres no previstos y de la acentuación de la diáspora kosovar, perfectamente prevista, había que confiar en que Blair, Solana, Jospin, D'Alema, Schröder... sabían lo que hacían y algo esperaban obtener de su evidente condición de cómplices de una carnicería. Ignacio Ramonet se planteaba en *Le Monde Diplomatique* las limitaciones de este socialismo acalórico y la sospecha de que sólo estaba tratando de demostrar su capacidad de que puede gobernar el capitalismo sin que el capitalismo se asuste, se irrite y vaya a por él como ya fue a por Lafontaine en Alemania. Antes de que llegue el 3000 esta audaz euroizquierda habrá demostrado no sólo que puede gobernar el capitalismo sino transformarlo, de la misma manera que Solana se apuntó a la OTAN porque consideraba que podía convertirla en la UNICEF. Al precio de tener que asistir a algún *garden party* objetivamente truculento, pero a veces hay que dar un paso atrás para poder dar dos adelante y el subcomandante Marcos me contó que él aplica un consejo no de Lenin, sino de Lewis Carroll en *Alicia en el país de las maravillas*. Alicia para alcanzar a la Reina de Corazones debe caminar hacia atrás: «Ha de volver al pasado para poder avanzar».

Pues ni el viaje de relaciones intergalácticas de Aznar, ni el viaje triunfal de Almunia alrededor de sí mismo, ni la amnistía concedida en Argel por nuestro viejo conocido Buteflika, aquel político ye-yé que fue ministro de Asuntos Exteriores en los comienzos de la revolución argelina, nada ni nadie le quitaron a Gil y Gil la primera página. La conversión del alcalde de Marbella, presidente del GIL y del Atlético de Madrid, en el enemigo político número uno obligaba a reflexionar sobre aquellos tiempos en que todos los medios de comunicación lo utilizaron como noticia cotidiana y tenía abiertas las páginas de los diarios y los micrófonos de la emisoras donde se movía como, se dice, se movía Pedro por su casa, qué Pedro no importa, ni en qué casa. Era el invitado de honor de casi todos los medios a pesar de que había insultado soezmente a políticos y periodistas, incluso había expulsado a informadores deportivos del estadio del Atlético de Madrid. Llegó a ser tan omnipresente Gil que hubo que llamarle por los dos apellidos, Gil y Gil porque con un solo Gil no bastaba y más tarde tuvimos que llamarle Gil y Gil y Gil y Gil y así hasta el infinito porque se había convertido en la mayor amenaza política desde los tiempos de la invasión de España por los sarracenos, por no mencionar la perversa invasión de la hamburguesa y el ketchup. No olvidemos que todo empezó cuando los moros saltaron de África a lo que todavía no era España y no mediante patera, sino sobre una flota de desembarco precaria pero eficaz y más de mil años después Gil dominaba políticamente enclaves determinantes de una y otra orilla, por lo que este hombre era muy capaz de aliarse con el moro Muza si fuera necesario. Además ya había avisado de que estaba dispuesto a presentarse como candidato al Parlamento por Madrid y sólo quedaba la incógnita de saber si le votarían o no los seguidores del Real Madrid, porque de momento ya tenía a su lado a todos los que ayudó a conseguir casa en Marbella en buenas condiciones.

Se habían producido simpatías mediáticas por Gil y Gil y Gil y Gil y Gil y Gil, etc., etc., que sólo se explicaban por la existencia de una sociedad de socorros mutuos y Gil ha demostrado ser un maestro en la utilización del trueque: yo te doy una cosa a ti, tú me das una cosa a mí. Sabía el señor presidente, del Atlético de Madrid por el momento, que tenía la batalla perdida por arriba y que a veces debía presenciar los partidos de fútbol entrando por las puertas traseras de los palcos, pero también sabía que domina las claves del populismo y que casi siempre los pueblos, o lo que sea, porque la palabra *pueblo* ya no huele a nada, tienen los líderes populistas que se merecen. Alguien hizo sonar la campana de la alarma y los estrategas de la democracia oteaban el horizonte de la punta de Tarifa porque temían que esta democracia se convirtiera en una caricatura estúpidamente propiciada. Y allí, como un gigante metido en su sahariana, el presidente del Atlético de Madrid se cernía sobre el Estado de las autonomías como si una sola persona fuera una invasión. Y lo es. El califato de Córdoba de Anguita o el Felipato de Sevilla de González, fueron metáforas. Lo de Gil en Melilla y Marbella fue algo parecido a la caída del Imperio romano y la invasión de los bárbaros. Y no señalo a nadie. No digo quién iba de bárbaro, ni quién de romano, ni qué papel se autoatribuía el señor Aznar dentro del rompecabezas de la Hispanidad, pero el Atlético de Madrid bajó a segunda división y el supuesto Imperio Gil acabó por desmembrarse en el 2003, cuando uno de sus socios, el alcalde de Marbella, consiguió los favores amorosos de la tonadillera y viuda de torero, Isabel Pantoja.

De las nuevas maneras prepotentes de Aznar hubo enseguida muestras en su tratamiento de las cuestiones monárquicas. Como si el jefe de Estado fuera él y el Rey un adorno navideño, especialmente adecuado para la celebración de la Pascua militar. Antes todo era posible en Granada, ahora todo es posible en La Habana. Recuerdo que cuando estuve en la capital de Cuba para escribir *Y Dios entró en La Habana*, Gabriel García Márquez me dijo: «Estoy pero no estoy». En efecto, Gabo estaba en La Habana pero no estaba para todo el mundo, aunque se le vio en la Santa Misa final, al lado de Fidel Castro, siguiendo la ceremonia mediante un pequeño misal que le había pasado el doctor Navarro Valls, jefe de prensa del Papa y destacado miembro del Opus Dei, y es que la política crea extraños compañeros de cama, pero también extraños compañeros de misa.

Cuando todo estaba preparado para un viaje de los reyes a Cuba, Aznar lo prohibió con una de sus expresiones más características: «Ahora no toca». Finalmente resulta que los Reyes de España han viajado a La Habana pero no han viajado a La Habana, se vieron con Fidel Castro pero no se vieron con Fidel Castro, son los primeros Reyes de España que visitan Cuba pero no visitan Cuba como Reyes de España. Casi siempre se ha dicho que nunca hay una verdad, sino, al menos, dos verdades posibles. A partir de prodigios como el que describo habrá que considerar la evidencia de que hay tres verdades. La tercera sería la verdad diplomática que es la que ha marcado la no visita de los no Reyes de España a la no Habana. Como Fidel Castro no ha hecho bien los deberes democráticos que le puso el presidente Aznar, se le castiga no viendo a los Reyes que ve y no recibiendo a los Reyes que recibe. Y como el presidente Aznar aún no había decidido si tocaba o no tocaba que los Reyes fueran a Cuba, castigaba a Sus Majestades con el peligroso don de la transparencia. Porque puede ser peligroso precedente que el gobierno juegue con la monarquía a sombras chinescas, tan peligroso como que la monarquía jugara a borbonear, que es lo que incluso reclamó el socialista extremeño Rodríguez Ibarra, para poner coto a los excesos aznarianos o aznaristas.

El verbo *borbonear* lo hizo necesario Alfonso XIII por su afición a intervenir en asuntos políticos, impregnado de la resaca de la monarquía absoluta. Esa afición le llevó al extremo de propiciar o respaldar la dictadura de Primo de Rivera, principio y fin de la Restauración monárquica y aperitivo de la larga travesía del desierto controlado por el general Franco. Si Rodríguez Ibarra le pide al Rey que se gane el sueldo y que medie para que Aznar reciba a los tres tenores socialistas o a los cinco o a los que sean, empeñados en la recuperación del concepto de Hispanidad, resucita la peligrosa práctica del *borboneo*. Pero una cosa es que los Reyes *borboneen* y otra que se hagan transparentes en Cuba para que Aznar pueda quedar bien a la vez con sus amigos de Miami y con los empresarios españoles que invierten en la isla. Si se quería afrentar al castrismo no se debía haber viajado, a pesar de que en el pasado los Reyes frecuentaron otras dictaduras que cuentan los desaparecidos por millares y un jefe de Gobierno de la España democrática viajó a la Indonesia de Suharto, donde los derechos humanos estaban escritos en todos los rollos de papel higiénico. Lo que es casi ridícula es esa estampa de Aznar como institutriz de la monarquía vigilando a los Reyes para que pasen por La Habana inadvertidos. Lo peor que le ocurría al mítico hombre invisible es que llegó a creerse invisible.

Tras la visita, los medios de información especularon sobre si Castro había dado o no un trato correcto a los Reyes. Se quiso dar la impresión de que el dictador cubano había castigado en los Reyes las poquedades e insolencias de Aznar, aunque a Castro siempre le queda la justificación de que haber dado a los Reyes el trato que le marcaba el protocolo. ¿No estaban en visita privada? ¿No estaban pero no estaban? ¿No eran los Reyes más invisibles que magos? Cuando se acercaba la visita del Papa, Castro lanzó uno de sus discursos de siete horas en las que tres y media estuvieron dedicadas a convocar al pueblo cubano para que se echara a la calle a recibir al representante de Dios en la Tierra, según la versión católica del asunto. Y la disciplina social funcionó hasta el punto de que ha sido una de las visitas papales más logradas y sin muertos, porque muchos de los viajes del Papa costaron muertos entre los feligreses.

Castro había obtenido otra victoria diplomática importante. La Conferencia Iberoamericana se había celebrado, las ausencias de Menem y Frei pertenecían a lo tragicómico, demostrando que Aznar propone y Castro dispone, que los Reyes son recibidos o no son recibidos según se admita que están o que no están. A Castro lo cimentan sus peores enemigos. Los norteamericanos con el bloqueo y Aznar con su quiero y no puedo hostigador. Siempre queda el derecho al pataleo de aumentar la agresividad verbal contra Cuba porque los Reyes no fueron recibidos en olor de multitud, pero no hay más remedio que respaldar el interés inversionista en Cuba del empresariado español, en un momento en que otros sectores del capital extranjero, el canadiense a la cabeza, se arriesgan a invertir en Cuba, se arriesgan a invertir en su futuro.

Mientras tanto Aznar jugaba a las monarquías invisibles y Abel Matutes, ministro de Exteriores por entonces, al aquí te espero, comiendo un huevo, una tortilla y un caramelo.

El Congreso del PP fue presentado como el primer gran acontecimiento universal de la recién estrenada Internacional del Centro Democrático Reformista, que se complementa con algunas aleaciones políticas sorprendentes. Por ejemplo, desde Italia entra en el lote centrista, como compañero de viaje del reformismo democrático centrado, nada menos que el posfascismo, y en España el conglomerado del PP admite que se intuya un Centro Democrático Reformista y de las JONS, porque en el partido quedan numerosos referentes de lo que fue el franquismo no sólo sociológico, sino también político. Y no me refiero solamente a Fraga o a los ilustres jóvenes dirigentes herederos biológicos de no menos ilustres condottieros del Movimiento Nacional, sino muy especialmente al papel del Opus Dei, renovado en el PP y gracias al PP, sin duda una fuerza determinante al lado del aznarismo.

Los votantes del PP no se interesan demasiado por las afinidades poéticas o metafísicas de Aznar, pero sacan sus conclusiones de su sentido de España y de Estado, tan evidentes cuando emite vibraciones positivas al Real Madrid o a la selección española, como cuando mantiene un implacable, obcecado, contraproducente cerco al PNV como si fuera la contradicción de fondo en el País Vasco. Aznar tiene un determinante poder intramuros del PP, pero sigue sin transmitir la

imagen de estadista que en González, por ejemplo, parecía congénita. Cuando consiguió los mejores escaparates para lucirse como político global, Aznar estuvo a la altura de las mediocridades presenti-
das. Cuando fue aupado a la condición de jefe semestral de Europa a
comienzos del 2002, su primera intervención fue plana, una monocorde perorata sobre el terrorismo, en parte tratando de justificar su
política vasca y en parte legitimando la recién adquirida condición
de cabo o sargento de la operación imperial *Libertad Duradera*. En el
Parlamento europeo se comentó que la intervención de Aznar era tan
inútil como improcedente.

Aunque los lugartenientes del jefe aseguraran una y otra vez que
el Congreso iba a fijar el diseño ideológico del partido, con voluntad hegemonista nacional e internacional, lo que realmente preocupaba eran los obstáculos previstos en los dos próximos años ante las
dificultades de gestión económica y las previsibles luchas interiores
para la sucesión anunciada. Aznar se siente más seguro de sí mismo
que nunca y por eso dice más inconveniencias que nunca. Cuando en
el pasado los especialistas en imagen trataban de corregir su casi absoluta impresentabilidad e irrelevancia, la gran esperanza morena de
la derecha española hizo esfuerzos por sonreír encantadoramente y
por ser angustiadamente gracioso. No lo consiguió, excepto en su relación con algunos lugartenientes, como por ejemplo Piqué, que
siempre se lo ha reído todo y más que nadie. Ya escribí que con el
tiempo, Aznar acabaría por aceptarse a sí mismo y que no debería ir
por ahí con gesticulación postiza, sino plantarse tal como es. ¿Cómo
es? Trágicamente antipático.

A pesar de la cirugía estética de un Congreso y de su líder, quedaba en pie la gran cuestión de fondo que no se resolvería hasta otoño del 2003: quién hereda el todavía afortunadísimo conglomerado PP. De haberme planteado la pregunta hace un año, yo habría
contestado que Rodrigo Rato, el aspirante que comunicaba mejor
su presidenciabilidad, el más dotado de un sistema de señales solvente y tranquilizador. En el transcurso del escándalo Gescartera, Rato
lo hizo malísimamente mal, no como un evidente culpabilizable, sino

como un personaje soberbio al que le saca de quicio la simple posibilidad de que alguien pueda considerarlo culpable. No obstante, a simple vista, tras un elemental análisis semiológico de los principales políticos del PP, Aznar ocupaba demasiado espacio como para que aparecieran presuntos herederos de nuevo cuño y por lo tanto los ojos del espectador seguían repartiéndose a los herederos ya censados en el pasado. Allí estaban las escurridizas dioptrías de Rajoy y el gesto de desplante al flash de Rato, o el políticamente atlético paracaidista Ruiz Gallardón, aunque en los momentos más triunfales del aznarato se llegó a pensar que su heredero todavía estudiaba bachillerato o era el joven Agag, su yerno.

Normalmente la razón de Estado es una máscara de la razón de los grupos y sectores sociales que controlan el Estado y se demostró una vez más con la resurrección del caso Pinochet activada por Joan Garcés, el valenciano secretario de Allende, y por el juez Garzón. La razón moral exigía que Pinochet, retenido en Londres adonde había ido a operarse, pasara por el trago de la extradición a España para responder de crímenes, no contra ciudadanos chilenos, sino contra ciudadanos españoles, siendo el más clamoroso el de Soria, funcionario internacional torturado hasta la muerte.

Los cómplices civiles y militares de la barbarie pinochetista se manifestaban por las calles de las ciudades de Chile, frente al entusiasmo moral de quienes veían al general Pinochet en su sitio: un criminal de guerra sucia en su jaula londinense que, por cierto, fue el palacio donde vivió en el siglo XIX el sangriento jefe carlista, Cabrera, más conocido como el Tigre del Maestrazgo. Pero los cómplices de Pinochet no eran sólo los llamados pinochetistas, sino otros muchos y por motivos diversos, que se sumaban a esa complicidad y José María Aznar tenía los números que le faltaban al presidente chileno, Eduardo Frei, hijo. De Aznar dependía participar en la rifa o cumplir como jefe de Gobierno español, es decir, exigiendo la extradición. Los jueces españoles habían cumplido, los ingleses también y el gobierno de Tony

Blair inicialmente respaldaba su acción. ¿Qué iban a hacer ahora Frei y Aznar? Frei pertenecía a un partido que suministró a Pinochet numerosos avaladores de su golpe y si el general hablara aparecerían en la lista de socios instigadores el propio Eduardo Frei padre o Patricio Aylwin, otro destacado líder de la democracia cristiana chilena. La democracia sobrevive en Chile bajo libertad vigilada por los militares, que de momento ya se habían metido en sus cavernas para respaldar a su jefe, que era Pinochet, no el presidente de Chile. Ahora todo dependía de Aznar, que de momento cantinfleaba como sólo puede cantinflearse con la razón de Estado en el cerebro y el hielo en el corazón. Denunciar la guerra sucia en España va bien cuando puede llevarte al gobierno, pero no en Chile porque se violaría la soberanía de los matarifes. A Saddam Hussein se le puede perseguir hasta la muerte, pero Pinochet era un asunto interno de la *soberanía* de los chilenos. Estaba claro que el gobierno español no iba a respaldar la retención de Pinochet en Londres, porque lo políticamente correcto era no complicar las relaciones de Estado con Chile y la democracia chilena podría pasar apuros si los militares se enfadaban. Suele ocurrir a veces que las llamadas sociedades abiertas sólo lo son hasta que los militares u otros poderes fácticos tocan la trompeta para el toque de queda. A partir de entonces, a dormir.

Que Pinochet sea el responsable de la tortura, desaparición o muerte de ciudadanos españoles, con el caso Soria por delante, al parecer tenía menos valor que respetar un concepto de soberanía de provincias. En las provincias del orden global, se llamen España o Chile, la única soberanía que nos queda es proteger a nuestros matarifes. No somos soberanos ni en economía, ni en política, ni en estrategia militar, pero en represión sí. Ése es el cometido reservado al Estado de provincias: mantener el orden en la periferia. Escribí por entonces que al menos el gobierno español tardaría cuarenta y dos días en hacer uso de su prerrogativa de pedir o no pedir la extradición del anciano verdugo. Que se pudriera en su jaula cuarenta y dos días, pago mínimo por los miles de años y sueños que ha quitado a sus víctimas, este prepotente primer cacique entre caciques militares sin piedad, sicarios del holocausto del Cono Sur. Los estados de provincias sólo son soberanos cuando protegen a sus verdugos y además, Pinochet y sus mariachis, todo lo hicieron para defender a Occidente y a las compañías multinacionales enfrentadas a Allende por el precio del cobre. Prafraseando a Roosevelt: «Pinochet era un hijo de perra, pero era nuestro hijo de perra». Si no han periclitado los crímenes de los verdugos nazis de la Segunda Guerra Mundial, ¿por qué han de periclitar los de Pinochet? La desfachatez del personaje la mide la provocación de salir de Chile para operarse en Londres. Nuestro dictador particular, Franco, sólo se movió de Madrid para viajar a Portugal, régimen amigo, pero se guardó mucho de asomarse a cualquier país democrático donde le consideraban un criminal de guerra más, condenado en los juicios de Nuremberg.

La comprensión estatalista manifestada por Aznar con respecto a Pinochet no fue la misma que la que el presidente del Gobierno español había exhibido con Fidel Castro. Hijo de español, Fidel Castro visitó España introducido por Fraga Iribarne en Galicia y por el presidente de la Junta de Extremadura, región donde el Comandante tiene no sólo admiradores sino también sostenedores solidarios con las dificultades por las que pasa el pueblo cubano. Entre las consultas realizadas para la redacción de *Y Dios entró en La Habana*, una de las más sustanciosas me la proporcionó la entrevista con Felipe González. Felipe mantuvo con Castro el nivel de sinceración que pueden tener dos estadistas distanciados como sólo pueden estarlo el pragmatismo y el empecinamiento épico. Cada vez que me encuentro personalmente con González, entre radicales desencuentros intelectuales o periodísticos, se me reproduce la sorpresa de su inmediatez, cualidad que sobrepongo a la de la seducción, tan utilizada por los que tratan de connotar a Felipe, también por los que tratan de hacerlo con Castro. González sabe eliminar la distancia con el otro y si seduce o no, eso ya depende de la fragilidad emocional del receptor, pero en cualquier caso el ex presidente te regala siempre la condición de interlocutor, como Castro.

Cuando se encuentran Fidel y Felipe, la escena podría parecerse a la de Don Juan Tenorio y Don Luis Mejía, reunidos en la Hostería del Laurel y haciendo balance de sus seducciones. La audacia y la precocidad otorgaron a Felipe González los reflejos condicionados del estadista: se sabe, se siente estadista y en el fondo considera que pertenece a otra dimensión sólo habitada por estadistas, a la que Aznar nunca accederá porque los estadistas rechazan su severidad de inspector de Hacienda, destinado a una provincia poco poblada, de poco IRPF.

Felipe González actuó ante Castro como conseguidor de libertades, la más notoria la de Gutiérrez Menoyo: «Yo le expliqué a Castro que le pedía su libertad porque consideraba, independientemente de cualquier otro criterio político o ético, que yo como jefe de Gobierno español tenía una responsabilidad con un ciudadano de origen español. Era un preso político con derecho a ser protegido por tener algún vínculo de nacionalidad con España. Gutiérrez Menoyo es asturiano de nacimiento. Todo el mundo que pasa por allí lleva una lista de peticiones de liberaciones y yo he hablado a Castro con mucha claridad sobre esto: "Yo que tú pondría en libertad a todos, incluso los que pide la CIA, con la condición de que sólo me mandes a los que te pido yo y envíes a los de la CIA los que te pide la CIA". El problema es que si los sueltan a todos, la próxima visita que va a llegar no le va a poder dar las gracias por nada. Es una situación impúdica, pero hay que conseguir que liberen a los más posibles. Pactas cuánta carne humana te da Fidel y a cambio tú le das las gracias y así ha pasado con todos, con la mujer de Mitterrand, con Jackson, con todos, Gabo también ha sacado a mucha gente. Me parece un feo negocio… pero…».

Una de las peculiaridades de Fidel es soltar a los presos a petición de personas a las que aprecia, como si se tratara de un coleccionista de sellos que regala sus mejores piezas a la medida de la calidad del amigo. «Lo cierto es que la liberación de presos —opina González— tiene una rentabilidad política, por ejemplo, la decretada después de la visita del Papa.» ¿Por qué se los guarda, por qué ese afán similar al de un coleccionista? Primero González apunta un chiste: «Porque si no, no los podría entregar cuando viene el Papa». Pero inmediatamente se corrige desde la ética de la responsabilidad y dice que sería injusto tomarlo exclusivamente por el lado caricaturesco y que los guarda porque él cree que son una anomalía de la Revolución y las anomalías son incompatibles con el mantenimiento de la Revolución. Fidel pertenece a lo que queda de aquella escuela de déspotas ilustrados que en el siglo XVIII sostuvieron la evidencia de la Verdad. Es tal la luminosidad de la Verdad, que sólo pueden rechazarla los ciegos. Pero el análisis de Felipe quiere ir más allá de Fidel y llega enseguida de La Habana a Madrid: «Algo parecido piensa Álvarez Cascos, el vicepresidente del gobierno del PP. Ayer, dice: "Lo que hemos vivido es un período de anormalidad democrática", refiriéndose a la etapa del gobierno del PSOE. Y en parte tiene razón, yo no sé por qué la gente reacciona de mala manera, es que es verdad. Ya lo decía Aznar en el 79, le parecía anormal esta democracia que se estaba haciendo, no en nuestro período sino en el período anterior y lo reflejan sus artículos. Le parece anormal y visto en términos de la Historia de España, es anormal, tiene razón, es anormal esa experiencia democrática, por eso querían hacer la segunda transición».

La emblemática fecha de 1998, cumplimiento del primer siglo de la pérdida de Cuba por parte del gobierno español, propiciaba un cierto arreglo de las relaciones entre el gobierno español y Fidel Castro. Mal empezó la resurrección del espíritu del centenario del 98, con una denuncia de Castro contra la conquista española y el exterminio de los caribes autóctonos. Recuerdo que en enero de 1998 yo estaba en La Habana contemplando la llegada del Papa y elaborando *Y Dios entró en La Habana*. Las relaciones entre Castro y el gobierno de Aznar podían resumirse en el comentario despectivo que Castro había dedicado a Aznar: «Ese caballerito está agradeciendo las ayudas recibidas de Mas Canosa». Fidel culminaba así la serie de desencuentros con el nuevo jefe del Gobierno español, José María Aznar, que se le atravesó en el galillo desde la reunión de jefes de Estado y de Gobierno de la Comunidad Iberoamericana, cuando le propuso cambiar de corbata, porque la de Fidel, amarilla, era horrorosa en opinión de Aznar, y en cambio la del caballerito era azul Versace y aún se permitió comentar el español que había perdido en el cambio. Y por asociación de ideas o palabras, Aznar vuelve a presionar públicamente a Castro para que cambie y si quiere mejorar las relaciones con España «que mueva ficha». Aznar es el que mueve ficha e impone al Ministerio de Asuntos Exteriores el cese del embajador en La Habana y el nombramiento de uno nuevo que se preste a realizar una política dura. Nombrado pero no nato, Coderch Planas no llega a tomar posesión de su sede en La Habana porque antes de partir proclama que va a fortalecer los lazos con la disidencia, desliz o provocación que Fidel se toma como provocación. Le gustan las provocaciones, y responde minimizando a ese *caballerito* que endurece su política con Cuba para hacer méritos en Miami, donde cuando sólo era el jefe de la oposición a Felipe González, Mas Canosa ya le recibía como si fuera Clinton y le ponían aviones privados a su disposición para regalarle la estatura de un estadista. El empresariado español inversor en Cuba no comprendía la política de Aznar, que dejaba un hueco para inversiones de otros países. El empresariado estaba más cerca de las razones de Castro que de las de Aznar y Fidel aprovechaba todos los encuentros con empresarios españoles para lamentar los problemas que estaba creando la política exterior de su gobierno. Los empresarios le daban la razón, hablaban de «la segunda pérdida española de Cuba» y comprobaban, entre irritados y perplejos, que en la Feria Internacional de Comercio en La Habana, con la presencia de cuatrocientas cincuenta firmas españolas, no había representación oficial de España, en contraste con las delegaciones de las naciones europeas.

«Los intereses creados económicos están de nuestro lado», opinaban los expertos del Ministerio de Asuntos Exteriores ante el entonces ministro de Exteriores cubano, Robaina, que luego utilizaría los argumentos en público y en privado: de las seiscientas cincuenta firmas extranjeras acreditadas en Cuba, ciento ochenta eran españolas y las solicitudes para invertir aumentaban día a día, sobre todo de grupos hoteleros en busca de la oferta turística de los cayos casi vírgenes, mientras algunos hoteles de inversión española se convertían en centros de irradiación de la vida social de La Habana, especialmente el Habana Libre y el Cohiba Meliá. Los grupos ultras de Miami denunciaban las inversiones españolas, diagnosticaban un final infeliz y cometían actos de terrorismo contra algunas instalaciones turísticas, el más importante el ametrallamiento de Meliá Varadero. Pero una veintena de universidades españolas firmaban acuerdos de colaboración con Cuba y hubo una importantísima asistencia solidaria, principalmente de ayuntamientos con gobierno de izquierdas, o las ONG, o asociaciones especialmente organizadas para ayudar a los cubanos, para ayudar a una revolución que miles de españoles consideraban como suya, una revolución adoptada, sustituta de la que no consiguieron hacer en su propia tierra.

La escalada conflictiva se ultimaba con la presentación en Madrid de la Fundación Hispano Cubana, con un estreno muy ruidoso entre un gran despliegue de medios informativos: «El empresario Mas Canosa y políticos del PP organizan en Madrid un lobby anticastrista», dicen los cables, y allí están posando para la posteridad, los padrinos de la Fundación: Recarte, Gortázar, Vargas Llosa, Montaner y Mas Canosa. En carne y hueso, los padrinos de la operación tuvieron que avanzar bajo una lluvia de huevos y tomates lanzados por grupos procastristas y el escándalo ya no los abandonaría hasta que la fundación se desmascanosizó y acabó siendo un club de opinión y de acción solidaria con los disidentes cubanos. «Estos españoles no han abandonado la arrogancia colonial», repetía Castro una y otra vez. Un año después casi todo había cambiado y el PP y Castro se daban, fugazmente, el pico. ¿Milagro pontificio? En absoluto. Mas Canosa había muerto y los empresarios españoles habían impuesto sus razones. No quieren quedar al margen del reparto de la túnica sagrada verde olivo del castrismo y Aznar tenía una o dos legislaturas por delante para relanzar su cruzada anticastrista.

Del diario italiano *La Repubblica* me pidieron hace años un artículo sobre el Rey de España, impresionados porque la revista *Time* le había dedicado una cubierta. La revista *Time* sacó en portada al Rey de España, Juan Carlos de Borbón y Borbón y por algo sería. En la cumbre iberoamericana de isla Margarita, el Rey de España era el único jefe de Estado simbólico que acompañaba al jefe de Gobierno, como un valor añadido al florero de estadistas que escenificaban el imposible consenso latinoamericano. Incluso se dijo que el Rey propició el encuentro entre Fidel Castro y Aznar, muy distanciados a causa de las veleidades anticastristas del jefe de Gobierno español, a la sombra del sector más duro del exilio cubano y del lobby norteamericano que lo apoya. *Time* quiso adornar su edición con un signo de distinción de nostalgia monárquica, utilizando en su portada el imaginario del descendiente de la Corona imperial de Castilla en sus años de conquista y colonización de América.

Nada más lejos del sistema de señales que emite Juan Carlos I, un auténtico profesional de la realeza al que siempre he imaginado tomando apuntes mentales sobre lo que no debe hacer y con un manual de formación profesional bajo el brazo, y así lo describí en mi novela bufa *Sabotaje olímpico*. Aunque reúne la legitimidad del franquismo —Franco le nombró heredero en vida—, y la de una dinastía derribada por la II República y no restaurada por referéndum alguno, puede decirse que Juan Carlos es hoy un rey aceptado por la inmensa mayoría de los españoles, tal vez también por el terror que a algunos nos produce una república presidida por Fraga o por Aznar. Se considera que un árbitro de fútbol ha estado bien cuando no se nota que ha arbitrado y creo que ésta es la principal cualidad pública del Rey de España. Su vida privada galante está llena de rumores absolutamente soslayados por los medios de comunicación y no se ha convertido en un espectáculo de comedia de enredo como en la monarquía inglesa. Ha conseguido aparecer en público como cabeza liberal de una familia de alta burguesía civilizada a la que la reina Sofía aporta el continente más intenso de lo monárquicamente correcto y la princesa Cristina el de una muchacha que vive su vida casada con un jugador de balonmano aún más alto y más rubio que su padre. No se le conoce conspiración política o militar alguna y al contrario se le atribuye el haber parado el intento de golpe militar más grave desde el alzamiento militar de Franco, el asalto al Palacio del Congreso en febrero de 1981.

Juan Carlos es un demócrata por lucidez, a la vista de que el antidemocratismo de su abuelo Alfonso XIII, cómplice de dictaduras militares y la torpeza de su cuñado Constantino de Grecia jugando a la cohabitación con los coroneles, les costó la Corona. Así como los animales, incluidos los seres humanos, tenemos instinto reproductor y tendemos a salvar las crías, los reyes tienen instinto dinástico y tienden a salvar las dinastías. Juan Carlos lo tiene desde que nació en un complejo exilio. Luego, todavía un niño, fue enviado por su padre a educarse a la sombra de Franco, rodeado de preceptores tan monárquicos como franquistas que hicieron de él un superviviente controladamente esquizofrénico. Así fue como se dejó nombrar heredero por Franco, pasando por encima de los derechos de su padre el príncipe Juan y dentro de la misma lógica fue proclamado Rey por las Cortes franquistas, pero inmediatamente abrió el cauce para la reconstrucción democrática, la única posibilidad de no ser Juan Carlos I el Breve, tal como habíamos pronosticado sus adversarios de izquierda y los franquistas más radicales. Y ahí está, guardado entre algodones por los medios de comunicación y la mayoría de los políticos, como si los españoles aún temieran convocar los demonios de la discordia por el simple hecho no ya de poner en cuestión la monarquía, sino de poner en duda que este rey es el más alto y rubio de los reyes.

Alguna vez he argumentado mi defensa del Rey desde criterios estrictamente democráticos y republicanos. En España corríamos el riesgo de que unas elecciones para la presidencia de la República las ganara Fraga Iribarne o el mismísimo José María Aznar, lo que hubiera constituido un trauma intelectual de irreparables consecuencias colectivas. Se especulaba sobre la mala química circulante entre el Rey y Aznar debida a la altanería de caudillo castellano que suele exhibir el jefe de Gobierno. Con demasiada frecuencia, Aznar ha recibido el título de presidente de la república, bien sea por el hermano del presidente y emperador Bush, bien sea por altos mandatarios latinoamericanos, lo que traduce una imagen falsa del reparto de poderes en España que los diseñadores de Aznar no han hecho nada por impedir y sí mucho por fomentar.

El Rey de España se permite a veces bromas mediáticas, como la ligera chanza veraniega que en cierta ocasión gastó a los periodistas, broma consensuada, a propósito de la soltería del príncipe Felipe: «Quiero comunicarles que el príncipe se casará… cuando le dé la gana». Todos rieron. Bueno, casi todos, porque no ha faltado quien criticara que el Rey bromeara con algo tan sagrado como la continuidad dinástica. Y es que ser rey en un país en el que hasta el jefe de Gobierno de derechas tiene alma republicana, no, no es ninguna ganga. Cualquier ciudadano español puede ir a Cuba a tomarse un mojito en la Bodeguita de Enmedio o el sol en cualquier cayo escondido, pero si eres rey de España dependes del permiso del jefe de Gobierno, porque los reyes constitucionales reinan pero no gobiernan. Ya he dicho que en su día Aznar nos advirtió de que el Rey de España viajaría a Cuba cuando tocara y a punto de celebrarse la Cumbre Iberoamericana en La Habana, cumbre a la que siempre ha acudido el Rey, Aznar volvió a regatear a los cubanos la presencia de Su Majestad Juan Carlos I de España y ya vimos que no quedó claro si Juan Carlos estuvo o no estuvo en la Conferencia de Países Iberoamericanos celebrada en La Habana. Parece ser que Aznar no quiere que el Rey vaya a un país donde no se respetan los derechos humanos, no vaya el monarca a presenciar espectáculos poco agradables, aunque olvida el jefe de Gobierno que Juan Carlos, cuando era príncipe y durante los primeros años de su reinado, residió en un país llamado España donde no se respetaban los derechos humanos. Y si nos creemos las informaciones de Amnistía Internacional ahora en España, tampoco en la España democrática se respetan los derechos humanos como deberían respetarse, sobre todo en las comisarías de policía y sin embargo Aznar no le ha prohibido al Rey residir en España. Aznar exigió que Castro acabara con la aplicación de la pena de muerte en Cuba, de lo contrario no habrá rey ni reina ni princesas ni nada de nada, pero es que en Estados Unidos es donde más se regalan los sentidos con la pena última. Bush fue un auténtico matarife en sus tiempos de gobernador de Texas y hasta ahora Aznar no le ha afeado su conducta. No hay tacones postizos suficientes para que Aznar se suba a las barbas del emperador para decirle o matas menos o no dejo que el Rey te visite.

La relación de los políticos con los derechos humanos es tan ancha como antes se decía que era Castilla, donde cabía todo y de todo. Por ejemplo, la reclamación de los derechos humanos a Cuba no corre pareja con la reclamación de los derechos humanos a China y es que en China hay centenares de millones de potenciales compradores y en Cuba sólo diez millones. Es tan evidente el desigual trato que podríamos sorprendernos de que los políticos no caigan en ello. Pero estamos equivocados porque caen, vaya si caen, e incluso son conscientes de que cualquier ciudadano sensato está en condiciones de darse cuenta de que van de chulos con los débiles y de débiles con los chulos. Pero les da igual. Mientras ganen las elecciones cada cuatro años, les da igual porque tienen la legitimidad para hacer de su capa un sayo.

Aznar y la aznaridad no marcan excepciones fundamentales. Los políticos defienden los derechos humanos cuando pueden, y hablando de derechos humanos recordemos que proseguía en Kosovo la limpieza étnica de serbios y de gitanos bajo la impotencia controladora de la OTAN. Solana mientras tanto estaba en Madrid para asistir a la reunión de la ejecutiva federal del PSOE, la que ha de elegir candidato a la presidencia de la nación. Sus correligionarios le aplaudieron para compensarle de la amarga sensación de sentirse un Terminator y el todavía secretario general de la OTAN dijo que todo lo que ha hecho, que es mucho, lo ha hecho como español y como socialista. Yo creía que lo había hecho como europeo, para fraguar la entidad europea. Pero no. Lo ha hecho como español y como socialista; éste es nuestro Solana de España y no el de Mérimée y no el de Mérimée. La frase sería enigmática si careciéramos de datos sobre las depresiones padecidas por el secretario general de la OTAN ante el trato que se le ha dado en España, donde sólo le aplauden los miembros de la Ejecutiva Federal del PSOE y el resto se mueve entre la indiferencia, la perplejidad y la indignación precisamente por todo lo que ha hecho o no ha hecho Solana.

Quiso recordarnos que es de los nuestros, como nativo y como ideólogo. Lo primero nadie se lo iba a discutir, lo de socialista todos cuantos podrían discutírselo han perdido las ganas y bastante trabajo tendrá Mr. PESC en defenderse de las progresivas acusaciones de criminal de guerra que asomaban en algunos medios extranjeros. Se produjeron reacciones críticas de la increíble chapuza kosovar, a medio camino entre una pesadilla épica del Far West y un ejercicio de tiro con blancos humanos. Donde menos te lo esperas y a través de quien menos te lo esperas, aparecen violaciones de derechos humanos, por lo que resulta insostenible el propósito de Aznar de que el Rey no vaya a Cuba para descubrir los horrores de este mundo. El horror es el mundo en sí mismo, habida cuenta de que está demostrado que nunca estuvo, ni está, ni estará bien hecho.

Envalentonado con su mayoría absoluta, sometido como subalterno el pujolismo y acosado el nacionalismo vasco por la tenaza del PP y el PSOE, el congreso del Partido Popular celebrado a comienzos del 2002 se convirtió pues en un festejo triunfal que pretendía marcar el inicio de una era de hegemonía pepera. Curiosamente, el PP es un partido determinante en la política autonómica catalana, porque gracias a su apoyo, Pujol, es decir, el nacionalismo catalán, podría seguir gobernando; era una insustituible prótesis de la mayoría parlamentaria de CIU. Por lo tanto el congreso del PP debió interesar en Cataluña más de lo interesó, aunque sospecho que llegó a destiempo. Al no plantearse abiertamente la sucesión, ni la estrategia para unas elecciones generales, quedó algo así como un expediente interno de clarificación de ideas y estrategias. A muchos catalanes les pareció más una asamblea del Real Madrid que el Congreso del Partido Popular, tal vez por la insistente militancia de Aznar en el madridismo, no compensada suficientemente por la de Piqué en el barcelonismo o la de buena parte de la directiva del Barça en el propio PP.

El congreso reforzaba la inevitabilidad de Aznar como líder y, se presentara o no se presentara a las elecciones del 2004, seguiría siendo el máximo dirigente, no la reina madre. A Aznar ya no se le tiene en cuenta ni siquiera su pésima adaptación a un diseño de político simpático, sonriente y ocurrente. De todos los jefes de Gobierno de las dos transiciones, sólo Suárez estaba dotado de una sonrisa melancólica excepcional.

Aznar salía del Congreso del PP más reafirmado que nunca y era de temer que durante los cinco meses que le quedaban de presidencia europea cometiera o dijera improcedencias que no tendrían repercusión en suficientes medios de comunicación críticos, al menos en España. En el extranjero, a pesar de sus liderazgos reales o imaginarios, Aznar no acababa de cuajar y ni siquiera Berlusconi es del todo un indio amigo, tal vez por una cuestión de celos, y Cohn Bendit, jefe de los verdes en el Parlamento europeo, descalificaba su primera intervención como jefe semestral de Europa. Según Daniel, aquel Daniel que antes de ser verde fue rojo, Aznar tuvo una intervención obsesiva, sin ningún interés, e improcedente.

Pero el congreso ratificó tal vez demasiado un liderazgo planteado ante una nueva situación económica y política internacional en la que sería mucho más fácil hacerlo mal que hacerlo bien. Escaso líder para tiempos de éxito y tal vez demasiado líder para tiempos de fracaso. Para el PP terminaron cinco, casi seis años de esplendor en la hierba, pero tal vez el PSOE todavía no estuviera en condiciones de corregir el diseño de final feliz de la historia de ese centro democrático reformista.

Pese al esbozo de serias dificultades futuras, con la mayoría absoluta y el congreso ratificador a sus espaldas, el PP se prometía un muy triunfal año 2002. Hubo quien en el pasado vio gitanos felices y nosotros ahora contemplábamos políticos en éxtasis en esta convocatoria congresual del PP donde los participantes se comportaron como congresistas búlgaros pero de centro derecha. Una aspirante a sucesora de Álvarez del Manzano en la alcaldía de Madrid, señora Mercedes de la Merced, en el pasado desterrada al Ponto Euxino, es un decir, por haber emitido la apología indirecta de Franco, negaba el carácter búlgaro del congreso de los reformistas centrados, a pesar de que se obtienen mayorías, más que absolutas, totales. El que votaba en contra o era un infiltrado de la extrema derecha recalcitrante y de las JONS o del sovietismo situado a la izquierda del ala leninista del PP, encabezada por Piqué, Del Castillo, Villalobos y Birulés. Especialmente triunfales fueron las valoraciones que se hicieron del espacio ideológico amplio, en cierto sentido plural, que abarcaba el PP. Entre otra de las muchas virtudes de Aznar estaría la de haber impedido la formación de una extrema derecha a la francesa, tal vez desde la facilidad que le daba lo cansados que estaban los españoles de cuarenta años de dictadura de extrema derecha y los muchos elementos derechizadores que se fueron incorporando sobre todo al PP de la mayoría absoluta.

Lo cortés no quita lo exótico. Buena participación leninista en el PP. Vestida como siempre de Peter Pan, la ministra de Cultura fue planteando durante su mandato la ideología necesaria para crecer y para que el PP siga vertebrando el futuro español. Más maquillado que nunca de catalán adepto al régimen, a qué régimen no importa siempre que sea un régimen, Piqué propuso superar la antigua consigna «amamos a España porque no nos gusta» por la del «patriotismo constitucional», sin miedo alguno a que estemos otra vez, como en el siglo XIX, convirtiendo las constituciones en cadáveres exquisitos o putrefactos. Si para cualquier centrista catalán, Cambó siempre había sido el referente ideológico más necesario, Piqué consiguió superar la dependencia mediante una síntesis del tambor del Bruch, Ra-

miro de Maeztu, don Pedro Gual Villalbí, Jefferson, Stalin, Habermas
y don José María Aznar, de la misma manera que Perón en sus últimos años se consideraba la síntesis del Che, Mussolini, José Antonio
Primo de Rivera, el doctor Franz de Copenhague y Nostradamus.

Felicité a Aznar en aquel punto álgido de su carrera por mantener los retiros anunciados para el 2004, en el futuro tal vez dedicado
a la poesía y a centrar y reformar a la vez el universo entero con la
ayuda de Bush y de su futuro yerno, el precoz Tarik Agag. Discreto
pero emotivo el correlato objetivo, no convertido en ponencia durante el Congreso, de la próxima boda de la hija del señor presidente y de la celebración del centenario del Real Madrid. En contra de
lo que pudimos pensar en momentos tenebrosos de nuestra vida, em-
pezábamos a admitir que el Bien existe.

Lógico que en aquellos momentos triunfales, Aznar se permitiera
el capricho de viajar a China. Al parecer los dirigentes de la Unión
Europea decidieron que cada vez que viajaran a un país donde no se
respetaran los derechos humanos, obedeciera el viaje al motivo que
obedeciera, la obligación de un estadística democrático correcto era
reivindicar los derechos humanos y luego proseguir el trayecto para
cumplir la finalidad prevista. Cuando los dirigentes democráticos de
la democrática Unión Europea viajan a China suelen hacerlo por dos
motivos: o bien para probar la cocina, sea la de los mandarines o sea la
cantonesa, es decir, la armónica o la sureña más especiada, o bien van
a China a hacer negocios, básicamente a vender lo que sea.

Desde su perspectiva, los chinos se plantean la situación más o menos de la siguiente manera: ahora vendrá éste con el rollo de los derechos humanos; dejémosle decir la frase y que se sienta encantado
de conocerse y luego a ver qué viene a vendernos. Y así se hace. Se
pronuncia un discursito políticamente correcto en el que se cuela la
frase obligatoria de «contemplaríamos con alegría una mayor homo-
logación de la consideración de los derechos humanos» y ya está. Ya ha
pasado el trago el político demócrata. Los chinos se sonríen y a nego-

ciar inversiones, instalaciones de plantas industriales, exportaciones de lo que sea incluidas armas que ayudan a violar derechos humanos y a reprimir manifestaciones como la de Tiananmen que luego darán amplios materiales para las primeras páginas de los medios de comunicación del universo democrático y armamentista.

Estados Unidos se empeña en el bloqueo de Cuba o en anexionarse Irak y en cambio jamás bloqueará China. ¿Cómo va a bloquear un mercado de millones y millones de potenciales consumidores? Recuerdo un viaje por Estados Unidos hace unos treinta años y mi sorpresa cuando un compañero de avión, fabricante de Seattle, empezó a loarme a la China comunista y a los chinos aparentemente tan comunistas como China. Estaba yo muy preocupado por la penetración de la ideología comunista en el empresariado yanqui hasta que de pronto descubrí el motivo del entusiasmo del industrial, fabricante de material deportivo: la China comunista era uno de sus mejores mercados. Los derechos humanos claro que le importaban, pero los derechos humanos bien entendidos empiezan por uno mismo.

El presidente Aznar se estrenaba como cruzado democrático en China y cumplió cuando mencionó de pasada la necesidad de defender los derechos humanos, pero luego se fue a por el verdadero objetivo del viaje, una de sus más fijas obsesiones: vender y conseguir que España tenga una plaza en el mal llamado Consejo de Seguridad de la ONU. Durante su etapa de cabeza de la oposición, Aznar levantó bandera de la pureza democrática de las relaciones exteriores, frente a la aviesa *realpolitik* del gobierno socialista. No siempre la oposición de derechas recriminó la *realpolitik* del PSOE, especialmente cuando se aplicaba a negociar con gobiernos reaccionarios, por muy represivos que fueran. Recuerden cuando Felipe González se fue a ver a Suharto, un matarife sangriento, fiel servidor del humanitarismo de la guerra fría. Pues bien, los cabezas de la derecha democrática española no le hicieron ascos a la visita a Indonesia y en cambio se subían por las paredes de La Moncloa, tratando de meterse dentro, cuando veían que González se entendía con Castro, aunque no se entendiera bien del todo.

Una vez en el poder, Aznar practicaba una parecida *realpolitik* pero necesitaba quedar siempre como el gallito de la pelea democrática o al menos era el papel que le regalaban los cada vez más domesticados medios de comunicación españoles que se han ido pasando al aznarismo a una velocidad diríase que superior a la de la luz. Allí en China, Aznar dispuso de una ocasión inmejorable para reflexionar sobre la condición política y humana, tal vez recordando aquellos breves versos de Blas de Otero en los que antes de viajar a China decía: «Me voy a China a orientarme un poco». Versos elípticos para nosotros, los jóvenes estudiantes que seguíamos devotos las escasas idas y venidas de Blas por la Barcelona del tránsito de los cincuenta a los sesenta. Nos parecían versos muy audaces. ¡Anunciaba que se iba a la China comunista desde la España de Franco! ¡Decía que iba a *orientarse* un poco! ¿Comprenden? No sólo a adquirir sentido de la orientación, sino a orientalizarse frente al occidentalismo del Centinela de Occidente. Qué tiempos aquéllos.

Ahora orientarse quería decir simplemente vender, vender y vender a unos chinos, comunistas o lo que sean, que han aprendido a comprar, comprar, comprar.

Aprovechando que el Pisuerga pasa por Valladolid y que Tony Blair y José María Aznar se acogían al estatuto de pareja de hecho, andaba desquiciada una parte de la parroquia intelectual, que predicaba otra vez el final de las ideologías los lunes, miércoles y viernes, y reservaban martes, jueves y sábado para descubrir que el progreso puede ser de derechas o de izquierdas. Aunque todavía abundaban los que se resisten a creer que el progreso puede ser de centro y hay quien insinúa, tímidamente, que pasará a manos del extremo centro si el PSOE no se reorienta antes del 2008.

Normalmente los que proclaman el final de las ideologías se refieren a las ideologías que han caracterizado las conciencias escindidas, desgarradas o desdichadas de la modernidad ligada a la revolución industrial y sus consecuencias. Pero basta contemplar la realidad realmente existente como para ver ideologías por todas partes a la manera de sublimaciones de nuevas falsas conciencias. Los europeos, y buena parte de los maoríes, siguen votando ideologías e ideológicamente. Por ejemplo, cuando deciden depositar su confianza en Haider, en Tony Blair, en Putin o en el PP no podemos pasar por alto la oferta ideológica que representan y la relación con la demanda ideológica del mercado. No se ha votado al PP sólo por el encanto de Aznar o por la reducción del déficit público o por las maneras stanislavskianas de Piqué, ni por la más indiscutida que indiscutible fortuna macroeconómica. Se le ha votado porque nuestro centroderecha ofrece un amplísimo espectro de ideologías: privatizadores, centristas, liberales, neoliberales, pijos gangosos, pijos rapsodas, miembros del Opus Dei, transfranquistas, ex alumnos del Pilar fracción Kipling, ex alumnos del Liceo Francés fracción gaullista, ex alumnos de los jesuitas fracción Padre Mariana, ex comunistas, liberal-leninistas, ecoblandos, villalongos, botines, etc., etc.

La única idea fija y común que tiene el plural pastiche ideológico de la derecha del siglo XXI es la de privatizar, privatizar, privatizar, y no procede estrictamente de la ideología política sino de la economicista, la madre de todas las ideologías exhibidas en las grandes superficies comerciales del espíritu.

A todos los efectos, y especialmente a partir de la mayoría absoluta, para los medios de comunicación en España sólo existían los votantes del PP. Los que no votaron PP habían desaparecido en el Triángulo de las Bermudas de las intenciones inútiles. Mientras el PP proclamaba que no sería víctima de la soberbia de la mayoría absoluta, entronizaba a Aznar en Sevilla como si fuera el hijo primogénito del Cid por un prodigio de la ingeniería genética. Mientras altos dirigentes del partido ganador emitían un parte de paz en el que dan por terminada al mismo tiempo la guerra civil, la lucha de clases y la división entre derechas e izquierdas, los movimientos de apropiación debida e indebida de medios de comunicación proseguía y el PP estaba en condiciones instrumentales de imponer el discurso casi único y, si quería, convertirse en el Gran Hermano. Mientras Aznar trataba de abrazar a CIU proponiéndole un lugar en el cielo a la derecha de Dios Padre, ese abrazo era asfixiante, porque declaraba Piqué que CIU debía adaptarse a la nueva situación en la que sus escaños no son necesarios, y que entre tales adaptaciones figuraba la de la normalización lingüística. Si a CIU la asfixiaba abrazándola, al PNV lo tenía de cara a la pared hasta que se portara bien y abjurara de sus errores lizarrianos, a la espera de que siguieran cayendo votos vascos en las urnas del PP y algún día Mayor Oreja pudiera ser lehendakari, con el notable alivio de los que pudieran temer que llegara al cargo el general Rodríguez Galindo.

Los dos queridos diarios más famosos de España fueron el del repetido entrenador del Barcelona, Van Gaal, y el del presidente del Gobierno del PP entre 1996 y el 2004, José María Aznar. Es previsible lo que anotaba Van Gaal en su *querido diario*, algo muy parecido al mambo número tres interpretado por la orquesta de Pérez Prado: «Uno…dos…tres… ¡maaambo!» o bien: «Nadie me quiere, nadie me ama» o versos de bolero: «Están clavadas dos cruces en el monte del olvido / por dos amores que han muerto / sin haberse comprendido». La libreta de Van Gaal, en contra de lo que se cree, no recogía conclusiones sobre cómo se debía de jugar, sino testimonios de desencuentro, de desamor, de la soledad del entrenador de fondo. Cuando se la enseñaba a los jugadores un momento antes de salir al campo, observábamos cómo los muchachos no acababan de creerse lo que leían o veían. Ni siquiera los holandeses.

La libreta del presidente es otro misterio y tampoco su señora esposa ha querido desvelarlo, pero sí ha contribuido a consagrar esa libreta azul, ese objeto fetiche que puede quedar en la Historia de España como «la lucecita del Pardo». Decía el último valido de Franco, Arias Navarro, también conocido como Carnicerito de Málaga por sus hazañas jurídico exterminadoras durante la Guerra Civil, que los es-

pañoles podíamos dormir tranquilos porque por las noches la lucecita del palacio del Pardo demostraba que Franco seguía en vela. Podían los españoles seguir jugando a *nueva economía* por internet o por
tam tam, porque la libreta azul de Aznar era el libro donde se suponía que todo estaba escrito y estuvimos a punto de desvelar una parte de ese querido diario azul, azul de Quintanilla de Onésimo, azul
como el determinante poemario de Rubén Darío: «Por el ramaje oscuro / salta huyendo el canguro». Esa revelación inmediata se bipo-
larizó en un momento determinado en Piqué sí o Piqué no y en
cuántas mujeres ministras demostrarán que la revolución conservadora en cuanto a feminismo le pasa la mano por la cara a todas las re-
voluciones pendientes.

La libreta azul del señor presidente a punto de empezar a abandonar el cargo debería ser declarada incorrupta y publicarse para saber
algún día si lo de Piqué consta como mambo o como tragedia. Recuerden que Marx decía, me parece, que en Historia lo que se dio
como tragedia, se repite como mambo.

La posmodernidad, tiempos de *collage* o de pastiche, según se mire,
propiciaba que una nueva derecha estuviera en condiciones de auto-
dotarse de unos cuantos ministros rojos en el pasado. Si sumamos a
Celia Villalobos, izquierdista moderada en su juventud, ex jóvenes
radicales de Bandera Roja o del PSUC como las señoras Del Castillo
y Birulés y el trepidante Josep Piqué, se comprueba cuán acertada fue
aquella operación de que los hijos de familias bien se pasaran al enemigo y luego volvieran al redil, desencantados del rojerío. Marx y Escrivá de Balaguer, Ho Chi Minh y Popper, Trotski y Javier de la Rosa
pertenecen, desigualmente, cierto, al sustrato ideológico de un gobierno al que Pío Cabanillas Jr. aportaba un corte de pelo a lo refun-
dador del partido socialista francés en los tiempos de Mitterrand. Con
razón Piqué le sugirió que no se cortara la melenita. Estaban en todo.

Tan en todo estaban que le habían quitado el centro a Felipe González y estuvieron a punto de quitarle Cataluña a Pujol y el País Vas-

co a Arzalluz. En el País Vasco estado de sitio en torno al PNV para propiciar una nueva mayoría anacionalista y en Cataluña restar razones a la resistencia aislacionista del nacionalismo moderado con la presencia de Piqué y Birulés en el gobierno, los dos muy bien considerados por los mismos sectores del poder económico catalán que condicionaron primero el pacto Pujol-González y luego el pacto Pujol-Aznar. Piqué y Birulés no son los ministros catalanes convidados de piedra, a lo Aunós o Gual Villalbí, sino cabezas de puente de una operación pospujolista que pasa por encima del cadáver de CIU pero no del de Duran i Lleida.

Miembros de la Internacional Popular, Duran i Lleida y Aznar están obligados a encontrarse cuando llegue el momento de repartir la túnica sagrada pujolista. Siempre ha reclamado Duran un catalanismo menos emocional y más pragmático, aunque tanto en Cataluña como en Euzkadi, si se sustituye el *emocionalismo* de CIU y PNV por el frío cálculo de posibilidades, igual los nacionalemotivos se echan más al monte. Se esperaba que la fracción leninista del gobierno de centro derecha supiera practicar el análisis concreto de la situación concreta y no se pasara de lista. A veces, como dijo Lenin, hay que dar un paso atrás para luego dar dos adelante. Jamás el PSOE se había permitido compensar tan espléndidamente a sus muchísimos ex comunistas. Sólo tres fueron premiados importantemente: Semprún, Solé Tura y el lehendakari asturiano, Álvarez Areces.

Decía Unamuno que los españoles nos regíamos por órganos en clara anticipación de lo que más tarde sería la democracia orgánica. Todo había que hacerlo por órganos, según le saliera de los órganos de la jerarquía que se pasaba la vida poniendo los órganos encima de la mesa. Ha llovido bastante desde entonces, pero de vez en cuando lo orgánico vuelve a la vida política española y así pudimos escuchar cómo el shakespeareano Trillo, en su etapa de presidente de las Cortes, se lucía con un «manda huevos» y después tanto el ministro de Agricultura, como el mismísimo jefe de Gobierno pusieron sus órganos en remojo, y nunca mejor dicho porque el motivo fue el Plan Hidrológico Nacional.

Las aguas del Ebro han esperado el momento de la racionalización acuífera de España como la gran reserva que podría paliar la sed del llamado Levante y los aragoneses también han estado esperando ese momento para tocar a rebato y movilizar a la población en defensa de lo poco, dicen, que les queda, que son las aguas del Ebro, río aragonés después de haber sido navarro y antes de entrar en Cataluña e ir a la mar, que es el morir. Precisamente los expertos del gobierno sostienen que esas aguas que mueren en el Mediterráneo podrían ser útiles regando Valencia y Murcia, pero otros expertos oponen que el agua derivada por los trasvases acabaría por destruir el ecosistema del delta. A estas alturas de los milenios que median entre la formación de los anfibios y los ríos y los sedientos bípedos actuales, podríamos haber llegado a una percepción racional del problema según un plan de desarrollo equilibrado y el papel que tienen las aguas en él. Cuando un gobierno como el del PP lanza un plan hidrológico se ha de pensar que responde a estudios previos y no a propósitos orgánicos y que esos estudios previos se han hecho en favor de todos los españoles como beneficiarios y no contra los aragoneses.

Pero hete aquí que flanqueado el ministro de Agricultura por beneficiarios murcianos que esperaban su ración de Ebro, dijo que en su opinión ese plan se impondría por cojones, ya que el jefe de Gobierno, señor Aznar, le había comunicado que se cumpliría por huevos. Además se exhibía la razón suprema de que el PP no era el partido dominante en la comunidad aragonesa y como consecuencia bien merecido tenían los de Aragón enterarse de lo que cuesta un trasvase. Es lógico que ante estas revelaciones los aragoneses se echaran al monte, al río y a las pirámides, si las hubiera, porque, ya sin movernos del territorio de la organicidad, nada indica que la calidad orgánica del ministro de Agricultura o del jefe del Gobierno sea superior a la de los contrarios al plan hidrológico. Habría que verlo, y mal asunto si evolucionamos claramente hacia la democracia orgánica por el procedimiento de ponerlos sobre la mesa y recurrir a complejos sistemas valorativos, cada vez que hay que tomar una decisión.

Acostumbrados al recio hablar de los pueblos viriles, entre los que Franco incluía a España, tal vez todos nos fuimos tras los cojones del señor ministro de Agricultura o los huevos de Aznar, y no atendiéramos suficientemente la relación que había entre este conflicto y que el gobierno de la comunidad de Aragón no esté en manos del PP. Cuando en tiempos del franquismo se quería desautorizar la democracia formal y representativa, se nos decía que en los supuestos países democráticos, como Francia, una administración central gaullista perjudicaba *volontieri* a una administración departamental o municipal de signo socialista o comunista y en cambio en las democracias orgánicas no era así. Las ciencias han adelantado que es una barbaridad y hoy se puede saber qué agua se necesita y dónde está y cómo se reparte sin necesidad de hacerlo por huevos, por cojones o porque los aragoneses cometieron la torpeza de no votar al PP tanto como debieron.

El señor Rajoy, que es mucho más prudente que otros en la exhibición de sus atributos orgánicos, trató de enfriar la temperatura de este desliz y propuso el diálogo para que el reparto de las aguas se acerque al consenso. El presidente de la comunidad aragonesa, señor Iglesias, declaró en castellano y en catalán (es hijo de la franja lingüística catalana de Aragón) que el problema requiere más diálogo que cojones y hasta los populares aragoneses están que trinan porque sus propios dirigentes estatales los han dejado en cueros y en cueros muy especiales, situados en zonas corporales no siempre de buen ver. Aunque no faltaron los agoreros que interpretaron la peripecia como un signo de fatales retornos a ciertas pautas de la democracia orgánica, como si definitivamente al PP y sobre todo a Aznar, se le notara cada día más el retorno al nacionalcatolicismo.

Si en España, Aznar, mayoritario absoluto, empezaba a enseñar lo mucho que se parecía el nacionalconstitucionalismo al nacionalcatolicismo, en el extranjero marcó dos caminos bien definidos: su apuesta por un neoliberalismo internacional, más clara que la adoptada por un neoliberalismo a la española, y la búsqueda de proyección internacional personal e imperial, no bien atendida por Clinton y sí por Bush Jr. Fue Berlusconi el primer líder extranjero que expresó públicamente elogios casi desmesurados de Aznar, supongo que para establecer un contraste con D'Alema que consideraba irrelevante al jefe de Gobierno español. La afinidad Aznar-Blair —políticamente sorprendente antes de descubrirse que Blair es un infiltrado del neoliberalismo en el Labour Party—, aunque desarrollada frecuentemente en el coto de Doñana, siempre tuvo la sombra retórica del peñón de Gibraltar. Pero todo conducía en cambio al encuentro Aznar-Berlusconi.

Los líderes políticos de las grandes potencias convencionales nunca se van a promocionar al extranjero. Los ciudadanos de las grandes potencias no otorgan al *extranjero* otra dimensión que la de un molesto espacio alternativo lleno de personas subalternas y, más tarde o más temprano, engorrosas y desagradecidas. En cambio todavía muchos políticos de países de medio pelo utilizan la argucia de viajar a otros países y desde allí promocionarse demostrando que son capaces de aparecer en las fotografías junto a gentes importantes y de paso hacer declaraciones, casi siempre clarividentes, sobre los problemas del mundo y del propio país. España salió del largo túnel franquista con complejo de nada espléndido aislamiento y los políticos democráticos siempre se han interesado por demostrar que se movían a sus anchas por el *extranjero*. Desde Estados Unidos, Santiago Carrillo, entonces secretario general del Partido Comunista de España recién legalizado, renunció al leninismo. También desde Estados Unidos Felipe González empezó a construirse la estatura de estadista internacional capaz de pronunciar una frase canónica: «Prefiero morir de un navajazo en el metro de Nueva York, que vivir en un frenopático en la URSS». Ya entonces se podían elegir otras opciones no tan dramáticas, pero Felipe González tuvo el don de sintetizar la posmodernidad socialdemócrata mucho antes de que Blair y Giddens inventaran lo de la Tercera Vía.

El presidente del Gobierno español liberal y neoconservador, José María Aznar, ha vivido siempre acomplejado por los éxitos internacionales de Felipe González. Aunque se esfuerza en demostrar que pertenece a la galaxia de los estadistas de proyección internacional no ha conseguido que los españoles se lo crean del todo y hay serias dudas de que se lo hayan creído los extranjeros. Pero los medios de información españoles más paragubernamentales iniciaron la campaña de las elecciones generales del 2000 bajo la siguiente propuesta: Aznar triunfa en el exterior, pero no sabe vender sus éxitos en el interior. Frente a la talla internacional adquirida por Felipe González, uno de los trabajos del equipo político del presidente Aznar ha sido promocionarle globalmente, a veces con errores tan clamorosos como el desairado viaje a Moscú en plan de pacificador de la guerra de Yugoslavia, sin que fuera recibido por Yeltsin, que no tenía más remedio que recibir a casi todo el mundo aunque fuera en la unidad de cuidados intensivos de los hospitales. La estancia en Italia de Aznar fue presentada en España como un paseo triunfal, jaleado por las exclamaciones de políticos italianos de todas las tendencias fascinados por los éxitos político-económicos del jefe de Gobierno español. De creer a sus apologetas, Aznar habría impresionado sobre todo por la facilidad con la que se está creando empleo en España. Según estos medios no se hablaba en Italia de otra cosa que de la desnaturalización del diablo y del infierno decretadas por el Papa y de la política de empleo de Aznar. Pero las estadísticas sobre el empleo en España si bien no mienten, tampoco dicen la verdad. Se crean muchos empleos fugaces que inflan los recuentos y se están dando unas facilidades al empresariado que no tuvo durante la primera mitad de la Transición y que se remontan a una etapa premarxiana, diríase que ricardiana.

Es difícil encontrarle las gracias al presidente Aznar, que sin duda las tiene. Pero resulta excesivo que se realce que ha sido el primer político europeo que ha hablado con Arafat después del acuerdo con los israelíes porque fue pura coincidencia y no un deseo expreso de Arafat de ir a consultarle a Roma la bondad o la maldad de los acuerdos. Arafat pasaba por allí. Si Aznar tuvo que recurrir a la argucia de presentarse como el político sin carisma que necesitaba España después del exceso de González, de cara a las elecciones generales del año 2000 no podía recurrir a la astucia de exhibirse como un político con menos *charme* todavía que el candidato socialista señor Almunia. Habría sido abusar del truco y ya se había visto a Almunia en bañador durante el verano, con un cuerpo serrano y playero de discóbolo que está buscando el disco por la arena, afectado, de pronto, de un ataque de lumbago. Frente a esta ofensiva socialista, Aznar, mimado por la internacional popular por ser el único jefe de Gobierno de la UE que milita en sus filas, habría recibido en Italia honores de piedra angular de una nueva, futura hegemonía. Pero algo le ocurre a este hombre que a pesar de los errores socialistas y de los vientos favorables de la coyuntura económica, no acaba de convencer suficientemente a los españoles de que es el líder que se merecen. No se le conoce una frase que valga la pena memorizar. Y aunque ha aprendido a sonreír como un Charlot triste, no oculta la tremenda voluntad de sentirse contento consigo mismo como producto hispánico por excelencia. Además, se le nota demasiado que para él, el extranjero es un error o un exceso geográfico.

Suelo viajar frecuentemente a Italia y en cualquier acto público, sea el acto cultural del signo que sea, la pregunta que se me ha venido haciendo a comienzos de este siglo XXI, era: ¿existe un modelo español para la prosperidad? Se había instalado allí el tópico de que ese modelo se llama Aznar y Berlusconi contribuía interesadamente a fundamentar ese mito. *Il cavaliere*, todavía entonces en la oposición, decía que todo lo que sabe Aznar se lo debe a él, que fue él quien le dijo lo que tendría que hacer en cuanto consiguiera el gobierno. «Y ya lo veis —concluye Berlusconi—, me hizo caso y ahí están los españoles a un ritmo de crecimiento por encima del de Italia. Si yo gobernara, estaríais tan bien como los españoles.»

Lo que no decía *il cavaliere* es que España es el país europeo que más drásticamente se lo ha vendido casi todo al dinero extranjero y que la debilidad del capitalismo español ha significado una pérdida de soberanía económica tanto en la industria como en la agricultura.

Con todas sus dificultades, Italia es uno de los ocho países más ricos del mundo y se enfrenta a la globalización desde posiciones menos subalternas que el aparato productivo español. Pero nada se puede hacer contra los tópicos. En el pasado se beneficiaron de él los socialistas cuando los mismos que insisten en loar el llamado modelo Aznar, elogiaban el modelo Felipe González y hablaban de la modernización socialista de España como si hasta entonces aquí hubiéramos desconocido el bidé y las carreteras. «Ah, ¿en España tienen ustedes autopistas?», me preguntaba un suizo mediada la década de los ochenta, tal vez desde la sospecha de aquí sólo teníamos plazas de toros y campanarios.

Otro comentario imperante es que Aznar ha sido una sorpresa. Que todos lo habíamos subvalorado y ahí está como el líder mejor instalado de la derecha europea y capaz de actuar como un referente para que esa derecha recuperara el poder en Inglaterra, Alemania, Italia y Francia. No sé por qué la derecha quiere hacerse con el poder en Inglaterra y Alemania porque más de derechas que la izquierda que gobierna en uno y otro país sería muy difícil que pudiera hacerlo la propia derecha. Y en cuanto a Italia, aguardaba resignadamente a que Berlusconi, aliado con Bossi, consiguiera la victoria electoral.

Se planteó entonces un pleito no inocente: ¿había que hablar del modelo Aznar o del modelo Berlusconi? ¿Habría sitio en el mismo corral para los dos gallos triunfadores?

No sólo de Berlusconi vive Aznar, sino que también se relaciona con el que algún día puede ser el gran competidor del *cavaliere* en el trono de Italia: Prodi. En el momento en que el joven Edipo se enfrenta al veterano rey Layo y lo mata, acaba de matar a su padre, y está pues en condiciones de casarse con su propia madre, Yocasta. Aunque no lo parezca, Prodi y Aznar, reunidos en Madrid en el inicio del semestre de presidencia española de Europa, dieron un paso más en la composición de esa tragedia griega en la que están convirtiéndose las relaciones paterno filiales entre Berlusconi y Aznar. A Aznar le escocía la negativa de Berlusconi de recibir al ministro español de Asuntos Exteriores, señor Piqué, con el pretexto de que ya habría mejor ocasión, habida cuenta de que *il cavaliere* además de telegénico y jefe de Gobierno, es ministro de Asuntos Exteriores por absorción. Si estaba claro que era el italiano quien no quería reunirse, el lenguaje del gobierno español trató de traducirlo positivamente: dadas las relativas distancias adquiridas por Italia con respecto a Europa, quizá no era el momento más adecuado para que Berlusconi y Piqué posaran dentro de la misma fotografía. Los titulares de los periódicos y de las televisiones distraían la cuestión Berlusconi y privilegiaban la evolución del pleito hispano argentino, a partir del agravio de que muchos argentinos hayan acusado a los más poderosos inversores de capital español de ser corresponsables importantes de la crisis económica, en un claro intento, según la tesis española, de delimitar un «culpable exterior», a la manera del *agnus dei qui tollis pecata mundi*.

Prodi y Aznar acordaron pedir al nuevo presidente argentino, Eduardo Duhalde, un plan *creíble* para salir de la crisis, petición poco elegante porque presupone la posibilidad de que el señor Duhalde les presentara un plan increíble. Era inevitable pronunciarse con respecto a Berlusconi y Aznar. Sobre todo Aznar trató de minimizar el problema berlusconiano como simple *impasse* entre dos afirmaciones del indiscutible europeísmo del *cavaliere*: «El europeísmo de Berlusconi está fuera de toda duda», llegó a sentenciar Aznar con uno de sus mejores rostros de oráculo con bigotillo, y Prodi no le dijo que no, porque Aznar jugaba a la corta, sólo mandará simbólicamente durante seis meses, y Prodi a la larga dentro de lo que cabe. El encuentro entre el jefe del Gobierno europeo, italiano, y el presidente semestral, español, servía sobre todo para conseguir esa fotografía en la que Aznar ha soñado buena parte de su vida. Durante seis meses, aunque sólo sean seis meses, será lo más parecido que jamás ha habido al emperador Carlos I de España y V de Alemania e incluso a Felipe González.

Si de cara a Argentina los europeos trataron de ofrecer la actitud del buen inversor, conscientes de que muchos economistas argentinos y sobre todo la sabiduría convencional popular les reprochan el haber contribuido a aumentar la asfixiante deuda externa heredada de las dictaduras militares, en lo referente a Berlusconi el problema se agrava porque revela quiebras interiores en el europeísmo y precisamente en Italia, uno de los países fundadores de la CEE. La coalición que encabeza *il cavaliere* se compone de muy diversas lecturas del imaginario europeo e incluye, a través de los neofascistas, la de una Europa según el formato del Imperio romano y también, a partir del propio jefe de Gobierno, la de una Europa desvirtuada o al menos lejos, muy lejos del proyecto eurosocial de ser un bloque capitalista diferenciado. El *buen inversor* dentro de la globalización, capaz de convertir la tercera vía social liberal en la expresión posmoderna del impulso ecuménico constantiniano. En el mismo día en que Aznar debuta como un Carlomagno por seis meses y el euro llena de calderilla solvente los cerebros y los bolsillos europeos, Europa está en crisis.

Especialmente interesante resulta la actitud de Aznar ante su maestro Berlusconi, unas veces cercana a la del reconocimiento al papel del padre y otras edípica, aunque igual podría decirse por parte de Berlusconi, que en ocasiones exhibe el ejemplo aznarista como digno de ser imitado y en otras se proclama verdadero inspirador y dueño de las ideas que el joven Edipo Aznar llevó a la práctica. Convertido en un potente rey Layo en condiciones todavía de mantener saludable distancia con respecto al hijo asesino, y de ser el padre asesino, Berlusconi acentúa su gesticulación ya menos telegénica, menos apta para la pequeña pantalla y más cercana a la que adoptaba Mussolini en el balcón de la Piazza Venezia. Es un aprendiz de mito.

Los argentinos disponen de la mejor cultura psiquiátrica y psicoanalista y es posible que en las largas filas formadas en Buenos Aires ante las embajadas española e italiana para escapar de una de las emboscadas de la globalización, suficientes psiquiatras y psicoanalistas, al llegar a Italia o España, podrán resolver el conflicto psicológico o psicótico entre Berlusconi y Aznar. Prodi no es problema. Prodi sabe que en Europa el poder simbólico se renueva cada seis meses y el inevitable permanece durante años y años. En cuanto a Berlusconi, seguiría sonriendo a Aznar hasta el final y bromeando con Piqué, sobre cuya cabeza hizo el signo de los cuernos, pero no estuvo en las Azores para componer la foto del Eje Atlántico contra Irak y en este asunto demostró saber nadar y guardar la ropa.

Solitarios y autoritarios, Putin y Aznar, Aznar y Putin viven días parecidos cuando piensan y repiensan sus nuevos gobiernos. Aznar se permitía sobreimprimir la cordialidad del encuentro con otro líder incoloro, inodoro e insípido, Putin, sobre las ya viejas noticias del agravio de que el zar anterior, Yeltsin, se había incluso negado a recibirle. Se dice de Putin que sólo confía en sus antiguos compañeros de la KGB y en los yudocas, desde su condición de cinturón negro. Y de Aznar se sospecha que sólo confía en el club de los poetas liberales y neoconservadores, vivos y muertos y en sus comparsas o competidores de paddle. Como Van Gaal, Aznar lo sigue anotando todo en su libreta azul y se dice que es una libreta con cielo, infierno, purgatorio y limbo donde constan agravios y elogios e incluso las travesuras de los severos notarios volantes de *Caiga quien caiga*, ese gran programa televisivo crítico, que el matrimonio Aznar tardó años en anular, hasta conseguir su desprogramación. Pero así como el Barcelona F. C. había conseguido jugar bien el fútbol cuando los jugadores se escapaban de la libreta de Van Gaal y tomaban la iniciativa, nada ni nadie pudo escaparse de la de Aznar. ¡Ay de quien se me mueva en ese ensayo de foto ministerial hasta que no la ultime el fotógrafo!

Mientras Aznar prepara su gobierno, sus fontaneros desarrollan una doble campaña de expansión e intoxicación mediática. Expansión porque van cercando medios solventes por procedimientos más zalameros y estratégicos que los de M. A. R., el ex valido Miguel Ángel Rodríguez, y Piqué va sumando espejos transparentes a la causa de la sociedad absoluta consonante con la mayoría absoluta. Intoxicación, porque el poderoso aparato mediático del PP transmite el mensaje de que en España sólo han votado diez millones de votos por el PP y todos los demás se han ido al limbo. Sumando los votos del PSOE, los de IU, las abstenciones y dentro de ellas las omisiones de dos millones de votos de izquierda de vacaciones, en el 2000 más de la mitad del país no ha votado al PP. Por suerte para la expansión post-electoral del PP, la crisis del PSOE va para largo y para parche, al menos por lo visto hasta ahora, y cualquier ofensiva a la *panzer divisionem* del PP no va a tener una respuesta política contundente. Izquierda Unida tardaría en recuperarse de las indemnizaciones económicas y estratégicas que tiene que pagar y crecía la alarma social ante la aplastante prepotencia mediática del PP y de Aznar, con alma de nuevo rico. Por si faltara algo, el frente propagandístico aznarista denuncia el bastión PRISA como incondicionalmente sumado a la causa del PSOE y pide que PRISA haga autocrítica. Por una simple cuestión de equilibrio ecológico, la clientela mediática necesita referentes que la inviten a seguir confiada en la pluralidad de la oferta dentro de lo que cabe y, aunque en cuestiones tan fundamentales como los credos macroeconómicos aquí no discrepa ni Dios, al menos se ha de respetar la satisfacción sentimental de considerar que a algunos les hace más compañía PRISA que Telefónica, de la misma manera que hay que asumir lo contrario. ¿Qué sería de España si el Real Madrid dejara de ser el competidor privilegiado del Barça o viceversa? Si hasta PRISA se rindiera al PP no quedaría otro remedio que salir a la calle a tirar octavillas en endecasílabos y ¿cómo se pueden imprimir octavillas en endecasílabos sin contar con el soporte publicitario de todos los oligopolios que son y serán?

Los rusos que votaron a Putin porque necesitaban un neoliberal autoritario que metiera en cintura tanto libertinaje mafioso recelan de su afán de control mediático, pero es sabido que la libertad de información es el termes destructor de la confianza en los poderes institucionales, y cualquier neoliberal autoritario situado ante el dilema de o libertad de expresión real o poder incuestionado, se inclina por la fórmula de la libertad de expresión teórica y el poder incuestionado. De la crisis de representatividad de las democracias convencionales, consecuencia del poder fáctico determinante de la macroeconomía servida por políticos a la medida, se derivarán insumisiones de la sociedad civil crítica, siempre y cuando haya circulación de ideas y saberes críticos. De ahí la importancia de copar las estructuras de poder de los medios de comunicación, para que con la teoría liberal de la libertad de iniciativa, los medios no tengan otra iniciativa que la de sus propietarios.

El diseño del liberalautoritarismo se va concretando, aunque modificado por diferentes sustratos históricos, y en España aún tiene importancia la explosión liberalizadora que impulsamos cuando saltó el tapón franquista. Ése es nuestro sustrato positivo, el que sigue otorgando a nuestra ciudadanía el carácter de la más permisiva de Europa. Por eso la mayoría absoluta del PP y la libreta de Aznar merecen una atención más acentuada todavía que los hasta ahora frustrantes merodeos del PSOE para resituarse, a comienzos del triunfal año 2002, sin otra salida clara que esperar al 2008 a que el PP tal vez se haya quemado y el mercado reclame otro espectáculo musical. O tal vez en la libreta de Aznar sólo haya esbozos de poemas propios y listas de los ciento cincuenta poetas de La Moncloa que deben sustituir a los ciento cincuenta novelistas atribuidos a Carmen Romero.

El hecho de que el presidente Aznar invitara a Vega Sicilia a Tony Blair en varias ocasiones, no quiere decir ni que vayamos a conseguir nada importante con respecto al peñón o peñazo de Gibraltar, ni que los dos comensales entiendan de vinos.

Hasta Franco, que era abstemio y capaz de echarle agua al Vega Sicilia, lo eligió como emblema vinícola de la España una grande y libre. Lo eligió por el procedimiento de preguntar ¿cuál es el vino más caro?, y al contestarle que era el Vega Sicilia ya no tuvo dudas, Además, por aquellos años a Franco sólo le visitaban estadistas de tercera división, y pocos. Cuando se reunía con don Juan de Borbón, nunca demasiado lejos de la frontera portuguesa, mientras don Juan de Borbón pedía whisky, que es lo que hay que pedir en este tipo de reuniones, Franco bebía gaseosa para dar una lección de austeridad.

Pero volvamos al Vega Sicilia. Tan excelente vino, digna cabeza visible de los caldos de la Ribera del Duero, nunca me pareció adecuado para conversaciones en las que intervenga Gibraltar. Tony Blair puede pensar que le estamos sobornando y ponerse aún más puñetero. Ni siquiera he insinuado que le sometamos a un vino en tetrabick, pero sí a un injusto término medio, por ejemplo, un vino del año para beberlo sin la obligación de chasquear la lengua y exclamar: «¡Excelente cosecha!», como los personajes de Agatha Christie. Y es que este tipo de reuniones tienen un mucho de teatralidad. Existiendo el fax, internet, el teléfono, los políticos no tienen ninguna necesidad de reunirse porque todo se lo dicen y se lo venden virtualmente. En cierta ocasión, cuando Solana era ministro de Exteriores, escribí interrogándome por qué viajaba tanto y llegué a la conclusión de que lo hacía para hacerse la foto. Cada vez que me lo he encontrado después, entre bombardeo y bombardeo de Yugoslavia o de Bagdad, Solana me ha recriminado, con una sonrisa, desde luego, la poca fe que tengo en los encuentros entre estadistas al más alto nivel.

Esas reuniones no modifican nada. Antes y después de ellas todo está atado y bien atado por las condiciones objetivas, las correlaciones de fuerza y por los expertos en peñones y peñazos. Se dirá que a los gobernados les gusta que los gobernantes se vean y se hagan la fotografía, porque hay un cierto *star system* también en esto de la política. Pero me parece que a los gobernados les importa un pepino macilento si los estadistas se ven o no se ven. Otra cosa es que busquen este tipo de encuentros como excusa para tomar Vega Sicilia. Pero ahora, aquí, entre nosotros: ¿con cuántos seres humanos se tomaría Aznar un Vega Sicilia antes que con Tony Blair? Y a la inversa: ¿con cuántos seres humanos se tomaría Tony Blair un Vega Sicilia antes que con Aznar?

Entonces, ¿por qué malgastan tan portentoso vino para crear una noticia que no interesa a nadie? Porque así como las estrellas de cine se desnudan sólo si lo exige el guión, los gobernantes han de ponerse risueños y felices porque lo exige un guión que cada vez tiene menos espectadores. Aunque tal vez como consecuencia de las extrañas afinidades vitivinícolas establecidas entre Blair y Aznar en Doñana, el jefe de Gobierno español empezará a encaramarse hacia las alturas, con la pretensión incluso de tener un lugar, aunque fuera a la derecha, de Blair. Y Gibraltar español es una reclamación inscrita ya en sus genes infantiles y era necesario acentuarla a medida que Aznar iba siendo consciente de su poder absoluto.

Esa conciencia le conduce al empeño de parecerse cada día menos al vacilante Aznar que le han construido en el guiñol de Canal Plus. A medida que el guiñol se iba haciendo freudiano-metafísico, Aznar trataba de parecerse a caricaturas alternativas más bastas y recurría a tacos o a exagerar el ceño, o a falsetes y repeticiones para volver a aquel trasnochado modelo Aznar año 1996, tan superado con la ayuda de sus caricaturistas. En general los protagonistas sociales mejoran gracias a sus asesores de imagen, pero en la España posfranquista los políticos o enloquecen o mejoran gracias a sus caricaturizadores. El guiñol de Canal Plus se cebaba especialmente en las evidentes ambiciones internacionalistas del presidente y las caricaturizaba sangrantemente. El caricaturizado suele padecer el síndrome de imitar al caricaturizador, como si se sintiera a gusto en el secuestro de su personalidad. O bien, al contrario, soberbio o ensimismado, el personaje odia a quienes le caricaturizan como si se trataran de etarras fracción jíbara de achicadores de cabezas. Tan a gusto está consigo mismo que cualquier transgresión contra su imagen la interioriza como un atentado terrorista y así ha vivido Aznar el vía crucis del agigantamiento de sus guiñoles. Sorprende que los asesores de imagen del presidente no le hayan suministrado un antídoto contra tamaña conjura desestabilizadora.

Y es que el propio Aznar parecía escoger la vulnerabilidad que esperan los humoristas, como cuando se autoinvitaba para no ser recibido por Yeltsin o se va a pacificar Oriente Próximo de una vez por todas aprovechando un fin de semana libre o a conquistar Afganistán con la ayuda de la Legión y de Celia Gámez o no va a un funeral en Euzkadi porque no le toca la primera fila o entra por la puerta trasera en la cena de Downing Street en compañía de Berlusconi, cada vez con más maneras de conquistador de Abisinia. Pero si Berlusconi puede presumir de los soldados, tanques, barcos de guerra que el imperio le ha aceptado para destruir al doctor No, Aznar no había conseguido todavía que Bush le aceptara ni la cabra mascota de la Legión. Piqué como ministro de Exteriores tampoco le ayudó demasiado, a pesar de que sonríe incluso más que Solana cuando aparece en las fotos globalizadas, también él empeñado en aportar coartadas argumentales a sus jíbaros más propensos.

No sólo Berlusconi o Blair propiciaban las ambiciones de presencia galaxial de Aznar. La visita del matrimonio Bush a España sirvió para reforzar los tradicionales lazos de amistad que unen a nuestros dos pueblos desde los tiempos de Álvar Núñez Cabeza de Vaca, pero no pienso ahora en el heroico pionero, sino en Juan Goytisolo, responsable de una novela metáfora de nuestra esquizofrenia histórica: *La traición del conde Don Julián*. Los seres humanos emitimos señales que nos componen el imaginario asumido o canibalizado, por los demás, y las señales que emite el presidente Bush producen zozobras imperiales y contaminaciones atmosféricas por donde pasa, sin afectar al conde Aznar.

Poco podía esperar Bush que iba a ser en España donde encontrara el más alto nivel de aceptación política, como en aquellos tiempos de Eisenhower, cuando Franco estaba dispuesto a volver a enviar la División Azul a Rusia si el emperador le pasaba la mano por la cabeza y le susurraba: *Ne me quitte pas*. Franco se tragó los sapos retenidos en la garganta desde el turbio asunto de la guerra de 1898, y gracias al Caudillo se inició una excelente relación con Estados Unidos que ya de buenas a primeras nos repartió lotes de marines en las ingles de nuestras ciudades portuarias y de queso cheddar y de leche en polvo para que crecieran nuestros escolares pobres, aunque los que seguíamos siendo pobres pero ya no escolares de enseñanza primaria, nos quedamos sin queso y sin leche y así estamos, irrecuperables. Descendiente de aquel venturoso impulso reformador de las grotescas y sovietizadas pulsiones antinorteamericanas, el presidente Aznar actuó como el conde Don Julián de Goytisolo y comprendió que había llegado el momento de abrir los esfínteres patrios y penetrar por ellos la filosofía ecologista de Bush y su talento estratégico para defender a Occidente de lo que sea, pero defenderlo al fin y al cabo y mantener así el esplendor de la industria armamentista a la que Estados Unidos le debe la hegemonía militar, hormonal, ética y estética.

Heroica, venerable, modernizadora traición, la del nuevo conde Don Julián, demostración de que hasta él llegaron aquellos versos ejemplares: «España es la patria mía y la patria de mi raza / engendraste un Nuevo Mundo y al viejo vuelves la espalda».

La política exterior de Aznar tenía que contemplar con celo y recelo la relación con África, por los pleitos pendientes con Marruecos y por las oleadas de inmigración clandestina desde el Magreb e incluso desde los llamados territorios subsaharianos.

Debía pues el presidente no quitarle ojo a África y estudiar con atención cualquier hecho internacional relacionado, por ejemplo la Conferencia de El Cairo, a la que acudió personalmente.

Las conferencias sobre el futuro de África se remontan al siglo XIX cuando las grandes potencias se repartían el continente vinculado a Cam, el peor de los hijos de Noé que al reírse de su padre borracho fue maldito y engendró pueblos desgraciados, los de África y Asia Occidental. De la maldición bíblica sobre los africanos tomaron buena cuenta los países colonizadores y se apoderaron de África para desagraviar a Noé, para civilizarla y de paso para depredar sus materias primas. Más de cien años después el encuentro de El Cairo entre Europa y África representó una tragicomedia impotente para frenar el proceso de degradación africano marcado por el hambre y la enfermedad en unos tiempos en los que sobran alimentos y los avances científico-técnicos estarían en condiciones de satisfacer buena parte de las carencias de toda la humanidad. El encuentro de El Cairo serviría, eso sí, para que los estadistas fortalecieran los lazos del club de los estadistas muertos, vivos y vivales.

Mientras el Vaticano todavía no estudia pedir perdón por la maldición de Noé, que al fin y al cabo era un mero jefe de personal de Jehová, los gobiernos europeos estudiaron la condonación de la deuda externa a los africanos. Por tres motivos: porque apenas si hay esperanza de cobrarla; porque si no se eleva la capacidad adquisitiva de esos países flaquea la potencialidad del mercado mundial y la capacidad de acumulación del norte; y como tercer motivo, el más elegante, porque condonar la deuda externa da un toque de distinción ya que de una u otra manera el norte siempre cobra lo que aparentemente regala. Ya lo estaban pidiendo todas las ONG, incluso la ONG Empresarios Sin Fronteras. Por la tragicomedia de El Cairo, José María Aznar pasó de puntillas. Otros son sus horizontes y ni siquiera los que por entonces le remarcaba Fraga: continuar regentando la dirección del PP y del gobierno.

Tras la visita de Bush sonaba en el cerebro de Aznar una música que sólo él oía. O la del *Vals del Emperador* o *Violetas imperiales*. Cada vez que Aznar ha viajado a Estados Unidos, el emperador le ha acogido con las mejores sonrisas, le ha invitado a comer tamales, le ha hablado en español y hasta le ha permitido fumar puros en la intimidad, incluso en la intimidad fotografiada.

El PP se declara enemigo de la soberbia pero instala el culto a la personalidad de José María Aznar. Dijo tras las elecciones del 2000 que no pensaba utilizar el rodillo de su mayoría absoluta pero propuso alianzas a CIU con la condición de corregir la normalización lingüística y castigó tozudamente al PNV por haber propiciado el pacto de Lizarra. Las máximas cabezas del PP han afirmado siempre que ya no caben temores sociales hacia los herederos naturales del totalitarismo franquista pero los movimientos de apropiación de infraestructuras y medios de comunicación no cesaron. Al contrario de este divorcio entre lo que el PP dice y lo que hace, la jerarquía de la Iglesia española se reafirma en su propósito de no pedir perdón por sus complicidades en la guerra y la posguerra civil y el cardenal Rouco, presidente de la Conferencia Episcopal, se propone extremar el celo para la beatificación de los mártires de la cruzada nacionalcatólica.

Una de las piedras de toque del sentido democrático del PP en su fase de hidra prepotente era el estatuto de dependencia con la Iglesia española, ansiosa de volver a meterse por las puertas delanteras o traseras en las escuelas y combatir el poco laicismo que ha aportado la Transición al aparato educativo e informativo. Lo sensato sería que la religión se aprendiera en las casas y en las mezquitas, es un decir, pero que quedara a las puertas de las escuelas y sólo entrara historificada, bajo formato de Historia de las Religiones. De lo contrario volveríamos a encontrarnos en situaciones recordables por los más veteranos, cuando toda España estaba obligada a permanecer de rodillas ante el Sagrario «que guarda cuanto queda de amor y de verdad», según rezaban los obligatorios versos del *Himno Eucarístico* del invicto José María Pemán.

Bajo el mandato de monseñor Elías Yanes, sucesor del por tantos motivos histórico cardenal Tarancón, apenas se notó la existencia del poder eclesiástico en España, sin que eso quisiera decir que no lo hubiera. Yanes pertenece a la clase de pastores discretos, que sólo merecía titulares cuando respaldaba alguna declaración sorprendente del Papa o de monseñor Setién, los dos referentes vamos a llamarles *heavys* de las vivencias eclesiásticas a nuestro alcance. Del presidente de la conferencia episcopal correspondiente a la mayoría absoluta del PP se dijo que estaba hecho a la medida del nuevo partido hegemónico: se llamaba Rouco Varela, su nombre ya sonaba a trueno. Ha estado siempre alineado dentro de los sectores más conservadores del episcopado e incluso se ha hablado, se habla, de él como el papable de los cardenales más coriáceos. Cada conferencia episcopal tiene el presidente que se merece, porque han sido sus eminencias los que se han autootorgado tamaño jefe. Baroja, anticlerical dentro de lo que cabía, distinguía dos tipos de curas: el de mantel y sacristía y el de partida carlista. La estampa asténica de Rouco Varela evoca más la partida carlista que la mesa y la sacristía tan atribuidas a los mejores obispos gallegos, pero puede tratarse de una mera apariencia, de un estuche, del que no responde el contenido. A priori, Rouco choca con los sectores más avanzados de la feligresía católica y con las posiciones más progresistas del catolicismo hispano y universal. No fue necesario darle cien días de observación de conducta para comprobar si en Rouco Varela se había producido también el milagro centrista operado en toda la derecha española, incluido el PP. A la semana justa ya era evidente que Su Eminencia el cardenal Rouco Varela no estaba para chorradas.

No se operó esta vez el milagro de la primavera que Antonio Machado describió así: «La primavera ha venido, nadie sabe cómo ha sido». ¿Por qué no asumir: «El centrismo ha venido, nadie sabe cómo ha sido»? Lo cierto es que la ascensión a los cielos del poder de monseñor Rouco coincidió con el día del aniversario del gobierno del PP. Si en Galicia existió un eje Rouco-Fraga, en España el eje Rouco-Aznar podía abordar grandes azañas. Aunque tal vez sea erróneo suponer que la carrera político-eclesiástica de Rouco se deba a su sintonía estratégica con el PP o a las profundas tendencias derechistas dominantes en el episcopado español y romano. A veces las afinidades son más banales de lo que podríamos sospechar e igual Rouco tiene un tono de voz más alto que Yanes o tiene el encanto añadido de ser del Deportivo de La Coruña. Pero observemos que como segundo de a bordo se situaba el cardenal de Barcelona, monseñor Carles, tan próximo al Opus Dei, y que en sus primeras declaraciones desde sus nuevas alturas anunciaba que ahora es posible diseñar una conferencia episcopal catalana. Ahora sí. ¿Por qué hasta ayer no?

¿Sería Rouco ese presidente episcopal autonomista que estaba esperando el Estado de las autonomías?

Cualquier Iglesia como comunión la forman los dioses, los santos, los curas y los feligreses, en algunas incluso las vírgenes, pero solemos utilizar la denominación *Iglesia* para referirnos al poder eclesiástico, a la jerarquía que participa, junto a otros poderes fácticos y a veces postsobrenaturales, en la en otro tiempo llamada correlación de fuerzas. Los antiguamente considerados poderes fácticos, es decir, militares, oligarcas, curas y farmacéuticos, se las han entendido con el Estado como representante teórico y simbólico de la hoy llamada sociedad civil y así están las cosas desde que la primera horda de bípedos reproductores homínidos decidió interpretar misteriosamente el misterio de la vida y de la muerte.

Como resultante de toda esta compleja situación contemplemos al cardenal de Barcelona, Carles, en el momento en que expresaba su indignación por las tergiversaciones que el gobierno del PP incluía en la interpretación de la declaración de los obispos vascos contra la ley de partidos, contra la ley anti Herri Batasuna. Por los obispos hablaba una parte importante y sensata de la población vasca que apreciaba todos los inconvenientes y ninguna de las ventajas de sumar a la situación el factor desestabilizador de ilegalizar Herri Batasuna y esta vez la plana mayor de la Iglesia se puso al lado de la jerarquía vasca y hasta el cardenal de Barcelona, personaje calculador donde los haya, arremetió contra la osadía interpretativa de Aznar y sus portavoces. Recordemos el silencio con el que los por entonces habituales cantores de las gracias del PP, los señores Pío Cabanillas y Piqué, acogieron la airada respuesta clerical después de haber utilizado el pico de oro para dejar a los obispos vascos poco menos que como señores de las tinieblas de las galaxias más subversivas.

¿Por qué aquel silencio? Porque al más alto nivel, Aznar y Rouco Valera habían pactado un acuerdo de no agresión que interesaba sobre todo al PP, obligado a sostener diferentes frentes y no sería el menos complejo el de la Iglesia. Los hagiógrafos de Franco contaban que el generalísimo le dio dos consejos a Perón: «No se meta con la Iglesia ni con la moda de las mujeres». Se ignora de qué sustrato secreto de sentido del humor extrajo el dictador tan aguda observación, pero lo cierto es que Perón no le hizo caso, topó con la Iglesia, y Evita trató de convertirse en el canon de la moda de las señoras peronistas. Y así acabaron como acabaron, mientras Franco duró lo que duró. De formación evidentemente franquista, Aznar ha comprendido que no debe topar con la Iglesia y se ha mostrado más laxo con respecto a la moda de las mujeres, territorio en el que Ana Botella tiene cierta autonomía y la Pasarela Cibeles, un papel canonizador.

Garantizadas todas las ventajas que la Iglesia ha obtenido del gobierno liberal conservador y convertida la pastoral vasca en materia opinable, ahí estaba, ahí estaba a comienzos del 2003 la ley sobre partidos como una truculenta puerta hacia nuevos desastres. Sólo el PP la defendió como si fuera suya y en cambio el PSOE la sostuvo a regañadientes, como si no la hubiera consensuado, y ahí estuvo Solé Tura recordando la vieja práctica del centralismo democrático y votando a favor de una ley de partidos que él, personalmente, ha cuestionado. Y es que el centralismo democrático, es decir, la disciplina de voto partidario con respecto a lo que supuestamente decide la mayoría, no lo inventaron los comunistas sino que fue flor de la inteligencia colectiva de alguna Iglesia y no me atrevo a señalar de cuál, porque hay tantas iglesias como memorias colectivas, a las que hay que sumar las iglesias de marketing que los norteamericanos han puesto en circulación.

Elogio desmesurado de una institución que ha conseguido que se callen Pío Cabanillas y Josep Piqué.

A don José María Aznar y sus dos leales portavoces, Cabanillas y Piqué, les cayó la Iglesia encima y no sólo la vasca o la española sino también la Iglesia Iglesia, la vaticana. Por si algo faltara el ex presidente de la República de Italia, el señor Cossiga, miembro de la misma internacional que Aznar, le calificaba de falangista y además de falangista situado a la derecha de José Antonio Primo de Rivera, al que no le llega ni a la altura de los mocasines. De todos cuantos al aparecer sitiaban la mayoría absoluta del PP, parte del poder judicial, los sindicatos, los separatistas vascos y la ambigüedad de la Iglesia, el antagonista más difícil de castigar son los curas. A los jueces los neutralizan otros jueces partidarios de la mayoría natural o absoluta, a los sindicalistas les echarán los guardias y el poder mediático natural, pero es difícil enfrentarse a la Iglesia desde un partido atiborrado de miembros del Opus Dei o de Legionarios de Cristo y proclive a que la Iglesia recupere territorios vedados en cualquier Estado laico.

Por ahí podría llegar la réplica del PP, pero ya no se puede dar marcha atrás a la recuperación de la Religión como materia escolar o a la respaldada expansión de la enseñanza privada religiosa o a la implacable penetración de los arietes católicos del Partido Popular o del Opus Dei en los aparatos de poder, desde la Banca y la Universidad hasta los clubes de fútbol. No es una penetración a la africana como la que plantearon los López en tiempos de Franco, Carrero Blanco y López Rodó, sino lateral y políticamente poco espectacular pero por eso mismo doblemente eficaz. Las incontenidas e irritadas réplicas de los dirigentes del PP, confirmaban la sospecha de Freud de que lo peor que le puede ocurrir a un paranoico es que le persigan de verdad.

El pulso con los jueces no pertenecientes a la mayoría natural iba para largo, duró toda la legislatura y dependerá si, de renovar la mayoría absoluta en el 2004, el PP quiere anexionarse el poder judicial casi al completo. Con los sindicalistas fracasó el intento anexionista tras la huelga general contra el llamado *decretazo*, insensato intento de reforma laboral a la brava. La contundente participación huelguística frustró la ceremonia de la confusión informativa orquestada. En cuanto al cisma con la Iglesia, agudizado cuando el Vaticano condenó la guerra de Irak y Aznar la respaldó, ya profeticé entonces: tres padres nuestros y un avemaría y a continuación cada mochuelo a su olivo y yo a mi casa.

Si bien el PP representa hasta cierto punto una nueva derecha faldicorta y consumidora de divorcios y preservativos, no es menos cierto que ha reintroducido el nacionalcatolicismo cultural, educacional y mediáticamente. Reintroducido y extendido cual mancha de aceite, un efecto irreparable impuesto por la lógica del mercado, de España, país católico por historia y porque sí. La boda del Escorial entre la hija de Aznar y el irresistible Agag reunió por una parte la liturgia del nacionalcatolicismo y por otra el espíritu de juerga de las nuevas generaciones que, a pesar del ceño del cardenal Rouco Varela, trasnocharon hasta amanecer, pero con ese sentido del equilibrio y el auto-control que el yupismo introdujo para siempre en la cultura de la nueva derecha. A pesar de su triple protagonismo —jefe de Gobierno, padre de la novia, amigo de Blair y Berlusconi—, Aznar no consiguió liderar plenamente el festejo, como no lideró el semestre europeo, ni el relanzamiento de la derecha europea, ni la reconquista de Afganistán, ni ganó personalmente la guerra contra Irak, por más que se empeñara en lustrarle los misiles a Bush. Los socialistas casi nos hicieron creer que el mundo, ahora sí, estaba al alcance de todos los españoles. Aznar, la aznaridad, ha reinstalado a España en aquella conciencia de que los españoles cuando no llegamos con la mano, probablemente tampoco lo hagamos con la punta de la espada, pero hay que intentarlo. De la misma manera que a los gobiernos británicos la última vivencia épico-imperialista que les queda es la de sumarse a toda clase de bombardeos norteamericanos, la aznaridad se da por satisfecha si el imperio le pasa la mano por el lomo, como en la famosa foto de las Azores con motivo de la fundación del Eje Atlántico o le invita a tamales en compañía de Bush y sus mariachis.

Si comparamos la tonalidad de este país con el que propició la experiencia de tres legislaturas socialistas, no sólo comprobaremos que han pasado veinte años desde la evidencia de que la Guardia Civil podía ocupar el Congreso de Diputados hasta la situación actual en que el congreso está suficientemente ocupado por sus señorías. A pesar de la artificiosidad y autosuficiencia de la ansiedad cultural democrática que inicialmente acompañó a los socialistas en el poder, durante la primera transición hubo un tiempo en que la derecha callaba para no hacer el ridículo y aplazar su instinto connatural de hazañas bélicas. Ahora superado aquel complejo de *derecha desenfocada*, tal como entiende el adjetivo Woody Allen, y ante el silencio o la tartamudez de la izquierda residual, ha recuperado la confianza en sí misma, pero no el habla. Vuelve a ser, a través de la aznaridad, esclava de sus ceños y de sus gestos y dueña de sus silencios. Ceños. Gestos. No palabras. A Aznar no se le conoce ni una oración compuesta, ni simple, ni una palabra que haya aportado algo a la capacidad de conocimiento ni de cambio de España, ni siquiera, hay que reconocerlo, de Quintanilla de Onésimo. La aznaridad es cejijunta y plana.

La boda Aznar-Agag, celebrada en El Escorial, fue el primer síntoma clamoroso del desenfoque del aznarismo, cuando cumplió el efecto de final de fiesta de la segunda Transición, así como los Juegos Olímpicos de Barcelona y la Expo de Sevilla actuaron como apoteosis escenográficas de la primera. Hay ciertas diferencias entre los ambiciosos escenarios universales que consagraban a España en la modernidad y la boda realizada dentro de las pautas del imperial catolicismo, imperial porque El Escorial es la estética del imperialismo español y no olvidemos que está inspirado en la parrilla en que fue asado san Lorenzo y que allí fueron trasladados entre pompa y esplendor los restos del fundador de la Falange, José Antonio, y de Alfonso XIII, que con la boda de Ana Aznar Botella completan el terceto de sus mayores acontecimientos contemporáneos. Si el Felipato de Sevilla estableció la tensión entre la ambición de modernidad y los escándalos políticos y económicos, lo cierto es que acompañó la memoria de sus consumidores largo tiempo y que a pesar de los errores socialistas, el PP ganó por la mínima en 1996 y sólo consiguió la mayoría absoluta cuando el PSOE se empeñó en continuar equivocándose a lo largo de la legislatura 1996-2000. Pero en las últimas encuestas se constata que el amable opositor socialista de ojos yo diría que azules, Rodríguez Zapatero, gusta a la ciudadanía más que Aznar.

Sobre el escenario político, un personaje irrelevante que se vanagloriaba de su aparente insignificancia había conseguido casi una segunda fila en la derecha europea hasta que cometió el error de integrarse en el belicista Eje Atlántico con Bush y Blair, y si no ha dado el salto que él esperaba hacia la globalización, se debe quizá a que Bush lo necesita muy relativamente y, además, Aznar no sabe inglés. El 2002 estaba preparado como el año de la consolidación del imaginario aznarista: reina madre semestral de Europa, político voluntariamente cesante a pesar de su éxito electoral y padre no sólo de la segunda Transición, sino también de una hija casadera que contraería matrimonio en el monasterio almacén de los cadáveres de los reyes de España.

Si la hija mayor del matrimonio Aznar–Botella se hubiera casado discretamente, el gran estómago del consumidor de información se hubiera sentido compensado breve pero suficientemente, algo que sólo puede aportar una merienda o un aperitivo con sólidos. Pero es que esta boda parecía diseñada en los laboratorios del espíritu donde se planean «las bodas del siglo» y pese a la tierna juventud de la muchacha y al carrerón político avasallador del anunciado marido, el acontecimiento se convirtió no sólo en mercancía cordial —muy del corazón, tanto desde una consideración cardiológica como desde una consideración cardiopática— sino también en cuestión de Estado.

Muy emotiva la novia, según hemos podido comprobar cuando aparecía como espectadora de circunstancias especialmente significativas en la carrera política de su padre, iba a pasar por una dura experiencia mediática independientemente de que caiga o no simpática a la trituradora de los medios de comunicación. Los estrategas de esta boda o se habían equivocado clamorosamente o habían acertado de lleno. Normalmente se hubiera optado por una boda discreta, entre lo familiar y lo imprescindiblemente social, a partir de la tríada originalmente ordenadora del pensamiento de don José María Aznar: familia, sindicato y municipio. Pero no fue así y al tiempo que se confirmaba la no concurrencia del actual jefe de Gobierno a una posible reelección para el cargo, se le montaba una boda casi monárquica a su hija, una de esas bodas en las que ser o no invitado da o quita la razón a toda una vida, a toda una Historia.

Los padrinos anunciados quitaban el hipo. Blair y Berlusconi. También se había hablado de Clinton —¿será posible?—, pero de momento Blair y Berlusconi prometían como comparsas del espectáculo, aunque sería conveniente que alguien frenara el sentido jocoso de la existencia que suele manifestar Berlusconi cuando aparece rodeado de famosos y necesita serlo más que los demás. Blair era otra historia. Es un topo neoliberal infiltrado en las filas del Partido Laborista Inglés y de la II Internacional y está acostumbrado a las representaciones teatrales. La boda podía convertirse en un acontecimiento mediático universal y en un reto a la Casa Real, puesto que el Príncipe acababa de estrenar un horrible, insisto, horrible, palacio inspirado en una síntesis de estética Familia Munster y El Escorial, pero seguía sin novia fija o sólida. No es lo mismo.

Al tiempo que prometía una envergadura semejante a una boda entre príncipes o incluso reyes, condicionaba la memoria de sí mismos que van a grabar sus protagonistas. Y esperemos que no caigan en la tentación de inaugurar una posible dinastía competitiva como en su tiempo la constituyeron Carmen Martínez Bordiú y el desdichado Alfonso de Borbón Dampierre. Las dinastías ya no son lo que eran y las pocas que quedan tienen una vida frágil, pendiente del hilo de la pereza simbolista de las masas.

Hoy está claro, siempre estará claro que la boda del Escorial estuvo *desenfocada* en el mencionado sentido woodyallenesco del adjetivo, fue una desmesura que constataba una serie de asimetrías previas y posteriores.

El desenfoque de El Escorial culminaba y anunciaba desenfoques aznaristas difíciles de corregir. Mientras los portavoces oficiales y oficiosos trataron, sin conseguirlo, de hacer balances positivos del semestre en el que Aznar fue la reina madre de la Europa de los mercaderes o de las patrias o de las regiones, pero sobre todo de las reuniones, se instalaba la impresión general de que todo fue una representación teatral deslucida, en nuestro caso del auto sacramental del rapto de Europa. Con sus maneras de guardia de tráfico cejijunto reñidor de insuficiencias, Aznar se subió a la carroza europea prometiéndose que todo el mundo iba a enterarse de lo que vale un peine y mientras a su lado Prodi marcaba el talante distanciador de quien sabe que Europa es todavía una hipótesis y Aznar una anécdota.

Nuestro presidente inauguró su mandato europeo con la reunión de Barcelona sitiada por los antiglobalizadores y lo terminó con la de Sevilla asediada por los sindicalistas. No consiguió dejar el marchamo de primer cumplidor de la cruzada *Libertad duradera* porque en Europa, donde manda Blair no manda marinero, y la propiedad fundamental de la lucha contra el terrorismo elevado a la condición de antítesis del Imperio del Bien la tiene el eje Washington-Londres. No coló del todo Aznar la evidencia de la peligrosidad de ETA como equivalente y complementaria de la de Bin Laden, entre otras cosas porque ETA ha heredado contactos con el imperio derivados de aquellos tiempos de pastores vascos norteamericanizados y de agentes del PNV colaboradores del Departamento de Estado bajo la batuta de Aguirre e Irala. Ignoro si el terrorismo islámico o las bombas de expansión demográfica van a cumplir su papel de enemigo del imperio durante mucho tiempo, pero de momento justifican una estrategia vertebradora, economicista y armamentista algo desconcertada desde el final de la Guerra Fría. Tampoco sabemos si la lucha contra terrorismo tan fundamental implica a terrorismos considerados periféricos como el de ETA, hasta ahora un problema exclusivamente español, a pesar de las palabras de condena norteamericanas o de los relativos gestos de corresponsabilidad represiva de los franceses. Pero ETA ha conseguido no ser un problema francés ni un problema lo suficientemente internacional como para figurar en los objetivos de la guerra santa plasmada en el lema *Libertad duradera*. La medida de ilegalizar a los batasunos fue un boomerang que prometía peligrosas situaciones políticas y reacciones sociales y representaba una declaración de impotencia política para resolver, o al menos replantear, el problema vasco. Aznar no sólo no lo ha resuelto sino que lo ha complicado mediante su pertinaz y fallido intento de acorralar al PNV y conseguir el *sorpasso*, aliado con el sucursalizado PSOE.

El 2002 no había dejado, pues, demasiados motivos para balances aznaristas eufóricos y tal vez el error fue ya inicial, prometiendo lo que no podía cumplirse y colocando una vez más el optimismo de la voluntad a la altura de la poquedad de la lucidez, o se trataba de una cuestión de incompetencia política aliviada y disimulada por la buena situación económica durante la primera legislatura. Si el PSOE no se hubiera peleado internamente tanto para decidir la herencia de González y hubiera dado una explicación suficiente sobre los errores de terrorismo de Estado y filosofía económica, a fines del 2002 la diferencia que separaba la expectativa de voto de populares y socialistas habría sido mínima, a pesar de que el PP contaba y cuenta con el poder mediático más absoluto que haya conocido en España partido hegemónico alguno. No sólo tiene a su favor los medios oficiales y privados comprometidos con su política conservadora liberal, sino que se beneficia de la parálisis crítica de los medios no explícitamente adictos, vividores letárgicos en la galaxia de lo *informativamente correcto* ligada a la de lo *políticamente correcto*.

Si lo políticamente correcto parecía ser la pauta dominante en la conducta del aznarismo durante la primera legislatura, no fue así en la segunda, o lo correcto fue muy insuficientemente interpretado. Los contenciosos con Marruecos culminan con una retirada de embajadores, bajo pretexto del maltrato que sufre la imagen del rey marroquí no sólo en los medios de comunicación españoles, sino incluso a través de autoridades gubernamentales. Abierto de nuevo el frente africano transitoriamente cerrado por el general Primo de Rivera en 1925, ni el señor Piqué, fugaz a la vez que irrelevante ministro de Exteriores, ni el señor Aznar supieron dar explicaciones suficientes del porqué de este por qué. Cierto que los medios de comunicación españoles trataban y tratan con una cierta desconsideración al régimen político marroquí e incluso la prensa más imbuida de patriotismo constitucional reprocha a Marruecos que no podamos pescar donde solíamos y que a cambio de pescado nos remita miles de emigrantes, eso sí, por vía acuática. Tampoco el rey de Marruecos tiene buena prensa porque tras haber creado expectativas de cambio, sólo ha cambiado las fotos de su padre por las propias. La imagen del joven rey está más colgada por los muros de Marruecos que la de Franco en sus buenos tiempos por los de España y en el PP hay quien dice que Hassan II era más fotogénico.

La decisión del secretario general del PSOE, Rodríguez Zapatero, de visitar Marruecos y dejar así en entredicho la política diplomática del aznarismo, puso de los nervios y de toque a rebato a la dirección del PP que trató al líder socialista como un traidor que se baja al moro en tiempos de guerra fría. Quede pues el PSOE acusado de insolidario por una política basada en el «patriotismo constitucional», expresión que Piqué, ex comunista, tal vez parafrasea de la que Carrillo acuñó desde el PCE en los años setenta: «Patriotismo de partido».

Cuando don José María Aznar encabezaba la oposición a Felipe González, acusó a los socialistas de ir por el extranjero como pedigüeños, no estaba de acuerdo con su política exterior y no se sentía por lo tanto patrióticamente corresponsable. El tiempo ha pasado, Aznar había madurado patriótica y constitucionalmente y ahora proclamaba la pegadiza síntesis «patriotismo constitucional», que debían examinar los jóvenes filósofos, los jóvenes empresarios y los jóvenes tenores, es un decir, y también por los reales académicos para incluirla en nuestro diccionario de diccionarios. Difícil viaje el de Rodríguez Zapatero a no ser que el rey de Marruecos, progresista en la intimidad, le prometiera renunciar a sus derechos sobre Gibraltar, siempre que Alá permitiera al PSOE ganar las elecciones del 2004 y Bin Laden siguiese preso en la sección de Video Colonial de la Walt Disney Corporation.

La tensión con Marruecos culminaría con el tragicómico caso de la isla Perejil. Aunque se haya dicho y escrito que «del whisky se mea todo», está comprobado que el perejil es más sano para nuestros riñones y nuestra vejiga. Cierto que la bravata del rey Mohamed VI de apoderarse del islote de Perejil a poca distancia de Ceuta, plaza de soberanía española en Marruecos, no pretendía aumentar la capacidad diurética de los españoles, sino dar otro giro de tuerca a un complejo contencioso con el gobierno de Madrid que implica peces, polisarios, emigrantes magrebíes y reivindicaciones territoriales. Bastó la presencia de ocho soldados marroquíes en un peñón en el que casi no hay espacio para cabras y gaviotas para que España tuviera en el espejo la presencia corpórea del *enemigo*.

En más de una ocasión se ha especulado sobre el comportamiento de Estados Unidos, o la OTAN (es lo mismo), o la UE ante un acto de fuerza de Marruecos frente a España, supuesta potencia colonizadora. Dudoso es que Estados Unidos se enfrentara a uno de los más interesados aliados con que cuenta en el universo islámico o que la OTAN ayudara a España frente al islam y en cambio era presumible que la Unión Europea manifestase su solidaridad inicial con el gobierno español y quedase en la reserva el suponer qué acciones emprendería para presionar a los marroquíes. Como si alguien hubiera urdido un ensayo general del auto sacramental de la Solidaridad Globalizadora, el pequeño caso del islote Perejil levantaba los mismos interrogantes que si la casi simbólica agresión marroquí hubiera sido realmente una agresión. Si Su Majestad el rey de Marruecos no ordena la retirada de sus tropas, ¿qué harán Estados Unidos, la OTAN, la Unión Europea, España?

Era improbable que Estados Unidos enviara un comando dentro del show *Libertad duradera* para liberar el islote Perejil de sus invasores, habida cuenta de que Bin Laden sigue donde estaba y que volvía a circular el ántrax por las venas de la correspondencia norteamericana. Tampoco la OTAN iba a expresar otra cosa que sus deseos de que no fuera a más el contencioso hispanomarroquí y contemplar el minimalismo militar marroquí y el maximalismo militar español como una fiesta de gestos desmesurados dentro de los festejos conmemorativos de la boda del rey Mohamed VI. ¿Era imaginable que la UE castigara a Marruecos cortando las importaciones de su mejor producción agrícola? Un bloqueo económico de esta envergadura pondría en peligro el ecosistema político y social marroquí, a dos pasos de cualquier virus de integrismo islámico.

Ante esta situación de previsible soledad, el gobierno español optó por un desafío militar en toda regla, culminado con una ocupación de la isla a cargo de la Legión, acompañada, como siempre, de su cabra mascota. Una nueva reconquista contra los moros daba una di-

mensión dramática a la ocupación española y adquiría una dimensión
trágica la estrategia de desencuentros entre el gobierno español y el
marroquí, muy especialmente la reivindicación de Ceuta y Melilla
como territorios que los marroquíes suponen ocupados por España
desde hace más de cuatrocientos años. La tensión entre las poblaciones españolas y magrebíes en Ceuta y Melilla sube y baja según la voluntad de un termómetro que controla el gobierno de Rabat y tras
el ramito de perejil en este comistrajo, el próximo paso habría de ser
cualquier brote de conflictividad en las llamadas en otro tiempo «plazas de soberanía». Resultaba difícil creer que la prefabricada tensión
no obedecía a otra finalidad que recordar la posible envergadura de un
conflicto larvado y que la táctica marroquí no conducía a cualquier
fórmula de «al borde del abismo». Aunque la nueva ministra española de Exteriores, señora Palacio, declaró que este perejil no valía
una guerra, la ocupación militar del peñasco decía todo lo contrario,
clara demostración de que al presidente Aznar le gustan las hazañas
bélicas y que la ministra Palacio ya era la última en enterarse. La presencia de la Legión española en Perejil dramatizaba la circunstancia
e impedía la solución recomendable de que sobre el peñasco se cons-
truyera un hotel hispanomarroquí para que se celebraran allí esos encuentros en la cumbre que tanto gustan a los políticos globalizadores
o simposiums sobre la *koiné* mediterránea representada por la beren-
jena o las relaciones Norte-Sur en el Mare Nostrum. Cuando el epi-
sodio esperpéntico estaba a punto de convertirse en trágico, Estados
Unidos de América presionó a Madrid y Rabat para que volvieran
a dejar el islote de Perejil en su autista soledad mediterránea y así se
hizo, demostrando una vez más que donde hay patrón no manda marinero. No todos los soldados españoles han entendido el lugar que
ocupan en el orden del universo y un joven legionario se quejó por
no haber pegado ni un tiro, es decir, por no haber tenido la oportunidad de matar a un marroquí. «Guerra o Paz del Perejil», el mismo
chiste a la medida del espantoso patriotismo de los estadistas de Marruecos y España y de la bravata poética: «Los españoles donde no
llegamos con la mano, llegamos con la punta de la espada».

Dentro de las desmesuradas asimetrías acometidas por Aznar cuando más imbuido estaba de su éxito tuvieron especial significación las conocidas como *decretazo*, o reforma laboral, que trataba de recortar importantes beneficios para los trabajadores, derivados del *statu quo* vigente, y el *banderazo*, o alucinante propuesta nacionalcatólica de plantar una bandera gigantesca en la plaza de Colón de Madrid y rendirle un homenaje todos y todos los meses. La respuesta al *decretazo* fue una contundente huelga general convocada por los sindicatos, y en cuanto al *banderazo* fue motivo de befa y bufa por buena parte de la España de los ciudadanos que al parecer ha sustituido el culto a las banderas peligrosas por las del Real Madrid o Barcelona Fútbol Club.

Con veinticuatro horas de diferencia el gobierno del PP se desdijo en buena parte del *decretazo* sobre reforma laboral y en el *banderazo* o desafío simbólico a las ikurriñas de distinto signo. Aunque el presidente Aznar, urdidor de ambos excesos, insistía en que el gobierno no había retrocedido ni un palmo en las dos apuestas, lo cierto es que sus propósitos de reforma laboral se redujeron inicialmente a asfixiar los PER, más tarde ni eso, y en cuanto a la fiesta de la banderaza se celebraría más discretamente y tratando de convocarla con el consenso de las fuerzas democráticas, lo que obligaría a un ritual menos orgánico y más racional. Observe el alma dormida, avive el seso y despierte contemplando que el gobierno perdería el pulso por los PER, batalla fundamentalmente andaluza y extremeña que situaba en la trinchera a Chaves y Rodríguez Ibarra como jefes de las dos autonomías. Tal vez fuera empeño del PP el sembrar malestares que debilitasen la fuerza electoral del PSOE en ambas comunidades, aunque es probable que sin saberlo hubiera lanzado otro boomerang y ese mismo malestar debilitara las expectativas del PP en las elecciones generales del 2004.

«No se juega con las cosas de comer», razonaba Rodríguez de la Borbolla cuando se enfrentaba a los socialistas que querían crear problemas en el interior del PSOE, y habría que recuperar ese aforismo para recordarle al PP que la ideología es casi siempre consecuencia de intereses materiales y ya escribió Brecht que ante todo está el estómago y luego la moral. Si andaluces y extremeños llegaban a la conclusión de que el PP les estaba fastidiando los PER, eso electoralmente tenía un costo y todo indicaba que lo pagaría más el PP en las generales que el PSOE en las autonómicas. Con respecto al *banderazo* la salida fue más fácil y colaboraron en ella todas las fuerzas políticas en presencia, ansiosas de salir de aquel pantano patriótico animado por aquel grito de «¡*Vivaepaña!*», lanzado por el ministro de Defensa Trillo en el más puro estilo de sargento de reenganche. Se acordó tácitamente relegar el carácter sacramental de la ceremonia y a continuación la ceremonia misma, que sólo iba a crear incordios y atascos en la circulación de la Castellana y ningún rearme de conciencia patriótica. Era mucho más inteligente la influencia de Habermas sobre el PP que el retorno a Millán Astray. El patriotismo según Habermas es una cuestión de gentes racionalmente convencidas y según Millán Astray ya sabemos lo que es: «¡Muera la inteligencia! ¡Viva la muerte!».

Asombrados estaban muchos españoles por la evidencia de la peligrosidad que implican las decisiones terminales de José María Aznar, ante todo peligrosas para sí mismo, porque pocas veces un gobernante democrático había cometido tantas torpezas en tan poco tiempo. Y debido a que el resto de su equipo ha de secundarle en las torpezas y en los aciertos, en la salud y en la enfermedad, con el *decretazo* y el *banderazo* se habían jugado el destino político un puñado de colaboradores de Aznar. Recuerden al mesurado y laborioso ministro Aparicio sepultado por su propio decretazo y sustituido por Zaplana, y a Trillo que, de guisador de minchirones (habas murcianas) y pergeñador de Shakespeare, había pasado a sargento chusquero en el momento en que gritaba su *¡Vivaepaña!*, sin *s* como cualquier suboficial de película de Berlanga.

Parecía ayer el inicio del semestre de mandato europeo de Aznar, dentro de lo que cabe, de España en Europa y nuestro gobierno le había echado purpurina imperial a la cosa, como si durante seis meses, aunque sólo fueran seis meses, en España volviera a no ponerse el sol. Ignoro los destrozos que el nacionalcatolicismo ha causado en los espíritus de los cincuentones que nos gobiernan, en buena parte nacionalcatólicos ya de nacimiento, pero de vez en cuando se les escapa una música de tachín tachín, con arreglos de música pop algo pija. Han inventado el nacionalcatolicismo pijo. Prueba de esta tensión íntima entre las células nacionalcatólicas y la modernidad fue el empeño de don José María Aznar de que alguien, por ejemplo uno de los ciento cincuenta poetas de La Moncloa, le pusiera letra al himno nacional, encomiable aunque peligrosa aspiración. Encomiable porque todo español sensible en un momento de su vida se ha sorprendido de que no tuvieran letra suficientemente conocida ni el mejor pasodoble de todos los pasodobles, *Suspiros de España*, ni el himno nacional. Lo del pasodoble tal vez se explica porque la palabra España tiene mala rima y Serrat pudo comprobarlo cuando escribió *Se llamaba Manuel, nació en España*, canción social bien intencionada, pero llena de rimas desaconsejables, sobre todo si tenemos en cuenta el habitual talento poético del autor de *Conillet de vellut* o de *Tu nombre me sabe a yerba*.

Pero más allá de los riesgos poéticos, conocida la bárbara costumbre española de utilizar el sarcasmo como arma de alta y baja política, podíamos esperar verdaderos atentados al himno aceptado, hasta tal punto que quedaría el pobre casi tan inservible como el que García Calvo urdió para la Comunidad Autónoma de Madrid. En el caso del filólogo y filósofo zamorano sin duda influyó el propósito nihilista de escribir un himno que jamás pudiera cantarse y lo consiguió con el beneplácito del entonces presidente de Madrid, Joaquín Leguina, excelente novelista. Recuerdo que en aquella ocasión expresé mis dudas, muy radicales, de que la letra de García Calvo pudiera ser cantada por solista alguno y no digamos por polifonía alguna y Leguina me envió un bombín y un *foulard* blanco para que me fuera entrenando.

No estábamos ante propósito equivalente. Lanzado sin remedio hacia el sumidero del nuevo nacionalcatolicismo, Aznar pretendía cantar el himno nacional en todas las circunstancias en que fuera necesario y no estaba dispuesto a abandonar el gobierno sin que ese poema ratificara sus exquisitas sensibilidades fundamentales, la patriótica y la poética, habida cuenta de que en el brillante pasado imperial español fueron buenas compañeras las armas y las letras encarnadas en uno de nuestros poetas más exquisitos y ejemplares: Garcilaso de la Vega. Empeño en cierto sentido garcilasista, nacionalcatólico vamos, el de don José María que al parecer se ha dirigido a relevantes poetas de su gusto y objetivamente de buen ver y escribir para que recuperen el hilo de la poética tan frecuente en nuestra infancia, cuando era prácticamente obligatorio saberse de memoria *El dos de mayo* o aquella definitiva proclama de nuestra peculiaridad

> *España es la patria mía*
> *y la patria de mi raza.*
> *Engendraste un Nuevo Mundo*
> *y al viejo vuelves la espalda*
> *etc. etc.*

Problemas de forma y fondo parecidos puede suscitar un himno nacional que o bien ha de afirmar los valores esenciales propios frente al enemigo o bien ha de expresar una confianza ciega en la Providencia que guía los destinos de la Humanidad o bien se ha de parecer tanto al de García Calvo que será imposible cantarlo ni borrachos. Afirmar los valores esenciales propios puede provocar un duro pulso entre centrípetos y centrífugos, porque muy raramente van a estar catalanes, gallegos, vascos y cartageneros de acuerdo con un consenso identificador, aunque sea metafórico. Además, ¿contra quién iría el himno en estos tiempos de globalización? ¿Contra Herri Batasuna? ¿Contra Saddam Hussein y su familia? ¿Cómo se puede escribir un himno *globalizadoramente correcto*? Más bien le gustaría a don José María un himno afirmador de la bondad del futuro si se confirma que el universo todo es una unidad de destino en lo universal sometido a la *libertad duradera*, pero fomentaría una *poiesis*, con perdón, demasiado superestructural. ¿Quién sería, en ese himno, el garante del sentido de la Historia? ¿Dios, la OTAN, Bush, la CNN?

No faltan poetas eminentes capaces de cumplir el encargo, pero se abriría inmediatamente el abismo que siempre nos ha precipitado a las *coñas marineras* más indecentes a costa de nuestros textos más sagrados. En plena Guerra Civil los requetés y los rojos cantaban una salvaje adaptación del *Cara al sol* que ponía aún más la piel de gallina a los caídos por Dios y por España: «Cara al sol y te pondrás morena y tu novio no te va a querer. / Que me importa que mi novio no me quiera / si me quiere un requeté. / Requeté me compra caramelos / y me lleva al cine cuando quiero. / ¡Arriba escuadras a triunfar / que en España empiezan a robar!».

Otra presunción confirmada era el creciente, incontrolado mal yogur del señor presidente de Gobierno, por lo visto propenso a la irritación cuando se le lleva la contraria y a descalificar a cuantos no piensan como él, acusándolos por ejemplo de acomplejados con una seguridad y petulancia de carne de psiquiatra. Al borde de la locura, Aznar llamó *afrancesados* a los españoles que estaban contra la guerra de Irak, insulto que no había vuelto a escucharse desde el siglo XIX cuando los afrancesados eran liberales y los primates de Aznar no. Se insinuaba incluso, y no sólo por los socialistas, que desde hacía tiempo Aznar vivía sin vivir en él, descompensado como algunas presiones arteriales y sorprendido en el imposible trance de saltar por encima de la propia sombra. Dueño de sus silencios y esclavo de sus palabras, el presidente Aznar invitaba a recordar aquellos versos tan ambiguos de Neruda en *Veinte poemas de amor y una canción desesperada*. Le dice el poeta a la mujer amada: «Me gusta cuando callas porque estás como ausente», y hay interpretaciones para todos los gustos sobre las reales intenciones del poeta, tal vez traicionado por su subconsciente agredido por una amante demasiado locuaz. Pero sería invitación de conducta y elogio de norma el recitar estos versos a Aznar, porque, efectivamente, cuando calla está como ausente y eso lo agradecemos los súbditos cansados de soportar su oratoria cejijunta y sus actos de patriotismo expiatorio.

Mareados como atraviesaestrechos en noches de tormenta, los del PSOE trataban de beneficiarse de los excesos de Aznar según la auténtica, y tan criticada, estrategia futbolística de «esperar el fallo» o «estar al fallo», tan difícil de cumplir en la actualidad porque casi todos los jugadores han adquirido una firme seguridad técnica. El PSOE estaba al fallo del PP pero no se atrevía a despegarse de la fiesta de la banderita, por ejemplo, o de los desmanes interpretativos de la propuesta de Ibarretxe y en el caso de los PER porque jugaba la hegemonía en dos de sus canteras fundamentales, Extremadura y Andalucía. En cuanto a Aznar, desde su propio partido hubo quien insinuó lo conveniente de que callase. De que estuviera como ausente mientras otros le corregían los *desenfoques*.

No era fácil, porque la imaginación de Aznar es escasa pero tenaz. Trataba el ministro Zaplana de reducir el tamaño del *decretazo* y se congratulaban de ello los líderes sindicales, cuando hete aquí que el gobierno fragua el *banderazo*, despliega una bandera española casi tan grande como una plaza de soberanía y la instala en la Castellana para que cada mes reciba patriótico homenaje. El ministro español de Defensa o de la guerra de anexión de Irak, es lo mismo, comunicaba que dicha banderaza procedía de una idea antigua de Aznar y habló de la sagrada tela como emblema de nuestra unidad de raza, sangre y lengua, por encima de Rh negativo y de hepatitis distanciadoras.

Informó el señor ministro español de guerras norteamericanas, que la idea de ese homenaje mensual a la bandera en la madrileña plaza de Colón se incubó en el cerebro de José María Aznar antes de que a Ibarretxe se le ocurriera el imaginario de Euzkadi como Estado asociado de España. Tal vez el ensueño banderil fuera consecuencia del mucho uso que los medios hicieron de la bandera norteamericana después del 11 de septiembre y de la mucha envidia que Aznar experimenta cuando comprueba la presencia constante de la bandera im-

LA AZNARIDAD

perial en la vida cotidiana de los USA, así como el poder contar con un himno cantable que repite insistentemente «América, América». A Aznar le conmueve el patriotismo litúrgico de los norteamericanos cada vez que lo presencia.

Desde su adolescencia, Aznar vive la nacionalcatólica angustia del patriota insuficiente y ahora pretendía ponerle letra al himno real, hacer jurar banderaza mensualmente y versificar el pasodoble *Suspiros de España*. Entre decretazos y banderazos, Aznar finalizaba el mandato con maneras de caudillo y sospechemos que aunque cumpliera su promesa de abdicar, un día volvería, no como el padre del Pijoaparte al Guinardó o como Gloria Swanson a Sunset Boulevard, ni como el rey Arturo a Bretaña o el general McArthur a Filipinas, sino como Santiago y cierra España vuelve cada vez que este país pretende sacarse la faja. Veinticinco años después de la Constitución de 1978, cautivo y desarmado hasta el último rojo, los ganadores de la Guerra Civil amenazaban con cubrir sus últimos objetivos democráticos. La segunda Transición había terminado y Aznar ya tenía en su libreta azul la lista de posibles herederos, escogidos entre los más significativos caballeros y caballeras de su mesa redonda.

8

Caballeros y caballeras de la mesa redonda

Una formación plural como el PP admite un ala pija, presente en la conducción política, económica y cultural del aznarismo, pero en la que no suponía al señor Trillo, a quien veía más bien en la fracción shakespeareana, con sonetos incluidos: «Tu sustancia ¿cuál es, de qué estás hecho? ¿Acaso / de millares de sombras que no son nada tuyo?». Le suponía meditativo y dubitativo a propósito de sustancias y accidentes de la política, y le descubrí de pronto como un cliente de pase de modelos, juzgando a sus colegas según la facha y descalificando para la política exterior a alguien portador de estrambóticas barbas valleinclanescas, como Víctor Ríos, portavoz habitual de los comunistas en tiempos de Anguita. Indicaba así que sabía menos de política internacional que el señor Matutes, malogrado ministro de Asuntos Exteriores, como también malogrado futbolista del Real Club Deportivo Español en aquellos tiempos en los que quien no era futbolista a los veinte años es que no tenía corazón y quien no era oligarca a los cuarenta es que no tenía cerebro. ¡Qué gran futbolista perdió el españolismo y qué escaso ministro de Exteriores ganó la españolidad y el criptopinochetismo!

No creo que en los planes de las izquierdas pactantes y pactadas figurara nunca el de postular a Víctor Ríos, portavoz de Anguita, como ministro de Asuntos Exteriores, aunque me consta, desde los tiempos de la revista *Materiales*, que el señor Ríos tiene amplios conocimientos sobre política internacional. Trillo creaba alarma social desde la percepción pija del «¡qué horror, tan rojos y con estas barbas, no serán admitidos en las mejores pistas de paddle!». Desorientado me tenía Trillo porque a los pijos se les nota por el habla, esa agotada estrategia verbal en la que las vocales se despatarran bajo el peso de las consonantes excesivas y, sin embargo, el presidente de las Cortes tiene un hablar murciano poscampesino, como el de mis abuelos maternos, pero el suyo a lo culto y por lo tanto le suponía del ala florido pensil y poco dado a frivolidades apreciativas, aunque el peligro rojo desbarata los temples y relaja los esfínteres más enteros. Autor de un estudio sobre Shakespeare y el Poder, cobran sentido para él los versos del soneto en el que don Guillermo se pregunta: «¿Dónde estás musa mía, qué olvidada pareces / de cantar el asunto al que debes tu gloria? / ¿O es que empleas tu soplo en algún canto indigno / malgastando tu numen con materias vulgares?». He empezado a hablar de Trillo para entrar en la materia de los principales caballeros y caballeras de la mesa redonda aznarista, en la que figuraban algunos de los candidatos a sucederle, pero habría sido más pertinente quizá haber comenzado por don Mariano Rajoy, el ministro todoterreno que solucionó en buena medida los problemas de comunicación en directo del aznarismo y que así empezó a excavar el casi vietnamita túnel que le llevaría al Tesoro Aznar.

La herencia del poder.

Rodeado como casi siempre de gaiteros, Fraga representa la conexión personal del aznarismo con el pleistoceno franquista. Si casi todos los talentos que rodean a Aznar aspiran al reparto de su túnica sagrada, Fraga ya sólo espera la fatalidad de ese *hecho biológico* que nos consuma a todos la gran estafa. Desde esta posición de servidor vitalicio del Estado, imponga quien imponga el Estado, sea un golpe militar sean unas elecciones generales, se ha permitido alguna vez insinuar que Aznar se había puesto algo pesado cuando insistía en que sólo el PP vertebra la eterna España, la España de Carmen la de Triana. Insisto en que el principal instrumento vertebrador de España, pasada la hegemonía indiscutida de la Guardia Civil, es la Liga Nacional de Fútbol, porque impone a los catalanes la evidencia de que enfrentarse al Real Madrid es una clave de sus señas de identidad, mal abastecidas en el caso de formar parte de una liga autonómica cuyo partido cumbre sería Barcelona-Español y a continuación Santa Coloma de Gramenet-Matadepera. Igual podría decirse de los vascos, que en el caso de escindirse de España cifrarían toda su esperanza épica en que el Athletic venciera al Bayona, a la espera del encuentro del siglo: Athletic-Real Sociedad. El morbo de la Liga Española de Fútbol consiste precisamente en su carácter de guerra civil multilateral permanente e incruenta que provoca el sorprendente efecto de la unidad entre los públicos y los estadios de España.

De seguir en su discurso excesivamente españolizador y madridista a la vez, Fraga creería que Aznar se arriesgaba a morir de éxito, como en su día murió de éxito el PSOE. Los pueblos sólo se vertebran bajo el dictado del palo, la vía franquista a la metafísica unitaria, o el del consenso derivado de hechos de conciencia condicionados por la necesidad. Cohabitantes de una abracadabrante unidad de destino en lo universal, los habitantes de España nos necesitamos vengamos de donde vengamos y seamos del club de fútbol del que seamos y eso es casi todo porque, sinceramente, a mí, por ejemplo, los Reyes Católicos me la traen bastante floja con perdón y como todos los reyes absolutistas algo tenían de general Pinochet y no digamos ya de general Franco. En cuanto a la bandera no me emociona ni la de la II República, que es la mía casi de nacimiento, y las fiestas y bailes llamados regionales no me conmueven especialmente: prefiero las cocinas representativas de las diferentes comarcas, prodigiosa demostración de que hay pueblos dotados para la cocina y pueblos que no. Así como ya Nietzsche dijera que hay pueblos que nacen para hacer historia y otros para padecerla, España al menos ha nacido para tener cocinas y en cambio el Reino Unido para padecerlas.

Al margen de mi entusiasmo por las cocinas de España, demostración de lo que se puede conseguir con pan, amor y fantasía, y de mi coherente, racionalista militancia en el fútbol como único factor religioso de integración, viviría ya bastante en paz con ese personaje con el que comparto carné de identidad, de no ser por los ruidos que emite el poder político. Vivimos una fase de la historia en la que los políticos con poder no tienen otro poder que el de decir que lo tienen, aunque tengan menos autonomía de gestión y programación que, por ejemplo, el presidente del Bundesbank o del Fondo Monetario Internacional. Por eso me ponía malo cuando Aznar se subía el bigotillo a media asta y decidía vertebrar a España costara lo que costase. Comprendo además que uno de los padres de la criatura, el vitalicio Fraga Iribarne, acabe irritado por tanto desmadre unitarista y, rodeado de su ejército de miles de gaiteros, reclamara presencia internacional para Galicia correspondiente al federalismo implícito en la fórmula del Estado de las autonomías. Fueron los mejores tiempos del Fraga democrático. Cuando se sublevó, brevemente, contra su jefe, al frente de quince mil gaiteros, inconsciente del chapapote que se le venía encima.

La actitud de Fraga fue jaleada por heterodoxa hasta por los socialistas y hay quien la atribuye al apretón de manos que se dieron Beiras, jefe del bloque galleguista, y el en otro tiempo responsable del aterrador eslogan *Spain is Different*. Sería algo así como si mediante el apretón de manos, Beiras, que tiene aspecto de brujo bueno y vestido de blanco, le hubiera traspasado a Fraga parte del espíritu galleguista más diferencial. También hay quien atribuye la heterodoxia fraguista a la edad, porque don Manuel hacía años que habitaba en ese territorio biológico donde el sentimiento le gana la partida a la razón y a la ironía. Pero yo apunto la hipótesis de que Fraga se pusiera federal federal porque estaba hasta el gorro, por ascender territorialmente la metáfora, de la prepotencia nacionalcatolicamadridista de José María Aznar.

En mi opinión Aznar carecía de cintura política, y mientras dispusiera de mayoría absoluta seguiría recaudando votos en toda España a base de sitiar a los nacionalistas vascos y catalanes. También a base de discutirle al mismísimo Fraga la reivindicación de otorgar a los gallegos representación internacional complementaria en todos aquellos problemas que les afecten especialmente. Otra cosa será cuando, en su día, el PP pierda la mayoría absoluta y José María Aznar vuelva a hablar catalán en la intimidad, se ponga la txapela también en la intimidad y convoque a cinco mil gaiteros para que establezcan un paisaje de fondo sonoro a la canción «*Nera* sombra, *nera* sombra», interpretada por la coral de Quintanilla de Onésimo Redondo y de las JONS.

El papel cumplido por Rajoy en la división del trabajo de la cúpula del PP aparecía delimitado por el hecho de que Aznar se dedicaba sobre todo a viajar al extranjero proponiendo, sin éxito, planes de paz étnicos o alianzas militares con Bush y su mariachi. Rodrigo Rato movía la economía del país desde una sala de máquinas discretamente disimulada y Mariano Rajoy es el que da la cara en los problemas nacionales, los causen las vacas locas, los causen los curas. Teníamos al superministro lidiando con los bovinos y de pronto los obispos comunican que no suscriben el pacto antiterrorista, esa chuchería del espíritu que se inventaron el PP y el PSOE para demostrar que existe la razón de Estado y que les pertenece. Así como Rajoy maneja a las vacas desde el más absoluto sigilo, no vayan a cornearle, en cambio, se fue a por los curas y les espetó su perplejidad ante tanta ambigüedad, perplejidad sorprendente, habida cuenta de que el PP es más o menos un partido pre o posconfesional que trata de vincularse con la razón histórica de la antigua democracia cristiana. ¿Desconocen los pre o posdemocratacristianos que la ambigüedad es uno de los implícitos preceptos generales de la Iglesia?

No contento con las complicaciones que le puedan venir de vacas y curas, Rajoy afrontó los temas sustanciales de la política española y declaró que las reformas fundamentales que se propone el gobierno tienen cierta necesidad de pacto de Estado: el plan hidrológico, la política de inmigración pero sin revisar la ley de extranjería y la ley de Humanidades. Y si no hay pacto de Estado, la mayoría absoluta del PP le permitía tirar adelante su capacidad de legislar y ejecutar. Creo que el ex vicepresidente del Gobierno y hoy aspirante a presidirlo en el 2004, Mariano Rajoy, olvidó demasiado tiempo otro expediente importante, la reforma del poder judicial que tanto preocupaba al PP porque muchos jueces les habían salido disidentes y algo ocupas de las almenas del poder.

Reforma por reforma, el PSOE juega a la oposición dentro de lo que cabe, porque en la lógica política democrática el partido en el gobierno va gastando poco a poco su mayoría absoluta y vienen tiempos de vacas locas y flacas, así en Estados Unidos como en los cielos. El señor Trias, representante de Jordi Pujol en la Tierra, es decir, en Madrid, ya había especulado sobre la evidencia de que en las elecciones del 2000 el PP no tendría la mayoría absoluta y que CIU volvería a ser un aliado determinante y necesario, y repetirá su análisis a medida que se van acercando las del 2004. El PSOE calculaba cuántos escalones va a descender Aznar para que pueda subirlos Rodríguez Zapatero. De ahí que avenirse a jugar a fondo un consenso del plan hidrológico, la ley de Humanidades y la política de inmigración fuera muy fácil de declarar y muy imposible de ejecutar.

El plan hidrológico revela que hay intereses desiguales entre distintas comunidades. El agua es uno de los bienes más escasos que hay en España y pone de los nervios a todo bebedor de agua.

El plan de Humanidades conlleva una revisión de qué se enseña en las escuelas, entre otras cosas la idea de España que se ha heredado de una historia que generalmente no ha tenido en cuenta las importantes causas perdidas y los perdedores de esas causas perdidas y ha fomentado una dramática capacidad de autoengaño y autodesconocimiento.

La política migratoria en lo que afecta a la ley de extranjería es la crónica de una chapuza anunciada, desconectada de la realidad y ha causado más conflictos que soluciones.

En cuanto a la reforma del poder judicial el PP algo ha topado con los convencidos de que el poder judicial es independiente y con quienes no tolerarán que el poder judicial no parezca independiente aunque en el fondo les importe poco que lo sea o no lo sea.

Problemas. Problemas. Problemas. Rajoy los enuncia y están ahí a la espera de otros accidentes políticos complementarios que puedan venir de conflictos sociales: los daños de la inflación, el pleito de los funcionarios, el final infeliz dé las relaciones con los sindicatos, todos los chapapotes del curso 2002-2003, las potencias del Eje reunidas en las Azores, la guerra de Irak, la escasa marcha del tren de alta velocidad. También se complicó la meteorología en la política exterior, especialmente en el caso del averiado submarino nuclear inglés reparado en Gibraltar que puso a prueba esa extraña amistad en la riqueza y en la pobreza, en la salud y en la enfermedad que une a Blair con nuestro José María Aznar. Y ahí está, ahí está el joven emperador Bush II el Risueño que comenzó y ultimó la guerra de anexión de Irak, y el gobierno tomó partido, no entre Bush y Saddam, sino entre bombardear Bagdad del norte o Bagdad del sur, mientras se afilan los cuchillos en Israel y en algunos países árabes y todo conduce a uno de esos conflictos abiertos que tan bien combinan con la filosofía de la vida y de la historia del emperador.

Y además se calentaba la Tierra y las aguas del Ebro bajaban revueltas y escasamente consensuables, a la espera de que Mariano Rajoy las metiera en su carpeta, y nadara río arriba con una vaca loca en la cabeza, los brazos cargados con España como problema y los pies metidos en todos los chapapotes del *año terrible*.

A veces los superlativos pierden su sentido cuando quedan por debajo de lo adjetivado. Por el lenguaje indirecto se puede superar este problema, pero hay que tener mucho cuidado. Por ejemplo, de un torero español del que se habían dicho toda clase de adjetivos venerables, finalmente no hubo más remedio que gritarle: «Marcial, eres el más grande». Grave problema plantea el señor Rajoy, sea vicepresidente primero o sea superministro en casi todo lo importante. De todos los superministros habidos durante la democracia, Mariano Rajoy es el que más ha afrontado la totalidad de los problemas nacionales, los causen las vacas locas, los curas, los jueces, las mareas negras o rojas. Pero, más madera que es la guerra, he imaginado muchas veces al omnipotente don Mariano, cual presidente Mao, nadando contra corriente todos los ríos de chapapote del aznarismo.

Hasta fue ministro del Interior, con lo que establecía la sospecha de que todos los demás ministros sobraban o de que Aznar sólo se fiaba de Rajoy, y quién sabe si es él quien le aconseja los libros que debe leer, habida cuenta de que Rajoy fue también ministro de Cultura. En este país eres alto, sabes inglés y hablas con acento gallego y tienes mucho ganado. Pero ahí sigue el problema de la nomenclatura, en tiempos de herencias, retirado Aznar de primer plano rodeado de delfines con las bocas o las fauces calladas pero abiertas. Rajoy no debe conformarse con la calificación de vicepresidente primero del Gobierno, tampoco superministro porque evidentemente lo es, pero además es un pluriministro y como a Aznar le siga dando el ramalazo de actuar como ministro de Asuntos Exteriores, lesionando las ilusiones de la señora Palacio, como en el pasado dejó lesionado a Matutes y Piqué, bastará un gobierno constituido por Aznar y Rajoy solos, lo que significaría un considerable ahorro de los gastos estatales.

Rajoy tiene alma de pluriministro y no sabemos si esa cualidad actuará a su favor o en su contra en el momento de la sucesión porque en el exceso de talento y capacidad de trabajo puede radicar su mayor peligro político. Si te equivocas pegando sellos de correo, imaginen la cantidad de errores que pueden producirse llevando a cuestas uno solo a España como problema. Los cambios gubernamentales han ido reforzando el aznarismo según las pautas egocéntricas del señor presidente que confía en pocos elegidos, de ahí la acumulación de cometidos de Rajoy y el misterioso aunque breve ascenso a ministro del señor Lucas, el hombre que tanto ayudó al presidente a convertirse en la cabeza del PP. Fue Lucas quien convenció a Fraga de que Aznar daría mejor resultado que Isabel Tocino, a pesar de que Fraga le oponía que la candidata estaba mejor de piernas que su recomendado.

En el punto más agudo del *año terrible* del PP, emergió la poderosa presencia de Mariano Rajoy como ministro escoba destinado a despejar los posibles errores de forma y fondo de los demás ministros, desde Villalobos y Arias Cañete hasta Álvarez Cascos. En España, ser presunto delfín no es ninguna ganga. En este sentido el Honorable

President Pujol ha creado un terror delfinista que ha afectado al menos a cinco presuntos herederos. Nada más instalados en esa condición sus carreras políticas topaban con algún obstáculo insalvable y los cementerios políticos de Cataluña están llenos de cadáveres exquisitos de delfines incluso exquisitos. A uno de ellos le comenté en cierta ocasión que se rumoreaba su condición de secreto príncipe heredero del pujolato y el hombre, estremecido, miró a derecha e izquierda y me susurró: «¡Calla! ¡No vaya a llegar a los oídos del President!». Ahora Pujol ya se ha enterado de que Artur Mas es su heredero, pero yo del señor Mas no estaría tranquilo, ni hablaría demasiado, hasta que se cumpliera el hecho sucesorio. Últimamente ha extremado sus deseos de llegar incluso a ser adorado por las masas. Mal asunto. Aznar ha demostrado que lo mejor para obtener mayorías absolutas en la España actual es no ser ni demasiado alto, ni guapo, ni rubio, ni alto.

La ejecutoria del superministro Rajoy tuvo algún momento culminante, como cuando salió a hombros de la plaza donde había lidiado a las *vacas locas* en el momento en que el PP de la mayoría absoluta entraba en el siglo XXI y en el tercer milenio. Ignoro si entonces lo sabía. Iba para delfín.

Circuló, aviesamente, la noticia de que en las últimas elecciones autonómicas vascas, Mayor Oreja no consiguió ni un voto en su pueblo natal, demostración flagrante de que nadie es profeta en su tierra y que en algunos casos se consigue ser nadie en la propia tierra. Sobre el futuro de Mayor Oreja se pronunció gravemente Arzalluz días antes de la jornada electoral cuando se preguntó si una vez vencido iba a sentarse en el banquillo a dirigir la oposición el PP. Sí lo hizo. Pero cometió la escandalosa torpeza de llegar en cierta ocasión tarde a una batalla del voto en el Parlamento de Vitoria y el PNV le pasó la mano por la cara y por la boina. Suele suceder que cuando a un político de cejas altas, llamado para grandes empeños, se le somete a una probatura electoral que no está a la altura de sus ambiciones, si la pierde no permanece en el cargo. O se retira de la política o se va al desierto a esperar nuevas tentaciones.

Mayor Oreja actuaba en el País Vasco enfrentado al Todo o a la Nada. Si ganaba, volvía vencedor y, quién sabe, podía ascender a emperador. Pero si perdía o se lo comían los bárbaros o caía en desgracia para toda la vida, toda esa vida quedaba convertida en un melancólico bolero: lo que pudo haber sido y no fue. Mayor Oreja partió en la expedición a Euzkadi con las estadísticas hispanas a favor, señalado como el político mejor valorado del PP, sin duda porque tiene un rostro que inspira confianza y una sonrisa de galán otoñal que ha vivido intensamente, cada año un círculo concéntrico en el corazón y en el cerebro. Cierto que los datos de aceptación de Euzkadi no se conocían demasiado y dudo que el ex ministro del Interior hiciera campaña tan mala como para que los sondeos del CIS, revelados por Felipe Alcaraz, demostraran que era tal vez el político vasco menos apreciado por los vascos.

El gran mérito del candidato durante su etapa como ministro del Interior fue no haber reinventado el GAL y ser así el primer ministro del Interior o de Gobernación español que ya en la democracia no ha fomentado o heredado un GAL. Pero no fue muy eficaz en la represión del terrorismo.

El que los gobiernos del PP hayan sido de centro derecha inspiraba confianza en las gentes con respecto a la lucha contra ETA, convencidas de que en España, y en esta galaxia, el orden casi siempre ha sido de derechas y las fuerzas destinadas a garantizarlo también han sido siempre de derecha o de centro derecha. Durante más de siete años de Gobierno popular nadie podía decir que el partido gobernante hubiera conseguido que la cuestión vasca esté peor que hace cinco años, pero está peor, y sin duda la causa de que esté peor se debe en primera instancia a ETA y luego, como tanto insisten Mayor Oreja y el propio Aznar, al PNV por celestinear en Lizarra. Una vez delimitadas las culpabilidades deberíamos plantearnos qué ha hecho el gobierno del PP para contrarrestar la malignidad de ETA y el PNV, es decir, qué ha hecho para que las fuerzas del mal no triunfaran y consiguieran instalarnos en este marasmo. Se necesita alguna respuesta para que no cunda el pesimismo histórico o el metafísico y las buenas gentes del lugar lleguen a la conclusión de que el Mal es más fuerte que el Bien, es el Ser de una existencia que día a día garantizamos devorando a otro ser vivo mejor o peor cocinado.

El propio Mayor Oreja planteó un problema que no tiene solución desde nuestro nivel de conocimiento peatonal de la Historia. El entonces señor ministro nunca se fió de la tregua de ETA, pero luego añadió que gracias a esa tregua, ETA cambió su sistema de comunicación interior y consiguió moverse con mucha más soltura. Si el señor ministro no se fió nunca de esa tregua, y lo demostró fehacientemente, ¿cómo es posible que ETA cambiara sus correos sin que se enterara Mayor Oreja? No es una crítica, es la expresión de mi angustia. Tras los resultados de las autonómicas vascas, la dramática y mal declamada diatriba última del jefe de Gobierno retransmitida por TVE, fue expresión misma del quejío gubernamental y de la carencia de cintura política ante el problema vasco. Está visto que la tesis PP sólo conducía a elecciones autonómicas anticipadas y a quitarle al PNV la mayoría relativa. No había ni una idea política nueva y se buscaba una fácil comunión de agraviados por la barbarie terrorista que evitara la pregunta elemental: ¿lo está haciendo bien este gobierno?

Las declaraciones de ETA a una publicación francesa ridiculizando sus acuerdos explícitos o implícitos con el PNV y Eusko Alkartasuna establecían una curiosa tenaza entre el PP y los terroristas para llevar a la más absoluta miseria a los partidos comprometidos en el pacto de Lizarra. El PP acosa al PNV porque colabora con ETA y ETA acosa al PNV porque no colabora lo suficiente. Si está claro lo que persigue el PP, que es quitarle base socioelectoral al PNV en Euzkadi y propiciar un *sorpasso* con la ayuda del PSOE, si los socialistas se prestan, más perverso era lo que pretendía ETA. A veces parece como si quisiera llegar a una situación a lo «OK Corral», un desafío cara a cara con el PP, arruinados o desacreditados los otros partidos abertzales. Si en el pasado, los etarras aseguraron que no querían negociar ni con el gobierno de UCD, ni con el PSOE porque el que mandaba en España realmente era el Ejército, ahora parece haber escogido al PP como el duelista preferido. ETA debería estar enterada de que el que manda realmente en España, como en todas partes, es el poder económico, pero de momento el poder económico aún utiliza políticos como intermediarios y está claro que sus políticos preferidos, ahora, son los del PP.

Aparentemente, el triunfador de la batalla contra el pacto de Lizarra fue Mayor Oreja que desde el principio dijo que la tregua de ETA era una trampa. Está claro que en esa trampa caímos todos los que vimos en ella una puerta abierta a una solución política, pero si caímos fue porque la política de Mayor Oreja no conducía a nada o sólo conducía a un toma y daca de violencia a la espera de que ETA se debilitara tanto que no tuviera más remedio que rendirse. Las reivindicaciones nacionalistas soportan este tipo de batallas regularizadas y basta con esperar nuevas remesas biológicas que las mantengan. ETA tiene cantera. Cualquier movimiento semejante tiene cantera y la línea Mayor Oreja depende de la tenacidad del presupuesto general del Estado y de la paciencia social para durar todo el siglo XXI. Hasta ahora la única victoria indiscutible del señor ministro del Interior en la cuestión vasca es que no se dejó engañar por la tregua de ETA. Felicidades.

PP y ETA pueden ir dejando cadáveres políticos por el camino, pero es dudoso que consigan quedarse a solas. Se había escogido la vía de negociar tal vez algún día, pero al borde del abismo, y de momento sólo se está al borde del abismo y no se negocia. Anasagasti avisó a Aznar de que la cuestión vasca había sido el talón de Aquiles de los anteriores gobiernos y lo sería también del actual. ETA, de momento, ha tratado de demostrar que el talón de Aquiles del PNV es la mismísima ETA y esto ya parecía una sesión de concurso *reality show* al alcance de cualquier cadena de televisión pública o privada. PNV, ETA y PP conspirando para que uno de los tres quede más fuera de concurso que los otros dos. Estábamos, estamos siempre a la espera de acontecimientos, en uno de esos tiempos muertos o tontos incoloros, inodoros e insípidos.

Pero a medida que pasaban tiempos muertos o tontos en este asunto, el aire empezaba a oler otra vez a bombazo o a secuestro. Después del empantanamiento del espíritu de Lizarra le tocaba mover pieza a ETA y sólo disponía de dos: o declaraba una tregua para la que aparentemente no había motivos y que sonaría a trampa después de jugar a Pedro y el lobo, o pegaba un bombazo de alta intensidad, si es que es posible considerar de baja intensidad las bombas postales recibidas por Carlos Herrera y el subdirector de *La Razón*. La lógica elemental conducía al bombazo. Llegaron otras bombas. Otros alborotos. Otros tiroteos y hasta un ex ministro tan comprensivo con los nacionalismos aplazados como Ernest Lluch fue asesinado por tiro etarra.

No hemos conseguido cambiar las manifestaciones de condena o de pésame cuando llega lo que tiene que llegar. Si no encontramos nada mejor de lo ya tan usado, yo me inclinaría por el silencio. Lo peor de este asunto es que ETA se ha convertido en una obviedad. Algo así como la Puerta de Alcalá, tantas veces cantada por Víctor Manuel, Ana Belén y por mí. La tregua y el pacto de Lizarra o Estella quedarán como un año sin sangre, un año excepcional en relación con la regla. Volvimos a la regla y quedaron frente a frente los etarras y Mayor Oreja, rostro y apellidos para una estrategia gubernamental que llevaba, entonces, cuatro años sin solucionar un problema que tiene más de un siglo y que dispone todavía de tiempo por delante para seguir sin solucionarlo el PP, a pesar de la agudeza demostrada por Mayor Oreja cuando en sus tiempos de ministro del Interior no cayó en trampas que le tendía el enemigo. O tal vez no solucionar del todo este problema sea la única solución posible. Al fin y al cabo más gente muere de accidentes de tráfico y no se prohíben los coches ni las carreteras.

La derechización progresiva de Aznar ha implicado al PP y lo ha convertido en un intento tardío de nacionalcatolicismo sin Franco. Supongo que Aznar lo ha meditado, por ejemplo, en sus encierros en Doñana, el lugar donde el jefe de Gobierno se retira a considerar como los personajes del cante hondo se colocaban antaño al pie de los árboles sin fruto: «Al pie de un árbol sin fruto / me puse a considerar / qué pocos amigos tienen / aquellos que no tienen *ná*». El jefe de Gobierno se ha construido un prestigio de hombre aislado, tras divorciarse de Miguel Ángel Rodríguez; muy bien casado con doña Ana Botella y con George Bush Jr., ya no piensa casarse con nadie más. Comparte con cualquier líder cesáreo, no sólo con Franco, al que se le ha comparado precipitadamente, el llevar la contraria a la sabiduría convencional de las gentes y por eso se ha mostrado cada vez más de acuerdo consigo mismo. Durante la guerra de Irak, Aznar y Blair se telefoneaban para comentar jocosamente el progresivo rechazo de sus pueblos: «Yo ya estoy con un sesenta por ciento de la gente en contra», decía Blair y Aznar se desternillaba de risa porque los sondeos indicaban que un noventa por ciento de los españoles estaban contra su guerra.

Aznar quisiera que los medios de información se dedicaran al duro asunto de la holandización y desholandización del Barça o de los fichajes mediáticos de Florentino Pérez y la oposición ya tenía bastante diciendo y haciendo tonterías con respecto a la *pacificación* de Euzkadi. Ignoro el estado de ánimo en el que un político puede meditar en Doñana, tan cerca de una catástrofe ecológica, corriendo el riesgo de enfangarse en lodos industriales y sin poder recurrir a la descarga de adrenalina de cargarse un pato y guisarlo a la naranja. Los patos son especie protegida en Doñana. Se especulaba sobre la posibilidad de que don José María Aznar decidiera allí prescindir de Álvarez Cascos, al parecer el ministro más gastado, siempre el más gastado, por el uso, sobre el que ya circula un chiste:

—¿Qué tiene que ver Álvarez Cascos con el caso de una botella de refresco sin burbujas?

—Pues que los dos cascos no son recuperables.

Recuperable o no, Álvarez Cascos siempre va por ahí, desde 1996 a 2003, diciendo que no tiene por qué haber crisis de gobierno. ¿Por qué ha de entrar en crisis un gobierno que lo ha hecho tan bien? Una de dos: o Álvarez Cascos y Aznar estaban jugando con el personal o Álvarez Cascos, como los patos de Doñana, reclama para sí mismo la condición de especie protegida. O las dos cosas. Han jugueteado a la hecatombe política con la que especulaba el personal y se ha demostrado que Álvarez Cascos sigue siendo especie protegida, a la vista de la cantidad de centristas que rodean a este magnífico ejemplar de la derecha pura y dura.

También pudiera suceder que reunido en Doñana consigo mismo en busca de centristas para centrar más su gabinete, Aznar no los haya encontrado a gusto de los centristas, de los más y de los menos centristas. Se presume que detrás de tanta especulación, a veces procedente de las propias filas gubernamentales, podía haber una lucha por el subpoder en el PP, marcada por la distancia más larga entre dos puntos, es decir, entre el señor Piqué y Álvarez Cascos, entre un ex comunista de toda la vida y un anticomunista congénito. Y si me he referido a Piqué como ex comunista de toda la vida no ha sido por un alarde de sinsentido, sino porque sospecho que cuando Piqué militaba entre los comunistas, en su fuero interno ya era un ex comunista. Lucha ahora por el subpoder porque el poder estructural lo tiene José María Aznar cogido y bien cogido por las orejas.

O será que los caballeros y caballeras del centrismo también quieren ser especie protegida, porque meterse en un gobierno que va a durar un año en un país en el que el verdadero poder se mide por fusiones bancarias no es aconsejable para jóvenes de derechas, ganadores de nacimiento. Es mucho más rentable ser cola de fusión bancaria que cabeza del PP y todos los masters de Chicago o de Torrelodones se sienten más atraídos por Botín que por Aznar. Al fin y al cabo un máster también tiene derecho a reclamar estatuto de especie protegida y está por ver si la huida hacia el centro necesita realmente centristas o cualquier cosa o persona puede dar el pego, habida cuenta de que el centro es la derecha por otros procedimientos y disfrazada con una máscara incolora, inodora e insípida. Todos los caballeros y caballeras del PP, cuando dejen de serlo, tienen el porvenir asegurado.

Ante cada crisis los ojos de España se dirigen al centrista hallado en el templo, Javier Arenas, el centrista de estar por casa, si admitimos que Rajoy además de centrista es gallego y cuando se es gallego se dice que los demás atributos son negociables. Arenas es el famoso *interés general* personificado. Fue tratado con amabilidades por parte de todos los agentes sociales en presencia y así llamo a los sindicatos y a la patronal, porque durante el reinado de Arenas sindicalistas y políticos empresariales se han comportado más como agentes sociales que como extremos del tenso arco sociopolítico de la lucha de clases. No lo toquéis más. Dentro del ecosistema del PP, entre Álvarez Cascos y Piqué, Javier Arenas es la quintaesencia del centrista a la vez especie protegida y perla cultivada.

Uno de los prototipos más elevados de ser humano es el llamado hombre renacentista, aquel sabio que en el origen de la división de saberes sabía de todo. El prototipo de hombre renacentista es Leonardo da Vinci, ingeniero de puentes y caminos, ingeniero militar, aeroespacial, arquitecto, pintor e incluso cocinero, capaz de encontrar las excelencias del caldo de serpiente o de la sopa de ortigas.

Si se tuviera que hallar un lugar para Álvarez Cascos en el retablo de las maravillas de los dirigentes del PP, sin duda sería el de político con voluntad de ser un hombre renacentista. Se dedica a tantas cosas... a la caza del rebeco, a la pesca del salmón, al nuevo orden mediático, a los trenes de alta velocidad y a veces a las ciencias sociales, desde la perspectiva de un filósofo de la historia dotado de una cosmogonía a la vez asturiana y universal. Esa encomiable voluntad de superación debería ser bien aconsejada por los amigos que le queden en el PP y fuera del PP. No vaya a convertirse el señor Álvarez Cascos en el Chiquito de la Calzada de la filosofía española contemporánea o el Gil y Gil de las argumentaciones sociopolíticas de nuestra nueva derecha. En su momento, Álvarez Cascos trató de emparentar históricamente los orígenes del nazismo, de los bolcheviques y comunistas, del terrorismo etarra con los muchachos que se manifestaron contra Aznar en la Universidad de Bellaterra de Barcelona. Este hombre es de una audacia científica e intelectual a todas luces temeraria, suicida para ser sinceros. Si juntar churras con merinas o la magnesia con el botillo podría ser un ejercicio asociativo casi poético, decir que nazis, comunistas, etarras y manifestantes universitarios proceden de la misma base social es una tontería científico-social. Detrás de los movimientos de masas nazis o bolcheviques había poderosos pensadores y en el caso de los nazis, fascistas, falangistas, jonsistas y demás ralea, gentes muy acomodadas que nunca se quitaron la camisa blanca mientras otros se partían la cara con la camisa negra, parda o azul. Entre los que en España jamás se quitaron la camisa blanca o sólo durante una temporada, mientras el franquismo les hacía el trabajo sucio de aniquilar a la chusma roja o separatista, aparecen muchos linajes ahora reciclados democráticamente que van por la vida y la Historia dando lecciones de liberalismo *tremens*, muy cercano al delirio *tremens*.

Como es poco probable que un ministro tenga tiempo para pensar a tan alto nivel, lo más lógico es que ese discurso hecho con veinte duros de filosofía neoliberal se lo dieran escrito. Por lo tanto habría que aconsejar a don Francisco que no piense por su cuenta y que cambie de pensador.

El señor Rato estaba enfadado. Desde mi perspicacia de peatón de la Historia lo deduje de dos hechos objetivos. A: se niega a darle la mano a Luis Ramallo durante un traspaso de funciones. B: se sube por las paredes en el Congreso y acusa a los socialistas de haber chantajeado al PP en el transcurso del tráfico de miembros del poder judicial. Ante el relativo acoso político emprendido contra su persona con motivo del escándalo Gescartera, Rato reaccionó de manera bien diferente a la de Piqué. El entonces supuesto ministro de Asuntos Exteriores del gobierno de Aznar, con Ercros —un pecado de juventud— en los talones, adoptó una sabia actitud de incomprendido ángel de la guardia de la lógica interna del neocapitalismo español y ahí está codeándose con la crema del poder mundial.

251

Educada por las tensiones dialécticas de su juventud, no sólo Piqué sino toda el ala leninista del gobierno Aznar demuestra una gran destreza cuando se ve acosada por los hechos. Celia Villalobos se buscó una coartada populista y no pudieron con ella ni los ganaderos locos ni los productores de aceite de orujo, y a la excelentísima señora Del Castillo, ministra de Cultura, le han caído encima todos los claustros universitarios de España, pero ella aplica el principio leninista de que los hechos son más tozudos que las ideas y del análisis concreto de la situación concreta, tal como le enseñara Jordi Solé Tura en sus tiempos de muchacha universitaria militante en Bandera Roja.

Rato viene de la derecha tradicional y si ese sector zoohistórico no estuvo preparado ni para un frente popular de centro izquierda en 1936, setenta años después se pone de los nervios si sus errores salen por televisión. Claro que Cabanillas, portavoz del gobierno por aquellas fechas, declaraba que el gobierno respaldaba a Rato, pero los que estudiamos el curioso sistema de señales de Cabanillas Jr., llegamos a la conclusión de que no mantenía ese tono de voz con el que hasta entonces había inaugurado pantanos sin que el público lo advirtiera. Comunicaba tan bien Cabanillas Jr., que no comunicaba. El medio es el mensaje. Por eso nos alertó que al comunicar el respaldo a Rato pareciera desconcertado por tanta adecuación entre significado y significante. O es que tenía a Rato en los talones y sin querer tomarse el valium. Un peligro.

Introduzco a Rato en esta arbitraria descripción de los principales componentes de la Mesa Redonda del cada vez más arturiano José María Aznar, porque pasaba por ser el heredero más cualificado de Aznar y cierto es que ha pasado por las crisis del PP como si fuera el ministro invisible y no le ha afectado ni el chapapote, ni la sangre de los iraquíes, pero ha perdido los papeles cuando se ha puesto en cuestión la claridad de su gestión económica. Cuando tuvo que responder por el caso Gescartera suscitó una cierta alarma social. Habló con un tono de voz y se valió de unos prepropósitos que parecían ser una premonición de cierre del Congreso, aunque no, desde luego, por procedimientos tejeristas.

Doctor en Economía a partir del verano del 2003, otros méritos de Rato proceden de su fuerte relación personal con el presidente, relación incluso entre parejas, de cenas y sobremesas, esas propicias situaciones para el reparto de túnicas sagradas.

Y Trillo cogió su fusil, cuando el país no estaba suficientemente preparado para la noticia de una posible presencia de Ana Botella en la lista de Ruiz Gallardón en las elecciones municipales y golpeado nuevamente con la ratificación de una poderosa y riquísima fundación destinada a promover ideología necesaria y un imaginario de España, el ministro de Defensa y especialista en la isla Perejil, en Shakespeare y habas murcianas, pidió un heredero de Aznar propiciado por un consenso entre notables del PP. Trillo pronunció una frase digna de análisis: «No va a cocinar él solo este plato», afirmación de una negación que implica a Aznar y al propio Trillo, porque el primero no va a cocinar el plato solo y el que cada año cocina los michirones para los periodistas es Trillo. La metáfora es algo más que una metáfora culinaria, es una propuesta de cohabitación en la cocina.

Aznar le recordó que la designación del príncipe heredero corresponde a la junta directiva a propuesta del comité ejecutivo, pero Trillo tiene presente que cuando se infundió un alma presidencial en el cuerpo de barro de José María Aznar, el acuerdo fue cosa de barones o de notables, encabezados por el secretario general del movimiento del PP, don Manuel Fraga Iribarne. Podemos llegar a la conclusión de que estructuralmente, Aznar lo tiene todo atado y bien atado, pero los poderes fácticos del partido se le han sublevado siempre con amabilidad. Pero ya veremos dónde queda la amabilidad ahora que se ha fallado la sentencia de quién queda como heredero de la corona visigótica, electiva, que ha portado José María Aznar, una herencia diseñada en estos dos últimos años. Ni Cascos ni Trillo iban a perder la batalla sucesoria, no entraban en ella, y otros caudillos y caudillitos asomaban el plumero, pero no querían desaparecer de la fotografía.

El sí o el no de Ana Botella a la propuesta de Ruiz Gallardón se pareció demasiado al dilema vivido por Hillary Clinton para presentarse o no como senadora. Pero la señora Botella, Aznar de casada, no tiene casi nada que ver con Hillary Clinton, salvo en lo que respecta a la ambición política que la norteamericana ya ha demostrado y la española está a punto de demostrar. Aznar no se va del todo. Deja una dinastía diseñada en la que primero su esposa, luego su yerno, y quién sabe si alguno de sus hijos, van a tratar de perpetuar lo que haya de providencialismo positivo o realismo mágico, según los gustos, en la sorprendente ascensión política de un inspector de Hacienda que veraneaba en Quintanilla de Onésimo, nieto de un inteligente superviviente.

La dinastía Aznar ni se crea ni se destruye, simplemente se transforma y se adapta a las circunstancias con una sabiduría rigurosamente posmoderna, ecléctica en suma. No muy experimentado en el pensamiento, o al menos no se le conoce ninguno que merezca pasar como novedad a la historia del pensamiento político español, Aznar puede presidir la FAES y convertirse en el Pepito Grillo o el Aristóteles del centro derecha español. Su entorno familiar, tan crítico cuando Carmen Romero se convirtió en diputada del PSOE, asume ahora la pulsión política de Ana Botella aliada con la habilidad estratégica de Ruiz Gallardón. Además, tanto Ruiz Gallardón como Ana Botella quedarían como referentes para la batalla sucesoria que seguiría a la actual de no acertar el PP con un candidato tan suficiente como para presidir el gobierno e introducir la homogeneidad en el propio partido. El fútbol puede ser una rémora tanto para Ana Botella como para Ruiz Gallardón, porque no se les conoce equipo preferido y sí un cierto desdén por un deporte convertido, como algunas drogas, en religión laica de diseño. Pero así como la señora de Ruiz Mateos dejó de dormirse en el palco presidencial durante los partidos del Rayo y se ha convertido en La Pasionaria de un equipo que según ella padece un acoso arbitral evidentemente clasista o influido por el ex ministro Miguel Boyer, doña Ana Botella es lo suficientemente inteligente como para tomar posesión del palco presidencial del Santiago Bernabeu en nombre de los asuntos sociales del Ayuntamiento de Madrid.

Tenía fundamento don Federico Trillo cuando desde la alarma reclamaba un papel decisorio en la elección del nuevo líder, porque Rato se jugaba sus opciones fuera como fuera la inflación, Rajoy según metabolizara el gusto popular su sentido de la ironía, Mayor Oreja dependía de la fortuna política que siguiera teniendo Ibarretxe y en cambio Ruiz Gallardón y Ana Botella, como los buenos equipos de fútbol, parecían depender de sí mismos. Pero Trillo se ha equivocado demasiado a causa de sus lealtades a los peores gestos de Aznar, desde el *banderazo* a la guerra de anexión de Irak, pasando por la reconquista de la isla Perejil.

Aznar y sus mujeres, es decir, Aznar y sus colaboradoras. El presidente Aznar ha vivido dos épocas marcadas por la travesía del ecuador de la mayoría absoluta. Antes del éxtasis, Aznar heredó compromisos que le llevaron a dos extremos, Loyola de Palacio e Isabel Tocino. Encantadora la primera como prototipo de la muchacha fuerte y frágil, en estado de régimen y de pelea entre su mirada interior y la exterior y perteneciente la señora Tocino a la extrema izquierda estética del Opus Dei, con mucho cuero pero con poco escote y marcada por aquella afirmación fraguista de que tenía mejores piernas que don José María Aznar, observación que tal vez no le sentara demasiado bien al jefe de Gobierno. A pesar de la tensión dialéctica marcada por Loyola e Isabel, ignaciana la primera y de bolero la segunda —«Niña Isabel, ten cuidado / donde hay amor, hay pecado… Niña Isabel en amores / lo más fácil es que llores»—, el *look* de vanguardia del PP lo marcaban las minifaldas de Teófila Martínez, Celia Villalobos y otras señoras de la revolución conservadora que a veces parecían más revolucionadas que conservadoras, avanzadilla de primera página que recordaba aquellas delanteras femeninas del cine de amor y desamor de los años cincuenta y sesenta: *Las muchachas de la Plaza de España, Las chicas de la Cruz Roja, Creemos en el amor*. No sé por qué, cuando yo veía la imagen de las minifalderas del PP sonaba en la discoteca de mi memoria *Tres monedas en la fuente*.

Con la mayoría absoluta, Aznar se fue a buscar fuera lo que no tenía en casa y cooptó a Pilar del Castillo y Anna Birulés, que de una juventud de izquierdas han llegado a una madurez céntrica, centrista y centrada y consiguen disimular el esqueleto rockero de sus años vanguardistas, pero han sabido adaptar la línea Mao, en el caso de Pilar del Castillo, a un amurallamiento corporal *light* en tonos claros adecuados para un espléndido cabello muy bien esculpido. La señora Birulés disimula mucho mejor las pautas de los años de esplendor en la hierba y en cuanto a vestuario ha quedado a la derecha de Ana Botella, casi en el territorio comedidísimo de doña Marta Ferrusola. Y junto a estos dos implacables cerebros competitivos, estas dos aportaciones excéntricas, en el sentido etimológico del término, impresiona la adaptación a la mayoría absoluta y a la posmodernidad de Loyola de Palacio y Celia Villalobos, la primera convertida en comisaria europea de diseño de *esthéticienne* y la segunda poseedora de una reciente armonía entre el continente y el contenido de la mejor salud privada y pública, que de eso se trataba. Y tras ellas, el canon. Ana Botella. La que lanzaba y recogía las pelotas del paddle político y se ofrecía como paráfrasis viviente de aquel grosero aforismo: «Detrás de todo gran hombre hay una gran mujer». Triste tópico. Las grandes mujeres jamás aceptarían ir detrás de ningún hombre y no van detrás ni siquiera cuando van detrás.

Pasaron las señoras de Suárez, Calvo Sotelo y González discretamente por la presidencia consorte del gobierno y aunque Carmen Romero salió diputada por Cádiz fue la suya una presencia política sutil y autónoma, incluso en el lenguaje, creadora del adjetivo *jóvena* desde el derecho y la autoridad que le daban ser profesora de Literatura. Aparecía Ana Botella debajo de la capa de Ruiz Gallardón y no de la de Luis Candelas, ni de la de su marido, que cual Batman del centrismo universal se predispone a vuelos por cielos globalizados.

Conserva Ana Botella aspecto de muchacha reposada aunque sea madre de hija tan bien casada y de hijos por casar, responsabilidad a compartir con su deseo de hacer de Madrid la ciudad más importante del mundo, por encima incluso de Washington y, desde luego, Bagdad.

Si a Carmen Romero se le vigilaron hasta las concordancias y el número de novelistas que pasaron por La Moncloa, que se prepare doña Ana porque su mismidad ya no le pertenece y será esclava de su imaginario, en el que figura todo lo que ha hecho y sobre todo lo que no ha hecho, incluso maldecires que le atribuyen ser legionaria, legionaria de Cristo, de una institución más integrista que el Opus Dei. Sospechoso el PP de llevar en sus entrañas parte de aquel nacionalcatolicismo que salvó a Europa de la tentación comunista-rousseauniana, los Legionarios de Cristo son corriente aguerrida del catolicismo, herencia de aquellos tiempos trentinos cuando los de Escrivá de Balaguer y los de Ángel Herrera aseguraban que sus banderas les enseñaban a ser apóstoles y mártires y desfilaban con prestancia de centurias falangistas, en aquella España de músicas marciales unificadas entre *Suspiros de España* y *Soy el novio de la muerte*.

Está por ver a la nueva concejala dedicada a problemas sociales. ¿Se decantará por la justicia distributiva o por la caridad y la familia, tal como le reclaman los obispos, ya lanzados sobre la neófita como ángeles de rapiña? La concejalía será para doña Ana banco de pruebas y tal vez rampa de lanzamiento hacia la sucesión de su marido, desde un concepto monárquico visigótico de las dinastías de jefes de Gobierno o de presidentes de la República. Comienza la carrera política de Ana Botella, recomienza la de Ruiz Gallardón. ¿Puede ocurrir que algún día ambos se disputen la corona de hierro?

Demacrada y fatigada por la singular liza de los aceites volvió Loyola de Palacio de Europa y regresó otra vez a Bruselas, retrato de grupo de expertos en agricultura con señora o si se prefiere todos los enanitos de Walt Disney gritando alborozados: «¡Oh, es una niña!». Seguimos con complejo de inferioridad porque los titulares jalearon la victoria de la ministra como si hubiera sido un singular combate entre España, peso mosca, y la Europa rica, de semipesado para arriba. Y no es eso. No podemos seguir con el complejo de los tiempos del nada espléndido aislamiento cuando era noticia que un galgo español vencía en los canódromos del Munich hitleriano y el único estadista que se avenía a recibir a Franco era Oliveira Salazar.

Somos europeos. Lo somos tanto que en todas las entradas de ciudades y poblaciones de las Canarias, el yugo y las flechas ha sido sustituido por el cambio del euro en pesetas. Pero las ciudades y los pueblos conservan la peculiaridad de nuestro pasado, porque Franco y sus caídos por Dios y por España siguen nombrando calles y plazas como si la posguerra civil no hubiera terminado en las islas más hermosas y a la vez diversas de este mundo. Contraste traumático. Empezamos a pensar en euros, Loyola de Palacio se fajaba ante poderosos varones del Norte fértil y las calles y plazas siguen llamándose como si Franco aún estuviera firmando sentencias de muerte después de tomarse un lacón con grelos, bien regado de Vega Sicilia con sifón.

Supongo que se trata de una mala jugada de la correlación de fuerzas políticas municipales, que más debiera llamarse correlación de debilidades, porque en Fuerteventura por ejemplo, un paraíso de playas y montañas lunares, la nomenclatura del paisaje urbano produce la impresión de estar en una isla ocupada por los parientes pobres de la Gestapo, es decir, por el franquismo. Y no es eso. Porque Loyola vence en Europa, está sentada a la derecha de Prodi mientras Aznar se codea con Blair y es frecuentemente acariciado por Bush. Y además ya podemos pagar el desodorante en euros.

El último fichaje femenino del aznarismo, Ana Palacio, es hermana de doña Loyola y, como ella, curtida universitaria y funcionaria, muy valorada por sus trabajos en la Comunidad Europea y acogida como ministra de Exteriores sucesora de Piqué, con expectativa y cortesía generalizada. Vencedora como el ciclista Armstrong de ese *mal malo* que también se llama cáncer, nadie le podía negar valor a la señora, ni voluntad de claridad de señales. Así como su hermana Loyola se apellida De Palacio, doña lo ha dejado en Palacio a secas. La crisis ministerial se producía al día siguiente del final del mandato semestral español en Europa y como preparatoria de la recta final del mandato de Aznar. Todo estaba apuntado en la libreta azul del señor presidente y pasaron a mejor o peor vida tanto ministros anodinos como ministros quemados o quemables, que no es lo mismo. Por ejemplo, Aparicio no se había quemado, le habían quemado y en cambio Celia Villalobos se quemó por la vía populista, es decir, un día volverá. Caso más complejo es el del ministro Piqué desplazado de Asuntos Exteriores por la hermana de Loyola de Palacio, hecho totalmente clamoroso porque la contundencia de doña Loyola le otorgaba rasgos de hija única, pero está demostrado que tiene una hermana y se teme que tenga otras hermanas o hermanos en listas de espera ministeriales.

En el nuevo gobierno dos viajeros en sentido contrario: Zaplana va desde el poder autonómico al estatal y Piqué se traslada nada menos que del Ministerio de Asuntos Exteriores a la posibilidad de competir con Mas y Maragall por la presidencia de la Comunidad Autonómica de Cataluña. Viaje de prejubilado impropio para un político tan joven y que tantos sacrificios ideológicos y psicoestéticos ha hecho. No sólo dejó de ser comunista a tiempo, sino que además se ha adelgazado espectacularmente hasta conseguir una fotogenia algo expresionista, pero fotogenia al fin y al cabo. Veremos qué ocurre con Piqué tras el final del mandato Aznar porque hasta ahora la ascensión acelerada del ministro catalán parecía obedecer a una lógica secreta aznarista y la desacelerización ahora comenzada pudiera ser presagio de futuro.

Zaplana en cambio llegaba al gobierno como siempre, vestido de primera comunión y con el prestigio de haberse aprovechado espléndidamente de la autovoladura del PSOE valenciano. Era Valencia, con Andalucía, la reserva espiritual del socialismo español y tras el paso de Zaplana no crece la hierba en las praderas de la izquierda valenciana y ya es imposible cazar un bisonte que llevarse a la boca. Se especuló con un ascenso de Zaplana preparatorio de más altos empeños y se abría una puerta en la Comunidad Valenciana para que la izquierda tratara de aprovecharla y recuperar parte del territorio perdido. No obstante, las medidas de aupar a Zaplana y de trasladar a Ruiz Gallardón a la candidatura pro alcaldía de Madrid no parecen ser consecuencia de la improvisación o la urgencia, sino dictadas desde la seguridad de que los huecos dejados por Zaplana en Valencia y Ruiz Gallardón en la Comunidad de Madrid, no los iban a llenar los socialistas.

Por el camino habían quedado otros ministros que no consiguieron hechura de tales y ahí está la señora Birulés, tan contundente en su etapa marxista-leninista en el PSUC universitario y en cambio tan silenciosa o desganada como ministra del Futuro Científico Técnico Conservador Liberal. O los chicos crecen o la señora Birulés ha vivido sin vivir en ella, amarrada al puente aéreo como en el pasado se amarraba a los galeotes a los bancos de las galeras. A desplante claro sonó en cambio el cese de Pío Cabanillas, la melena del Régimen, que cometió el error de dejarse llevar por el patriotismo de empresa y no fue lo suficientemente dueño de sus silencios. Le sucedía Rajoy, otro estilo, y ha demostrado dominar el lenguaje de la ironía que es, indiscutiblemente, la constatación sentimental del fracaso de la razón. ¿Qué resultado daría un portavoz gubernamental irónico?

Pero la gran novedad era la ministra de Exteriores, bien recibida por las personas y muy mal recibida por los hechos.

Ya con la invención de las líneas telefónicas internacionales, el cargo de ministro de Asuntos Exteriores perdió parte de su funcionalidad, aunque conservó el encanto de ser muy útil cuando los ministros hablaban de cosas ultraconfidenciales. Era entonces necesaria la transmisión oral, aunque las razones y sinrazones objetivas predeterminables abonaban la impresión de que viaje y contacto eran perfectamente prescindibles. Desde aquellos ingenuos tiempos del Imperio asirio jamás, jamás se ha podido tener la evidencia de que el viaje de un ministro de Exteriores haya impedido una guerra o facilitado cualquier acuerdo. A las condiciones objetivas y al teléfono se suman ahora finísimos y ultimadores cacharros de comunicación, el e-mail por internet y el sistema de espionaje de los satélites de información, especialmente de los norteamericanos.

Pero ¿por qué y para qué siguen viajando los ministros de Asuntos Exteriores? Porque un ministro de Exteriores español, por ejemplo, no justifica su identidad quedándose entre Pinto y Valdemoro, y tiene que salir en fotografías con otros ministros de Asuntos Exteriores, generalmente dándose las manos y sonriendo, hasta a veces bailando cha-cha-chá como consiguiera la ya cesante ministra exteriorizable del presidente Clinton. Tanta innecesariedad comunicativa se agrava cuando por encima del ministro de Exteriores se cierne la voluntad del jefe de Gobierno de no perderse un aquelarre de poder global donde leer discursitos que casi siempre son como caldo concentrado en cubitos, desleídos en el agua más incolora, inodora e insípida.

Comprensible que en esta situación amargante, de vez en cuando los ministros de Exteriores digan tonterías, no por ser tontos sino por dar la impresión de que son ministros y recolectan entrevistas a cuatro columnas, incluso un titular en primera página. Acosado por una cierta sensación de ministro invisible, el señor Piqué llegó a declarar que «sin tener en cuenta ya el glorioso siglo XVI, España nunca ha estado internacionalmente en una posición tan excelente». ¿Ha olvidado el señor ministro, o desconoce, que España en el siglo XIX participó en una expedición a la Cochinchina más o menos en los tiempos del general Prim?

No olvidemos el apellido de aquel embajador español en Bagdad que dimitió de su cargo por oposición a la política de Aznar y Palacio contra los iraquíes. Postergado en el Ministerio, agredido verbalmente por la señora Palacio, en plena travesía del desierto profesional, el embajador Valderrama se ha convertido en un referente ejemplar, por oposición al carrerismo que suele llevar a algunos diplomáticos al limbo y a otros al cielo, donde lamentablemente estarán sentados a la diestra de Von Ribbentrop, Foster Dulles y don Alberto Martín Artajo.

El emperador Bush invitaba al jefe del Gobierno español, señor Aznar, a su rancho, bien como agradecimiento por los servicios prestados en la lucha contra el belicismo iraquí, bien para pedirle más incondicionalidad, sabedor el emperador de que el presidente del PP vive sin vivir en él desde el día en que la mano imperial se paseó por su lomo. Sería mucho suponer que como en las grandes tragedias amorosas, los incomprendidos amantes recurran al suicidio por el procedimiento de golpearse sien contra sien, esas sienes *moraítas* de martirio desde que buena parte de la humanidad se echó a la calle porque no quiere respaldar matanzas energéticas.

No. No olvidemos el nombre de Valderrama cada vez que queramos cargarnos las pilas de la confianza en la especie diplomática, ni tampoco el de la ministra Palacio, que en la ONU dio un curso completo de insolvencia, tratando de quedar bien con la guerra y con la paz, pero no consigo misma, cual tímida y balbuciente *teenager* aplastada por las estaturas de Powell y de Aznar, sus héroes del rock y del pasodoble. Por más que abría los ojos, la señora Palacio no conseguía ver lo evidente, ni que viéramos en ella otra cosa que un carrerismo más merecedor del Purgatorio que del Limbo porque se llenó la boca de paz para decir la guerra, como en el inmediato pasado se la llenara de Perejil o de carne de cabra legionaria por exigencias del guión. En un tiempo récord, la nueva ministra ha conseguido llegar desde la nada a la más absoluta pobreza: segunda dama del pacifismo aznariano, vestal del templo de la teología de la seguridad, merece un lugar de honor en el *hit parade* de mujeres peligrosas.

Desde esta prevención, redacté y publiqué una carta dirigida a Ana Palacio, donde le expreso mi desencanto ante la destrucción de las expectativas por ella creadas:

> Desde la primera vez que la vi, recién investida ministra, comprendí que algo nuevo se había producido en la Historia de España, en la que jamás se había dado ni una mujer capitán general de región militar alguna, ni ministra de asuntos interiores ni exteriores. Llegaba usted con toda clase de prestigios funcionariales y la

complicidad genética de ser hermana de la poderosa Loyola de Palacio, de la que sólo le separaba y le separa el *de*, automutilación simpática de alcurnias heredadas o diseñadas por el ensueño. Lo importante son los genes y doña Loyola había dejado constancia de su capacidad de organización y mando, incluso de la ligereza de sus adaptaciones a los terrenos más difíciles, como cuando le tocó patinar por encima de toneladas de aceites españoles excluidos de fritos y mercados. Mujer austera, Loyola, en estado de régimen como buena parte de los españoles malacostumbrados por tiempos de abundancia, tuve ocasión de conocerla personalmente en una antesala de Televisión Española. Estaba yo esperando mi participación, noche cerrada, y sobre la mesa habían dispuesto canapés y bebidas. Entró en estas su señora hermana y sin reparar en quiénes éramos, de dónde veníamos, ni adónde íbamos, concentró su mirada amarga, dura, crítica sobre las bandejas de golosinas y dijo algo parecido a: «Con que poniéndose morados, ¿eh?». Comprendo la incontenible amargura de una mujer con voluntad de adelgazamiento enfrentada a tentaciones hipercalóricas, pero lamenté que no hubiera propiciado una comunicación a la medida de nuestros méritos y quehaceres, aun a riesgo de ser confundido con Vázquez Figueroa o Vázquez Rial o con Vázquez de Mella.

Sin el *de*, usted ofrecía además el empeño de un habla diferente a la que caracteriza a la mayor parte de ministros de Asuntos Exteriores, dotados casi todos del don de la obviedad, no al nivel de Ortega y Gasset cuando sostenía que una tabla con cuatro patas era una mesa o al de aquel entrenador de fútbol, Boskov, que acuñó: «Fútbol es fútbol». Su sexo, su entonación, su vocabulario, su posición moral de partida prometían una ministra de Asuntos Exteriores provista de un insólito sistema de señales. También su voluntad didáctica en los resúmenes o en sus comunicados verbales a los medios de comunicación traducían una pretensión de código alternativo, aunque a veces algo precipitado o quimérico. Por ejemplo, cuando usted aseguró que la isla Perejil no valía una contienda y días después la Legión la liberaba del yugo marroquí en nombre de sus majestades los reyes Juan Carlos y doña Sofía. También usted puso una cara de horror suficiente cuando alguien le insinuó la posibilidad de una guerra contra Irak y negó tal posibilidad, meses, muy pocos meses antes de la guerra de anexión anglonorteamericana, respaldada de pensamiento y omisión por el gobierno español. Me disculpará usted si cuando aseguró, con esa vehemencia lírica, diríase que poética, que la caracteriza, que Siria era un país amigo que no merecía ninguna aplicación de la libertad duradera ni de la justicia infinita, nos pusiéramos a temblar por los pobres sirios, habida cuenta de que hasta entonces sus deseos pacifistas, señora, no se habían visto satisfechos y, al contrario, haciendo de corazón tripas, defendió en el Consejo de Seguridad la política de acoso y derribo militar del régimen de Saddam Hussein, con los errores o daños colaterales incluidos.

Duro oficio cualquiera que se relacione con el poder porque suscita responsabilidades a veces suprahumanas y propicia musculaturas psicológicas atléticas para decidir tantas veces lo que no se desea. Cuando la vi a usted en aquella sesión del Consejo de Seguridad en la que superó con creces al representante norteamericano, Powell, en su presunción de culpabilidad de Irak y ofreció su muy bien diseñada frente como muro contra el que se estrellaban los argumentos tranquilizadores y antibelicistas de los investigadores de las Naciones Unidas, pensé: «He aquí una mujer admirable que asume la responsabilidad de que los españoles seamos compañeros de viaje de una guerra santa y no santa a lo católico». El Papa estaba en contra; si no santa, a lo protestante, porque por mucho que lo obviemos, doña Ana, Bush es un protestante, un pedazo de protestante. Ha ido usted asumiendo todos los misiles inteligentes que el Imperio ponía encima de su mesa y hasta ha cerrado los ojos cuando los misiles salían algo tontos y mataban población civil, incluso periodistas, dos de ellos españoles a todos los efectos. Las personas normales, es decir, vulgares, no estamos preparadas para esos ejercicios tan musculares del espíritu.

Tal vez algún día podamos vivir usted y yo una noche inolvidable de verano, en un ámbito supuestamente ajardinado y lleno de arquitecturas de agua bajo la luna, propicias brisas perfumadas de jazmín, donde leviten como jalones las cartas de la baraja norteamericana, es decir, aliada, donde se reproducían los rostros de los principales enemigos iraquíes, a manera de propuesta de *wanted* mucho más lúdica que los carteles originales tantas veces vistos en las películas del Far West. Cuando una de las cabezas reproducidas se correspondiera con una muerte comprobada, bueno sería que esa testa colgara sobre su propio naipe, las de los hijos de Saddam Hussein, por ejemplo, con el añadido de la del nieto adolescente, acribillado al lado de su padre, posibilidad de gozo cinegético real o virtual que no pudimos saborear bajo el gobierno socialista, cuando nuestra ayuda al bombardeo norteamericano de Libia sirvió para matar a casi un bebé, una niña hija de El Gadaffi.

Como menú, algo sobrio, no por los posibles reproches de su señora hermana, sino porque rodeados de muerte ultimada y de tanta muerte emplazada como resultante de guerras santas para que España deje de ser un país de segunda división, no sería oportuno recurrir a pitanzas excesivas y mucho menos barrocas de forma y fondo. Su metabolismo debe permanecer relajado para digerir todos los cadáveres que el imperio le ponga sobre la mesa. A usted no se le permite ni un balbuceo. Ni un pestañeo. Duro oficio el del alpinismo político. A media pared de la escalada ya sólo quedan ojos para la cumbre.

Los ciento ochenta y tres diputados del PP que respaldaron en las Cortes el belicismo de Aznar, me parecieron unos insensatos más que juramentados caballeros y caballeras de la Tabla Redonda. Comprendí que su amor por las causas justas los empujara a respaldar la guerra contra Irak, porque muchos, muchísimos de ellos, de aquellos ciento ochenta y tres cruzados, ya demostraron en el pasado cuánto les repugnaban las dictaduras sangrientas, aunque no les pedía el cuerpo demostrarlo contra el general Franco, un anciano, ni contra el general Pinochet, un hispanista.

Legítimo que a la vista de los fracasos de las grandes estrategias del señor Aznar, presidente *in pectore* de la III República española, que no ha conseguido ni el *sorpasso* en el País Vasco, ni la reforma laboral anulada por una huelga general, ni cumplir en la lucha contra el chapapote, ni contener la inflación, ni que llegue el AVE desde Madrid a Lérida, algo debían hacer sus señorías, incondicionales y alarmados porque al presidente se le ponía acento texano en Texas y mexicano en México D.F., y pronto se le atragantarían las galletitas saladas como a Bush y habrá que ponerle un apuntador para que recuerde todos los preceptos de la Formación del Espíritu Nacional, su gran sustrato ideológico.

Los ciento ochenta y tres diputados fueron generosos hasta llegar a las más líquidas complicidades como son la sangre y el petróleo, pero tal vez no tuvieron en cuenta que dada la fragilidad militar que nos acompaña y ante la imposibilidad de que el señor Trillo bombardee Irak con habas murcianas, guisadas o sin guisar, todavía se les pidiera un sacrificio supremo al que tampoco podrían negarse porque se les caían las expectativas electorales y en el futuro ya no podrían contar con Aznar, entre Hollywood y Quintanilla de Onésimo, entre la secretaría general de la ONU y la del infinito.

¿Qué más se podía pedir a los belicistas diputados que daban la espalda a la opinión de un noventa por ciento de los españoles? Herederos espirituales de los tercios de Flandes y de los tercios de quites, tal vez debieron sugerir a Aznar que los lanzara contra Bagdad cual misiles inteligentes y heroicos kamikazes, al grito de ¡*Vivaepaña!*, la tenaz cabeza con permanente poliédrica de la ministra Palacio al frente. ¡Ciento ochenta y tres misiles capaces de elegir objetivos y evitar, en lo posible, esos *daños colaterales* que tanto afean las guerras más justas!

Complicada está la situación política en España en el momento de iniciarse la guerra y si los destructores de Irak mucho hablan sobre cómo reconstruirla, pocas voces señalan que lo más urgente es reconstruir España e intentar reconstruir Europa. Observemos que los del PP estaban molestos porque consideraban que los del PSOE les habían echado los movimientos sociales encima tras el ataque de enajenación belicista padecido por el señor Aznar, sin querer entender que los movimientos sociales se les hubieran echado encima con el PSOE o sin el PSOE. El problema real para el PP es la formación de una vanguardia crítica de la sociedad civil global, como sería un problema para el PSOE si estuviera gobernando. Con ese quinto poder no se contaba y hay quien se lo toma como una sociedad de consumidores que protestan por el mal estado de los productos democráticos y también quien lo considera el embrión de una nueva cultura emancipatoria.

Otra cosa es que la rebelión de la sociedad civil antibelicista fuera a notarse en las elecciones municipales y autonómicas de mayo y en las futuras generales del 2004. Dependería no sólo de las torpezas clientelares cometidas por el señor Aznar con respecto al lobby Bush, sino también de los éxitos y fracasos de una gestión que de momento en el curso 2002-2003 era catastrófica. Desde los líos filiotelefónicos a los ferroviarios, pasando por chapapotes y bodas a la parrilla de san Lorenzo, sin descuidar el frente de la enseñanza donde la ministra Pilar del Castillo ha demostrado una vez más que las rubias son peligrosísimas o el envainamiento del *decretazo*, seguido del coito interrumpido del *banderazo* y la culminación patriótica de la conquista de isla Perejil y a continuación el compromiso de las Azores, el final del PP puede ser tan escandaloso como el del PSOE, aunque, eso sí, más épico.

Mala memoria tiene el PP cuando acusa al PSOE de utilizar con saña el fracaso del chapapote y la horterada sangrienta de la guerra de Irak, sin tener en cuenta el uso y abuso que los populares hicieron de las crisis socialistas debidas a la corrupción o al terrorismo de Estado. Si ha habido alguna vez en un país democrático una operación de acoso y derribo del antagonista político, fue aquélla. Se combinó una operación de tierra, mar y aire que consiguió matar de éxito a los socialistas. Luego los propios del PSOE iniciaron una crisis intestina lamentable que contribuyó a agrandar la presencia política y electoral de los populares. De la misérrima victoria de 1996 a la espléndida mayoría absoluta del 2000 median las torpezas tácticas y estratégicas del PSOE.

Las cosas habían cambiado y la falta de cintura del PP era tan evidente como el todavía escaso remonte de las expectativas socialistas.

En ninguno de los conflictos serios que se le han planteado al PP ha respondido con habilidad estratégica, sino disparando al bulto, encerrado cada vez más con el único juguete de España vertebrada, enunciado que siempre nos ha sonado a huesos rotos o por romper. A veces incluso han escenificado grotescos desafíos a lo *paso honroso* o *la prueba de Dios*, tan frecuentes en las puerilidades medievales, como cuando los peperos retaron a los socialistas a manifestar equivalente energía de protesta a la que exhibieron contra la guerra de Irak, pero esta vez dirigida contra los excesos dictatoriales de Castro. Aprovechando que a don José M.ª Aznar se lo pedía el cuerpo, la ceguera democrática del régimen de Castro se convierte en la prueba del algodón de la honestidad histórica. Si los socialistas no iban a la manifestación, quedaba claro que no discuten el uso de la pena de muerte en Cuba, pero sí en Estados Unidos o la pena de muerte bélica en Afganistán, Kosovo o Irak. Tal vez los socialistas debieron contestarles que irán a una manifestación contra lo que queda del castrismo cuando Aznar salga a la calle protestando por el ciento y pico de ejecuciones autorizadas por Bush durante sus postalcohólicos tiempos de gobernador de Texas o por el secuestro y encierro de talibanes en Guantánamo.

O se manifiestan contra Castro los socialistas o son unos farsantes del purismo democrático, después de haber casi demostrado que son unos traidores a la unidad de España, dadas las coincidencias federalistas entre Rodríguez Zapatero y Maragall. Tal vez en algún laboratorio electoral algún día alguien informó a Aznar de que el PP tendrá mayorías siempre y cuando consiga identificarse con el imaginario de «la salvación de España» y por ahí han ido descaradamente sin importarles calcinar los nuevos gérmenes de la cohabitación de los ciudadanos españoles asumiendo las consecuencias de los hechos diferenciales. O *paso honroso* o *prueba de Dios*, el rostro más peligroso del PP es la resultante de este año en que han gobernando peligrosamente desde la práctica de un despotismo preilustrado, un despotismo de manual nacionalcatólico que tal vez no debamos atribuir al conjunto del partido, sino a la plana mayor de sus templarios y templarias más iluminados.

El papel del ministro Piqué en los foros internacionales, el peso de sus opiniones en el gran mercado universal de las opiniones, ha sido cuestionado por los socialistas y Rodríguez Zapatero ha llegado a afirmar que bajo la ejecutoria y el peregrinaje de Aznar, España ha perdido la representatividad alcanzada en los tiempos de Felipe González. Repetidamente algunas tertulias radiofónicas y también artículos de opinión en la prensa cuestionaron el papel del señor Piqué como un ministro irrelevante, como casi todos los ministros de Exteriores, a las órdenes de un jefe de Gobierno que quiere actuar precisamente, sobre todo, en la galaxia externa a nuestras costas. Lo peor que le puede ocurrir a un ministro de Asuntos Exteriores es que su jefe de Gobierno también ejerza como tal. Piqué tuvo que llevar su coincidencia con Aznar a la condición de calcomanía y así se despachó con unas declaraciones al diario *Avui* que fueron tituladas: «Me siento más cercano de Jospin, porque propone una Europa de equilibrio entre países e instituciones». No se fíen del nivel de abstracción que alcanzan los ministros de Asuntos Exteriores, casi todos seres etéreos que apenas son ministros y desde luego nunca de Exteriores. Lo que en realidad complacía a Piqué, porque complacía a Aznar, era que la tesis de Jospin trataba de frenar la expectativa del progresivo hundimiento del Estado centralista

¿Esa es la misma disposición táctica de Aznar?

Evidentemente no. Tanto el señor Aznar como la que fue su sombra en el extranjero, Josep Piqué, son neoliberales más o menos, mejor o peor convencidos, pero también son exponentes del centralismo entendido a la española que siempre estuvo más cerca del Santiago y cierra España que de las posiciones jacobinas. Pero las declaraciones de Piqué a *Avui* iban más allá del pretexto y pretendían fundamentalmente contrarrestar el ataque socialista por los déficit de la política exterior pepera. Las declaraciones del señor ministro eran por sí mismas la demostración de que al menos sirve para hacer declaraciones como tal y no sólo para sonreír en las fotografías que nos llegaban del extranjero, habilidad en la que Piqué siempre será superado por Solana.

El caso Piqué se convirtió en el caso Cardenal tras la condena que los señores fiscales emitieron contra el comportamiento del fiscal general del Estado para echarle un capotazo al señor ministro. Cuando parecía que el ministro portavoz del gobierno salía reforzado del asunto Ercros resulta que ni siquiera ha salido de él y permanece empantanado en esa etapa de su vida, de su largo viaje desde el PSUC al PP pasando por Javier de la Rosa. La oposición fue consciente de que Piqué era el eslabón débil del gobierno Aznar y todo el mundo observaba la libreta azul del jefe de Gobierno para tratar de vaticinar si Piqué aguantaba o no aguantaba.

Sin embargo, es difícil pensar que Aznar dejara caer a Piqué tras la inversión que ha representado su consolidación política en Cataluña. Por primera vez parecía que el PP disponía de un ariete sólido para, de momento, golpear los portones de la fortaleza pujolista y quedar a la espera de que caiga la breva de Convergència i Unió despujolizada. Si Piqué, por el procedimiento de haber sido también una criatura de Pujol, se puede convertir en el gran despujolizador que la derecha catalana esperaba, también puede quedar en mero proyecto político, en mero experimento de laboratorio si no sale del pantano Ercros.

La irresistible ascensión de este hombre le convierte en presunto vulnerable, porque en cualquier momento puede salir cualquier dossier que ilumine las zonas oscuras de su intenso pasado. ¿Soportará el PP sin Aznar, la tensión de respaldar a una persona que puede seguir estando bajo el microscopio y el telescopio de la oposición? Piqué se mueve con mucha seguridad y respalda jugadas políticas y mediáticas de cara al futuro general del PP y a su propio futuro, pero se le nota incómodo cuando se ve rodeado de preguntas, preguntas y preguntas. Ante los periodistas ya se ha quejado de que sigan teniendo tanto interés en preguntarle y lo peor que le podría ocurrir es que se crispara después del tenaz esfuerzo que ha hecho para convertirse en la sonrisa del Régimen, más aún, en la carcajada del Régimen.

Recordemos que en la Tabla Redonda aznariana sólo suelen sonreír y reír Piqué y Aznar. El presidente del Gobierno algo parapetado detrás del bigotillo. En cambio Piqué se ríe como si viviera en perpetuo estado de gracia o como si viviera en perpetuo estado de disimulo.

No será fácil para Aznar encontrar un sustituto que se ría tan angustiadamente como Piqué.

«¡Que viene Piqué!» era un grito de advertencia al final del curso político 2002-2003. Una de dos: o Piqué ha sido degradado ministerialmente en el comienzo de una retirada política que le llevará, sin duda, a un espléndido anclaje en el mundo de los negocios o de la alta diplomacia o, al contrario, ha encontrado en un ministerio casi virtual, tranquilo y algo improbable, tiempo y andamiaje para el asalto a la Generalitat de Catalunya. Hoy por hoy Piqué no puede ni con Mas ni con Maragall y es muy difícil imaginar qué culo tan inquieto soportará un nivel subalterno de política de oposición autonómica después de haberse codeado con los grandes del mundo y de haber sido incluso víctima de la *simpatía* de Berlusconi. Un hombre que se ha reído ante las cámaras de medio mundo, ¿se resignará a reírse sólo ante las de TV3?

Demasiado joven para su prejubilación, la fulminante carrera política de este catalán que por poco no llegó a catalán universal, merecerá una cuidada atención porque estoy en condiciones de profetizar que Piqué no va a resignarse con un destino menor, sino que partirá en busca de nuevas expectativas imprevisibles. Flaco favor le hizo Aznar a Piqué. Llegar a ministro de Asuntos Exteriores significa saltar un listón difícilmente sustituible, a no ser que Piqué, una vez derrotado en Cataluña, pueda aspirar a la representación de España en la ONU o la presidencia del Barça. Ser un ministro de Exteriores casi a la edad de niño prodigio ha sido uno de esos excesos con los que el presidente Aznar responde a los que impugnan las decisiones que le salen de la libretita azul y bastó que Piqué fuera impugnado por sus complicidades con De la Rosa, para que fuera ascendido hasta el mismísimo cenit de la política exterior española.

Aunque Piqué ha estudiado a fondo su oficio de ministro, al que ha sacrificado kilos y naturalidad, no puede ocultar que sus éxitos son en realidad empeños de Aznar. Como ministro de Exteriores ha sido irrelevante por el marcaje de su padrino, Aznar. Además podría decirse que a Piqué se le cayó el escenario encima, porque tuvo que dar la cara durante el semestre de simbólico mandato español en Europa y se dejó liar en la turbia peripecia repetida de la búsqueda del retorno a España de ciertas formas de soberanía sobre Gibraltar. No quiero apuntarme tantos a toro pasado, pero cuando vi que Piqué se metía en el berenjenal gibraltareño, tal vez empujado por Aznar tras un sueño revelador experimentado en Quintanilla de Onésimo, pensé que nuestro ministro iba hacia despeñaderos irreversibles y ahí está ahora la señora Palacio despejando balones gibraltareños como si fuera una defensa escoba.

Tampoco le ha ido bien a Piqué su empeño en colocar altos funcionarios catalanes en Madrid y su salida de Exteriores significó una descatalanización del ministerio, mutilación grave si sumamos la caída de la señora Birulés que no ha conseguido como ministra los éxitos que solía cosechar como dirigente universitaria del PSUC, algo esquemática y sectaria, pero muy contundente y eficaz. La señora Birulés ha transmitido al consumidor de política la impresión de que era la ministra invisible o tal vez sólo fuera una ministra desganada, pertinazmente situada ante la pregunta: ¿Qué hace una chica como tú en un sitio como éste?

De confirmarse la aproximación de Piqué a la batalla autonómica catalana, tal vez el futuro político de Birulés siga la misma senda y aplique los altos conocimientos científico técnicos adquiridos en una mejora sublime de los niveles alcanzados por los constructores de los auténticos castillos catalanes posteriores a 1714: los Xiquets de Valls y todos sus cómplices.

Saludé la irresistible ascensión del ministro Piqué a partir de su condición de portavoz del gobierno, su inscripción en el PP y la posibilidad de que su estatura de político en crecimiento continuo se cerniera sobre las elecciones autonómicas de Cataluña como voluntarista heredero de Pujol e incluso se podía proyectar sobre la prometida retirada de Aznar cuando cumpliera su segunda legislatura. Pero el PSOE aplica al PP la misma política de desgaste de prestigio por escándalos económicos que hace años dedicaban los populares a los socialistas y parecen considerar poca cosa al ministro de Industria, luego de Exteriores, luego nadie recuerda de qué, y finalmente aspirante a la presidencia de la Generalitat de Catalunya. No es que el pueblo español esté muy sensibilizado contra las corrupciones económicas, pues ni siquiera cuando el PSOE en el gobierno acumulaba una colección completa de escándalos le retiró su apoyo hasta que se conjuraron demasiados agujeros negros, demasiadas cloacas.

Piqué tiene un retrato. De familia políticamente franquista, el joven Piqué militó en el PSUC en el tránsito de los años sesenta a los setenta, pero este pecado criptocomunista lo superó antes de los treinta años y volvió a la casa del padre como solían volver los jóvenes izquierdistas en aquellos años iniciáticos: se había apoderado del lenguaje y el saber del enemigo y estaba en condiciones además de presumir de que él, que conocía el paño comunista, podía denunciar o su baja calidad o su obsolescencia. Alguien relacionado con su ingreso me informa que Piqué militó, pero jamás pagó la cuota, es decir, pertenecer al PSUC ni siquiera le costó dinero. Este tipo de hijos pródigos dieron su juego en la España de la Transición, porque muchos fueron aún más extremistas que Piqué y se pasaron a una izquierda de rompe y rasga, a la izquierda de la izquierda de los comunistas, y luego terminaron prestando voz y voto al poder más pragmático o al más instalado. De hecho habían conseguido ser anticomunistas por el procedimiento de militar en el anticomunismo comunista.

Al regresar del frío, el inteligentísimo señor Piqué se dedicó a labrarse un porvenir, a meterse en empresas audaces, a colaborar con los empresarios punta, los más ejemplares del momento, como Javier de la Rosa, y a dejar crecer su prestigio entre los cazadores de talentos de la política catalana, cumplidores del precepto evangélico de que nada más alegra al cielo que el retorno del hijo arrepentido. Tenía treinta años el señor Piqué y ya era una de las grandes esperanzas blancas de la burguesía catalana, ni peor ni mejor que las demás, contra lo que piense Anguita. Una burguesía como todas, que ha conseguido incluso enmascararse y ya no llamarse burguesía, refugiada en balsámicas denominaciones sociológicas: *establishment* o sector emergente.

Cuando Aznar formó su primer gabinete, Piqué fue uno de los ministros sorpresa, aunque inmediatamente se propuso la hipótesis de que era el tapado de Pujol en un gobierno al que CIU no prestaba ministros, pero ¿por qué no un tapado? Luego se ha comprobado que no hay bastantes cubrecamas en CIU para tapar a Piqué, porque el todavía muy joven político tiene ideas propias sobre los caminos que llevan a la cima y flirtear con el pujolismo fue sólo un momento en su cerebral carrera, así como flirtear con el comunismo fue un instante de su adolescencia cordial, cuando el corazón hace cosas que ni la razón ni el bolsillo comprenden. Los grandes trepadores sociales merecieron en el pasado excelente literatura y casi igual cine, pero ese merecimiento traducía una sensibilidad ética de rechazo convencional ante los escaladores de la pirámide. Hoy ha desaparecido esa actitud ética de rechazo, como consecuencia de la ideología de la supervivencia y del derecho absoluto de la persona a afirmar su singularidad y su hegemonía. Hace treinta, veinticinco años, un caso como Piqué hubiera entusiasmado a todos los especialistas en ética que hay en España, el país con más expertos en ética por palmo cuadrado.

Borrell llegó a declarar, yo lo oí, que Piqué era un cadáver político. Arriesgada afirmación en boca de alguien que ha perdido una parte importante de la excelente salud con que arrancó tras las primarias del PSOE. No hay que precipitarse en señalar la cadaverina ajena, sin atender a la cadaverina propia, sobre todo cuando el cerebral Piqué ha construido su torre de Babel política sabedor de los flancos débiles que ofrecía al enemigo. Hasta ahora le ha salido bien la estrategia de no darse por enterado de que le habían puesto la cabeza en la picota y sus respuestas han sido tan sinceramente posmodernas que parecen del siglo que se nos viene más que del que se nos va. «Todo el mundo hace lo mismo», dijo, más o menos.

Había quien pensaba que Pimentel, el ministro de Trabajo cesante, que no cesado, era un progre infiltrado en el PP, a la vista de lo bien considerado que estaba por los sindicatos. Desaparecido el morbo del espionaje internacional a la altura de la CIA o de la KGB, algo había que hacer y yo mismo publiqué una novela en la que Carvalho trata de demostrar méritos para convertirse en espía *incontrolado* de la Generalitat de Catalunya. La imaginación al poder e imaginar la posibilidad de que Pimentel fuera un infiltrado de Comisiones Obreras o de Fidel Castro o del subcomandante Marcos, por ejemplo, ayudaba a superar el tedio de una política centrista, céntrica y centrada del PP, esta política de latifundista de patatal que es la que inspira a Aznar gracias tan hilarantes como «¡cero patatero!». Literatura aparte, sólo al gusto que tenemos por los muertos se puede atribuir que una vez dimitido el ex ministro de Trabajo fuera tan elogiado por los sindicatos y la patronal. Cándido Méndez tiene por Pimentel un aprecio no menor que el que Almunia siente por Marx y Antonio Gutiérrez está más cerca de Pimentel que de Engels.

Las declaraciones elogiosas de los sindicatos fueron caricias al eficaz ministro y bofetadas a Aznar, y es que la dimisión de Pimentel no ayudaba al PP en la fase de la campaña electoral del 2000. Aunque el cesante declarara que dimitía por el bien de su partido, era evidente que se marchaba dando un portazo en las narices de José Mari. La imposibilidad del PP de hacerse responsable de una política social y sindical moderada representada por Pimentel era arma arrojadiza electoral y a nadie se le ocurría que el señor ex ministro fuera por los tablados en compañía de Aznar y de su musa, Ana Botella, explicando que había dimitido por amistad. Trias, el candidato pujolista, ha dicho que Pimentel se ha ido porque no es compatible con el partido de Aznar y Piqué, sorprendente elección de dúo representativo del Partido Popular. ¿Por qué Aznar y Piqué y no Aznar y la señora Tocino, por ejemplo? Aquí todo el mundo pescaba en el río revuelto y no con caña.

Tampoco parecía que Pimentel se hubiera ido para emerger algún día como aspirante a la herencia de Aznar en competencia con Ruiz Gallardón o Rato. Los presuntos herederos de Aznar estaban inseguros de sí mismos, no tanto como lo han estado hasta ahora los presuntos herederos de Pujol que temían esta atribución como una premonición de defenestración. Hagan ustedes la lista de anunciados delfines de Pujol y contengan las lágrimas. En el caso Pimentel-Aznar estamos en presencia de una historia de desamor y de desencuentro en la que un hombre que no necesita de la política para vivir, ni de la amistad de José María Aznar para tener avión público-privado, quiso darle una lección a José Mari. Pero ¿tan harto estaba que escogió el momento en el que más daño podía hacer al PP su abandono? ¿O acaso el escándalo que su dimisión trataba de impedir es más grave que el escándalo que causa esta *espantá*?

Habrá que esperar varios años para percibir qué destino se ha designado Pimentel y no es el de quedar como enemigo declarado y constante del aznarismo. Cautivo y desarmado el alcalde de El Ejido, que era el peor enemigo que tenía el PP para seguir pareciendo un partido de centro, Aznar se sentía tan relajado que hasta llamaba Paco a Francisco Frutos. «¡Paco, es que no te enteras!», le dijo en una intervención pública. También se había atrevido a llamar *la cosa* a la unidad socialcomunista, olvidando que *la cosa* fue la denominación que Maruja Torres escogió para Jesús Gil y Gil y Gil y Gil y Gil y Gil y Gil... desde antes de la guerra de Kosovo, es decir, desde poco después de la guerra de Corea. Tras el peligroso abrazo del alcalde de El Ejido, la amistosa dimisión de Pimentel y las jugadas de monopoly que le planteaba su compañero de colegio, el telefónico Villalonga, Aznar fue a pedirle a Dios que le guardara de sus alcaldes, sus ministros y sus amigos de infancia, que él ya se cuidaría de sus enemigos.

Teníamos en mente el esquema de una reflexión sobre el misterio Pimentel y del, por Aznar proclamado, «cero patatero» de los socialistas en la estrategia electoral, cuando el nuevo atentado de ETA nos hizo volar a todos por los aires. Tenía la pantalla del ordenador llena de sangre y jirones de carne humana y en el fondo, muy al fondo los gestos rituales de la política, de las elecciones, como si hubiera una insistencia de lo cotidiano en no dejarse desbancar por el crimen. ¿Qué había que hacer? ¿Condenar lo que ya ha sido condenado mil veces? ¿Esperar a que pasado mañana el consumo de esta tragedia como una mercancía informativa devuelva a los candidatos al primer plano de la actualidad?

Me temo que todos los minutos de silencio y todas las declaraciones condenatorias forman parte de un rito, no por sentido menos inútil. Este pleito se resolverá a costa de mucha amargura y muchas deshabitaciones y queda abierto un infinito de posibilidades de sangre. Un excepcional poeta español, primo de doña Esperanza Aguirre, dijo que quizá tengan razón los días laborables, y en la democracia tienen razón los días electorales, en la mañana siguiente del atentado, por ejemplo, cuando volvimos a utilizar el caso Pimentel como una piedra de toque electoral. Habría sido criminal que los candidatos volvieran a echarse el nacionalismo vasco por la cabeza y fue preferible tirarse al señor Pimentel o las patatas que inspiraron a Aznar el ejemplo del cero patatero.

Durante unos días barajé la posibilidad de que Pimentel fuera un infiltrado de la guerrilla zapatista en las filas del PP y aparté de mí aquel cáliz. Aún no he rechazado del todo la poética sospecha de que el ex ministro sea esquizofrénico, como el doctor Jekyll y Mr. Hyde, como don Ortega y don Gasset, como la Belle de Jour que, cual la Rosa de Alejandría, era blanca de día y roja de noche, pero hay que volver a la perversa realidad y a la sospecha de que Pimentel estaba de José Mari hasta los cogollos del cerebro. Porque para los antagonistas del PP, de aquella dimisión se aprovechaba casi todo, como del cerdo, y por las mañanas decían que Pimentel había dimitido por antiaznarismo militante y por las tardes cambiaban el disco y aseguraban que había dimitido porque la corrupción desvelada en su ministerio tiene metástasis.

En cualquier caso la dimisión de este hombre propició el encuadre más tierno jamás presenciado en la política española democrática: esa toma de posesión ministerial de su heredero, el señor Aparicio, acompañado por su esposa, hijos y padres. He aquí un acto de vanguardia. En el pasado se puso de moda saludar a los padres desde los programas radiofónicos de Bobby Deglané o de Soler Serrano. Luego las estrellas del cine aprovecharon los Oscar o los Goya para agradecerles a sus padres o a sus hijos la patria fundamental que pisaban. Pero nadie se había atrevido ir a la toma de posesión de una cartera del Ministerio de Trabajo acompañado de la estirpe, por delante y por detrás. No lo critico. Lo saludo y me ayuda a asumir al señor Aparicio como una excelente persona que utilizó el sentimiento como filtro de conducta, elemento tan encomiable como la razón, aunque a él le costaría el cargo a causa de una interpretación demasiado fidelista del *decretazo*.

Pero una vez manifestada mi complicidad emocional con el nuevo y breve ministro quisiera recabar atención una vez más sobre los hacedores de imagen que vigilaban la campaña de Aznar. Discutible que hicieran salir para un barrido y para un fregado a doña Ana Botella, muy bien dosificada en la etapa de ascensión al poder y tan omnipresente como presidenta consorte que provocó una cierta saturación. Si llamé la atención no fue por el abuso, siempre grato, de la imagen de la señora Aznar, sino por la introducción periódica de bromas y gracias que, en labios del señor Aznar, nunca han tenido ni tienen gracia y le acercan peligrosamente a la caricatura del guiñol de Canal Plus. Lo de «cero patatero» repetido dos y tres veces porque la primera vez no había hecho reír a nadie, recordaba los esfuerzos puritanos para no decir palabrotas que en el pasado consiguieron eufemismos como «mecagoendiez» o «mecagoenelcopón». Lo que podía haber sido «puto cero» o «puñetero cero», se convertía en «cero patatero» con gran jolgorio de las mariquitas de la patata que habían encontrado un compañero de juerga.

Entre el cero patatero y el infinito de la violencia programada para aterrorizar, para aterrorizarnos en nombre de la emancipación de un pueblo no consultado para que se mate en su nombre, aquella campaña electoral del 2000 empezó con sangre, las sucesivas también tuvieron su toque sangriento y queda poca esperanza de que no se produzcan nuevas apoteosis de este tipo. A la luz de la eficacia con la que ETA volvía a matar, se replantea el misterio de por qué fue tan fácil detectar coches bombas después de la tregua, aunque quizá todo estribe en que se trataba de una simple operación de precalentamiento. A sangre fría. Con la misma sangre fría propia con la que se vierte la sangre caliente de la víctima. Pero nadie, nadie debería llenarse la boca con esa sangre y mucho menos escupirla por un puñado de votos.

9

Entre el decretazo y el chapapote

Los desenfoques del aznarismo absoluto precisaban tal vez una materialización inocultable y ésa fue el chapapote, la marea negra de fuel oil que arruinó las costas gallegas. Si el *banderazo* quedaba desvirtuado por el propio excesivo volumen de la bandera, el *decretazo* precisó la huelga general, no tan total como la sufrida por los socialistas en el gobierno, pero suficiente para avisar sobre el riesgo de un excesivo desencuentro entre gobierno y sindicatos, sobre un fondo de conflictos complementarios. Medio aplazado el frente abierto contra la jerarquía eclesiástica, al gobierno Aznar le quedaban todavía desafíos acuciantes: el pulso con parte del poder judicial, con la mayoría de los sectores universitarios y con los sindicatos, por no decir con los trabajadores de España, porque reconozco que suena a conciencia de lucha de clases anterior al último decreto de prohibición de la lucha de clases, emitido durante una de las pasadas legislaturas socialistas. Con la lucha de clases ocurre lo mismo que con la Historia, la burguesía y la novela. Periódicamente aparecen necrológicas que anuncian su muerte, pero luego se comprueba que la historia, la burguesía, la novela y la lucha de clases son cadáveres que gozan de excelente salud.

La convocatoria de huelga llegaba después de un largo período de relaciones tranquilas entre los sindicatos y el gobierno de derechas, tal vez porque el período había coincidido con una bonanza económica para los países globalizadores y tanto CCOO como UGT debían demostrar que no son correas de transmisión de izquierda política alguna. Pero se acabó la bonanza económica y el gobierno del PP se sacó definitivamente la mayoría absoluta de la bragueta desde el voluntarioso afán del señor Aznar de demostrar cuánto ama a España porque no le gusta. Para negociar con los trabajadores, el PP había utilizado a tan excelente persona como el señor Aparicio con su aspecto de cristiano en lucha con su conciencia, idóneo para un futuro presidente de la Cruz Roja o de la Conferencia de las Señoras de San Vicente de Paúl, institución que, de sobrevivir, merecería más difusión.

La huelga evidenció de que ni la vida ni la historia son como nos la merecemos. Acabadas las vacaciones dialécticas, el conflicto social está donde estaba y acentuado por todos los desórdenes del mercado de trabajo, nacional e internacional. Poco podía oponer el PP a los huelguistas como no fuera la rendición encubierta. En el pasado, el PSOE les opuso un portavoz formado como locutor en Radio Tirana que no quiso admitir ni que se hubiera cerrado el Corte Inglés durante la huelga general. Ahora son otros los teloneros del discurso minimizador de Aznar y trataban de decir lo mismo, pero la política social del PP había dado un paso en falso. Por otra parte, España iba a ser territorio de protestas antiglobalizadoras, precisamente en coincidencia con el mandato semestral de Aznar al frente de la UE. A la vista de las manifestaciones antiglobalizadoras que habían jalonado la celebración de altas y globales cumbres sobre política y economía, los organizadores de la cumbre europea de Barcelona quisieron demostrar a la vez su optimismo y su pesimismo histórico. Optimismo manifestado en la elección del lugar de encuentro, en pleno corazón de la vida universitaria de la ciudad y en uno de los puntos estratégicos para la circulación de entradas y salidas, así como de todo el tráfico que movilizan los partidos del Barcelona F. C. El pesimismo histórico quedaba claro a la vista de las medidas de seguridad que envuelven el ámbito sagrado del encuentro, algo así como una ciudad dentro de otra ciudad, con las fronteras llenas de policías y otros elementos disuasorios y el tráfico más desviado que la mirada de Jean-Paul Sartre. La mayor parte de las fuerzas antiglobalizadoras se habían comprometido a no penetrar en este territorio y a movilizar sus manifestaciones por otros recorridos, para terminarlas en el Moll de la Fusta, con alguna arenga y recitación, paso previo a un festival musical de Manu Chao.

El acuerdo antiglobalizador trataba de impedir que cualquier brote de violencia pusiera en peligro el crecimiento continuo de sus seguidores y abriera brechas de división, lógicas en tan plural frente. El sujeto colectivo y variopinto que respalda ese bloque reúne sin duda a partidarios de la violencia, pero son inmensa mayoría los que confían más en la tenaz y creciente presión social, capaz de movilizar a todos los que se sienten maltratados por la globalización realmente existente o por los que reniegan de ella como un engendro irracional causante de miseria, explotación y muerte. Para acabar de amedrentar al personal que se sitúa más allá de lo globalizatorio o de lo antiglobalizatorio, no pasaba hora sin que las emisoras radiofónicas difundieran partes alarmistas que retrataban una ciudad amenazada por los bárbaros.

Como contramensaje podría plantearse el de que nadie se pierda el espectáculo de una ciudad dividida entre un campo de concentración destinado a los globalizadores y la otra punta entregada a sus contrarios. Como reclamo turístico no estaba mal y de prosperar la ciudad se convertiría en algo así como un escenario idóneo para una pelea entre millones de figurantes, programado por una superproducción de la Walt Disney Corporation. Notable aportación al espectáculo fue la libertad de asistencia y manifestación que el PSC dio a sus militantes, para indignación del señor Aznar que calificó de *bochornosa* la decisión de los socialistas. Mucha poesía y mucha intimidad lectora, pero el presidente adjetiva todavía a lo bestia. Podría calificar de *oportunista* la decisión del alto mando socialista, pero ya decía un antiguo secretario general del PSUC, Antonio Gutiérrez Díaz, que una cosa es ser oportunista y otra tener sentido de la oportunidad.

¿Por qué tanto revuelo? ¿Por una reunión de capataces del sistema que siguen malcalificándose como jefes de Gobierno o de Estado?

A pesar de que del verdadero poder apenas queda algo en las manos de Jospin, Aznar, Berlusconi, Blair, Schröder..., a estas gentes les encanta reunirse para hacerse la fotografía e inculcan el error de que toman decididamente decisiones decisivas que podrían haber teleacordado. La instantánea de Aznar riéndole un chiste, que no ha entendido, a Blair o de Blair riéndole un chiste, que tampoco ha entendido, a Aznar, compensa de muchas horas de estar a la espera del mensaje fundamental: ¿ha sobrevivido Bush a la renovada, tozuda experiencia de comer galletitas saladas?

Pero les gusta dar el espectáculo del poder europeo y tienen por lo tanto que asumir, como representantes de la globalización en uno de sus virreinatos, que los antagonistas salgan a la calle cuestionando la bondad de la actual fase del desarrollo capitalista hegemónico e impune, es decir, eso que llamamos globalización. A la vista de la envergadura que podía adquirir la protesta, se rezaba en todos los idiomas y en todas las religiones, incluidas las más ateas, para que la violencia no recargara las coartadas de la represión. Resulta curiosísimo que ya una parte importante de la izquierda española, fundamentalmente los poscomunistas, pero también muchos socialistas, recurran al «espíritu de Porto Alegre», como referente cultural, político, incluso estratégico, casi único. Como si de pronto una evidencia histórica hubiera vuelto a iluminar el escenario de la batalla y reaparecieran vestidos los desnudos y vivos los muertos. Conclusión: la ciudad se sacudió el estado de sitio político-policíaco y los que se reunieron sitiadísimos fueron los políticos de una Europa insuficiente.

Obligado el presidente Aznar a dar un balance positivo de la cima europea de Barcelona, un paso más de la tendencia dominante en el economicismo europeo, para la ciudadanía fue fácil llegar a la evidencia de que no hacía falta tanto ruido para tan pocas nueces. Ninguna de las conclusiones suscritas o aplazadas necesitaban una reunión tan tragicómica para ser suscritas o aplazadas y los líderes europeos aportaron la inquietante sensación de que necesitaban reunirse dentro de una burbuja protegida incluso por cacharros antimisiles suministrados por la OTAN. Además se estableció un filtro en la frontera francesa en el que se retuvo a diputados europeos o a miembros de la organización Attac, atemperada como la historia misma.

Reunida en su burbuja tan extraña gente, la ciudadanía siguió su vida a la espera de lo realmente interesante: qué iba a pasar en el Camp Nou en el partido Barcelona-Real Madrid y hasta dónde llegaría la operación de acoso de los llamados movimientos antiglobalización. Y ahí está, ahí está… Triunfales manifestaciones de sindicalistas europeos, de guardias de diversas porras que entonaban himnos de la resistencia antifranquista y finalmente la apoteosis de miles y miles de ciudadanos ideológicamente polícromos pero de facto pertenecientes a esa nueva internacional en ciernes: la de los globalizados contra los globalizadores. La reunión de Barcelona servía para ratificar ese frente —como las de Seattle, Praga, Génova—, y meter en él no sólo a lo que queda de la izquierda del siglo XX sino a lo que promete ser la izquierda del siglo XXI.

Dentro de la burbuja, todos sonreían, contentísimos de sí mismos y de jugar al escondite, como si realmente representaran a la política independiente de los diseños del poder económico. Carreristas y conversos, a salvo de cualquier control antidopaje, los máximos políticos de Europa se contaban a sí mismos el cuento de la lechera y enterraban el imaginario de aquella Europa diferente construida sobre su propia memoria emancipatoria: la Europa de Aldo Moro, Willy Brandt y Enrico Berlinguer. Aparentemente prescindían de que la burbuja estuviera rodeada por toda clase de incómodos bárbaros. Más allá de la burbuja, la policía.

Como si retransmitiera consignas ante la próxima llegada de los bárbaros, sin atender la prevención de Cavafis de que tal vez los bárbaros nunca llegarán o mi sospecha de que los bárbaros siempre son de los nuestros, la radio pública y privada había alertado a la ciudadanía barcelonesa para que no circulara en coche privado durante la celebración de la cima europea y a que no se arriesgara a usar transporte público, escaso. Consecuencias: los transportistas no podían entrar en Barcelona y Frank de Boer se planteaba cómo llegar a tiempo para jugar contra el Liverpool, mientras el Hospital San Juan de

Dios restringía las visitas y se extendía la sospecha colectiva de que la ubicación de la reunión de estadistas europeos se le había ocurrido a la ministra de Cultura, Pilar del Castillo.

Y cito a la señora ministra porque admiro su capacidad de aglutinar causas inconvenientes, con un valor situable entre el masoquismo y el suicidio, aunque hay quien me informa que la señora ministra invierte en causas superiores, a gozar cuando quemada y bien requemada, sea cesada y suba a los cielos. A qué cielos, no importa. Pero no. No fue esta vez la ministra de Cultura la que urdió la cretinez organizativa o la fechoría civil de convocar la cima europea en una de las puertas de la ciudad. Es cretinez si no se cayó en la evidencia de que el lugar escogido y bloqueado cerraba a toda una ciudad y es fechoría civil si precisamente se escogió la ubicación para que la ciudadanía comprobara la maldad de los antiglobalizadores que condicionaban las inevitables medidas de seguridad.

Si es fechoría, me recuerda aquellos tiempos de la censura previa en los que un conocido profesional de la prohibición y al mismo tiempo profesor —no creo que de Deontología Profesional—, de la Escuela Oficial de Periodismo, cada vez que nos devolvía mutilados los originales de *Siglo XX*, exclamaba quejoso: «¿Veis lo que me habéis obligado a hacer?». Actitud ética muy repetida en aquellos años porque se sabe que un ministro de Información y Turismo escupió a un prócer catalán y luego, mientras le limpiaba el salivazo con el antebrazo, le reconvenía: «¿Ha visto lo que me ha obligado a hacer?». Situar la reunión en la cumbre donde se ubicó fue una estupidez civil, fuera una estupidez bien intencionada o mal intencionada.

Situada entre el partido contra el Liverpool y el que enfrentaría al Barcelona con el Real Madrid, la cumbre de Barcelona podrá pasar a la historia de las ciudades sitiadas por quienes trataron de evitarles estados de sitio.

Podríamos equivocarnos si supusiéramos que el progresivo desgaste del PP en el 2002 fue exclusiva consecuencia de sus insuficiencias o prepotencias. Extraños prodigios exteriores complicaban la situación y hasta el fuel se convirtió en un enemigo exterior dispuesto a frustrar el final feliz de la segunda Transición. Por otra parte, Aznar, con su promesa de no presentarse a la reelección para la jefatura de Gobierno, acentuaba de valor indirecto la presencia de sus barones y hasta Fraga, que ya era un jubilado de la Historia y la Biología, recuperaba territorios de identidad.

Así como Escarlata O'Hara al final de la primera parte de *Lo que el viento se llevó* proclama: «¡Nunca volveré a pasar hambre!», la comisaria europea, Loyola de Palacio, en un momento especialmente oscuro de la agresión del chapapote, declaró: «Estoy harta de mareas negras», actitud moral y emocional respaldada por todos los responsables de Transporte de la UE, que también se declararon «hartos» de mareas negras. Mientras, los mariscadores gallegos arrancaban todos los mejillones que podían y pescaban todas las almejas a su alcance, porque desde el comienzo, a pesar de las prepotentes declaraciones de los ministros españoles, temían la marea negra procedente del *Prestige*. Si los más altos funcionarios europeos estaban «hartos», en cambio los más encumbrados responsables de la administración española repitieron una y otra vez aquello de «todo está bajo control». Emociona esta diversidad de actitudes porque era de esperar de la eficacia racionalista de la Europa de Descartes, Kant y Hegel una declaración tranquilizadora desde el punto de vista de la aplicación de la constancia de la razón sobre las normas de conducta. En cambio Europa se indigna, se emociona, está «harta». España, tan poco prestigiada por su capacidad analítica y deductiva, sancionaba que «está todo bajo control», prueba evidente de que el país había cambiado sustancialmente, sobre todo en el empleo de las metáforas.

La Europa harta de «barcos basura» y «vacas locas» recibía así una lección de doble lenguaje por parte de la España gobernada por la mayoría absoluta del señor Aznar. Porque cuando ministros y directores generales aseguran tenerlo «todo bajo control», quieren decir que el barco se ha hundido a tres mil metros y que si después de eso, el fuel oil sigue manando y llega todavía más a las costas españolas, será la prueba de que Tomás de Kempis tenía razón en su *Imitación de Cristo* cuando afirmaba: «La vida es dolor».

Y el fuel oil siguió manando y se produjo la marea negra, que según el ministro Rajoy era un «concepto jurídico». Cada vez que hay una catástrofe en España, del fondo de nuestro inconsciente colectivo emerge la sospecha de que se ha debido a una chapuza porque durante siglos nuestras catástrofes siempre han tenido la medida de alguna chapuza. Hay que ser más humildes. No tenemos la exclusiva de la chapuza y a veces el desastre no tiene medida alguna, ni francesa, ni alemana, ni inglesa, ni norteamericana, ni española. No tiene medida humana porque en ocasiones el desastre es el desastre y ahí está ese funicular austríaco convertido en un horno crematorio de esquiadores para recordarnos que vivir es lo anormal.

No sé si esta voluntad de absolver la supuesta leyenda negra de la ruptura de los españoles con la técnica y la ciencia está marcada por esa melancolía que nos invade como sociedad sometida un día sí y otro también a las zozobras de la lucha terrorista, hoy por hoy la catástrofe española por excelencia. Catástrofe multipresente y polimórfica porque un día muere el conductor de un autobús que pasaba por allí y al día siguiente el bombazo lo recibe el cuartel del Intxaurrondo o se libran de él milagrosamente una pareja de periodistas con el niño incluido.

Recuerdo que hace años viajé a Palermo a recoger un premio que me había concedido un jurado presidido por Leonardo Sciascia y éste me preguntó qué tal iban las cosas en España. Le respondí que el principal problema en aquel momento era el comienzo de un rosario de casos de corrupción que implicaba al partido en el gobierno y Sciascia me contestó que si la corrupción implicaba al Estado jamás sería castigada. Sería investigada pero no castigada. Como venía ocurriendo en Italia desde 1945.

Para casi todos los países estables las catástrofes son accidentes técnicos o de la naturaleza. Nosotros aún tenemos que metabolizar un accidente histórico que ha conseguido recientemente el primer lugar en la lista de las obsesiones de los españoles, por delante del paro, de los evidentes problemas de peinado que tiene el ministro Piqué o de lo mal que entona el señor Aznar sus homilías más serias, casi tan mal como las cómicas. Tenemos ya en nuestro cerebro un hueco de pantalla de televisión reservado para la noticia terrorista de la semana, a manera de cuota fija sin remisión y no nos damos cuenta de que en relación con otros países del mundo somos la excepción, no la regla. Así como muchos países del tercer mundo todavía sufren terremotos y golpes de Estado, como si no tuvieran estable ni la geología ni la Historia, nosotros tenemos terrorismo nacionalista, es decir, somos algo así como un mapa nacional cuestionado a sangre y fuego. Si los austríacos que son tan esquiadores y tan cerebrales no pueden impedir que se les quemen los funiculares, ¿estaremos nosotros condenados a un terrorismo inevitable, algo así como un rasgo de que España es diferente porque tiene catástrofes diferentes?

Cuando el petrolero *Prestige* embarrancó en las costas gallegas y la desafortunada decisión de remolcarlo hasta alta mar y allí hundirlo, intuíamos que la catástrofe ecológica era inevitable por lo inevitada. Pánico en los cuarteles generales del PP y sospecha de que Saddam Hussein había desencadenado la guerra con armas de atentado ecológico, empezando por uno de los aliados más firmes de Bush, el presidente Aznar. No se explica de otra manera la desconexión entre espacio y tiempo que practicaron involuntariamente altísimos dirigentes del PP. Cuando se inició la pesadilla del *Prestige*, el único dirigente del PP que llegó a tiempo fue el señor ministro de Agricultura y Pesca para decirnos que todo estaba controlado. Mejor que hubiera llegado tarde, como Álvarez Cascos, que estaba de caza —ignoramos si mayor o menor—, con el ceño a punto para disparar contra lo que se presentase. Luego asumió haber sido el responsable del hundimiento del *Prestige*. Trillo, desde su condición de ministro de Defensa, acomplejado por lo difícil que es disparar en defensa de España, quiso bombardear el barco y convertir el fuel en una hoguera. Fraga, presidente de la Comunidad Autónoma de Galicia, también llegó tarde porque está el hombre muy desorientado últimamente y cojea de tal manera que le ocurre lo mismo que a la paloma de Rafael Alberti: «Creyó que el norte era el sur / creyó que el trigo era el agua». La cuestión es que Fraga también se fue a una cacería pero no cazó, tal vez por solidaridad con sus paisanos que a aquellas horas ya tenían los congojos amenazados por el chapapote y, aturdido por no cazar o por el chapapote o por los congojos de los paisanos, tardó en reaccionar y al llegar al lugar de los hechos a la estela del Rey y de Rajoy, se limitó a convocar a la Divina Providencia, desde la confianza adquirida al presenciar durante tantos años cómo Franco ofrendaba España a Santiago Apóstol. Mariano Rajoy, que es un todoterreno, de aspecto tristísimo pero de socarronería interiorizada, no llegó tarde pero habló extrañamente con poca propiedad y redujo el fuel oil a algo parecido a heces fecales con forma de melena. Una vez recuperado Álvarez Cascos indemne de sus aficiones de Terminator cinegético, balbuceante incluso cuando callaba Fraga, en paradero desconocido el de Agricultura y Pesca, cautivo y desarmado Federico Trillo, Rajoy padeció una nefasta transustanciación y reencarnó a Sancho Rof, aquel ministro de UCD que acusó a un bichito insignificante de ser el responsable del síndrome del aceite de colza. No se refirió Rajoy a ningún bichito insignificante, pero sí discutió que la marea negra fuera marea negra porque estamos ante una concepción jurídica y también erró el ministro todoterreno al designar como «hilillos» de fuel a las toneladas de líquido que se iban escapando del barco hundido.

Menos Rajoy, que llegó a tiempo pero mal, todos los demás jerarcas políticos peperos citados habían llegado tarde y peor, pero serían ampliamente superados por la única personalidad política que podía y debía superarlos. Don José María Aznar, jefe de Gobierno, no se presentó en el lugar de los hechos; o se puso a viajar como consecuencia de su cruzada contra el terrorismo internacional o se refugió en una torre de La Coruña desde la que se estudiaba el *qué hacer* en las rías y en la Costa de la Muerte contra las sucesivas mareas negras que habían dejado de ser concepto jurídico para ser mareas negras a todos los efectos. No contento con estos merodeos locales, Aznar se fue a Estados Unidos donde el presidente Bush le elogió por lo mucho que luchaba contra las mareas negras y contra el terrorismo. Aznar no es que llegara tarde ante el chapapote, es que no llegó.

Poco tiempo después se convocó una reunión en el Parlamento vasco para votar los presupuestos para el 2003, repetidamente boicoteados por el voto contrario del PP. Pero hete aquí que planteada una vez más la votación, el jefe de los populares vascos, Mayor Oreja, se retrasa. Van tan justos los votos en el Parlamento de Euzkadi que el no voto o el voto de un diputado, de uno solo, puede decantar la decisión y Mayor Oreja que no, que no llega desde Madrid donde ha estado trabajando políticamente, dicen, en asuntos relacionados con su posible candidatura a la sucesión de Aznar. Maniobra Ibarretxe como un genio de la navegación parlamentaria, adelanta la discusión y votación del presupuesto y se aprueba, dejando a Mayor Oreja en la puerta, con cara de haber llegado tarde a algo más que a la votación del presupuesto general de Euzkadi.

¿Llegó con retraso Mayor Oreja debido a un mal cálculo de la relación espacio tiempo así en Madrid como en Euzkadi? ¿Acaso se trató de un lapsus de conducta condicionado porque tal vez en el fondo del fondo de sus sentimientos, Mayor Oreja se sabe abertzale y votó a favor del presupuesto no votándolo? ¿Estábamos ante un caso de intoxicación generalizada de los mandos del PP debido a un desalmado bombardeo iraquí de virus contra la memoria personal e histórica? La cuestión es que una tardanza más condicionaba la alarma y desconfianza general ante las previsiones de tiempo del PP. Los aznaristas transmiten la impresión de no saber en qué año viven y no pueden repetir impunemente viajes a Washington para que Bush les saque todos los chapapotes que se les echaban encima.

Sin novedad en el frente del Oeste. Desarticulada la operación de que la flota almogávar enviada por la Generalitat de Catalunya se apuntara el tanto de desfuelizar Finisterre en nombre del imperialismo catalán, los vientos se habían apoderado de la situación y acercaban el fuel a Francia o a La Coruña, es un decir, sin que cálculo humano pudiera controlarlos. Síntomas había de que mientras el presidente Aznar preparaba su decisiva intervención en Irak, el PP reaccionaba políticamente en su doble trinchera gallega, la exterior y la interior. Casi al mismo tiempo, Fraga destituyó a su delfín Cuiña, acusado de que su familia se había beneficiado con la venta de productos antifuel, y el fiscal general del Estado investigó a la plataforma Nunca Mais, pura sociedad civil luchando contra el fuel oil, por si había mal empleo de los fondos recibidos.

Calculados los efectos ecológicos y económicos de la marea negra diversificada, empezaron a contarse los efectos políticos ante la carrera de obstáculos electorales del 2003 y el 2004. La Xunta arremetió contra la plataforma Nunca Mais, conjunto de paisanos y ONG movilizados desinteresadamente, acusándola de hacer política maximalista antigubernamental y el alcalde de La Coruña, postsocialista, también la descalificó, demasiado escorada para su gusto hacia una reivindicación radical no controlable tampoco por el PSOE. La publicación en libro de las espléndidas crónicas sobre la marea publicadas por Suso del Toro en *La Vanguardia* se convierte en un correlato objetivo de lo ocurrido y la obra está llena de petroleados culos al aire. No podía haber encontrado Manuel Fraga Iribarne materia más adecuada para justificar su nuevo viaje de Galicia a Madrid que la presentación del libro *Boticas monásticas, conventuales y cartujanas*. Mientras don Manuel disertaba sobre tan mágicas y precientíficas pócimas, la Galicia marinera se dedicaba a achicar marea negra, porque marea negra se llama ya a lo que es marea negra, por más que la sutil verbalidad del ministro Rajoy siga discutiendo la justicia de la denominación. El espectáculo de pescadores recogiendo fuel con cubos desde barcas zarandeadas por un mar ya demasiado picado se complementaba con el voluntariado que palmo a palmo de costa iba dando una lección de lo que puede conseguirse uniendo necesidad con sensibilidad: la necesidad de salvar los bancos marisqueros gallegos, la sensibilidad ecologista que empieza a tener en España sentido y finalidad.

Estaba don Manuel con los ungüentos, jarabes y pomadas de los monasterios, mientras los combatientes contra la marea negra trataban de darle pescozones, tal como suena, al presidente de la Diputación de La Coruña, rescatado por la policía cuando los pescadores empezaban a repartirle un poco de marea negra. Desde Madrid, don Manuel, genio y figura, proseguía impertérrito aquel carrerón político iniciado el día en que, director general del Instituto de Cultura Hispánica, arremetió él solo y consiguió rodear, igualmente solo, a los que trataban de crear escándalo con motivo de una conferencia de Dalí que más o menos empezaba diciendo: «Picasso es un pintor, yo también. Picasso es un genio, yo también. Picasso es comunista, yo tampoco». Más democratacristiano colaboracionista con el franquismo que hombre del Movimiento, Fraga hizo del autoritarismo su blindaje y no le salió mal la jugada hasta que fracasó como aspirante a liderar la derecha democrática posfranquista y emigró a Galicia como el Rey Padre del PP, porque no me atrevería, ni yo, ni nadie, a calificarle de Reina Madre. Estaba don Manuel esperando y cojeando una jubilación lo más tardía posible cuando se produjo el accidente del *Prestige* y el cúmulo de desmesuras que han marcado lo que se sabe y lo que no se sabe de esta tragedia ecológica.

Parece ser que Rajoy todavía no ha salido de sus perplejidades significantes, porque lo que más puede repugnar a un purista del lenguaje es que se produzca un desfase entre significante y significado, se trate de mareas negras o se trate de galgos y podencos. El Rey estuvo por las rías y pidió unidad de acción, así como respeto y herramientas para el trabajo del voluntariado, es decir, se comportó con la proverbial profesionalidad de un rey constitucional y se libró de gestos airados e intentos de agresión con salpicaduras de fuel. Pero las demás autoridades no. Esa marea negra gallega fue de lo peor que le ha pasado al PP teniendo en cuenta la distancia que quedaba entre todas las catástrofes y unas elecciones municipales tan próximas. Los ministros del PP creyentes, a los que se podían sumar los del ala leninista, se han pasado noches y días rezando al dios o los dioses de las mareas negras para que el fuel del *Prestige* no siga presente cuando se convoquen las elecciones del 2004.

Fraga le echa ungüento, jarabe y pomada al asunto y Aznar se reúne con el cardenal Rouco Varela para preparar la visita del Papa. Se ignoraba si Su Santidad recorrería las rías altas y bajas comprobando lo que queda de percebes, almejas y mejillones o si daría su bendición especial a los gallegos desempleados que ya se planteaban otra vez la tentación del exilio económico.

En el penúltimo programa de *Caiga quien caiga*, en vano el enviado del Gran Wyoming trató de que Aznar le pusiera no la sonrisa, simplemente la cara, cuando reclamó su atención a la salida y entrada del encuentro de Copenhague. Se fortalece así la impresión de que ni el presidente del Gobierno ni su señora hayan colaborado en la permanencia del programa, sino todo lo contrario. La marea negra gallega le torció definitivamente el gesto al jefe de Gobierno y le dificultó incluso la expresión del sentido del humor plasta y repetitivo que exhibió en los años más triunfales de la segunda Transición.

Sólo desde un pánico cerval o desde una soberbia de diván de psicoanalista puede entenderse la actitud adoptada por Aznar con respecto a la catástrofe gallega. Primero negar, luego distraer, finalmente aceptar, pero todo ello sin pisar el escenario de la marea negra, no fuera a salpicarle la cara. Casi un mes después de iniciarse la más grave agresión ecológica padecida por Galicia desde que existe como «unidad de destino en lo universal», el jefe de Gobierno de España, cabeza política máxima del partido que gobierna la autonomía gallega por mayoría absoluta, acude al lugar de la tragedia, pero no lo pisa. Se queda a una prudente distancia y se sube a la torre coruñesa donde se ha instalado el puesto de control de las operaciones de salvamento. De control o de descontrol, porque si se escuchaban por separado las opiniones del voluntariado civil, de las asociaciones de pescadores y marisqueros, la de los ministros que intervinieron en el asunto, lo que para las autoridades gubernamentales era control, para todos los demás fue descontrol.

No sólo el jefe de Gobierno prefirió subirse a la torre coruñesa y ni ver las charcas de fuel, sino que Álvarez Cascos, finalmente el responsable de la *solución final* aplicada al *Prestige*, también escogió la torre cuando se le planteó el dilema entre ella o los charcos de la sustancia contaminante. O temían física y espiritualmente una embarazosa reacción popular o la soberbia de los señores Aznar y Álvarez Cascos no les permitía ni siquiera descender a la altura del agravio. La excusa dada por Aznar situaba al Rey de España y a su hijo en «la posición teórica» de dos desaprensivos. Al decir que no iba a la trinchera donde se luchaba contra el fuel para no molestar a los que en ello trabajaban, Aznar indicaba que tanto al Rey como a su hijo no les importa molestar con tal de salir en la fotografía. La mala pata repetidamente exhibida por el actual jefe de Gobierno cuando trata de marcarle el paso a la monarquía volvía a plasmarse y renovaba las antiguas sospechas sobre el oculto republicanismo de José María Aznar.

Por otra parte, Aznar compensaba el chapapote a su vuelta de la reunión europea de Copenhague, falsamente satisfecho. Tampoco había conseguido el jefe de Gobierno la dotación de un fondo especial para hacer frente a la catástrofe económica resultado de la marea negra. Al contrario, le dijeron que repartiese lo que ya recibía, con lo que a la fuerza tendría que recortar otras estrategias asistenciales y serían, pues, los desatendidos consumidores españoles quienes finalmente aportarían las inevitables subvenciones. Desde la torre de La Coruña, que no es precisamente la de Hércules, Aznar trataba de compensar el nivel más bajo de estatura política alcanzado desde la primera victoria electoral en 1996 y no le quedaba otra salida que tratar de empapar el fuel con dinero. ¿De dónde va a sacar tanto dinero?

Por si faltara algo, al presidente le ocurre lo que a algunos directores de circo cuando comprueban que tras la anorexia de los elefantes, además le crecen los enanos. Junto al PNV, otro de los *punching balls* predilectos de don José María es el reino de Marruecos, y hete aquí que su majestad el rey abre los caladeros marroquíes a los pescadores gallegos, como acto solidario que atragantó un completo banco de sardinas en la garganta del gobierno español. Con la boca llena de sardinas marroquíes y los zapatos subidos a la torre rodeada de *marea negra*, José María Aznar nos deseó una feliz Navidad y un próspero Año Nuevo, empachado de sus banderazos y decretazos, semiahogado en sus planes hidrológicos, sólo tranquilo cuando Bush le abraza y le promete estaturas galácticas. A don José María sólo le consolaba que Fraga todavía lo tuviera peor, tanto en el yo como en la circunstancia, es decir, tanto en la edad como en el cargo.

Fraga reclamó: «La calle es mía» cuando era ministro de desorden público del lamentable gobierno de Arias Navarro, controlados incontrolados mataban manifestantes de izquierda contrarios al transfranquismo. Luego, repuesto de sus achaques, reforzado por abrujadas vitaminas, Fraga volvió a reclamar: «La marea negra es mía». Suya es. Suele ocurrir que un impulso fiscalizador que va de abajo arriba sea el peor enemigo de los tiranosaurios, sobre todo si, como Nunca Mais, constata que la marea negra engordó con los pecados de pensamiento, obra y omisión del gobierno, pero finalmente se la quedan los gallegos. A todos los efectos.

Tal vez la guerra de Irak fuera la huida hacia delante que necesitaba en aquel momento José María Aznar, desde su nacimiento convencido de que por el imperio se llega a Dios y ahora convencido por Bush de que por Dios se llega más fácilmente al imperio. Se iban a preparar los iraquíes porque Aznar es hombre de ceño fijo, de más ceño que bigote y había recibido seguridades por parte de Bush de que su fidelidad iba a ser recompensada en el futuro. No sólo España conservará las plazas de soberanía de Ceuta y Melilla, sino que volverá a tener un protectorado, si no en Marruecos, sí en Irak, o en Afganistán o donde sea, pero esta generación de dirigentes del PP no se muere sin que España vuelva a ser una unidad de destino en lo universal, capaz de ir por el imperio hacia Dios.

Al recordar la vieja consigna falangista me replanteo cómo fue posible que tamaña herejía fuera aceptada por todas las conferencias episcopales que compartieron con Franco el poder temporal y espiritual. Si el creador de la consigna hubiera escrito «Por Dios hacia el imperio», habría sido otra cosa, porque así formulada la propuesta, Dios es causa y finalidad, gracias a Él seremos un imperio y utilizaremos el imperio para llegar a Dios, es decir, para divinizar, teologizar la Historia. Pero reducida la consigna a «Por el imperio hacia Dios» tiene muy discutibles y perversos niveles de ambigüedad que refuerzan mi creencia de que la Falange estaba llena de ateos y por eso tuvieron que inventarse el Opus Dei, que era fuerza y reserva espiritual más segura.

A Aznar, pese a lo que se diga, le veo más cercano a la Falange que al Opus Dei, y sea «Por el imperio hacia Bush» o «Por Bush hacia el imperio», le daba lo mismo porque está convencido de que hay que escoger bien a los compañeros de paliza o no ir a apoderarse de Irak con la ayuda de Pujol o de José Carlos Mauricio, que no le duran a Saddam Hussein ni un pellizquito de ántrax. Observe el posiblemente escandalizado espectador que en todas las reflexiones parabelicistas contra Irak no se consideró jamás la obviedad de que iban a morir miles y miles de civiles, de toda edad y sexo. Y cuando se insinuó, se prometía matar dentro del capítulo de errores o daños colaterales a los menos posibles y que más mataba Saddam Hussein, que fue un dictador tan terrible como los tiranos hasta ahora impuestos por las necesidades estratégicas de la política exterior norteamericana. Si quieren la lista completa suscríbanse al disco duro de mi memoria histórica, pero de momento recuerden preferentemente a Franco, Pinochet o a los jeques árabes corresponsables del actual estatuto universal del petróleo, como compinches oportunos de Estados Unidos.

Me parece que fue Llamazares el político de la oposición que calificó de cínico el planteamiento y el nudo de esa *guerra preventiva* contra Irak e igualmente cínico fue el desenlace al no lograr detener la guerra y tratar de derrocar a Saddam Hussein por los mismos procedimientos incruentos con los que deberían ser derrocados todos los tiranos o subdemócratas instrumentalizados por la política de Bush. Bastante contundente el portavoz de CIU en el Parlamento español, señor Trias, aunque dejó abierta el hombre la puerta a la legitimidad de la guerra si las investigaciones de la ONU demostrasen que Irak representaba un peligro para algo que nos afectaba como nación, por ejemplo la confirmación del trayecto del tren de alta velocidad. No tan seguro de su abelicismo, Jordi Pujol, estadista sin Estado, que consciente de que los políticos póstumamente más valorados son aquellos que actúan según las reglas de cierto despotismo ilustrado, dijo más o menos: «De momento no a la guerra». Y dejó al PP solo, a pesar de que Aznar no sólo hablaba catalán en la intimidad, sino que además conocía pruebas de la amenaza Hussein que le había aportado su amigo Bush. Pruebas que, naturalmente, el emperador ocultó a los irrelevantes Chirac o Schröder.

10

Por el imperio hacia Dios
o por Dios hacia el imperio

La irrelevancia demostrada por Europa en el 2003 ante la desenfrenada hegemonía imperial de Estados Unidos no es responsabilidad de Aznar, Piqué ni Solana. Los dos primeros sólo actuaron como reinas madres durante el último semestre del 2002 de una Europa imaginaria y el tercero como minimizado urdidor de una seguridad europea imaginada. Si Ariel Sharon no les hace el menor caso e incluso les ha prohibido ver a Arafat, es porque el gran capador de astros lo tiene claro. La fuerza de Israel depende de USA, de la capacidad disuasoria del ejército israelí, de la fragilidad del frente árabe o islámico y de la impotencia de Europa para forzar una alternativa a la finalidad de Sharon: poner a los palestinos de rodillas y consagrar el logro al objetivo global de liquidar el terrorismo. Sharon reduce a Arafat a la condición de terrorista para impedir una salida política. Nada hay que negociar. Sólo hay que acabar con el terrorismo.

Las críticas de Bush a la, a su juicio, desmesura de las tropas israelíes, respondían a lo políticamente correcto y justifican la consolidación en Estados Unidos de una filosofía neoimperialista explícita que sustituye a la implícita. Puesto que el Imperio del Bien ha ganado la Guerra Fría, no hay que disimular o paliar su hegemonía, sino darla por inevitable y reprimir cuanto se oponga a los diseños de los señores de la globalización. No se perpetra esta filosofía sólo en lo que queda del edificio del Pentágono, sino también en medios de comunicación y en departamentos universitarios dedicados al estudio de la política internacional como sublimación de los intereses del imperio legitimado. La *disuasión mutua* acuñada por los hermanos Dulles como padrinos de la guerra fría, se sustituye ahora por la *disuasión duradera*. Si prospera la lógica neoimperialista, el valor de lo política, económica y estratégicamente correcto quedaría por encima de los presupuestos beneficientes del liberalismo. La Teología Neoliberal, revelada por un dios a Hayek en la cumbre del Monte Peregrino al final de la década de los cuarenta del siglo xx, se supeditaría a la Teología de la Seguridad, revelada a Ariel Sharon en el Sinaí por el dios habitual en aquella zona. Probablemente se trataba del mismo Dios, ese Dios especializado en aparecerse en montañas sagradas para anunciar los cambios de horarios éticos y las rebajas de los derechos humanos, gran liquidación, fin de temporada. «Por el imperio hacia Dios» o «Por Dios hacia el imperio», el orden de los factores no altera el producto y ante todo se necesita un diseño del enemigo que quiere destruirnos mediante una guerra santa y al que hay que destruir por otra, por nuestra guerra santa.

El infierno son los otros, es una prevención que puede conducir al más exquisito de los autismos, pero también a la excusa de que los nazis siempre son los otros. El escándalo construido en torno a la afirmación de Saramago sobre los comportamientos nazis del ejército de Ariel Sharon mereció la orquestada réplica sionista de que los nazis eran los palestinos. Los escasos medios de comunicación todavía insuficientemente globalizados recuerdan que Ben Gurion llamaba Hitler al dirigente sionista Menahem Begin (por cierto, premio Nobel de la Paz), pero ante la evidencia de la limpieza étnica perpetrada por las tropas de Sharon y en la línea de la desarrollada en el Líbano por sus *burkas* habituales los falangistas libaneses, el sionismo ha pasado al ataque propagandístico y político: los nazis son los otros y el arrasamiento de Jenin forma parte de la campaña *Libertad duradera* destinada a acabar con el terrorismo en el mundo.

En un momento tonto, tal vez condicionado por una ingestión excesiva de galletitas saladas, el presidente Bush habló de Sharon como un hombre de paz. Pero superado el atrangantamiento e inocultable el clamor casi global horrorizado ante la brutalidad de las acciones militares sharonianas, Bush ha declarado que va a investigar, y hay que desear que no lo haga personalmente. Tan despiadado ha sido el trato recibido por los palestinos que hasta el secretario general de la ONU pide una intervención de los cascos azules, con atribuciones de militares si es necesario. Estados Unidos decide sumarse a la investigación pero se niega a aceptar el protagonismo de la ONU. De momento ha enviado a la CIA a Palestina, tal vez para apuntalar o relevar a los numerosos efectivos habituales.

En cuanto a Europa, los «tres tristes tigres» del primer semestre del 2002, Aznar, Piqué y Solana emplearon el devaluado lenguaje diplomático para paliar el palanganerismo de su gestión, mientras Sharon los castiga como los chulos de antaño castigaban a sus pupilas: negándoles el derecho a la identidad y haciéndolas dormir debajo de la cama o dentro del armario. Para Sharon, Europa probablemente no tiene alma y tal vez carezca de sexo, como aquellos ángeles que donde no llegaban con la mano llegaban con la punta de la flauta.

Europa es una entidad improbable asediada por toda clase de invasiones de *los otros*, para empezar los inmigrantes que le llegan desde pueblos inmersos en el rencor contra la estrategia de la globalización. Y mientras Europa defiende sus fronteras interiores y exteriores de los asaltos migratorios, cuando mira hacia el cielo lo ve ocupado por los misiles inteligentes norteamericanos al servicio de la Teología de la Seguridad.

Con la sinceridad de un naif, Berlusconi se ha manifestado repetidamente partidario de controlar a los extranjeros por todos los procedimientos posibles. Los otros dirigentes europeos piensan los mismo, pero esperan la oportunidad más adecuada para proponerlo, justificado como un mal necesario y, ojalá, transitorio. La disposición del gobierno italiano de obligar a los extranjeros a que vayan con las huellas digitales por delante, como una prueba de su legalidad, replantea los análisis contraculturales de la década libertaria prodigiosa, 1965-1975, cuando tanto se especulaba sobre el miedo a la libertad que podían demostrar los sistemas de poder aparentemente más democráticos y el pánico que los supuestamente constitucionalistas tenían a sus propias constituciones. Ante la inevitable permisividad derivada de los derechos constitucionales, la democracia debía recurrir a controles complementarios, subterráneos o supraterrestres: pinchar los teléfonos o dotarse de satélites espías capaces de meterse en los más distantes cerebros o braguetas.

En el 2003 coincide con Berlusconi el discurso de Blair y sobre todo el de Aznar, la sibila Casandra semestral de la Europa de las patrias, semestral reina madre de la comunidad europea que, a punto de entregar su poder simbólico, se comportaba como una reina madre agorera sobre los peligros del alud migratorio que puede desestabilizar culturas y economías. Se establecía así una doble verdad: la expresada en el discurso antimigratorio cada vez más extendido entre los políticos y la verdad del comportamiento de los diferentes mercados de trabajo de Europa donde la mano de obra *ilegal* rinde pingües beneficios a quien esté dispuesto a contratarla. Frente a esta doble verdad, ni izquierdas ni derechas han construido un discurso racionalizador alternativo a la demagogia de la extrema derecha o clarificador de tanta esquizofrenia. Y es que los movimientos migratorios que se ciernen sobre Europa son incontenibles según la lógica del desorden económico internacional, comprobada la impotencia política de vehicular las razones del economicismo.

Frustrado el discurso racionalizador se produce un fenómeno de contaminación ideológica de los virus xenófobos de la extrema derecha, transmitidos a y metabolizados por las fuerzas democráticas convencionales. Las elecciones legislativas francesas aportaron una victoria importante de la derecha democrática porque el más necesario vencido fue el lepenismo. Pero esta derrota electoral de la extrema derecha no oculta el éxito operativo de su ideología xenófoba. Los excelentes resultados conseguidos por Le Pen en la primera parte de las elecciones presidenciales y el paso de las izquierdas a la condición de invitadas de piedra en el *ballotage*, fortaleció la debilitadísima figura de Chirac e indirectamente la no muy potente entidad de una derecha democrática fragmentada y sin discurso aparente. El treinta y seis por ciento de abstención en la primera tanda de las elecciones legislativas demuestra cuántos franceses no se fían ni de la derecha convencional, ni de la izquierda no menos convencional ni de las derechas e izquierdas extremosas. Se han desencantado de un juego en el que cerrar el paso a un parafascista significa potenciar a un corrupto.

No es la primera vez que se ha reclamado el mal electoral menor. En Estados Unidos se enfrentaban en los años sesenta dos candidatos presidenciales tan poco recomendables como Lyndon B. Johnson y Barry Goldwater, es decir, un mandado de los grupos de presión petrolíferos y un belicista de extrema derecha. También entonces la progresía norteamericana votó a Johnson apretándose con los dedos la nariz para no oler el hedor de su propio candidato, y en Italia, cuando los comunistas tenían que apoyar a Craxi, también proclamaban que utilizaban los dedos como ángeles de la guarda del sentido del olfato. Cuando en Francia se acentuó el peligro Le Pen, en el mismo escaparate europeo en el que se cierne un neopopulismo autoritario y conservador en diferentes países, las izquierdas pidieron el voto para Chirac en la segunda tanda de las presidenciales y le votaron con los dedos piadosos apretándose las narices. Tanto, que quizá después ya casi nadie asumía el verdadero olor de Chirac y tras el presidente se coló una mayoría parlamentaria compuesta por la derecha de siempre, reforzada por la crisis de la izquierda y obligada a paliar pero asumir parte de la teología de la seguridad lepenista.

La virtud teologal más obvia es la que demanda el freno a la inmigración. El extranjero es el peligro exterior de pronto instalado como peligro interior y buena parte de las capas populares de Europa comparten esta inquietud, mejor o peor contrarrestada por una racionalidad política en horas bajas. Lo que Le Pen pedía demagógicamente y Berlusconi desde su bien utilizada adolescencia política, los demás lo asumirán como un mal menor europeísta y democrático: cerrar las fronteras ante la invasión de los bárbaros y aplicar la teología de la seguridad sobre los bárbaros ya instalados en casa.

Delimitado el enemigo externo y a la vez interno de primer plano, la horda inmigrante, es fácil comprender que se interrelaciona con el enemigo fundamental que los diseñadores de la globalización necesitan para justificar la tensión condicionada por su industria de guerra. La fotografía alcanzó dimensiones de superproducción y los líderes mundiales reunidos en Estados Unidos en 1999 para mostrar cuán preocupados estaban por la pobreza y por las derivaciones ético-políticas de la mundialización, disponían de todos los elementos para un gran musical de Broadway, de haber regido criterios de autosinceración. Pero aparte de las posibles no virtudes para el canto y el baile de los estadistas reunidos, en su mayoría actores de la antes llamada alta comedia, las pautas que marcaron la reunión fueron las vigentes desde 1990 para conseguir grandes fotografías históricas sin la menor influencia histórica. Fue una reunión tan perfectamente inútil que alcanzó dimensiones de obra maestra de la cultura del simulacro. Una vez abandonada la reunión mundializadora, los grandes poderes siguieron actuando según su lógica interna y a lo sumo consideraron los problemas de los perdedores sociales o de la mismísima degradación del planeta como una preocupación que de vez en cuando puede suscitarles la tentación o la práctica de la beneficencia transitoria. El presidente Aznar acudió al encuentro dispuesto a poner en evidencia las contradicciones del Consejo de Seguridad y a proponer la candidatura española para ingresar en él, convencido de que la progresiva presencia de tropas españolas en los frentes conflictivos o la supeditación estratégica de España a los objetivos de la OTAN o de la ONU podría abrir esa perspectiva. Una demanda que se había realizado ya docenas de veces de despacho a despacho, pero que al parecer necesitaba teatralizarse para ingresar en el territorio de lo verosímil.

Magnífica la parte de la obra teatral dedicada al porqué y el para qué de la ONU, dos preguntas tan fáciles de contestar como imposible sería cumplir la respuesta, por más que fuera una respuesta consensuada. Es obvio que ante la globalización económica y estratégica, la ONU podría ofrecerse como un gobierno global racionalizador de las interacciones económicas y culturales. Forma parte del discurso humanístico con el que fue inaugurada. Desaparecida la guerra fría habría cauces suficientes para que la ONU cumpliera el objetivo de fraguar un auténtico nuevo orden mundial. Es un discurso que a veces volvía a sonar, incluso en los salones de las propias Naciones Unidas. Todos los desaprensivos o los cínicos que expresaron ahora esta sugerencia ante el gran foro se sabían amnistiados por el beneficio de la duda, ya que los receptores de sus idealistas mensajes globalizadores consideran que no son desaprensivos, cínicos o necios, sino moralistas políticamente correctos que mienten y se mienten por el Bien Común. Hablar en estos foros al nivel del estadista tiene la ventaja de que todos los miembros del club de estadistas asumen con la máxima gravedad la inutilidad de cuanto se dice y se oye.

Las plagas que el siglo XXI tiene que asumir podrían solucionarse mediante una planificación de su solución y hay recursos sobrantes y desarrollo científico técnico suficiente para que muchas de las limitaciones que padecen mayorías sociales se vieran superadas. Pero superar esas condiciones significa corregir cualitativamente el propio sistema capitalista y darle una dimensión social globalizada que no se corresponde con sus objetivos fundamentales. Pero en plena apología de la cultura del simulacro, encuentros como el de Nueva York le ponían música al silencio y domingos a los días laborables. A países como España incluso le realzaban la estatura sobre tacones privilegiados y allí, en Nueva York, en lo mundial, hasta palestinos y judíos confiaron en Aznar para que los ayudara a superar su desencuentro. Clinton había sido incapaz y además ya tenía toda su historia por detrás, en cambio Aznar la tenía por delante y cuando salía de la España del paddle y de ETA, se sentía intérprete del gran musical de lo mundial, lejos de esa habitación terrible donde permanecía encerrado con un único juguete, esa bomba vasca de explosión periódica y anunciada. El mundo estaba obligado a asumirle como una pieza clave de la irreversible globalización, especialmente dotado para iluminar los problemas creados por los enemigos obvios: emigrantes y terroristas.

La voladura de las Torres Gemelas de Nueva York en septiembre del 2001 y la política de exterminio desarrollada por Ariel Sharon contra los palestinos son dos puntos de perpetua referencia para entender el decidido empeño imperial de los USA gobernados por Bush Jr. y todos los lobbies que lo hacen posible.

En cierta ocasión tuve la suerte de escuchar al embajador de Israel en España, explicando lo que estaba sucediendo en Palestina y asistí a la resurrección de la teoría conspirativa de la Historia que tanto se llevaba hace algunas décadas. Vino a decir el señor embajador que el estallido de violencia en Israel había sido conspirativamente prefabricado por los radicales palestinos y con este argumento desaparece de escena la provocación del ex general Sharon con su visita a la plaza de las mezquitas. Para el señor embajador, Sharon era un inocente jubilado que se paseó por aquel ámbito para dar alpiste a las palomas, pero que no hay que señalarle ni siquiera como la chispa indirecta del incendio. Es decir, al pobre Sharon lo han utilizado los radicales palestinos para que los soldados israelíes les maten docenas de personas, incluidos niños. Y cuantos más maten los israelíes mejor, porque más en evidencia queda el carácter antidemocrático y liquidador del Estado hebreo. Ya se sabe. Cuanto peor, mejor.

Como los embajadores tienen la obligación de no emitir ideas propias, por la boca del de Israel se expresaba la verdad oficial de su gobierno y a los horrorizados por la brutalidad represiva, incapacitados para atender la explicación exculpatoria del diplomático, se los podrá acusar de antisemitismo y aquí no ha pasado nada. Conflictos como el de Israel ya nacieron para no tener fácil solución y durante más de cincuenta años no se ha hecho otra cosa que sumar crueldad y muerte. Las grandes potencias necesitaban por una parte asentar un aliado vigilante en el núcleo de los nuevos Estados árabes, Estados jóvenes que nacían de la progresiva descomposición del Imperio otomano y de los imperios europeos. Necesitaban que los israelíes les vigilaran la tierra prometida de los campos petrolíferos y los israelíes alcanzaban el sueño de tener un Estado que compensaba su largo y ancho deambular de fugitivos por el mundo, de *pogrom* en *pogrom*, de campo de exterminio en campo de exterminio.

Cuando se junta el cinismo del más alto poder político económico mundial y la emocionalidad de un pueblo víctima y peregrino que se ha construido el imaginario de volver a casa aunque la casa ya sea de otros, alguien tiene que pagarlo y ese alguien son los palestinos. Pero según el señor embajador de Israel en Madrid un oculto poder conspiratorio habría creado las condiciones para que el ejército israelí tuviera que matar en unas cantidades desproporcionadas para el nivel medio de masacre habitual. Es una lástima que se hayan pasado y maten a muchos y todos los días, ante la impasibilidad de su gran padrino, Estados Unidos, especialmente tolerante desde el hundimiento de las torres neoyorquinas.

De nuevo, el señor Aznar estaba al quite, no se le escapaba una, y se ofreció a mediar y a propiciar un nuevo encuentro al más alto nivel entre las partes implicadas. Era posible que lo consiguiera porque a los protagonistas de los conflictos crónicos les gusta reunirse de vez en cuando para propiciar la imagen de que no sólo luchan por las calles y los campos sino también negocian en los ambientes más convencionales. Ahí está la grandeza y la miseria de un conflicto crónico y también de ahí parte la impresión de que no hay que matar tanto, porque es difícil barrer cincuenta cadáveres debajo de las alfombras. Pero esta vez, Aznar no consiguió un show pacificador madrileño con las cámaras de televisión regalándole telegenia. El conflicto de Israel formaba parte ya explícitamente en la estrategia de dominación imperial global practicada por Bush con el pretexto de luchar contra un terrorismo capaz de hundir torres tan poderosas y gemelas. Bush estaba dispuesto a sacarse los misiles, fueran o no inteligentes, de la bragueta.

Ya era habitual durante las anteriores administraciones americanas que cuando se producía un conflicto interior, el imperio se sacaba del cubil un proyectil dirigido y unas veces por esto o por aquello y otras simplemente porque la bragueta tiene razones que el cerebro no comprende, el misil dejaba las cosas en su sitio. Pero sólo Clinton había conseguido que la metáfora se hiciera realidad. Clinton se sacaba los misiles de la bragueta en cuanto ámbito tan delicado se veía en peligro. Sometido al acoso sexual del partido republicano y al abandono sexual de parte de sus correligionarios, el presidente enviaba unos cuantos misiles a los iraquíes, que para eso estaban. Debilitada su imagen por el caso Lewinsky, asaltante continuada y húmeda de su bragueta, y por haberse dejado retratar plácidamente junto a Arafat, el presidente necesitaba provocar una descarga de adrenalina nacional.

Naturalmente el Reino Unido procuraba bombardear tanto como Estados Unidos, porque quien tuvo retuvo, y así como Blair aún no había conseguido aclarar en qué consiste la lectura socialista de la globalización, sí nos había demostrado su condición de estadista, especie antropomórfica en decadencia, pero que sin duda tratará de reciclarse y adaptarse a las condiciones subalternas de la pos-pos-pos-posmodernidad. Primero el emperador y su bragueta, Clinton o Bush; a continuación Blair como el esperado «amigo del chico» en todas las trompeterías bélicas y poco a poco se han ido sumando los demás estadistas. Por ejemplo, el señor Aznar, jefe del Gobierno español, proclamó su decidido apoyo a los bombardeos de Clinton, pero lamentando las incomodidades que pueda padecer el pueblo iraquí.

¿Qué incomodidades? ¿La muerte o las mutilaciones como *efectos colaterales*?

A manera de ensayo general de una guerra abierta futura, el bombardeo clintoniano fue retransmitido por la CNN, especialista en retransmitir en directo guerras sin muertos. Cualquier guerra contemporánea y futura en manos de la CNN se convierte en un juego de marcianitos en el que sólo vemos las rayas de luz que trazan los misiles y nunca el lugar a donde van a parar ni a la gente que pasaba por allí. Aún no hemos visto los muertos de la guerra del Golfo, aquella guerra que según Baudrillard nunca existió, pero que movilizó a todo el cuerpo de intelectuales orgánicos belicistas que se pasaron días y días tratando de demostrarnos que el ejército iraquí era el cuarto ejército del mundo, muy por encima, desde luego, del suizo y del de Costa Rica. Un peligro. Como entonces, y ya como en la guerra contra Libia, la contribución española a estas cruzadas se ha parecido a la de los palanganeros en las antiguas casas de putas: poner la palangana para que se limpiara sus partes el señorito.

Aunque también hay que valorar el papel que cumplía en este tipo de hazañas bélicas globales nuestro paisano, ex secretario general de la OTAN, señor Solana, posteriormente irresponsable responsable de la política de seguridad europea. Habitualmente Solana solía salir en las fotografías sonriendo, incluso riendo porque en la OTAN al parecer siempre se contaban cosas muy graciosas. Pero cuando había que bombardear algo, Solana ponía cara de dar el pésame, se le notaba preocupado, porque al fin y al cabo, el secretario de la OTAN viene de la antigua cultura de la izquierda antiatlantista llena de palabras hoy a todas luces excesivas, como *imperialismo*. Este hombre se entendía tan bien con Clinton porque ambos en su juventud leyeron libros de Wright Mills, *Escucha yanqui* o *La élite del poder* y eran conscientes de que existía un matonismo internacional entonces justificado por la guerra fría. Ahora no hay guerra fría pero sigue existiendo el matonismo cualitativamente mejorado. Porque en tiempos de Clinton, los matones de hoy son en parte aquellos jóvenes progresistas que en el pasado se horrorizaron ante el terrorismo de imperio. Hoy no hay contradicción alguna. Los matones son ellos y ellos son progresistas. Si los bombardeos de Clinton habían sido de simulacro, la guerra total anunciada por Bush contra Irak, como potencia dotada de armas de destrucción masiva y cómplice del terrorismo internacional, obligaba a replantear la lógica de la situación. Ya no se trataba de una operación castigo, sino de una anexión imperial.

Consumada la invasión de Afganistán como una respuesta inmediata al atentado de Nueva York, fallida en casi todos sus aspectos de fondo, durante meses la mayor parte de los medios informativos del norte fértil hablaron de la guerra contra Irak como un hecho emplazado, más o menos próximo, cuyo comienzo sólo dependería del ritual investigador de una comisión de las Naciones Unidas. Fuera cual fuese ese resultado, la administración Bush se reservaba la libertad de declarar la guerra en función de la lógica de su cruzada *Libertad duradera*, heredera, más modesta, de *Justicia infinita*, un pretencioso objetivo a la altura de «ya es primavera en el Corte Inglés». Muy pocos fueron los medios, incluso los decididamente partidarios de la administración Bush, que razonaron la necesidad de esa guerra, aunque también fueron muy pocos los que inicialmente tomaron partido en contra. Para unos, el gobierno norteamericano todavía no había compensado emocionalmente lo que significó el atentado contra Nueva York y el Pentágono y admitían un cierto e higiénico derecho de desquite. Para otros, una determinada concepción del orden internacional político, económico y estratégico, consecuencia del resultado de la Guerra Fría, pasaba por una afirmación de la hegemonía imperial de Estados Unidos en Oriente Próximo y Asia central, por encima de los cadáveres inevitables de iraquíes y como advertencia directa a Irán e indirecta a China.

Estas magnitudes eran difícilmente abordables y sólo cerebros auténticamente globalizados y globalizadores como el de don José María Aznar comprendían que España debía colaborar en la matanza de iraquíes de un zarpazo, sin esperar a que el bloqueo económico los siguiera matando poco a poco. Dejando a un lado al premier del Reino Unido, que sea quien sea y venga de donde venga está obligado a seguir una política internacional sucursalizada con respecto a la del Departamento de Estado, y algo atemperados formalmente los alardes bélicos de Berlusconi, quedaba Aznar como el único aliado aparentemente sin causa del lobby petrolero armamentista que convertía la guerra contra Irak en una peripecia no atribuible a los norteamericanos en su conjunto sino a intereses creados ampliamente representados en el gobierno Bush. De ahí que estar contra esta guerra emplazada no era expresión del enfermizo antinorteamericanismo que nos invade, sino pasiva expiación del pecaminoso éxtasis de consumidores de petróleo a precio asequible, caiga quien caiga.

El olor a gas y a petróleo que emanaba de la intervención norteamericana en Afganistán, y de la anunciada agresión a Irak, se confirmó cuando USA se hizo con el control del fundamental gasoducto que desde Uzbekistán al sur de Pakistán atravesará todo el territorio afgano. Carvalho y Biscuter recorrieron por entonces algunas repúblicas islámicas ex soviéticas en el transcurso de su vuelta al mundo, trama intriga de la novela *Milenio* y pudieron comprobar *in situ* el éxito de una dilatada estrategia norteamericana de islamizar Asia central y Afganistán para combatir el marxismo y conseguir cabezas de puente controladoras de lo que queda de petróleo y gas natural en una zona vital para el desarrollismo tal como lo entenderemos durante los cuarenta años que quedan de reservas petrolíferas. Vital también porque ese frente tan islámico moderado como energético, se hinca en uno de los flancos de China y tal vez la lucha final no se dará nunca, pero si se da no será entre capitalismo y comunismo, sino entre el capitalismo norteamericano, con ayudantes como Aznar y Blair, y el capitalismo chino.

Como un perfume carísimo por la cantidad de vidas que ya ha costado y costará, el gas impregnaba los sobacos de altas figuras de un gobierno como el norteamericano en el que Bush sólo ejercía de florero. La compañía explotadora del gasoducto será la Unocal, de la que son validos profesionales el ministro de Defensa de USA, Donald Rumsfeld, y Condoleezza Rice, señora peligrosísima la consideres desde la perspectiva de la Historia de la Mujer o de la Mujer en la Historia. El gasoducto complementa el oleoducto que irá desde Uzbekistán hasta el sur de Turquía. Ojo con Turquía. Carvalho y Biscuter en su vuelta al mundo *(Milenio)* habían podido comprobar que es el modelo para las repúblicas islamistas ex soviéticas y la herencia de Kemal Ataturk será filtrada por el Corán en versión USA, tal vez financiada por la Unocal o similares, para la que Aznar, partidario de la unión de las armas y las letras, ofrecería la Legión y la Escuela de Traductores de Toledo. Es evidente que la guerra de Afganistán no fue una caliente venganza, sino un calculado correctivo al talibán hiper-islámico, tan capaz de volar estatuas de Buda como gasoductos.

Contrarias de partida a una guerra contra Irak, Francia y Alemania fueron al choque contra la estrategia parabelicista de Estados Unidos y el Reino Unido. Francia abiertamente, Schröder con la debida prudencia, y al comienzo tratando de no romper con Bush y contando para ello con los buenos servicios de Blair, principal representante del Imperio en Europa y el político destinado a encontrar los argumentos que forzaran a la UE a aceptar la intervención en Irak. De la misma manera que en el pasado funcionó la Triple A como alianza contrarrevolucionaria actuante en diversos países, el Imperio se movía ahora a partir de la Triple B compuesta por Bush, Blair y Berlusconi, los tres mosqueteros que, como siempre sucede son cuatro. Hay que sumarles al jefe de Gobierno español, José María Aznar, dispuesto a secundar la cruzada antiiraquí a partir de un curioso silogismo: puesto que Saddam es malo y Bush es bueno, yo me sumo a la causa de los buenos que además son los más fuertes. No es Aznar demasiado brillante en sus argumentaciones, aunque su formación poética ha mejorado mucho en los últimos años, hasta el punto de que tal vez un impulso poético de joven estadista sin carisma explica que en un momento de vacilación europea ante la belicosa actitud de Bush con respecto a Irak, Aznar se sumara inmediatamente a la expedición del emperador y actuara como un quintacolumnista contra la unidad europea. Bush le había recibido como a un aliado político. Nada menos que el presidente de Estados Unidos

En el caso de Blair su alineamiento junto a Estados Unidos obedece a la lógica de conducta imperial residual del Reino Unido, corresponsable del desorden reinante en Oriente Próximo desde el final de la Primera Guerra Mundial y ávido de la inmediatez de los posibles beneficios derivados del control del lago subterráneo de petróleo que va desde Israel hasta Afganistán. Berlusconi es un oportunista situado al frente del bloque de poder italiano con vocación neoautoritaria y está en condiciones de sumarse a la conquista de Irak todavía con menos motivos de los utilizados por Mussolini para la de Abisinia. La B más importante de la triple era la de Bush Jr., el emperador controlado por un lobby económico militarista en el que el ministro de Defensa tiene una curiosa biografía muy relacionada con Saddam Hussein. En tiempos en que la presidencia de USA la ocupaba Bush padre, Mr. Rumsfeld fue el interlocutor de la administración norteamericana con el dictador iraquí, empeñado entonces en un enfrentamiento con Irán que mucho interesaba a Estados Unidos. La instigación y apoyo técnico de Rumsfeld a la fabricación de armas bioquímicas por parte de Bagdad tenía como objetivo que las empleara contra los iraníes, pero no se le reprochó que también las utilizara contra los kurdos sometidos a la soberanía iraquí. Los otros kurdos dependen de Turquía y no se conoce intervención alguna por parte de Estados Unidos para que la política turca con respecto a los kurdos sean diferentes y combinadas programaciones de limpieza étnica.

Respaldado por la tecnoindustria de guerra norteamericana, bien visto por Francia y el Reino Unido, Saddam Hussein llegó a ser quien es, y era alarmante que Rumsfeld sostuviera que Irak era un peligro, porque él contribuyó a que así fuera, por procedimientos convergentes con los empleados por diferentes estados democráticos para que Hitler creciera y fuera un dique contra el posible avance soviético. La débil argumentación del grupo Bush para justificar una inmediata agresión a Irak no mereció en su momento una contraargumentación humanitaria, previsora de lo difícil que es matar terroristas incluso para los misiles más inteligentes y lo fáciles que resultan, en cambio, las masacres que han producido entre civiles las diferentes cruzadas imperiales de la posmodernidad, iniciadas en la no guerra del Golfo y continuadas en las no guerras de Yugoslavia. Basta contemplar el espectáculo de Afganistán, remachacado ahora por la intervención militar USA, donde oscuros objetos del deseo bélico se encuentran en paradero desconocido: Bin Laden y el jefe Omar, peligroso tuerto que escapó al sofisticado cerco de Estados Unidos valiéndose de una motocicleta, quién sabe si una vieja Lambretta.

313

A pesar del empeño de la triple B y del voluntarioso Aznar, el frente receloso de la intervención en Irak inicialmente no lo formaron las vanguardias antiglobalizadoras o los pacifistas biodegradables, sino políticas de Estado, inicialmente europeas, que temían el pantano sangriento en que puede convertirse Oriente Próximo, así en Irak como en Palestina o en Afganistán, donde no está claro ni siquiera qué se hizo de tanto talibán, habida cuenta de que a Guantánamo sólo viajó una escasa representación de posibles integristas no homologados. También en Estados Unidos, los demócratas pretendían convertir la sumisión de Bush a los intereses de la política armamentista en su talón de Aquiles, forzado el presidente a atacar Irak, si no quería dejar en el limbo la operación de desquite conocida como *Libertad duradera*, desdichado significante, tal vez a la espera de que el talento poético de Aznar rehabilite el significado.

En todas partes se jugaba a los tomas y dacas de las alianzas, y si en España Aznar pretendía que USA se sumara a la batalla final contra ETA, en México se rechazaba la reforma de las leyes indígenas, a la espera de que una reacción violenta de los zapatistas los hiciera ingresar en el inventario del terrorismo internacional y así colocarse como objetivo de la *Libertad duradera*, esa guerra santa puesta en marcha por el poder económico-militar norteamericano para sacar importantes beneficios del arrasamiento de las Torres de Nueva York.

La inversión pública destinada a gastos armamentistas había crecido espectacularmente en Estados Unidos bajo la presidencia de Bush y las coartadas de poder mundial absoluto progresaban día a día ante las insuficiencias de cualquier frente crítico. De momento, Bush contaba con la incondicional complicidad del Reino Unido, donde Blair perpetuaba la evidencia de que el último imperio que les queda a los británicos es el imperio norteamericano. Sólo cuenta el beneficio que se puede obtener de esa guerra, desde el empresarial hasta el personal, tan presente en la exhibición de carrerismo de políticos *democráticos*. La ministra de Exteriores de España, Palacio, que negó, recién llegada al ministerio, la pertinencia de la guerra contra Irak, semanas después sancionaba la lógica de la contienda si Saddam se portaba mal, para acabar convertida en un misil escasamente inteligente, dispuesto a arrojarse de cabeza contra Bagdad. Contertulios hispanos se habían quejado del silencio de globalizados pacifistas e intelectuales ante el belicismo de Bush, silencio no atribuible al miedo a quedar sin gasolina para sus coches, en el caso de que el islamismo succione el lago petrolífero que va desde Arabia hasta Afganistán, sino al estupor que en todos nosotros despertaba lo primitiva que se había puesto la política internacional: la voz de su amo pone siempre en tensión a casi todos sus chuchos.

Tampoco ayudaba a la inmediata explosión crítica de las masas, las tomas de posición de los humanistas globalizados. Los humanistas pueden resultar contradictorios desde sus pedestales insuficientes para poder ver más allá de las tapias de su horizonte moral. Si Havel hubiera sido presidente de Francia o Alemania nunca habría expresado su admiración por Pinochet, ni luego respaldado la agresión globalizadora contra Irak. Desde su perspectiva de víctima del comunismo, vio a Pinochet como un caudillo volatilizador de rojos y protector policíaco-militar del liberalismo económico del Opus Dei, urdidor de un crecimiento económico chileno basado en la miserabilización de las capas más populares. La alianza del humanismo de Havel con el belicismo de Bush o bien procedía de vínculos resistenciales del pasado o bien a que la sensibilidad de un humanista no pueda tolerar el sistema de señales de Saddam Hussein, su cierto parecido con Stalin entre ellas, y Havel escogía el picadillo de miles y miles de iraquíes machacados por misiles inteligentes, a la pervivencia de un disturbio estético y moral como el dictador.

Durante la larga dictadura de Franco no hubo intervenciones militares extranjeras para reinstaurar la democracia en España, porque el Generalísimo tuvo la prudencia de no creer en la bomba atómica, ni buscar otras armas bioquímicas que la ampliación de la bomba fétida o el peligroso hongo teomicina que penetró en los hogares como un ángel de la guarda político sanitario. Otra causa del no bombardeo era lo insólito de que los mismos protectores de la dictadura, Estados Unidos de América o la Pérfida Albión, la bombardearan. Hay pueblos, como Irak, que nacen con suerte. Pronto sobre las fosas comunes para los montones de cadáveres de cualquier sexo o edad brotarán las reconstrucciones, y solventes multinacionales ya calculan los beneficios que van a obtener del conflicto. Ignoro cómo se ha calculado el reparto del botín. ¿Por muertos y mutilados a escote? Difícil valorar tu prestación si ha sido logística y no enseñas orejas de cadáveres. ¿Cómo van a peritar la aportación aznariana si no mata, es decir, si no hemos matado hasta ahora? Yo no me cansaba de repetir: No, no se deje engañar, presidente, porque usted se libró de la mili, no sabe cómo las gasta esta gentuza y puede ocurrir que Berlusconi y Blair saquen un pastón y Bush se limite a enviarle a usted algunos de sus trajes usados.

Hubo un tiempo de resistencia en que los comunistas españoles sostuvieron que la unión de las llamadas fuerzas del trabajo y de la cultura no sólo iba acabar con el franquismo, sino también a apuntar hacia una sociedad más justa e igualitaria. Cautivo y desarmado demasiadas veces el ejército rojo entre abril del 39 a la victoria absoluta del PP en el 2000, de pronto rebrotaba una conciencia crítica en España un tanto hastiada por el uso y abuso de la mayoría absoluta, como si fuera una irreversible mayoría natural, y por las maneras prepotentes del poder. El motín de los cineastas el día de la concesión de los Premios Goya pasará a la historia de la cultura española digan lo que digan adláteres y paniaguados del gobierno o silencie lo que silencie o desvirtúe lo que desvirtúe el mismísimo gobierno a través de sus aparatos propagandísticos. Un sector en estado de cabreo como el cinematográfico asumía además la irritada perplejidad de una mayoría social a la que le van a meter en una guerra contra Irak, que no entiende ni desea ni necesita. Sólo al especial sentido de la lógica de Estado de José María Aznar y las sugestivas promesas de futuro que salieron de los pequeños labios de George Bush en los que no cabe ni una ga-

lletita salada, se debe el que Aznar, no España, se alineara en un frente belicista contra Saddam Hussein que iba a dañar fundamentalmente
a un pueblo ya de por sí castigado por las consecuencias de la guerra
del Golfo y de todos los bloqueos posteriores.

No nos apartamos del recuerdo de ese ámbito en el que se están
concediendo los Goya y en el que se crea una conciencia mayoritaria,
casi hegemónica, de condena de la guerra y de crítica de la política
gubernamental y muy especialmente de la personalmente asumida
por José María Aznar. Jamás se le había propuesto al jefe de Gobierno algo tan lúcido como que deje de ir a buscar petróleo a Irak y se
vaya a recogerlo a Galicia convertido en chapapote. El urdidor de este
eslogan podía ayudar al PP a perder las próximas elecciones generales porque ahí está el destrozo más efectista padecido por los populares, que deben sumarse a otras erosiones que no han hecho más que
empezar, las económicas por ejemplo. Tan angustiado estaba el gobierno por la crisis de su prepotente modelo de crecimiento económico que retiraba la aniquilación del PER y dejaba el pretencioso *decretazo* en una pequeña reforma irrelevante. Entre las propuestas que
costaron la cartera ministerial a un hombre tan evidentemente lúcido y honesto como Aparicio y las que le habían permitido a Zaplana
salir vivo de una anunciada lucha con los sindicatos, media la constatación de un desgaste político *in crescendo* ante la evidencia de que Aznar se empecinaba en irse al frente del Este a luchar contra la reencarnación del Gran Tamerlán.

Ni los más correosos asistentes a la concesión de los Goya podían
calcular el éxito de la insumisión que inicialmente estaba en la cabeza de una minoría y que acabó siendo asumida por la inmensa mayoría de los asistentes. Como ya no cabe atribuir tales efectos al oro
de Moscú, ni al de Saddam, ni al de la logia masónica de Londres que
tanto preocupaba a Franco, lo que ocurrió en aquel salón fue un efecto de *simpatía* entre indignaciones particulares que de pronto se encar-
naron en un intelectual orgánico colectivo: toda la sala. El comportamiento inicial de Televisión Española reflejó fielmente los criterios
de libertad de expresión que bullen en el intelectual orgánico guber-

namental. Ya no puede hablarse de manipulación antidemocrática, sino de mutilación de lo real, a la manera de lo que practicaban las dictaduras estalinianas o nazis cuando eliminaban de las imágenes documentales a los enemigos políticos o sus consignas. De la misma manera que Stalin hizo desaparecer de las fotos de desfiles militares de la Plaza Roja al mismísimo Trotski, uno de los creadores del ejército soviético, el señor director de Televisión Española fue el más inmediato responsable de los cortes que trataban de convertir un escandaloso motín antigubernamental en un acto de entrega de premios a chicas y chicos de la Cruz Roja. Incluso la señora ministra de Cultura fue soslayada por las cámaras, supongo que por su bien, para que nadie pudiera suponerla cómplice con los levantiscos, dados sus orígenes de extrema izquierda. ¿Qué debe pasar por la cabeza de un personaje político de esta hechura cuando se convierte en víctima de un espectáculo que habría incluso convocado veinticinco años atrás? ¿Un bolero? ¿Un cha-cha-chá? O tal vez aquel viejo bugui de mi infancia titulado: «Un bugui más, qué importa».

Fue tal el entusiasmo provocado por las manifestaciones antibélicas del mundo entero —en España fueron especialmente significativas las de Barcelona y Madrid— que alguien proclamó: «El pueblo parará la guerra», tal vez el mismo autor del lema «El pueblo unido jamás será vencido» o de «No pasarán». El Parlamento turco dijo que no a la guerra, igual que la Liga Árabe y el Papa de Roma. A pesar de ser ateo convicto y confeso, en dos ocasiones me he aliado con el Papa, con motivo de la guerra del Golfo y ahora. En la primera, un ex comunista, introductor de Althusser en España, me acusó de ser uno de esos rojos capaces de aliarse con el Papa para conseguir sus propósitos. Lo dijo con encono, con carga emocional de abjuración, a lo Piqué, ni siquiera con irónica nostalgia, a lo Pilar del Castillo.

Volvíamos a estar el Papa y yo juntos, cada vez más acompañados de gentes contrarias a la posible guerra, incluso en Estados Unidos donde existe una de las vanguardias de sociedad civil progresista me-

jor articuladas. Entre los libros condenatorios de la matanza de iraquíes, leí y presenté en Madrid *La sospecha*, de Isabel Pisano, donde se
establece un cierto vínculo entre Monica Lewinsky y la guerra de Irak,
vínculo por debajo de la cintura del presidente Clinton y de la Historia. El sistema necesitaba abrir cauces entre la cámara oval de la Casa
Blanca y un definitivo reajuste de zonas de dominación o de influencia para compañías como la Harken Energy Corporation que tuvo
en Bush Jr. a uno de sus asesores, o la Chevron con la belicosa Condoleezza Rice como valedora. El actual presidente de USA tuvo conexiones profesionales con el Carlyle Group, industria armamentista
pura y dura y el responsable de defensa, Rumsfeld, representó al complejo Occidental de intereses paralelos.

Era negocio destruir Irak, reconstruirlo y ocuparlo. Tan conmo-
vido estaba Aznar ante esta perspectiva que aparecía como un lúgubre
belicista hiperactivo, capaz de dar la vuelta al mundo en ocho horas
y hablar con acento texano en las ruedas de prensa compartidas con
Bush o en mexicano en las sostenidas junto a Fox. En el PP no se atre-
vían a pedirle explicaciones, ni a darle un valium o valeriana, ni a ponerle psiquiatra de cámara, algo, y necesitaba o un urgente tratamiento desintoxicador o una clarificación sobre las raíces de su conducta
que aportaría, sin proponérselo, el hermano del presidente Bush.

Y es que algo ocurrió en algún momento de la construcción biológica de la familia Bush porque, a la conocida escasez de talento del
padre y la no menos comprobada ausencia de cualquier talento del actual presidente de Estados Unidos, se sumaba la patética impresión
dejada por la visita a España de Jeb Bush, gobernador de Florida y
hermano del emperador. Enviado especial y abusivo, a pocos días de
que Aznar atendiese la llamada del presidente y viajara a Estados Unidos, la poderosa presencia del gobernador de Florida empequeñecía
todavía más al presidente del Gobierno español, evidenciado como la
voz de su amo, complementaria de la de Tony Blair en el marcaje norteamericano de la política europea. La visita estaba programada con
anterioridad al rechazo masivo de la guerra testimoniado por millones
de manifestantes en todo el mundo y los más sensatos líderes del PP

la habían acogido como un mal sueño irrechazable. Pero hete aquí que la realidad fue peor que lo imaginado porque Jeb Bush demostró ser un Bush Bush, un Bush elevado al cuadrado y Aznar un cero a su izquierda.

El misterio de qué le había prometido el presidente Bush a Aznar para satelizarle había dado lugar a algunas especulaciones sensatas, por ejemplo, que empresas españolas participarían en el botín consecuencia del saqueo de Irak, que la CIA colaboraría estrechísimamente en la persecución de ETA, que Estados Unidos favorecería a España en su conflictiva política con Marruecos y que apoyaría la candidatura de Aznar para altos cargos internacionales, así en Europa como en el globo terráqueo. La globalización de Aznar parecía el beneficio más previsible, al menos durante el mandato Bush en la presidencia de Estados Unidos, porque los beneficios a obtener por empresas españolas en competencia con las norteamericanas e inglesas en el reparto de lo que quede de Irak sería dinero de bolsillo. Tampoco era asumible que la política exterior de USA, puesta a escoger entre Marruecos y España, se quedara a solas con España, porque Marruecos es pieza clave en el equilibrio geopolítico que plantea la reivindicación islámica. En cuanto a ETA, Estados Unidos ya ha escogido su terrorismo preferido, el que realmente le ha planteado un desafío global y no iba a perder el sueño empecinándose en la persecución de etarras que es un fenómeno terrorista de provincias imperiales, ni siquiera rigurosamente francoespañol, sino casi estrictamente español.

Pero alguna promesa había habido desde el momento en que el parlanchín Jeb Bush, nada más llegar a Madrid, dijera que España conseguiría «beneficios inimaginables» por su apoyo a la política belicista de la administración presidida por su hermano. No se puede ir por el mundo, por muy hermano que seas del emperador, prometiendo el oro y el moro, y nunca mejor dicho. Además el señor gobernador no sólo sembró incertidumbres, sino también terrores políticos de fondo al reconocer a Aznar como presidente de la República Española, posibilidad hasta ahora nunca tan explícitamente enunciada, aunque sí temida. Los monárquicos se llevarán una sorpresa el día en que descubran cuántos españoles apoyamos la monarquía tal como está, y a pesar de las vacilaciones matrimoniales del príncipe Felipe, para que no pueda proclamarse una república presidida por Aznar o por Fraga.

Poco probable parecía que, en un momento de euforia y margaritas, el presidente Bush prometiera a Aznar la presidencia de la III República española, sobre todo porque Bush ignora que antes de la tercera hubo dos previas. Inadmisible que Aznar flirteara siquiera con esta proposición que, aunque halagadora de su inconmensurable ego, sería poco táctica e inútilmente estratégica. Sin más especulaciones, Jeb Bush creyó que en España gobierna una república por el mismo procedimiento por el que un alcalde de Nueva York le prometió a Pujol ayuda si tenía problemas con sus vecinos los portugueses y un ya decaído Franco elogiaba al pueblo de Gerona cuando estaba en Lérida y al de Lérida cuando estaba en Gerona. No es que sea tranquilizador que personas tan poderosas como los Bush desconozcan hechos esenciales en la vida, historia y geopolítica de sus súbditos, incluso de súbditos tan entregados como los españoles que se identifican con la sumisa fidelidad de Aznar. Algunos cargos del PP aparecieron congestionados los días siguientes a la manifestación antibelicista, todavía en los ojos, en esos ojos que un día se tragará la tierra, la estampa de la ministra Palacio lanzándose como proyectil dirigido contra Bagdad, sin esperar siquiera la cobertura de los portaaviones norteamericanos. Entre la patética embestida de la ministra en el Consejo de Seguridad y el tercio de quites de Piqué, obligado a una cierta desaznarización para tener presencia política en Cataluña, queda toda la gama de equívocos en la relación con el Imperio del Bien y sólo falta que el hermano del emperador venga a tratar al jefe del Gobierno español como si fuera un jefe de ventas provincial que se mereció un Cartier, todo de oro, días antes de que se consumara la historia de *amour fou*, cuando Aznar visitó a Bush en Texas para ponerse a su entera disposición.

Durante el encuentro entre Bush, el emperador, el auténtico, y José María Aznar y la posterior conferencia de prensa no apareció publicidad de los esponsors de la guerra de Irak. Ni Bush ni Aznar lucían los nombres en su vestimenta o calzado, pero muy imponentes habían de ser para que Aznar se prestase a ejercer el papel de *torna*, palabra catalana de muy difícil traducción al castellano. Cuando se pesaba el pan en las antiguas panaderías, si las barras no daban el peso anunciado, el panadero cortaba un pedacito de pan para completarlo. Eso era *la torna*.

Cuando Boadella quiso denunciar los penúltimos asesinatos franquistas contra el joven anarquista Puig Antich y un apátrida polaco, llamó a su espectáculo *La torna*. Puig Antich sería la barra de pan y el polaco judicial y políticamente complementario, el pedacito de relleno que *despolitizaba* las ejecuciones. En el pacto de los aliados de la administración Bush para desencadenar la guerra de Irak, el Reino Unido y Turquía serán los más directamente beneficiados bien por el procedimiento del soborno directo, caso Turquía, bien por la relevancia que la industria de guerra y energética del Reino Unido va a cobrar en un Irak masacrado. Berlusconi también quiere cobrar en petróleo, igual que Aznar, que ya trató de que Saddam Hussein pactara con Repsol, flamante empresa petrolera sin petróleo que mucho contribuyó a las hazañas reconquistadoras del aznarismo en Argentina.

La guerra contra Irak estaba anunciada para el 3 de marzo y duraría, según los expertos, veinte días, tiempo suficiente para acabar con Saddam Hussein y sus armas de destrucción masiva. Las potencias intervencionistas bien armadas extraerían los beneficios que todas las guerras generan en el mercado de las armas, fuentes energéticas y abastecimientos logísticos. Conquistado Irak, repartirían el petróleo según las muescas que cada asaltante llevara en la pistola y a continuación el negocio será reconstruir lo previamente destruido y así ganar esos beneficios que el hermano de Bush prometía si Aznar hacía de *torna* en la báscula de ángeles exterminadores. Cara de *torna* tenía cuando posó junto al emperador y con voz galluda lanzó el ultimátum de Quintanilla de Onésimo a Bagdad. De la ciudad de dios a la ciudad del diablo.

Convencido de sus razones profundas, obligado a defender su belicismo mediante convocatorias contra el peligro terrorista, Aznar no aceptó que nadie le diera el valium o la valeriana, sino que, al contrario, forzó a su partido a un seguimiento total, fuera en el comportamiento político cotidiano, fuera en las votaciones parlamentarias. Tal vez para todos los cómplices de la guerra, incluidos los ciento ochenta y tres diputados españoles, la muerte no figurara en los cálculos contables más habituales de los programadores del conflicto. Blair, laborista, anunció que iban a matar lo menos posible, y Powell, paloma entre halcones, advirtió que ha matado a más iraquíes Saddam Hussein de los que pueda matar el ejército aliado. Eso siempre que alguien llevara la contabilidad de lo uno y de lo otro, porque a aquellas alturas todavía no sabíamos qué *daños colaterales* habían causado las guerras posmodernas que son ya tres y serían cuatro: Golfo, Kosovo, Afganistán e Irak. Subversivo sería que se contaran y se vieran los muertos en guerras rechazadas por la inmensa mayoría de la población de estados cómplices en la matanza. Ni siquiera en el *National Geographic* pudimos ver la secuencia de los soldados iraquíes sepultados en vida en el desierto por un contundente movimiento envolvente de los blindados norteamericanos y eso que la gran revista nos tiene acostumbrados a excelentes descripciones sobre la conducta de todo tipo de animales depredadores, menos de financieros, gerentes, militares, políticos y curas de diferentes teologías

Curiosa empresa liberalizadora la de Bush, Blair, Berlusconi y Aznar en Irak, cargada de contradicciones porque parecía haber llegado el momento de que los kurdos intervinieran en la guerra para salir de la dominación iraquí, pero eso sería peligroso para Turquía, porque los kurdos turcos quieren sacudirse la dominación de Ankara. ¿Qué hacer con los kurdos? Estaba más claro el papel de los españoles, útiles para el suministro de combustible a los bombarderos USA y muy estimulado Aznar por Bush para que enviara algo parecido a la División Azul a combatir cuerpo a cuerpo con el infiel. Aunque un noventa por ciento de la población turca estuviera contra la guerra y un noventa de la española rechazara tan fétidas hazañas bélicas, eran curiosamente los gobiernos de Turquía y España de los más empecinados en contribuir al día D y a la hora H, día de Difuntos y hora de los Horrores que jamás serían televisados. Zappa profetizó en los setenta: «La revolución nunca será televisada». Se equivocó la paloma, se equivocaba. Las guerras ya no serán las guerras del Vietnam, las siguientes ya no fueron televisadas, pero en el caso de Irak, la no unanimidad de los señores de la información frustró los planes ocultistas de los señores de la guerra.

A comienzos de marzo del 2003 se celebraron las Jornadas de Hispanistas Alemanes, que se realizan cada dos años y a las que ya he asistido en tres ocasiones como escritor español invitado. Tal vez porque la cuestión de fondo era la memoria histórica y las nuevas identidades surgidas en la democracia española, se hablaba en aulas y pasillos de la extraña apuesta del señor Aznar por romper la unidad europea y quedar supeditado, ya sin tapujos, a la estrategia de dominación global de Estados Unidos. No hay que insistir en el nivel de conocimiento a veces excepcional que algunos hispanistas extranjeros exhiben sobre lo que escribimos y lo que pensamos los españoles, pero en esta ocasión, tan excepcional como ese conocimiento era su perplejidad.

Una vez sondeada esta actitud dominante, se me ocurrió pasar el asunto a la consideración de hispanistas norteamericanos de nacimiento u oficio y para ellos la perplejidad no tenía tanto sentido como la indiferencia. Me aseguraron que el amor loco desencadenado entre Bush y Aznar no es noticia de primera página en Estados Unidos y al público norteamericano le atrae mucho más cualquier presencia de Berlusconi, por banal que sea, que todas las presencias de Aznar tan glosadas por la televisión oficial española. Ignoro la capacidad del presidente del PP para detectar el problema de significación y no significación que plantea su sistema de señales corporales e intelectuales, pero aunque sólo sea mínimamente consciente de la impresión de irrelevancia que provoca, tal vez a esa carencia personal debamos atribuir su empeño, explícito y publicado, en que España no siga en la segunda división de la Liga Global. Ya nos gustaría a todos estar en primera división, pero a según qué precios es preferible controlar nuestra permanencia en segunda, en los primeros puestos, no en la zona tranquila y mucho menos en la de descenso. De ahí que para nosotros fuera más importante que nos saliera bien el tren de alta velocidad o el plan hidrológico o termine el desbarajuste de los vertidos petrolíferos en Galicia, que el bombardeo anglonorteamericano sobre Bagdad.

Si los actores españoles rompieron el fuego de la ancha y larga protesta civil contra la guerra, no hay sector social que no se manifestara en contra y los ministros y altos cargos del PP vivían sin vivir en ellos, acosados por toda clase de manifestantes que los increpaban por los procedimientos empleados para el ascenso de una tal España a primera división. ¿A qué España se refieren? Muchos no nos sentimos identificados con esa abstracción de España que necesita matar iraquíes para subir a la primera división. En plena Segunda Guerra Mundial, dos jóvenes leones del franquismo triunfante, Areilza y Castiella, redactaron un tratado de reivindicaciones territoriales españolas, utilizado por Franco como piedra de toque para comprometerse a fondo con Hitler y Mussolini. Como buena parte de las pretensiones expansionistas de Areilza y Castiella para subir a primera división significaba tocarles los congojos y los territorios a la Italia de Mussolini y a la Francia de Vichy, tuvimos que seguir en la categoría regional preferente de la Historia y sólo conseguimos ascender a la segunda y optar a la primera, con la plena adaptación a la formalidad democrática conseguida en la década de los años ochenta del siglo XX, aprobada la Constitución de 1978. Esa aspiración no evitaba la constatación de que la mayor parte del pueblo español no quería belicismos y así se manifestó en la disposición original ante el referéndum de la OTAN burlada por el PSOE y en las mayoritarias a lo largo de todo

LA AZNARIDAD

el proceso de la guerra del Golfo y en las casi absolutas frente a la previsible guerra de Irak.

En el mismo mes de marzo, Mark Hertsgaard, especialista en visiones imperiales —cómo vemos nosotros a los americanos y cómo nos ven ellos a nosotros, un nosotros amplio que incluye a todos los europeos—, emitió su particular interpretación teológica de la guerra. Para el señor Hertsgaard la guerra de USA contra Irak no ha sido por el petróleo sino religiosa, a manera de fundamentalismo cristiano contra fundamentalismo islámico. Por parte de Estados Unidos, Bush dirige la cruzada bajo el lema: «Por Dios hacia el imperio», porque Dios se ha convertido en la coartada del orgasmo imperial. Cuando el periodista Lluís Amiguet, de *La Vanguardia*, le comenta que es desolador el aspecto de Bush como jefe de la cruzada cristiana, Hertsgaard todavía se pone más tétrico: «El propio padre del presidente le culpa de romper con Europa y Brezinski dice que esa ruptura es peor que perder Irak. ¿Y sabe usted que los generales de prestigio retirados como Schwarzkopf o el ex jefe de la OTAN, Wesley Clark, se manifiestan en contra de la invasión? Esto no es una guerra por petróleo. Esto es una cruzada integrista». No. Lo peor no es que fuera una cruzada integrista, sino que esa cruzada integrista enmascarara una guerra fundamentalmente petrolera, como las cruzadas de antaño enmascararon guerras de redivisión en aquella aldea global que era la Europa del final de la Edad Media, abierta a las expansiones de lo que entonces se consideraba modernidad y en busca de toda clase de complicidades divinas.

El empecinamiento de la sociedad española para que no se la confunda con la sociedad de socorros mutuos de los ciento ochenta y tres diputados del PP que se sumaron al belicismo de su jefe puso nervioso al poder que atribuyó a los socialistas el mérito de que la gente saliera a la calle, regalándoles una peligrosa capacidad convocadora de una nueva mayoría absoluta. Los asesores militares y los jóvenes propagandistas de plantilla gubernamental volvieron a florecer en las televisiones como ya sucedió durante la guerra del Golfo. Así como los militares no pudieron explicar seriamente la seriedad de una guerra seria entre la potencia militar más grande del mundo y un ejército de

326

soldados descalzos, los jóvenes ejecutivos de acero inoxidable respondían a un adoctrinamiento sin duda preparado semanas antes del abrazo de las Azores. En ocasiones llegan a niveles hilarantes debates televisados sobre las finalidades espirituales del conflicto o sobre la correlación de fuerzas en presencia. El bastardo lenguaje técnico consigue efectos sonoros que buscan un lugar en la memoria de las gentes, exactamente allí donde grabaron la evidencia de que Irak disponía del cuarto ejército del mundo y de armas de destrucción masiva que por lo visto ahora ha ocultado para mejor ocasión.

La guerra sería rápida y las secuelas, eternas, pero convenía acondicionar la memoria de la mayoría absoluta por la paz para que conserve en ella a todos los responsables de este horroroso ajuste de cuentas de matones, unos convencidos de su papel, otros disfrazados de novecientas chicas de la Cruz Roja con las manos llenas de tiritas y de latas de fabada. Ninguno de los ciento ochenta y tres diputados del PP que trataron de salpicarnos con la sangre y la mierda de la guerra reconoce que se ha convertido en la «muerte y hace temblar» como dijo en su día Oppenheimer. Se jugaba un lugar en la lista electoral del 2004. Habrá que recordárselo mientras conserven el cerebro sentado en el escaño y el trasero montando guardia junto a los luceros.

Y Aznar consiguió que el PP se quedara solo ante el frente de Bagdad. En plena guerra de Irak y a poca distancia temporal de las elecciones municipales y autonómicas del 2003, el anuncio de la ruptura del pacto entre CIU y el PP sorprendía a casi todos los seres humanos, independientemente de su sexo, nacionalidad y estatura. ¿De qué pacto se trataba? Al igual que la guerra de Kosovo que jamás se declaró, el pacto entre Pujol y Aznar se consideró siempre implícito y evidente, pero no explícito. Más que un pacto era un intercambio marcado por las veleidades de las aritméticas electorales, cuando el PP necesitaba los votos de CIU y el PNV maquilló su rostro nacionalcatólico, pero en cuanto tuvo la mayoría absoluta se fue a por el PNV y convirtió a CIU en algo parecido al convidado de piedra.

De piedra se quedó CIU tantas veces, obligada a tragar en España a cambio del respaldo aznarista en el Parlament, y ahora trataba de recuperar el movimiento porque las elecciones se acercan y el PP sobrevivía acorralado por una mayoría natural española que le recordaba el inventario de sus errores. Si el PSOE se murió de éxito en 1996, como sugirió Felipe González, el PP estaba herido de soberbia e ineficacia en el 2003. Ya no insisto en la torpeza con que el señor Aznar nos había metido en la guerra de Irak, pero como complemento bastan casos como la casi humorística boda de la hija del señor Aznar en El Escorial, isla Perejil, el desdecirse en el decretazo sobre la política laboral, el banderazo, el fuel tiñendo Galicia, el fracaso tragicómico del tren de alta velocidad, el sospechoso manoseo de hombros y lomo sufrido por nuestro jefe de Gobierno a manos de Bush. El empeño que puso el PSOE entre 1995 y 1996 para ser derrotado había sido ampliamente superado por el exhibido por el PP estos dos últimos años, agrandado aún más por la insufrible presencia del señor Aznar, un error, un auténtico error de sistema de señales. Había quienes le llamaban José María Az…, porque les resultaba excesivo el apellido entero o en recuerdo de una anécdota radiofónica a la que me referiré.

La ruptura del pacto que al parecer nunca existió dejaba a CIU a la intemperie en Cataluña, especialmente en el capítulo de las encuestas trucadas que está minando la ya de por sí minada estatura política del delfín Mas. A poco que se endurezca la memoria de la guerra de Irak, el PP morirá matando y antes de quedar sepultado bajo toneladas de basura, tratará de airearlas mediante ventilador. A dos meses de las elecciones municipales y en el mismo año en que se convocarán las autonómicas, la maniobra de desenganche entre CIU y PP era tan necesaria como difícil para los pujolistas y en cambio el PP podría tomársela con bastante tranquilidad de no padecer el acoso y derribo del quinto poder, la vanguardia de la sociedad civil, crispada por las complicidades globalizadoras y exterminadoras del señor Aznar y la señora Palacio.

A CIU ya no le quedaba el recurso del sí pero no al intervencionismo belicista del PP, porque sus propias bases y simpatizantes habían tomado un decidido partido por la paz, y el antiaznarismo más radical ganaba adeptos en las filas convergentes a un ritmo de progresión semiótica. En efecto, cuando más hablaba o se exhibía don José María Az…, más crujir de dientes, fruncimiento de nariz y estertores de tripas provocaba. Los mejores pactos son aquellos que no se declaran, porque cuando desaparecen no dejan huella. Pero ¿seguro que el pacto contra natura entre el nacionalcatolicismo de Aznar y el nacionalpujolismo de CIU no había dejado huella?

La condena de la guerra anunciada fue mayoritaria en todo el mundo y se valió de útiles propagandísticos muy variados. El ganador al Oscar del 2003 por el mejor documental, Michael Moore, se convertía en el más duro publicista perseguidor de los argumentos imperiales de George Bush y su lobby. Miembro de la Asociación Nacional del Rifle presidida por Charlton Heston, Moore se quedó estupefacto ante la matanza del Instituto de Columbine a cargo de escolares adolescentes armados y por el dato de que cada año mueren en Estados Unidos once mil ciudadanos a causa del empleo de armas de fuego. A partir de esta provocación, Moore, cámara al hombro, realiza una indagación por los distintos cauces de la violencia norteamericana y llega a la conclusión de que tanto la exterior como la interior son fruto del miedo. El miedo del pionero original, inmigrante que tuvo que quitarle las tierras a los indios y la soberanía a los ingleses, se perpetuó en la evolución de una población de aluvión que hizo de la violencia un instrumento de defensa, conquista, de acumulación económica, de superación de la propia inseguridad.

Estar armado es una afirmación de la identidad americana, razona Charlton Heston en una patética entrevista con Moore, en la que Ben Hur se queda sin argumentos ante los de su entrevistador y opta por cortar el encuentro y retirarse algo amedrentado, incluso es posible que algo amedrentado de sí mismo.

A lo largo de casi dos horas asistimos a una tragicómica inmersión en el miedo americano, mediante entrevistas con víctimas y verdugos y la constatación de causas objetivas que producen miedo y violencia. Especialmente conmovedoras las situaciones en las que adolescentes armados han disparado contra compañeros y profesores e incluso un niño mata a una compañera de clase de seis años, en una acción gratuita mediante la que expresa su soledad. Eric Harris, el adolescente causante de la matanza del Instituto de Columbine, había crecido en una base militar de Michigan, el lugar de origen del director del documental. Otras coincidencias estimuladoras de angustia y perplejidad fueron que un implicado en los sangrientos atentados de Oklahoma había sido compañero de estudios de Moore y que Charlton Heston, el presidente de la Asociación Nacional del Rifle, se había criado apenas a dos horas de distancia de donde creció el realizador de *Bowling for Columbine*.

Moore cumple el requisito de haber comido el mismo pan y bebido el mismo vino, es un decir, de casos extremos de violencia armada en un país donde constan doscientos cincuenta millones de pistolas y fusiles en manos de la población civil. Especialmente desgraciado, razona Moore, el momento en que Samuel Colt inventó el revólver, el arma de seis tiros seguidos, lo que permite la matanza continuada. Durante diez mil años de historia de la violencia, todas las armas mecánicas debían ser recargadas y sólo a partir del Colt la mano humana se convirtió en un instrumento de muerte repetible. Aunque el implacable testigo de la violencia de su propio país, de su mismísima personal cultura de la violencia, sostiene la tesis de que el americano es violento porque ha tenido, tiene y tendrá miedo, también habría que tener en cuenta lo rentable que le ha sido la cultura y la industria de la violencia para alcanzar la hegemonía imperial a lo largo del siglo xx.

Se justifica la indignación del ministro de Defensa de Bush, irritado porque en plena victoria americana en la guerra de Irak, la mayor parte de los medios de comunicación del mundo entero glosan la situación de violencia incontrolada desatada por la ocupación. En las carteleras cinematográficas españolas, dos películas parecen realizadas y estrenadas ex profeso para explicar parte de lo inexplicable. Una es la de Moore sobre la cultura de la violencia civil yanqui y otra es *El americano impasible,* basada en la novela de Graham Greene, implacable constatación de las conspiraciones que llevaron a la sustitución de franceses por norteamericanos en la guerra de Indochina y las estrategias asumidas para *legitimar* la intervención. Si en cierto sentido, las novelas totales de Le Carré y Greene han sido verdaderas actas históricas sobre el subsuelo donde se urdía la Guerra Fría, en el momento en que se explicita la consecuencia de la Guerra Fría, es decir, la hegemonía absoluta del vencedor, convendría que tanto el documental de Moore como *El americano impasible* se convirtieran en material didáctico recomendable para escolares y no escolares españoles y globales, así como para diputados, concejales y demás agentes de interacción social del PP y de la derecha belicista democrática, allí donde se dé. Pocas veces tendrán tan barato y tan cercano un producto que les explique mejor en qué lío los ha metido Aznar al integrarlos en el Eje Atlántico. El lobby que dirige el imperio nos propone participar en una Asociación Global del Rifle y hay que documentarse y no dar una respuesta a la ligera.

Epílogo

Ya he dicho que llegué a conocer personalmente a don Pedro Gó…, nombre con el que identificábamos a don Pedro Gómez Aparicio buena parte de los radioyentes del diario hablado de Radio Nacional. Lo tuve de profesor de Historia del Periodismo en el tercer curso de la Escuela Oficial, obligatorio entonces seguirlo en Madrid, y gracias a ello pude recibir docencia o claridades de algunos miembros de la escasa plana mayor intelectual del Régimen. Por ejemplo, Adolfo Muñoz Alonso, franquista agustiniano, y don Pedro Gó…, de la democracia cristiana colaboracionista. La abreviatura del nombre se debía a que, comentarista de fondo del diario hablado de Radio Nacional, bastaba que el locutor anunciara: «A continuación el comentario de don Pedro Gó…», para que muchos radioyentes se precipitaran hacia el aparato y lo desconectaran, porque el diario hablado de Radio Nacional fue obligatorio para todas las emisoras durante la mayor parte de la larguísima posguerra. El recuerdo de don Pedro Gó…, enfático apologeta del Régimen y lento e irrelevante profesor que se limitaba a repetir en clase, año tras año, su libro de texto, salió del desván de mi postadolescencia al advertir que don José María Aznar en las semanas en torno a la guerra de Irak está provocando reacciones similares y nada más aparecer en pantalla o en las ondas sonoras, las gentes cambian de canal o de emisora de radio. «A continuación, el jefe del Gobierno, don Jose María Az…», no sólo desconectan de don José María sus antagonistas políticos naturales o profesionales, sino también muchos, muchísimos peatones de la Historia que lo considerán sonoramente insoportable, argumentalmente torpe, gestualmente insuficiente y además armador de guerras santas en las que no pega un tiro, a lo sumo se limita a enviar la Legión para el desfile de la victoria. Sospechoso don José María Az... de graves deficiencias por el mero hecho de ser apreciado por George Bush y sospechoso también de extrañas connivencias dado que un hermano de Bush, casi tan inteligente como el emperador, declarara que el apoyo de Aznar a la guerra de Irak representaría «muchos beneficios para los españoles». Estremecedor es que don José María Az... no tuviera ni una palabra sobre los muertos que iba a provocar la guerra santa, hasta que se puso aritmético el hombre y llegó a la conclusión de que Saddam Hussein había matado a más iraquíes que los que pudieran liquidar Bush, Blair y él juntos. Hay que reconocer que no llegó a la línea Maginot argumental de un alto cargo o alta carga del PP, experto o experta en muertes comparadas, por ejemplo las que causan los accidentes de tráfico en España, y las que han conseguido los misiles inteligentes en Irak. El tráfico es mucho más mortífero que los misiles inteligentes.

A otros tampoco les gusta que don Jose María bautizara el aquelarre de las Azores como *Eje Atlántico*, porque deseuropeíza el futuro e incluye a España otra vez en el Eje, en el pasado formado por la Alemania nazi, la Italia de Mussolini y el Japón de Hiro Hito. Otros recuerdan que se escondió en una torre gallega para no pisar chapapote o que conserva en su despacho una foto conmemorativa de la conquista de la isla Perejil o que tuvo que envainarse el *decretazo* sobre la reforma laboral tras padecer una huelga general o que quiere trasvasar ríos a pesar de que no le salen los trenes de alta velocidad. Los trenes de alta velocidad de don José María no sólo resultan de baja velocidad, sino que además no llegan a su destino, engullidos por los alevosos socavones que le ponen los socialistas bajo los raíles.

Atraído por la posibilidad de escribir un libro sobre la *aznarización* de España o simplemente una epopeya titulable *La aznaridad*, durante un año he recuperado, enmendado o reescrito, más de diez años de reflexiones sobre el todavía jefe de Gobierno español, desde sus tiempos de joven con cara de pésame, presentado en sociedad como nieto del polifónico don Manuel Aznar.

La irresistible ascensión de don José María Az... a la presidencia del PP fue consecuencia de los problemas de representatividad política de la derecha española. Cómplice en la Guerra Civil y en el uso y abuso de la victoria, la derecha social y económica no se despegó del Régimen y llegó a la Transición sin líderes ni aparatos presentables en el mercado democrático. El simple recuerdo de aquel frente compuesto por Fraga Iribarne, Silva Muñoz, Gonzalo Fernández de la Mora y Laureano López Rodó inspira terror, y de fracaso en fracaso las derechas incluso promocionaron a un joven encantador que había cantado rock y se sabía de memoria las canciones de Conchita Piquer, Hernández Mancha, y a continuación pasaron por encima del cadáver de su político mejor preparado, Herrero de Miñón. La larga complicidad con el franquismo tenía aquel precio, nada menos que elegir a un joven aunque cejijunto inspector de Hacienda que dirigía la Comunidad Autónoma de Castilla-León con cierto sentido del marketing personal, pero sin resultados gestores apreciables, aunque supo crearse la imagen de político austero, reductor de consejerías, del uso de las tarjetas de crédito por parte de altos funcionarios y vigilante disuasorio de las croquetas que se comían los periodistas cuando llegaba la inevitable «copa de vino español».

Solo, fané y descangayado ha quedado objetivamente don José María Az... tras el desdichado vía crucis de su mayoría absoluta llena de fracasos políticos como el fallido intento de destruir a ETA por el procedimiento de convertir al PNV en un exceso periférico del Imperio del Mal o de respaldar con usura y mala sombra —con mucha usura, con mucha mala sombra— el gobierno autonómico de Pujol en Cataluña o de tratar de despegar como un líder absoluto a la medida de su mayoría absoluta. Ni siquiera consiguió quedar en la consideración popular suficientemente por encima de Rodríguez Zapatero, un recién llegado al *star system*. Y a la vista del carrerón internacional cumplido durante el curso 2002-2003 parece como si la última esperanza de futura promoción globalizada sea que Bush le nombre secretario general de la ONU, previa ocupación militar de la sede de las Naciones Unidas. Tal vez le quede el recurso de encabezar simbólicamente el Eje Atlántico, si Blair se distrae o cae en desgracia, siempre y cuando Bush y todo lo que representa vuelva a ganar las elecciones presidenciales de Estados Unidos.

Hagiógrafos próximos insinúan que cuando deje de ser jefe del Gobierno español, don José María Az... incluso podría dedicarse a la poesía, más en la línea veneciana que en la de «la nueva sentimentalidad». Siempre es una salida prestigiosa, habida cuenta de que su carrera política europea parece no imposible pero difícil, a no ser que Europa sea ocupada, militar y preventivamente desde luego, por el ejército de Estados Unidos. Menos mal que casi todos los presuntos delfines de don José María Az... han procurado quemarse mínimamente en la guerra de anexión de Irak, aunque a veces recurriendo en exceso a la palabra «humanitaria» hasta provocar náuseas y mareos semánticos casi imposibles de paliar. Partidarios de la paz, los santones del PP respaldaban la guerra siempre que fuera humanitaria, naturalmente. Los errores de estrategia personal cometidos por don José María Az... en la película que ha cointerpretado con George Bush y sus mariachis, alarmaron incluso a sus aparentemente más incondicionales seguidores y le restaron apoyos como el de Pastor Ridruejo, en 1989 uno de los inventores de Aznar como gran esperanza blanca de una derecha española entonces todavía entre el caqui y el infinito pasando por el azul, aquel azul de la «camisa de trabajo» glosada por los teóricos de la Falange en los libros de Formación del Espíritu Nacional.

Aunque por su edad, don José María Az... podía haber extrañado la cultura de «Por el imperio hacia Dios» o de «España, como unidad de destino en lo universal», se sintió, se siente atraído por ella, como las mariposas nocturnas se sienten atraídas por las bombillas encendidas. Dentro de la intrahistoria del PP, don José María Az... representa la tozuda quinta columna de un proyecto nacionalcatólico malencarado, pretendidamente adaptado a la estrategia de la globalización vista por la extrema derecha norteamericana, personalista, cejijunto, servido por una voz llena de gallos. Además, sus correligionarios corren el riesgo de que, empecinado como sólo consiguen serlo los caudillos civiles, pretenda reinar después de morir, sobre todo después de su decisiva vivencia de héroe de *Hazañas bélicas*: la conquista de Bagdad. Cuando tuvo que asumir los cuerpos sin vida de profesionales de la información españoles caídos en la guerra de Irak, Aznar musitó en muy bajo tono de voz: «La culpa la tiene Saddam Hussein».

Se había equivocado el personal al presumir que las relaciones entre el pacifista Juan Pablo II y el belicista José María Aznar se habían deteriorado e incluso colocado al borde de la excomunión el cejijunto jefe de Gobierno español por haber desobedecido el mandato de la paz emitido por el Papa. Juan Pablo II mantuvo su protocolaria visita a Madrid poco después de la guerra de anexión de Irak, en un extraño viaje esta vez porque sí, habida cuenta de que no está Su Santidad para muchos viajes, pero éste se lo pedía el cuerpo. Fue una expedición política urdida por la Conferencia Episcopal con el fin de poner las cosas en su sitio que no siempre es el sitio de las cosas. Los obispos situaron el diálogo Vaticano-Estado español al más alto nivel simbólico, es decir, el Papa y el Rey, pero por allí correteaba don José María para colarse y conseguir la bendición papal y una absolución factual por sus pecadillos iraquíes. De paso Su Santidad convertía los altares en el camarote de los hermanos Marx al añadir más santos españoles, alguno víctima de la barbarie roja durante aquella guerra civil entre la Ciudad de Dios y la Ciudad del Diablo.

No sólo coló Aznar su envidiablemente escurridiza figura, sino que se dejó acompañar hasta por veinte familiares, veinte, sin duda la audiencia familiar más numerosa recibida por Papa alguno, prueba del algodón de que familia que reza unida permanece unida. Mientras el Papa volvía a situar, simbólicamente, el palio sobre el nacional-catolicismo español en su versión aznarista, don Federico Trillo enviaba más tercios de Flandes a Irak y esta vez no disfrazados de chicas de la Cruz Roja, sino de fuerzas de seguridad y orden, desde luego de seguridad humanitaria, de orden humanitario. Los más molestos con la visita del Papa fueron los católicos españoles periféricos, porque no se sabe si por recomendación de la Conferencia Episcopal o por mandato divino, el Papa no recibió a representantes de las iglesias vamos a llamarlas *autonómicas*. De no tratarse de tan alta magistratura, casi podría decirse que el Papa les hizo un feo a los obispos catalanes y vascos y a las autoridades de una y otra sustancia periférico nacional representativa. Hete aquí que incluso la señora Ferrusola, esposa de Jordi Pujol, se había puesto la mantilla para conmemorar en Roma la santificación del fundador del Opus Dei y ahora el Opus Dei, cada día más presente en la lógica interna de las iglesias española y vaticana, no movía un dedo para que doña Marta Ferrusola de Pujol pudiera utilizar la misma peineta para ser recibida en Madrid por su Papa.

La explicación de la jerarquía eclesiástica española ha sido casi una ordinariez que sin duda irritará a muchas sensibilidades autonomistas. El Papa habría venido a verse con lo general y no con lo particular. Por encima de escisionismos tantas veces disfrazados de autonómicos, miles de jóvenes españoles ofrecieron al Santo Padre dos generalidades indispensables, insustituibles: la de su juventud y la de su españolidad. Inevitable recordar aquellos tiempos en que la Iglesia procuraba afirmar sus movimientos de masas juveniles de la Acción Católica frente a los intentos monopolísticos del Frente de Juventudes Falangista. Parece que fue en el otro siglo, pero todo ocurrió ayer, en la infancia y adolescencia de Aznar, y un día podrían volver a escucharse karaokes competitivos entre: «Juventudes católicas de España, galardón del ibérico solar...» y «Cara al sol con la camisa nueva que tú bordaste en rojo ayer...».

¿Cómo ha quedado todo después de la visita del Papa? Se han estirado los músculos de los movimientos de masas juveniles católicas y tanto Aznar como el PP han sido jerárquicamente amnistiados por sus ardores guerreros. Otra cosa es que esos miles y miles de jóvenes católicos que semanas antes habían contribuido a las movilizaciones contra la guerra de Irak, sepan distinguir entre movilizarse por el Papa o para que la jerarquía católica vuelva a colocar el palio sobre la cabeza del jefe de Gobierno más irrelevantemente belicista del siglo XXI. Flecos informativos nos siguen ofreciendo todos los horrores y sinsentidos de una guerra de anexión, pero ya no recibimos esa información en directo, como cuando se escapó por las rendijas de los biombos prohibicionistas del ejército norteamericano, salvo en el caso de los cadáveres de los hijos de Saddam Hussein, prueba necesaria para avalar la teología de seguridad del imperio, la teología del *Wanted*.

Escuché y vi en el programa informativo de noche de la televisión autonómica de Cataluña a un médico español operante en Irak. Ofrecía testimonio de «recomposiciones de cuerpos humanos», muchos de ellos niños, esqueletos astillados por armamentos prohibidos utilizados por las tropas de ocupación de Irak. A lo largo de mi vida e historia, he tenido tiempo de constatar que lo único que suele separar a un terrorista o a un criminal de guerra de un estadista, es que venza en su empeño. Un terrorista puede llegar incluso a ser premio Nobel de la Paz y un criminal de guerra puede cobijarse a la sombra de cualquier palio, siempre y cuando gane la guerra.

Algún día habrá que explicar a los iraquíes que gracias a sus muertos, mutilados y destrucciones, el presidente Aznar consiguió que los miembros de Herri Batasuna no pudieran entrar en Estados Unidos y fueran bloqueadas en USA sus cuentas bancarias, si las tuvieran. Pero antes de explicar a los iraquíes este capítulo de la Historia Universal de la Usura, deberíamos asumirlo nosotros mismos, ya que el rayo que no cesa, Federico Trillo, sigue enviando soldados españoles a Irak, ya no para repartir agua, sino para sentar el nuevo orden, casi el mismo que impuso el Baas, pero más trascendental, más religioso.

No conviene distraer demasiada atención en la calderilla antibatasuna pagada por Bush a cambio de la foto de las Azores y de la burla de los deseos antibélicos de un noventa por ciento de españoles, porque a las puertas del gobierno español forman cola más de doscientos empresarios nativos dispuestos a sacar beneficios de la reconstrucción de Irak. Pronto podremos saber, espero, los nombres y apellidos de los ingentes beneficios prometidos a los españoles por la administración norteamericana si se apuntaban a la causa del bien, de la libertad duradera, de la justicia infinita. Mientras tanto presenciamos la conmovedora escena de una veintena de miembros de la familia Aznar colocada bajo pontificio palio e indulgencia, por especial empeño de la Conferencia Episcopal Española que es, nunca mejor dicho o supuesto, una cruz.

De momento ya está claro que Estados Unidos va a reconstruir más que nadie, seguido del Reino Unido y a una larga distancia, Polonia, porque también los polacos enviaron *terminators* a la guerra de anexión de Irak. Algo quedará para los empresarios y militares españoles, migajas reconstructoras para los primeros y un papel de *terminator* secundario para los segundos situados bajo mando polaco. El profesor Manuel Castells ha bautizado la política aznarista en Euzkadi como una suerte de *palestinización*, añado yo que por ultimar, habida cuenta de que todavía no han aparecido tanques por las calles de Euzkadi, pero que el sentido del *precio* que tiene el aznarismo es tal vez la amenaza política más grave que jamás se ha cernido sobre la, hasta ahora, penúltima democracia española.

A pesar de las cuentas de la lechera, la guerra de anexión de Irak no ha conseguido erradicar el Mal y en pocos días del mes de mayo del 2003, Chechenia, Arabia Saudí, Israel, Marruecos escenificaron diversas respuestas estratégicas del terrorismo kamikaze. La British Airways cortó los vuelos a y desde Kenia, porque temía un puente aéreo terrorista lejos del alcance de los escasamente disuasorios misiles inteligentes norteamericanos. Esta vez nos tocó. Una de las explosiones provocadas en Casablanca se cebó en carnes españolas y en pleno fregado electoral el gobierno rechazaba inmediatamente cualquier posible relación con la complicidad Aznar y Bush para la conquista de Irak. Estábamos ante una no verdad de la misma naturaleza que la «total resolución» de la contaminación de las costas gallegas a pesar de las artimañas del voluntariado antigubernamental o la conjura de los socavones socialistas para impedir el trazado del tren de alta velocidad Madrid–Zaragoza o la imprescindible invasión del islote Perejil como demostración de que España sigue siendo una unidad de destino en lo universal.

Una no verdad difícil de tragar. A no ser que se explicara el atentado antiespañol de Casablanca dentro de la lógica de agravios y desacuerdos entre Marruecos y España tan astutamente estimulados por Madrid y Rabat al más alto nivel político. Puestos a dar explicaciones bilaterales, siempre nos quedaba la esencial consideración de que el atentado fuera una respuesta fundamentalista, tardía, pero explicable, a la conquista de Granada por parte de los Reyes Católicos. Pero Irak y Casablanca marcan la distancia más corta entre dos agresiones relacionables, a pesar de que la miserable guerra de Bush no ocupara el lugar merecido en el debate electoral presente en España, temerosos los socialistas de que vueltos al poder, se vieran implicados en alguna cruzada por razón de Estado.

Aunque el gobierno inscribiera el atentado de Casablanca en el contencioso no resuelto por la Reconquista, lo cierto es que adquiría más ambición histórica y se incluía en las consecuencias del asalto a la razón que aquella guerra fallida: no acabó con Saddam, no encontró armas de destrucción masiva y regaló al terrorismo islámico la coartada del terrorismo del Eje Atlántico.

Cuando el hermano del presidente Bush nos prometió muchos beneficios si España aparecía como cómplice de la guerra de anexión de Irak, significó la promesa de un nuevo Plan Marshall, esta vez tramado a nuestra medida. Si no nos beneficiamos del anterior porque todavía Franco no había sido rehabilitado por Estados Unidos, por fin llegaba la hora en que el imperio nos beneficiaría a cambio de respaldar, aunque sólo fuera moralmente, una guerra imperial. Uno de aquellos beneficios prometidos fue la concesión de la construcción de ocho submarinos para Taiwan, encargo que la industria naval norteamericana no podía asumir, y que ya había propuesto a Alemania y Francia, pero ambos países lo habían rechazado para no crearse problemas con la China más o menos comunista. A manera de sobras del festín, los ocho submarinos quedaron sobre la mesa de Aznar primero como prueba de lo correcto de su política sucursalizada por la administración Bush, pero pronto surgieron voces distanciadoras de tanta felicidad. ¿Y si se cabrean los chinos continentales? ¿Y por qué han de cabrearse con España? Los que hacen el encargo son los chinos de Taiwan. Pero es que estos submarinos están potencialmente destinados a matar chinos continentales.

¿Qué hacer? Uno y otro día, el camarada Llamazares le recordaba al presidente Aznar el número de muertos que ha costado la guerra de anexión de Irak y aunque el señor presidente le atiende como quien oye llover, lo cierto es que los datos datos son, y colaborar en la matanza de miles de iraquíes sin nada a cambio podía dañar el retrato épico de caudillo civil que Aznar se ha esforzado en autodiseñarse desde que consiguió la mayoría absoluta. Si Alemania y Francia rechazaron el encargo que les ofrecían los norteamericanos no sólo lo hicieron por una cuestión de política de amistad con China, sino porque las ganancias obtenidas por la construcción de los submarinos podían ser inferiores a las pérdidas previsibles si el gobierno de Pekín no acogía con agrado la contribución de ambos países a la política *disuasoria* belicista de Taiwan. Conocedores de esta tesitura, los asesores de Ana Palacio, un *brain trust* de jovencísimos diplomáticos que han conseguido poner de punta los pelos de casi todos los diplomáticos españoles de carrera, incluidos los calvos, recomendaron que la ministra les consultara a los chinos: ¿Se molestarían ustedes mucho si fabricamos submarinos al servicio de su principal enemigo de primer plano?

¿Qué respondieron los chinos más o menos comunistas? Sin duda, aunque en parte desaparecida, la influencia de Mao persiste especialmente en los territorios del lenguaje metafórico aplicado a la política. Mao nunca hubiera contestado sí o no y Wen Jiabao, jefe de Gobierno chino, tampoco incurrió en el blanco o negro por respuesta. Dijo algo así como: «Los jalones del invierno no siempre son de hielo / por eso los jalones del Yang Tse Kiang no siempre son de agua». La ministra no tenía a mano a ninguno de los ciento cincuenta poetas de La Moncloa y tuvo que analizar la contestación sin otra ayuda que la de su *brain trust*, perdidos ante el lenguaje poético demasiado hermético y no perteneciente a la tradición neoclásica, dori-cojónica como la hubiera calificado José Agustín Goytisolo, es un decir. Intuye la señora ministra que esos ocho submarinos no tienen valor de cambio porque tienen valor de uso y aunque Pekín sepa que alguien, sea España o sea Liberia, los va a fabricar, su obligación es poner cara de perro en plena jugada de póquer y a partir de ahí devolver los ocho submarinos a la diplomacia española para que extraiga sus consecuencias.

El *brain trust* de la señora Palacio llegó a la conclusión de que, en caso de descartar la fabricación de los submarinos, alguna compensación podían pactar con los chinos y que así, de una u otra manera, se cumpliera la profecía del hermano de Bush de que España iba a resultar muy beneficiada por sus compromisos belicistas. De momento la posición oficial de Pekín con respecto a la guerra de Irak sostiene que «ha sido un paso en falso en el mejor de los casos y una mentira en el peor». Respaldan esta posición las evidencias de que nunca existieron esas armas de destrucción masiva de Saddam Hussein que *justificaban* la guerra y que o bien los servicios de información norteamericanos son de una eficacia lamentable o bien al contrario, estamos ante una de aquellas mentiras inevitables, necesarias para la victoria del Imperio del Bien que el presidente Bush nos prometió poco después de la voladura de las Torres Gemelas. Pero todo esto ya es casi metafísica para la señora Palacio, que inclinaba todos los días su privilegiada e incorrupta permanente sobre la primera partida de beneficios conocidos que nos llegan de Estados Unidos: ocho submarinos que nadie quiere fabricar. Seguro que habrá otras sobras del festín iraquí. Públicas o secretas. Igualmente peligrosas.

Las elecciones municipales, más algunas autonómicas, del 2003, representaron un test sobre las coincidencias o no entre conciencia social española mayoritariamente antibelicista y la conciencia electoral. No fueron propiamente unas elecciones municipales. La actuación de los líderes políticos recordó más unas elecciones generales que las municipales, tal vez porque paralelamente se jugaban el control político de comunidades autonómicas simbólicas donde PP y PSOE han establecido sus reservas espirituales más sólidas. Otro motivo para que hayan puesto sus cuerpos en la parrilla los más altos dirigentes de cada partido es porque por primera vez desde 1996, el PP había llegado a la convocatoria electoral lleno de vías de fuel oil y de socavones a la alta velocidad, así como de grotescos compromisos con los imperiales proyectos belicistas de potencias mayores y del mismísimo imperio.

Test para la presumida crisis social del PP, las elecciones no podían ser la medida real de esa quiebra porque cuando se elige un alcalde o un presidente de Comunidad Autónoma no rigen criterios tan posiblemente ideológicos o programáticos como los que deberían privar en las legislativas. Se elige o se rechaza la obra reconocida en su dimensión más próxima y por lo tanto se premia o se condena sobre todo la gestión. Otra cosa es que ante escándalos tan conmovedores como el del chapapote o la guerra Aznar-Bush contra Irak, se presumiera una consecuencia electoral o se previera el funcionamiento de la esquizofrenia: una cosa es estar contra la guerra o contra las insuficiencias de la política de gestión gubernamental y otra ponerle nota a Pepito o Paulina, nuestros alcaldes de casi toda una vida democrática.

Se trataba del primer asalto de un año electoral durísimo que conduce a la apoteosis de las generales en la primavera del 2004, pasando por esa reunión en la cumbre del PP en la que Aznar señaló con el dedo a su heredero, Mariano Rajoy, prescindiendo entre lágrimas de su entrañable Rato y del filtradizo Ruiz Gallardón, triunfador por la prueba del algodón de las municipales de Madrid, nada menos que acompañado por Ana Botella como lugarteniente simbólico y quién sabe si futura delfina de su propio marido para las elecciones generales del 2008.

Si las altas magistraturas que velan por la pureza democrática de los comicios ayudaron al PP mediante el siempre útil tercio de quites, eso quería decir que el partido en el gobierno así lo había pedido, temeroso de que la guerra de Irak contase más de lo esperado a la hora de votar. Esta guerra fue, es y será el mayor error político de Aznar, incapaz de salir del ridículo de los compromisos adquiridos y de las compensaciones a recibir. Por aquellos días, el atentado terrorista en Marruecos contra la Casa de España evidenciaba que habíamos entrado en el mercado del terrorismo kamikaze internacionalizado, respuesta de los pobres al terrorismo de Estado de los ricos.

Los augures escudriñaron las entrañas de toda clase de bestias para establecer sus conclusiones electorales y llegaron a la conclusión de que estaban aplazados, más que enterrados, los efectos de todos los déficit que el PP arrastrará hasta las generales del 2004. De fracaso en fracaso de gestión, con el chapapote enterrado entre las arenas de las playas gallegas, con la *rentrée* volvería el noticiario cotidiano del terrorismo kamikaze internacional y de todas las impotencias para ordenar el caos iraquí como medida previa a la *reconstrucción*, es decir, el negocio consecuencia del previo negocio de la guerra. También quedaba un largo curso para comprobar los no avances del tren de alta velocidad o los escapes de agua del plan hidrológico o el fracaso una vez más de la ley de extranjería o de la reforma laboral que Aznar se ha envainado como si se tratara de una flamígera espada del Cid que le quemaba las manos. El primer asalto sólo había sido indicativo como aperitivo del verdadero festín caníbal del 2004.

Pocos días antes de las elecciones, en los más altos cuarteles generales del PP se temían malos resultados por deméritos propios más que por méritos del PSOE. Consideraban los populares que las alternativas ofrecidas por los candidatos socialistas ni eran suficientemente atractivas, ni estaban encarnadas en candidatos realmente competitivos. A juicio del PP, el PSOE no ha recompuesto bien ni su plana mayor, ni sus planas menores. El PSOE no ha entrado en este debate. Se la había jugado a la carta del descrédito de la gestión del PP de la mayoría absoluta en casi todos los terrenos y nadie había querido sacar tajada de las nueve copas del Real Madrid porque más vale no meterse en cuestiones sagradas.

Una de las más afortunadas rumbas fruto del mestizaje gitano-catalán, se debe a Peret y glosa la historia de un gitano dado erróneamente por muerto: «¡Que no estaba muerto... no... no! ¡Que no estaba muerto... no... no!», avisa, repite el estribillo y es que al gitanillo le había pasado lo mismo que frecuentemente suele sucederles a la burguesía, la historia y la novela, tres cadáveres que gozan de excelente salud, a pesar de que sobre las tres sobrevuelan frecuentemente los decretos de extinción. A la burguesía, la historia y la novela habría que añadirles ahora el Partido Popular, hegemónico en España, dado por muerto y enterrado durante la campaña electoral del PSOE, hasta el punto de que Rodríguez Zapatero, el líder socialista, se apropió de la consigna que Aznar había utilizado contra Felipe González: «¡Váyase, señor González, váyase!». Rodríguez Zapatero apuntó con su dedo a Aznar y le conminó: «¡Váyase, señor Aznar, váyase!». Aznar estaba obligado a marcharse, dado que anunció su retirada como cabeza del PP en el 2004, al finalizar su segunda legislatura como jefe de Gobierno, pero no se irá excesivamente acuciado por los resultados de las elecciones municipales del 25 de mayo. El noventa y uno por ciento de españoles contrarios a la guerra de Irak no se convirtió en un noventa y uno por ciento electoral que retirara su confianza al Partido Popular y a su belicoso líder. Las elecciones llegaron cuando la guerra era ya un eco informativo y una mercancía ética casi consumida y la derecha sociológica recuperó su pánico a una victoria socialista por encima de su horror o su mala conciencia por los muertos y mutilados en la evitable guerra de anexión imperialista de Irak.

Constatado el no derrumbamiento del PP habría que añadir la evidencia de su deterioro relativo. Los socialistas fueron más votados que los populares y seguían controlando ciudades españolas determinantes aunque en algunas de ellas precisaran del pacto con las izquierdas, Izquierda Unida en España, Esquerra Republicana e Iniciativa per Catalunya, en Cataluña. Si el PP se sentía justamente aliviado porque no es un cadáver político ni mucho menos, el PSOE se sentía preocupado porque tampoco es un triunfador sin sombras. Hay que tener en cuenta la tendencia conservacionista exhibida por los electores en las elecciones municipales y que en cambio en las autonómicas coincidentes el 25-M, el PSOE puede exhibir más triunfos que el PP, aunque pierda el control de las islas Baleares. Las izquierdas refuerzan su control en Aragón, Extremadura, Castilla-La Mancha, Asturias y consiguen la Comunidad Autónoma de Madrid, victoria simbólica, e inmediatamente emponzoñada, en un espacio político demasiado marcado por la irradiación de Madrid como ciudad y como capital del Estado.

El triunfador indiscutible en las elecciones aperitivo fue Alberto Ruiz Gallardón, ex presidente de la autonomía madrileña y ahora alcalde de Madrid por un generoso margen de votos, meritoria victoria dado que sucedía en el cargo a otro alcalde del PP caracterizable por su relevante irrelevancia. No era una victoria inocente, porque reunía valores añadidos. Ruiz Gallardón se refuerza como figura emergente, incluso capaz de optar al delfinato de Aznar, y lleva como lugarteniente a Ana Botella, la esposa del jefe de Gobierno, señalable como aspirante a Hillary Clinton española, ante la imposibilidad de aspirar al cargo de Isabel la Católica. Otros triunfadores obvios son el Partido Nacionalista Vasco en Euzkadi, desbaratador constante de la estrategia popular y socialista, y Esquerra Republicana en Cataluña, iniciando así la tendencia al trasvase de votos desde CIU, a aumentar a partir de la consumación de la retirada de Jordi Pujol. También el crecimiento de Iniciativa per Cataluña, espectacular en Barcelona, refuerza lo que queda a la izquierda de los socialistas catalanes seriamente castigados por los electores y muy especialmente el alcalde de Barcelona, Joan Clos, que perdía una cuarta parte de sus concejales.

Los sociólogos electorales vagaron como almas en pena tratando de explicar unos resultados difíciles de explicar, fruto de carambolas a muchas bandas y que en cada lugar estaban marcados por problemas determinantes diferentes: el plan hidrológico en Aragón y Cataluña, el chapapote consecuencia del vertido de fuel oil en las costas gallegas, la ilegalización de Herri Batasuna en el País Vasco o la incipiente crisis turística padecida en las Baleares y atribuida interesadamente a la gestión del gobierno de unidad de centro izquierda. A pesar de su seriedad derechista, bailan los líderes del Partido Popular la rumba de Peret, autojaleándose palmeantes y proclamando las excelencias de Aznar, el líder que les permitió conquistar Bagdad y no perder suficientemente las elecciones municipales y autonómicas del 2003.

Pero augures y sibilas, tras escudriñar las tripas de las mejores bestias y al tiempo que detectaban todavía las insuficiencias socialistas en dirigentes y programas para marcar una real alternativa en España, apuntaban a las elecciones autonómicas de Cataluña, Galicia, Andalucía y Euzkadi como la auténtica prueba de la verdad sobre la salud de este precipitadamente considerado cadáver del PP, en un inmediato futuro condecorado con la orden del Congreso de Estados Unidos, como premio a las complicidades de Aznar con horizontes y violetas imperiales.

Cual enorme bebé sonriente, Mariano Rajoy parece haber salido de las entrañas de José María Aznar y ha sido ratificado por la dirección del PP por una votación que de haberse tratado de comunistas se hubiera calificado a la búlgara. Sólo un voto en blanco. Por los mentideros de Madrid circuló insistentemente el rumor de que Rato no fue investido por culpa de Aceves y no de Rajoy. Orgánicamente, el cerebro de Aznar conectado con su dedo señalaba a Aceves porque al parecer era el menos carismático de los posibles herederos y ya sabemos cuánto detesta Aznar los carismas. Además, Aceves tiene o se le ha puesto una cara de ministro del Interior que parece de diseño y utiliza con respecto al asunto vasco el mismo piñón que su jefe. Cuando Aznar mostró preferencias por Aceves ante los presuntos delfines, Rato le contestó que no, que ése no... no he estado yo esperando todos estos años para que ahora ocupe el puesto un recién llegado.

Muy mal sentaron estas palabras al señor presidente y con harto pesar de su corazón entre Rato y Aceves eligió a Rajoy, que siempre estaba allí, cayeran chapapotes, cayeran misiles inteligentes. Hasta aquí la historia susurrada de lo ocurrido que, me consta, circula por las Cortes y hay conjeturas sobre la tristeza repentina de Rato, a pesar de que acaba de pasar con muy buena nota la peripecia de leer su tesis doctoral sobre Economía. Es algo extraño que un ministro de Economía lea la tesis doctoral precisamente de Economía desde el cargo de responsable de la economía nacional, pero es norma que todos los sabios de España han sido algo heterodoxos, incluso alumnos retardados o tardones.

Contra el rumor del extraño triángulo formado por Aceves, Aznar y Rato, la evidencia de que el jefe de Gobierno ha dejado al ministro de Economía en la vicepresidencia segunda del gobierno, debería servir como prueba de confianza, aunque presente tarde la tesis de doctorado. Al fin y al cabo, el Che Guevara fue el jefe de la economía cubana y probablemente sólo se había leído el *Manual de Economía Política* de la Academia de Ciencias de la URSS o los escritos de Sweezey y Baran sobre tan arduas materias. Que la tristeza de Rato, antaño, al parecer, la alegría de la huerta, sólo le dure hasta comprobar si Rajoy gana o no las elecciones del 2004. Si las gana, Rato podrá dedicarse a la economía privada y forrarse. Si Rajoy pierde, todavía el triste vicepresidente podría ser jefe de Gobierno en el 2008. Si la decisión no depende de los atributos orgánicos de Aznar.

Rajoy ya ha asegurado que va a seguir en todo la política de su antecesor y esta afirmación puede ser inquietante o simplemente retórica. Si se trata sólo de quedar bien con su padrino, bienvenida sea la declaración agradecida que transmite la latencia de un buen corazón. Ahora bien, si realmente Rajoy quiere continuar enmarañando todavía más la cuestión vasca y enviando más soldados españoles a Irak como ratificación de la política internacional de Eje Atlántico, entonces habría que pensar que el nuevo candidato del PP a la jefatura del gobierno en el 2004 nace atado y bien atado. Más atado y bien atado que el príncipe Juan Carlos cuando fue profetizado rey no por su padre o por el pueblo español, sino por Franco, Franco, Franco.

Afortunadamente, Juan Carlos se desató en cuanto pudo y es posible que Rajoy haga lo mismo y según el resultado de las elecciones, marque distancias con el padrino y con todas las comadronas que hayan contribuido a un alumbramiento inesperado. Aunque desde que Aznar anunció que no se presentaría a una tercera elección, Rato, Rajoy y Mayor Oreja formaron el trío de delfines presentidos, casi todo el mundo daba más posibilidades a Rato y a Mayor Oreja que a Rajoy, porque el primero había conducido la política económica con menos trastornos de lo previsible y el segundo había conseguido cartel de excelente ministro anti ETA, sin necesidad de recurrir al GAL, aunque sin que España saliera de las listas de Amnistía Internacional como país donde se sigue practicando la tortura. Mayor Oreja contó además con el respaldo objetivo de un sector de la inteligencia progresista, conmovida por las brutalidades de ETA y su recurso a la matanza indiscriminada, a la relativa argelinización de su política de zulos y asesinatos. Pero Mayor Oreja fue un ministro del Interior con más talento mediático que eficacia gestora y ha quedado atado y bien atado a la empecinada política no anti ETA sino anti PNV en la que ha fracasado estrepitosamente. En las últimas elecciones autonómicas vascas a las que concurría como aspirante a lehendakari no le votó nadie en su pueblo y al llegar tarde a una votación decisiva en el Parlamento de Vitoria, quedó casi en cueros el pobre hombre, sorprendido por el reflector de la evidencia.

Rajoy tiene como primer objetivo ganar las elecciones del 2004 y a pesar de su reconocida habilidad y capacidad todo terreno, el período es excesivamente largo y difícil. Ante todo va a compartir liderazgo con Aznar y le va a ser imposible marcar cualquier diferencia con su línea política. Los problemas derivados de la política vasca del PP y de la pertenencia al Eje Atlántico los ha creado Aznar, pero los hereda Rajoy al menos hasta que gane o pierda las elecciones del 2004. En el caso de ganarlas, su autoridad será ratificada y podrá ejercerla incluso en el interior del PP, pero de no ganarlas es político muerto y tendrá alrededor a Rato, Arenas, Zaplana y Ruiz Gallardón en condiciones de abreviarle la carrera política. Rajoy ha sido elegido para ganar las elecciones generales, no para cambiar política alguna, aunque sí es posible que alivie las tensiones creadas por el entrecejo físico y espiritual de su padrino. Aznar se estaba convirtiendo en una pesadilla lingüística. Todo su sistema de señales se ha desvinculado de la moderación y no hay nadie a su alrededor en condiciones de arreglarle el chip, no digo ya de cambiárselo.

La demostrada endeblez de la dirección coral del PP, sometida al caudillaje absoluto de Aznar el absolutista, es otro factor que limita el ejercicio de la singularidad de Mariano Rajoy, al que ya le rodean de una supuesta guardia pretoriana de *marianistas*. De momento, Aznar es su única luz y su única sombra. Durante meses los dos parecerán las hermanas Andrews o Pili y Mili intentando cantar sincronizadamente y llegar ilesos a la convocatoria electoral a través de un desfiladero lleno de chapapotes, trenes de velocidad fallida, iraquíes independentistas, vascos independentistas y además la señora Palacio en pleno frenético desconcierto que se le nota hasta en la sintaxis, es decir, en la relación entre pensamiento, respiración y sintaxis, según establecía muy sabiamente mi profesor, el poeta José María Valverde.

Hemos de ver qué imagen escoge Rajoy para compensar la de gato panza arriba adoptada por Aznar durante su bienio negro. Gatuno es el señor Rajoy, pero evoca sobre todo al gato astuto de movimientos silenciosos que no tiene un miau malo para nadie. Incluso cuando Rajoy se pone agresivo trata de no perder el sentido del humor y por lo tanto preparémonos a que el show de este nuevo Dúo Dinámico, Aznar y Rajoy, asuma la dialéctica entre el bueno y el malo, el guapo y el feo, el listo y el tonto, clave en la historia de los mejores duetos, desde el formado por Abbott y Costello como el integrado por Ortega y Gasset. En cualquier caso el PP se la jugaba en las elecciones del 2003, aunque contara con el alivio de la prohibición de usar el *No a la Guerra*, como un no al PP instalado en las puertas o dentro de los colegios electorales. Prohibición no cumplida.

Recordemos aquellos tiempos, recién nacida la década de los noventa del siglo XX, en que José María Aznar debutaba en un debate sobre el Estado de la Nación, frente a un Felipe González lejos de imaginar que algún día moriría de éxito, pero ya lo suficientemente cansado de seguir siendo Felipe González. Dada la penuria de líderes de la derecha española, tan escasamente democrática a lo largo de siglos y siglos de hegemonía que se encontró en plena democracia con más culos que caras al aire, el joven Aznar era una incógnita y tuvo un comportamiento aprobable en su debut como cabeza de la oposición, a pesar de ya exhibir entonces tics lógicos y verbales algo molestos, que nunca le han abandonado. En su último debate sobre el Estado de la Nación, Aznar exhibió los resultados de un duro aprendizaje y hasta qué punto había aprendido a estar seguro de sí mismo y a contestar sólo lo que le interesa, para a continuación lanzar un biombo de niebla o humo en torno a lo que no quiere siquiera sopesar. No tenía ahora enfrente a González, sino a un Rodríguez Zapatero dispuesto a cambiar de estilo y pasar de la lucha grecorromana a la lucha libre americana. Entre Rodríguez Zapatero, Llamazares y Anasagasti construyeron el inventario de la desastrosa ejecutoria del gobierno del PP en los dos últimos años y Aznar les replicó que el PSOE está en crisis, que Izquierda Unida es un partido de pancartas y que el PNV es casi anticonstitucional.

Lanzó como pelotas, fuera del terreno de juego, el chapapote, el decretazo, el banderazo, la conquista de la isla Perejil, el descrédito europeo que padece tras su compromiso belicista con USA, los miles de muertos iraquíes que comparte con Bush, las mentiras justificativas de la guerra de Irak, los actos fallidos del tren de alta velocidad, las negruras del plan hidrológico, la sensación de crisis económica que se cierne sobre buena parte de familias españolas. Torvo, cejijunto, no se concedió recursos humorísticos, porque una cosa es el humor y otra los sarcasmos que el señor Aznar utiliza como aguijonazos de escorpión. Cercado por los hechos se negó a sentirse acorralado y los pasó por alto o los traspasó al enemigo, como la ya pestilente crisis de la Comunidad Autónoma de Madrid donde el único culpable era Rodríguez Zapatero por no haber controlado a sus tránsfugas y no el PP por haber presuntamente estimulado el transfuguismo.

Especialmente patética la alienación que padecía el presidente cuando se enfrentaba a la cuestión vasca y no tenía respuesta a aquella pregunta elemental de Anasagasti: «¿Está usted contra ETA o contra el PNV?». Si su posición ante la guerra de Irak es una aplastante demostración de prepotencia patética, tal vez el fracaso político más importante del PP de la mayoría absoluta haya sido la estrategia empleada en el País Vasco en busca de un fallido *sorpasso* que permitiera a populares y socialistas sobrepasar electoralmente al PNV. La rentabilidad de su constante hostigamiento al PNV ha sido mínima en Euzkadi, a lo sumo restar unos cuantos votos *españolistas* al PSOE, aunque ha conseguido convertirla en fundamental reclamo a la hora de buscar votos en el resto de España. Aznar ha convertido al PNV, su aliado en la primera legislatura, en el enemigo interior de la españolidad, convencido de que esta operación le puede llenar las urnas en la España más insensible a los pleitos de los nacionalismos periféricos.

Confirmó Aznar que no será candidato a jefe de Gobierno en la próxima legislatura y por lo tanto condicionó el tono de balance de carrera y gestión que fue tomando el debate del Estado de la Nación. Más que el estado de la nación, lo que se afrontaba era el estado de Aznar y del PP, partido condenado a ser ciegamente aznarista hasta marzo del 2004 y después, Dios, que es de centro derecha, proveerá. Nada aclaró todavía entonces don José María sobre sus sucesores o sucesor, tal vez porque iba Rodrigo Rato a la pata coja y no estaba Rajoy como para quedarse con otra túnica sagrada que no sea la de Fraga Iribarne. Hasta que los presuntos delfines no hablen como tales, se singularizan por la intensidad y calidad de sus silencios y omisiones con respecto a los desmanes verbales del jefe. Rodrigo Rato era el que más sabiamente ha callado, por estrategia de contrarios complementarios, no por evidente enfrentamiento silenciado con su señorito y amigo. Sin duda Aznar y Rato habían pactado el discurso y su sombra, es decir, los silencios. Pero al parecer Rato todavía no calló lo suficiente y se convirtió en un heredero cadáver que contemplaba en su agonía el paso de Rajoy hacia los cielos o los infiernos.

Si ha mejorado mucho Aznar a lo largo de más de una década de protagonismo, sería injusto no reconocer en Rodríguez Zapatero capacidades de adaptación a los nuevos tiempos. Si empezó bailando el minué desde una oposición invertebrada, después se acercó al rock duro, sin llegar nunca a los límites del genial Anasagasti, el parlamentario que mejor consigue tocarle los congojos a don José María Aznar. Estos chicos crecen. Aznar ya sabe convertir la mentira en no verdad y Rodríguez Zapatero estaba a punto de acceder a ese momento de madurez en que le pueda preguntar a Aznar: «¿Hasta cuándo Catilina abusarás de nuestra paciencia?».

Pocos días después de su último debate sobre el Estado de la Nación, el presidente Aznar se fue de bolos por tierras de América y en Estados Unidos recibió aplausos por su apoyo a Bush en la guerra de anexión de Irak, sin que le afectaran los escándalos sobre las mentiras que justificaron la guerra. ¿Qué sentido tiene la palabra *mentira* para un estadista que ha comenzado su gobierno asegurando que hablaba catalán en la intimidad y casi lo termina pidiéndole al periodista que le interroga que confíe en la veracidad de su afirmación de que Irak dispone de armas de destrucción masiva?

Mientras Bush y Blair recurren a toda clase de contorsiones para no rebasar ese límite en el que la no verdad se convierte en mentira, a Aznar no parece importarle. Bush ya ha tenido que traspasar responsabilidades a la CIA, agencia de desinformación que dio las necesarias no verdades de que Saddam Hussein compraba uranio enriquecido en Nigeria y que disponía de inmensos arsenales de armas de destrucción masiva. Tras pasarle el muerto, es decir, los veinticinco mil muertos iraquíes a la CIA, Bush ha hecho un guiño solidario a tan poco fiable agencia y finalmente ha concluido que, inspirada en verdades o falsedades, la guerra era necesaria. En cuanto a Blair, quedó sitiado por sus propias trolas y la BBC dio una lección de independencia informativa sin precedentes en un medio considerado como la mismísima voz del Estado. La BBC mantuvo que Blair mintió para justificar la guerra y que sus coartadas eran de una entidad científica deleznable. Un biólogo funcionario reveló a la BBC todas las interesadas exageraciones del gobierno para justificar la guerra y, obligado a admitir su papel en una investigación parlamentaria, el microbiólogo doctor Kelly decidió suicidarse en un bosque. Paralelamente, Aznar decidió enviar tropas a Irak con la orden de que si era necesario mataran, pero mataran poco. No vaya a ser que algún día los veinticinco mil iraquíes hasta ahora liquidados sean considerados muertes *no aclaradas*, como la del científico doctor Kelly, descodificador de las mentiras de Blair para justificar la anexión de Irak y hallado muerto en el bosque de Harrowdown. Según la policía inglesa estábamos ante una «muerte no aclarada», eufemismo de la que no ha intervenido de motu proprio la Providencia, ni ese genoma traidor que todos llevamos dentro.

Si el sabio se suicidó angustiado por las presiones gubernamentales de las últimas semanas, la novela pediría la mano de Greene, experto en demostrar que el hombre, como sospechaba Chumy Chúmez, es la medida de todas las cosas pequeñas. Pero si ha sido asesinado, urge convocar a Le Carré porque la compleja trama estará llena de oleoductos y asentamientos judíos, de agentes dobles del islam y de industrias armamentistas USA, más los tanquistas inteligentes ejecutores de periodistas incómodos. Fantasmales, furtivos convidados de piedra en un bosque corregido por la muerte, Harrowdown, de sonoridad shakespeariana, pero más criaturas de Zorrilla o de Marquina que de Shakespeare, nuestros políticos ¿qué pintan y qué han pintado en este asunto? Ahora esperan matar poco, morir lo imprescindible, inseguros de que la Historia no tenga moral y un día de inspiración poética el juez Garzón, es un decir, los empapele por cómplices de tanta muerte no aclarada.

En España el CESID no es de momento la CIA y nada tuvo que ver con las seguridades belicistas de Aznar. TVE se guardará muy mucho de mantener un pulso con el señor presidente, como sí es capaz de hacerlo la BBC. Tal vez por ello, don José María, mientras comienza a dejar de ser jefe de Gobierno en una larga retirada y prepara el segundo capítulo de su vida política galáctica que sin duda tiene un antes y un después de la foto de las Azores, está obligado a sostener que las armas de destrucción masiva justificantes de la guerra aparecerán y que hemos de enviar a Irak o a donde sea todos los soldados españoles que hagan falta para garantizar el nuevo orden y proseguir cumpliendo la lógica interna de la Teología de la Seguridad. Procelosa seguridad, avalada por líderes capaces de tragarse los miles y miles de muertos hasta ahora exigidos en Afganistán e Irak por el guión del film *Libertad duradera* o *Petróleo infinito*.

Mientras tanto, Aznar empieza a vivir tiempos de desaires. A pesar de que Blair está en horas bajas por las no verdades que utilizó para provocar la guerra de Irak, tuvo la gentileza de avisar a Aznar de que iba a reunirse con Schröder y Chirac para recomponer una posible mirada unitaria sobre Irak. Los tres recomponían el imaginario del auténtico poder europeo y allí el jefe de Gobierno español no pintaba nada. Seducido y abandonado, a manera de saldo de liquidación fin de temporada bélica, Aznar comprobaba así lo cruel que es la política. Su entereza ante el terrorismo galaxial no ha sido comprendida ni por Chirac ni por Schröder y nuestro presidente incluso pasaba la prueba de un encuentro con Gadaffi, considerado en el pasado responsable más o menos indirecto de gravísimos actos terroristas. Cabe la pregunta de por qué se hizo la foto de las Azores como un cruzado contra el terror y por qué se ha hecho ahora la foto con Gadaffi. El presidente iraquí le ha regalado un caballo. Pero no creo que haya sido ése el motivo del viaje.

Aunque cuando se fotografió con Gadaffi, al que elogió como el bueno frente a malo, Fidel Castro, sólo le quedaban seis meses de jefatura de gobierno legítima, la juventud política y biológica de Aznar le obligaba a preparar el futuro, ese profundo misterio que a nadie confiesa: ¿se dedicará a la poesía? ¿Se integrará en algún mariachi de

Bush? ¿Convertirá la Faes en su búnker ideológico particular? ¿Presidirá el Real Madrid cuando se retire don Florentino? Una carrera política en Europa la tiene difícil y el viaje a Libia tal vez se debiera a una cuestión de fuentes energéticas, pero también a un intento de recomponer su imagen de cara al mundo árabe. No se conocen en España las dificultades padecidas por diplomáticos y profesionales españoles ubicados en países islámicos, donde ya no son el cristiano amigo sino el cómplice de la guerra de anexión de Irak. Fracasada la operación maquillaje del conflicto palestino, incapaz Bush de mantener la ocupación de Irak sin enviar muchos más soldados o sin dejar el asunto en manos de la ONU, cesante Aznar como jefe de Gobierno a partir de la primavera del 2004, por muy ensimismado que sea, va a enfrentarse a duros espejos y en cuanto abandone La Moncloa perderá buena parte de aduladores y desodorantes. Antes de irse a Libia propuso que la OTAN se hiciera cargo de la chapuza iraquí. Aznar no se rinde. España se posmoderniza y si hace cien años Baroja sostenía que la diferencia entre un inglés y un español consistía en que el primero no tenía sentido del ridículo y el segundo era el único sentido del que no carecía, las cosas han cambiado. O bien Aznar no tiene sentido del ridículo o bien su fe en la existencia de armas de destrucción masiva se debe a aquella intuición antaño llamada femenina y que hoy pueden reivindicar sin rubor hasta los campeones de paddle capaces de enseñarles las piernas a Arantxa Sánchez Vicario y a El Gadaffi.

Largo tiempo errante desde el anticonstitucionalismo nacionalcatólico y de las JONS de sus primeros años políticos, Aznar ha conseguido territorializar y poblar su dimensión actual, la aznaridad. Consistiría en un constitucionalismo nacionalcatólico y paraimperial, unas veces por el imperio hacia Dios y otras Por Dios hacia el imperio. El saliente presidente de Gobierno, ha demostrado frecuentemente estar influido por el pensamiento patriótico reaccionario español del siglo XIX, trasmitido al XX a través de la conciencia de desastre del 98 y de los movimientos contra los disgregadores de la unidad de aquella España fraguada, según la leyenda áurea, por los Reyes Católicos y por Franco, Franco, Franco, sin olvidar a doña Carmen y al marqués de Villaverde, tío de Pocholo Martínez Bordiú. Durante los prolegómenos de la guerra de anexión de Irak, Aznar nos llamó *afrancesados* a los opuestos a la guerra, homologándonos con aquellos españoles insuficientes, más fieles a las ideas enciclopedistas y liberales que a la defensa de la independencia de España frente al invasor francés.

En los últimos meses de su presidencia, Aznar ha demostrado que es hombre de tan pocas ideas que sólo tiene una. Ha sido concebido por la Divina Providencia para luchar contra los terroristas y esa lucha es la causa de su complicidad con la guerra de anexión de Irak. Parecido empeño le anima supongo en el Plan Hidrológico Nacional o en el peligroso trazado del tren de bajísima velocidad o en todos los banderazos, decretazos y patinazos sobre el islote de Perejil o sobre mareas negras en Galicia o sanguinolentas en Irak que Aznar ha convertido en el renqueante *thriller* de su segundo mandato absolutista.

Pese a la influencia que la Formación del Espíritu Nacional ha tenido en la textura intelectual del señor presidente, sorprende su incapacidad de entender lo que está pasando en Irak, donde una parte de la población lucha contra los invasores, es decir, protagoniza una guerra de independencia por procedimientos brutales pero similares a los utilizados por todos los movimientos de resistencia. También por los guerrilleros españoles contra las tropas napoleónicas de ocupación o por los civiles armados enfrentados en todo el mundo durante la Segunda Guerra Mundial al Eje nazi fascista, con Franco en la fracción quiero y no puedo. El nuevo Eje de las Azores se empeña en llamar terroristas a los iraquíes que se enfrentan al terrorismo imperial invasor. Con Saddam o sin él, la guerra de independencia iraquí es irreversible y los más sensatos del PP ya llegan tarde a la práctica liberadora de someter a Aznar a una prueba antidoping o de desprogramación imperial, pero todavía podemos ayudarnos entre todos a salir de este sangriento embrollo en que se ha convertido la aznarización de España. Lo cierto es que Aznar, esté en acto de altos servicios en cualquier distinguido y elevado ámbito de la galaxia, cohabitará toda la vida con sus miles de cadáveres iraquíes sin que le quiten el sueño ni el apetito. Ya sabemos que su poema de cabecera, «If», le abasteció de una inagotable, secreta, eterna energía que le ha ayudado a sentirse alto, rubio, rico y guapo, tanto en una sesión de Cortes, en un mano a mano con Bush, como con Dios mismo si fuera, más que posible, necesario.

> *Si puedes arrinconar todas tus victorias*
> *y arriesgarlas por un golpe de suerte,*
> *y perder, y empezar de nuevo desde el principio*
> *y nunca decir nada de lo que has perdido;*
> *si puedes forzar tu corazón y nervios y tendones*
> *para jugar tu turno tiempo después de que se hayan gastado.*
> *Y así resistir cuando no te quede nada*
> *excepto la Voluntad que les dice: «Resistid».*
> *Si puedes hablar con multitudes y mantener tu virtud,*
> *o pasear con reyes y no perder el sentido común,*
> *si los enemigos y los amigos no pueden herirte,*
> *y todos cuentan contigo, pero ninguno demasiado;*
> *si puedes llenar el minuto inolvidable*
> *con los sesenta segundos que lo recorren.*
> *Tuya es la Tierra y todo lo que en ella habita,*
> *y —lo que es más— serás hombre, hijo.*

Índice onomástico

Bloque Nacionalista Gallego, 19, 108

Boadella, Albert, 322

Bono, José, 52, 65, 67, 130, 156

Borbón, Cristina de, 184

Borbón, Felipe de, 185, 321

Borbón Dampierre, Alfonso de, 221

Borrell, Josep, 45-51, 54, 58-59, 64-65, 101, 116, 118, 125, 274

Boskov, Vujadin, 121, 263

Botella, Ana, 11-13, 19-20, 26, 40, 44, 215, 248, 253-257, 275, 278, 344, 347

Boticas monásticas, conventuales y cartujanas, 292

Botín, Emilio, 249

Bowling for Columbine, 330

Boyer, Miguel, 254

Brandt, Willy, 285

Brassens, Georges, 147

Brecht, Bertolt, 61, 228

Buesa Blanco, Fernando, 146

Bush, George Herbert Walker, 313

Bush, George W., 15, 20, 60, 144, 150, 155, 162, 185-186, 190, 199, 210-212, 218-219, 239, 241, 248, 258, 261, 264, 266-268, 284, 289-291, 295-301, 306-316, 319-324, 326, 328-330, 334-336, 339-344, 352, 354, 357, 359

Bush, Jeb, 319-322, 334, 341, 343

Buteflika, Abdelaziz, 170

Cabanillas, Pío, 195, 215-216, 252, 260

Cabrera y Guiñó, Ramón, 176

Caiga quien caiga, 43, 57, 205, 294

Caldera, Jesús, 142

Calvo Serer, Rafael, 40

Cambó, Francisco, 189

Canal Plus, 26-27, 66-67, 142, 157, 209, 278

Candelas, Luis, 256

Cañizares, Antonio, 78

Carbonell, Pablo, 57

Cardenal, Jesús, 270

Carles, Ricard Maria, 214-215

Carod Rovira, Lluís, 73-75, 85

Carrero Blanco, Luis, 139, 217

Carrillo, Santiago, 30, 44, 167, 199, 224

Carroll, Lewis, 170

Casals, Pedro, 11-12

Casillas, Iker, 78, 153, 158

Castells, Manuel, 340

Castiella, Fernando María, 325

Castillo, Pilar del, 68, 189, 195, 252, 256, 267, 286, 318

Castro, Fidel, 172-173, 178-183, 186, 191, 268, 356

CCOO, 281

Celaya, Gabriel, 21

Chaplin, Geraldine, 25

Chaves, Manuel, 52, 67, 121, 130, 227

Chevènement, Jean-Pierre, 135-136

España como problema, 40
España sin problema, 40
Esquerra Republicana de Catalunya, *véase* ERC
Estella, acuerdos de, *véase* Lizarra, acuerdos de
Esteve, Pere, 91
ETA, 14, 17, 19, 42, 52, 59, 66, 76-77, 89, 97-99, 102, 105-112, 116-117, 119-121, 123, 125-130, 132-143, 145-147, 149, 157, 222, 244-247, 277-279, 305, 314, 320, 335, 350, 353
Euskadi Ta Askatasuna, *véase* ETA
Euskal Herritarrok, *véase* EH
Eusko Alkartasuna, *véase* EA

Falange Española, 102, 189, 297, 357
Felipe II, 162
Fernández, Matilde, 156
Fernández de la Mora, Gonzalo, 335
Fernández Tapias, Fernando, 160
Ferrand, Martín, 17
Ferrero, Juan Carlos, 124
Ferrusola, Marta, 256, 338
Figo, Luis, 158-159, 161
Fischer, Joschka, 51
Flores, Lola, 46
Flotats, Josep Maria, 111
FLP, 49
Fraga Iribarne, Manuel, 17, 19, 44,

63, 83-84, 174, 178, 183-184, 212, 214, 237-238, 242, 253, 287, 289-290, 292-293, 296, 321, 335, 353
Francis, James, 147
Franco, Francisco, 12, 14-15, 33, 37, 42, 78, 90, 94, 113, 119, 133, 137, 151, 159, 161, 165-166, 172, 178, 183-184, 189, 192, 194-195, 198, 207, 210, 215, 217, 223, 237, 248, 258, 265, 290, 296-297, 315, 317, 321, 325, 341, 350, 358
Frei, Eduardo, 173, 177
Frei, Eduardo (hijo), 176
Frente de Liberación Popular, *véase* FLP
Frente Popular, 65
Frutos, Francisco, 59, 65, 69, 88-89, 276
Fuerza Nueva, 161

Gadaffi, Mu'amar al-, 356-357
GAL, 24, 30, 35, 41, 116, 118, 128, 244
Gala, Antonio, 34
Galíndez, Jesús, 113
Garcés, Joan, 176
García Calvo, Agustín, compositor, 229-230
García Márquez, Gabriel, 172, 179
Garzón, Baltasar, 35, 61, 176, 355
Gaspart, Joan, 154-157, 160

Oliver, Joan, 82
Omar, mullah, 313
Operación Ogro, 112
Oppenheimer, Julius Robert, 60, 327
Opus Dei, 17, 25, 40, 94, 132, 172, 174, 214, 216-217, 255, 257, 297, 315, 338
Orantes, Manolo, 150
Otegui, Arnaldo, 134, 142
Otelo, 14
Otero, Blas de, 192

País, El, 66, 135
Palacio, Ana, 226, 242, 258, 261, 262, 272, 314, 321, 328, 342-343, 351
Palacio, Loyola de, 43, 255-259, 263, 287
Pantoja, Isabel, 171
Pardo, José Luis, 121
Partido Comunista de España, véase PCE
Partido Nacionalista Vasco, véase PNV
Partido Popular, véase PP
Partido Socialista de Euzkadi, véase PSE
Partido Socialista Obrero Español, véase PSOE
Partit Socialista de Catalunya, véase PSC
Partit Socialista Unificat de Catalunya, véase PSUC

Pasionaria y los siete enanitos, 33
Pastor Ridruejo, Félix, 336
PCE, 29-30, 224
Pemán, José María, 14, 213
Peppermint Frappé, 25
Pérez, Florentino, 155-161, 248, 357
Perón, Evita, 215
Perón, Juan Domingo, 190, 215
Pi i Margall, Francisco, 77
Picasso, Pablo, 293
Pimentel, Manuel, 275-278
Pinochet, Augusto, 61, 63, 176-178, 237, 265, 297, 315
Pío XII, 113
Piqué, Josep, 25, 47, 72, 77, 81-83, 87-88, 90-91, 139, 175, 188-189, 193-196, 202-205, 210, 215-216, 223-224, 242, 249-252, 258-259, 261, 269-274, 276, 289, 299, 301, 318, 321
Piquer, Conchita, 335
Pisano, Isabel, 319
PNV, 14, 19, 29, 39-42, 48, 52, 66-67, 73, 75-76, 80, 83, 89, 91-92, 97-100, 102, 105-108, 110, 113, 115, 117, 119, 121-123, 125-129, 132-134, 138, 140-146, 155, 161, 165-166, 174, 194, 196, 212, 222, 243-246, 295, 327, 335, 347, 350, 352-353
polaco en la corte del Rey Juan Carlos, Un, 30
Pontecorvo, Gillo, 112

ESTE LIBRO HA SIDO IMPRESO
EN LOS TALLERES DE
A&M GRÀFIC, S. L.
SANTA PERPÈTUA DE MOGODA (BARCELONA)